BETRIEBLICHES RECHNUNGSWESEN

für Einsteiger

Finanzrechnung • Doppelte Buchhaltung
Bilanzpolitik • Kennzahlen • Kostenrechnung

von

Wilfried Schneider
Dieter Schneider

5., überarbeitete und ergänzte Auflage

Wien 2005

MANZ VERLAG SCHULBUCH
www.manzschulbuch.at

Die Deutsche Bibliothek - CIP-Einheitsaufnahme

Schneider, Wilfried; Schneider, Dieter:
Betriebliches Rechnungswesen für Einsteiger : Finanzrechnung, doppelte Buchhaltung, Bilanzpolitik, Kennzahlen, Kostenrechnung / von Wilfried Schneider, Dieter Schneider. - 5., überarb. und erg. Aufl. - Wien : Manz-Verl. Schulbuch, 2005
ISBN 3-7068-2098-6

Printed in Austria

Umschlaggestaltung: Wolfgang K. Buchner

Das vorliegende Buch wurde auf chlorfrei gebleichtem Papier gedruckt.

Satz und Layout: Maria Scherrer, 1160 Wien
Druck: Druckerei Theiss GmbH, 9431 St. Stefan

Inhaltsverzeichnis

Warum dieses Buch geschrieben wurde

Wirtschaftswissenschaftliche Ausbildungsgänge an Universitäten und Fachhochschulen vermitteln dem betriebswirtschaftlichen Nachwuchs eine Fülle von Detailkenntnissen im Bereich des Rechnungswesens. Von der Finanzplanung mit Hilfe aufwendiger Prognosemodelle über die Optimierung steuerlicher Investitionsbegünstigungen bis zur simultanen Umlage von Hilfskostenstellen reicht die Palette der Details, die heute zum Ausbildungsprogramm gehören.

Ähnlich ist es, wenn auch auf etwas niedrigerem Niveau, in den berufsbildenden Vollzeitschulen, wie Handelsakademien oder Schulen für wirtschaftliche Berufe.

Im Rahmen der Weiterbildung ist jedoch immer wieder festzustellen, dass die Grundzusammenhänge der Systeme des betrieblichen Rechnungswesens nicht beherrscht werden.

So wird z.B. auf die Frage, wieso viele Einzelhandelsunternehmen oder etwa das Taxigewerbe seit vielen Jahren überleben können, wenn Betriebsanalysen immer wieder negative Betriebsergebnisse zeigen, meist nur auf die Möglichkeit der Steuerhinterziehung verwiesen. Nur wenige Absolventen sind in der Lage zu erklären, wie man eigentlich wirklich mittels Abschreibungen oder Rückstellungen finanzieren kann.

Wechselt man vom System der doppelten Buchhaltung zur Investitionsrechnung, also von Aufwendungen zu Auszahlungen, so ist auch hier zu bemerken, dass die grundlegenden Unterschiede zwar innerhalb der einzelnen Systeme des Rechnungswesens beherrscht werden, aber der Zusammenhang der Systeme im Dunkeln bleibt. Plötzlich werden Abschreibungen als Auszahlungen verrechnet und dafür Kreditrückzahlungen als gewinnmindernde Aufwendungen in der Buchhaltung angesetzt.

Aber auch in der Praxis ist die Einsicht für Zusammenhänge nicht immer vorhanden. Wie oft wird etwa liquiditätsschwachen Unternehmen geraten, zu investieren, um „Steuern zu sparen“, oder es werden computerunterstützt Kennzahlen ermittelt, die auf Grund der fehlerhaften Basis das Papier für den Ausdruck nicht wert sind.

Die vorliegende Arbeit soll nun eine leicht verständliche Einführung in die Systeme des Rechnungswesens geben, um das Verständnis der hoch spezialisierten Literatur zu erleichtern. Sie wurde nicht für den Fachmann, sondern für den Anfänger geschrieben und möge daher auch unter diesem Gesichtspunkt beurteilt werden.

Wilfried Schneider

In der fünften Auflage wurde das gesamte Buch neu überarbeitet. Insbesondere wurden die erläuternden Hinweise verstärkt und die Beispiele der teilweise veränderten rechtlichen Lage angepasst. Ferner wurde ein kurzer Abschnitt zum Unterschied zwischen doppelter Buchhaltung und Einnahmen-Ausgaben-Rechnung eingefügt.

Im Anhang II wurden die rechtlichen Bestimmungen auf den neuesten Stand gebracht und im Anhang III aktuelle Jahresabschlüsse eingefügt.

Wilfried und Dieter Schneider — Wien, im August 2005

Weiterführende Literatur

Zur Finanzplanung und zur Kennzahlenanalyse

Kralicek, P.; Böhmdofer, F.; Kralicek, G.: Kennzahlen für Geschäftsführer, 4. Auflage (Ueberreuter), Wien 2001
Eine umfassende Einführung für den Praktiker zu den Problemen Finanzplanung, Kennzahlen, Frühwarnsysteme.

Zur laufenden Buchhaltung

Grohmann-Steiger, Ch.; Schneider, W.: Buchhaltung und Bilanzierung im Selbststudium, 16. Auflage (Facultas), Wien 2004
Ausführliche Darstellung der laufenden Buchungen und der Abschlussbuchungen ohne Abschluss von Gesellschaftsunternehmen und schwieriger Bilanzierungsprobleme.

Zur Bilanzierung und Bilanzanalyse

Egger, A.; Samer, H.; Bertl, R.: Der Jahresabschluss nach dem Handelsgesetzbuch, 9. Auflage (Linde), Wien 2005
Von Wissenschaftern mit langjähriger Praxiserfahrung für die Praxis verfasst. Gut verständlich und sehr ausführlich. Umfassende Darstellung mit vielen Beispielen.

Bertl, R.; Deutsch, E.; Hirschler, K.: Buchhaltungs- und Bilanzierungshandbuch 4. Aufl., (ARD Orac) Wien 2004
Viele praktische Beispiele.

Kralicek, P.: Bilanzen lesen, 3. Auflage, (Ueberreuter), Wien 2003
Kurzinformation für den Praktiker.

Zur Kostenrechnung

Kemmetmüller, W./Bogensberger, St.: Handbuch der Kostenrechnung, 8. Auflage (Facultas), Wien 2004
Einführung unter besonderer Berücksichtigung der Organisationsprobleme in der Praxis.

Kemmetmüller, W. (Hrsg.): Fallstudien zur Kostenrechnung, 4. Auflage (Facultas), Wien 2001
Zahlreiche praktische Fallbeispiele, die die Komplexität der Kostenrechnung in der praktischen Anwendung demonstrieren.

Seicht, G.: Moderne Kosten- und Leistungsrechnung, 11. Auflage (Linde), Wien 2001
Umfassende Darstellung aller praktischen und theoretischen Probleme mit zahlreichen aktuellen Anwendungsbeispielen.

Röhrenbacher, H.: Intensivkurs Kosten- und Leistungsrechnung für Fortgeschrittene, 5. Auflage (Facultas), Wien 2002
Baut auf dem Konzept von Seicht auf und behandelt weiterführende Probleme in Beispielform (Grenzplankostenrechnung, Absatzsegmentrechnung etc.).

Zur gesamten Unternehmensplanung im finanziellen, bilanziellen und kostenrechnerischen Bereich

Egger, A.; Winterheller, M.: Kurzfristige Unternehmensplanung, 13. Auflage (Linde), Wien 2004
Ausgezeichnete Einführung in die Planungsproblematik mit vielen Beispielen.

1 Die Grundfragen des Rechnungswesens

1.1 Die vier Grundfragen des Rechnungswesens

Jeder muss rechnen, daher auch der Unternehmer, dies ist eine Binsenweisheit. Welche Grundfragen sollen und müssen nun durch das betriebliche Rechnungswesen beantwortet werden?

Einfach formuliert, beantwortet das Rechnungswesen folgende Fragen:

(1) Kommt das Unternehmen mit seinen Zahlungsmitteln aus?

(2) Wie reich ist das Unternehmen zu einem bestimmten Zeitpunkt?

(3) Hat ein Unternehmen im Verlauf einer Rechnungsperiode einen Gewinn oder einen Verlust erzielt?

(4) Was kostet die im Unternehmen erstellte Leistung?

(1) Kommt das Unternehmen mit seinen Zahlungsmitteln aus?

Zusatzfrage:

➢ Was ist zu tun, wenn der Zahlungsmittelbestand und die laufenden Einzahlungen nicht ausreichen, um alle notwendigen Auszahlungen für Investitionen, für laufende Auszahlungen, für Kreditrückzahlungen etc. zu decken ?

Diese Fragen soll die **„Finanzrechnung“ („Budgetrechnung“)** beantworten.

(2) Wie reich ist das Unternehmen zu einem bestimmten Zeitpunkt?

In der Sprache des betrieblichen Rechnungswesens ist dies die Frage nach dem **Reinvermögen** oder dem **Eigenkapital**.

Wie leicht zu zeigen ist, hat „Reichtum“ nichts mit Zahlungsfähigkeit zu tun. Solange dem Unternehmen Kredit gewährt wird, ist es zahlungsfähig. Zahlungsfähig bedeutet jedoch nicht „reich“. Zwei kleine Beispiele sollen dies verdeutlichen.

Beispiele: Zahlungsfähigkeit und Reinvermögen

- Herr Maier hat € 1.000,– und borgt weitere € 2.000,– von einem guten Freund. Er fährt ins Kasino und verliert € 2.500,–. Herr Maier ist immer noch zahlungsfähig, da ihm zunächst € 500,– verbleiben. „Reich“ ist er wohl kaum, da seinem „Vermögen“ von € 500,– Schulden in der Höhe von € 2.000,– gegenüberstehen.
- Frau Gruber hat € 40.000,– erspart und kauft sich eine Eigentumswohnung um € 150.000,–. Die Anzahlung beträgt € 30.000,–, den Rest borgt ein Kreditinstitut. Die verbleibenden € 10.000,– verwendet Frau Gruber für ihre Einrichtungswünsche. Beim Einzug sind Geldbörse und Bankkonto leer. Frau Gruber hat zwar keine Zahlungsmittel, sie ist jedoch nicht „arm“, da sie eine Eigentumswohnung samt Einrichtung im Wert von ca. € 160.000,– besitzt und nur € 120.000,– Schulden hat.

Schon jetzt können Sie erkennen, dass die Frage nach dem „Reichtum“ nicht immer leicht zu beantworten sein wird.

Beispiel: Problem der Reinvermögensermittlung

> Nehmen Sie an, Frau Gruber will nach drei Jahren wissen, wie reich sie jetzt ist. Sie muss daher den aktuellen Wert ihrer Wohnung und den Wert ihrer gebrauchten Einrichtung und aller anderen Güter, wie etwa den Wert ihres in der Zwischenzeit erworbenen Gebrauchtwagens etc., feststellen und mit ihren Schulden bei der Bank vergleichen. Lediglich die Schulden werden leicht zu ermitteln sein. Bei Wohnung, Einrichtung und Gebrauchtwagen werden sich jedoch erhebliche Bewertungsprobleme ergeben.

Die Frage nach dem Reichtum zu einem bestimmten Zeitpunkt ist daher mit zahlreichen **Bewertungsproblemen** verbunden, die uns noch beschäftigen werden.

(3) Hat ein Unternehmen im Verlauf einer Rechnungsperiode einen Gewinn oder einen Verlust erzielt?

Auch diese Frage ist nicht leicht zu beantworten.

Beispiel: Problem der Gewinn- bzw. Verlustermittlung

> Der Verlust von Herrn Maier bei seinem Kasinobesuch scheint zunächst sehr einfach zu ermitteln zu sein. Er hat um € 2.500,– mehr verloren als gewonnen.
>
> Herr Maier ist jedoch mit dem eigenen Auto ins Kasino gefahren. Er hat sich für den Kasinobesuch einen Anzug gekauft und an der Bar getrunken und gegessen.
>
> Dass der Benzinverbrauch den „Verlust“ erhöht, ist leicht zu erkennen. Erhöht jedoch der gesamte Kaufpreis für den neuen Anzug den „Verlust“ oder nur der Wertverlust für das einmalige Tragen? Hat nicht auch das Auto durch die Fahrt an Wert verloren? Hätte Herr Maier nicht auch essen und trinken müssen, wenn er nicht ins Kasino gefahren wäre?

Die Beispiele zu den Fragen (2) und (3) zeigen, dass die Ermittlung des Reinvermögens zu einem bestimmten Zeitpunkt und die Ermittlung des Gewinnes bzw. des Verlustes für eine bestimmte Periode viele Fragen aufwirft.

Für die Höhe des Reinvermögens und des Gewinnes bzw. Verlustes von Unternehmen gibt es viele Interessenten, wie Eigentümer bzw. andere Unternehmer, die sich beteiligen wollen, Kreditgeber, Steuerbehörden, Arbeitnehmer des Unternehmens und deren Vertreter.

Der Gesetzgeber hat daher umfangreiche Vorschriften geschaffen, um die Ermittlung des Reinvermögens (Frage (2)) und des Gewinnes bzw. des Verlustes von Unternehmen (Frage (3)) möglichst einheitlich zu regeln.

Jener Teil des Rechnungssystems, der die Fragen (2) und (3) unter Beachtung der gesetzlichen Vorschriften beantwortet, wird als **„Finanzbuchhaltung“** bezeichnet.

(4) Was kostet die im Unternehmen erstellte Leistung?

Schließlich will der Unternehmer wissen, was eine im Unternehmen erstellte Leistung (eine Sachleistung, wie z.B. ein Kühlschrank, oder eine Dienstleistung, wie z.B. ein Haarschnitt) kostet, um Unterlagen für folgende Entscheidungen zu bekommen:

- Welchen Mindestpreis muss ein Produkt (eine Dienstleistung) am Markt erzielen, damit der Erlös die Kosten deckt (**„Preisentscheidung“**)?
- Welche Produkte (Dienstleistungen) sollen überhaupt am Markt angeboten werden, um den Gewinn des Unternehmens zu optimieren (**„Sortimentsentscheidung“**)?
- Mit welchen Verfahren sollen Produkte bzw. Dienstleistungen erstellt werden, um die Kosten zu minimieren (**„Verfahrensentscheidung“**)?

  Ein Sonderfall ist die Frage, ob eine Leistung im Unternehmen selbst erstellt oder von anderen Unternehmen zugekauft werden soll. Soll z.B. ein Unternehmen die tägliche Gebäudereinigung selbst durchführen oder eine Reinigungsfirma beauftragen (**„Make-or-Buy-Entscheidung“, „Outsourcing-Entscheidung“**)?
- Wie sollen sich die Kosten für die betrieblich erstellten Leistungen entwickeln, und wie haben sie sich entwickelt (**„Problem der Kostenplanung und der Kostenkontrolle“**)?

Alle diese Fragen versucht die **„Kostenrechnung“** zu beantworten.

Für die Kostenrechnung wird auch die Bezeichnung **„Betriebsbuchhaltung“** verwendet.

Wie schwierig die Fragen der Kostenrechnung sind, soll wieder an einem kleinen Beispiel gezeigt werden.

Beispiel: Probleme der Kostenrechnung

Sie überlegen, ob Sie weiterhin mit Ihrem Auto oder mit öffentlichen Verkehrsmitteln ins Büro fahren sollen. Sie treffen also eine **„Verfahrensentscheidung“.**

Ihr Auto haben Sie vor 3 Jahren um € 25.000,– erworben.
In der Zwischenzeit ist der Neupreis auf € 30.000,– gestiegen.

Als ordentlicher Mensch haben Sie im Vorjahr alle Auszahlungen für Ihr Auto aufgeschrieben.

- Benzin, Öl, Reifen, Reparaturen € 2.000,–
- Versicherung, Steuer, Garage € 3.000,–

Gefahren sind Sie 20.000 km, davon 10.000 km zur Arbeit und wieder nach Hause.

Da die Verkehrsverbindungen schlecht sind, würde sich Ihre Fahrzeit mit Autobus und Straßenbahn insgesamt um ca. eine Stunde pro Tag verlängern. Die Monatskarten würden Sie insgesamt € 500,– pro Jahr kosten.

Es ergeben sich zumindest folgende Fragen:

- Was erspare ich mir wirklich, wenn ich mit den öffentlichen Verkehrsmitteln fahre (sicher Benzin und Reifen, wahrscheinlich einen Teil der Reparaturen, sicher nicht Versicherung, Steuer und Garagierung)?
- Um wie viel wird mein Auto pro Jahr weniger wert?

— Wie entwickelt sich der Wertverlust, wenn ich pro Jahr nur mehr 10.000 km und nicht mehr 20.000 km fahre?
— Von welchem Wert muss ich ausgehen, vom heutigen Neupreis oder vom Anschaffungspreis, der vor 3 Jahren gezahlt wurde?
— Was ist die täglich eingesparte Stunde wert?
— Muss ich nicht Zinsen dafür rechnen, dass ich € 25.000,– in ein Auto investiert habe, da ich für den gleichen Betrag Wertpapiere kaufen könnte, die mit 4–5% verzinst würden?
usw.

1.2 Zusammenfassung (Grundfragen des Rechnungswesens)

Die Teilsysteme des Rechnungswesens sind:

Finanzrechnung

beantwortet die Frage, ob das Unternehmen mit den vorhandenen Zahlungsmitteln und den Einzahlungen die laufenden Auszahlungen, die Investitionen, die Kreditrückzahlungen etc. decken kann.

Die Frage lautet **„Ist das Unternehmen liquide?"**

Finanzbuchhaltung

beantwortet die Fragen

- nach dem **„Reinvermögen"** des Unternehmens zu einem bestimmten Zeitpunkt und nach
- dem **Gewinn bzw. Verlust** in einem **bestimmten Zeitraum** (einer „Geschäftsperiode").

Die Berechnungsmethoden sind gesetzlich geregelt.

Kostenrechnung („Betriebsbuchhaltung")

beantwortet die Fragen

- Welcher Preis muss am Markt mindestens erzielt werden **(Preisentscheidung)?**
- Welche Güter und Dienstleistungen sollen überhaupt am Markt angeboten werden **(Sortimentsentscheidung)?**
- Mit welchen Verfahren sollen Güter und Dienstleistungen hergestellt werden **(Verfahrensentscheidung)?** Sollen Güter und Dienstleistungen selbst erstellt oder zugekauft werden **(„Make-or-Buy-Entscheidung")?**
- Entsprechen die tatsächlichen Kosten den geplanten Kosten **(Kostenplanung, Kostenkontrolle)?**

Beachten Sie:

Jeder Teil des Rechnungssystems kann

- ermitteln, wie es gewesen ist **(„Dokumentationsfunktion")**,
- darstellen, wie es sein soll **(„Planungsfunktion")**,

- die Unterschiede zwischen Planung und tatsächlichem Ergebnis feststellen **(„Kontrollfunktion"),**
- Informationen für betriebswirtschaftliche Entscheidungen bereitstellen **(„Entscheidungsfunktion").**

Die angeführten Teile des Rechnungswesens werden durch zahlreiche Statistiken unterstützt („Absatzstatistik", „Personalstatistik" etc.).

Die Beispiele zeigten bereits, dass im Rechnungswesen viele Probleme auftreten, für die keine exakten Lösungen möglich sind. Sollten Sie an die Exaktheit des betrieblichen Rechnungswesens glauben, wird dieser Glaube erheblich erschüttert werden.

Hinweis:

In der Literatur finden Sie unterschiedliche Einteilungen des Rechnungswesens.

So bezeichnen manche Autoren die „Planungsrechnung" und die „Betriebsstatistik" als eigene Teile oder führen die Finanzrechnung nicht als eigenes System an.

Auch über die Funktionen der einzelnen Teile herrscht keine Einigkeit. Manchmal wird der Finanzbuchhaltung nur die „Dokumentationsfunktion" zugewiesen und der Kostenrechnung nur die „Entscheidungsfunktion" etc.

1.3 Kontrollfragen

1. Welche Teile des Rechnungswesens kann man unterscheiden und welche Fragen werden in diesen Teilen beantwortet?
2. Für welche Teile des Rechnungswesens bestehen gesetzliche Vorschriften?

1.4 Problemstellungen

1. Versuchen Sie für Ihre eigene private Situation einen Finanzplan für das nächste Vierteljahr aufzustellen. Mit welchen Unsicherheiten ist dieser Plan behaftet?
2. Versuchen Sie ungefähr festzustellen, wie hoch Ihr persönliches Reinvermögen ist. Welche Schwierigkeiten ergeben sich dabei?
3. Sie überlegen, ob Sie Ihr Lieblingsgericht am Sonntag selbst kochen bzw. Ihren Partner kochen lassen oder ob Sie essen gehen sollen. Überlegen Sie, welche Probleme Sie bekommen, wenn Sie ausrechnen wollen, wie viel Sie sich durch das „Selberkochen" ersparen?
4. Erklären Sie anhand des Kostenrechnungsbeispiels (Autofahrt zum Arbeitsplatz) die unterschiedlichen Funktionen des Rechnungswesens.

Die Lösungshinweise finden Sie im Anhang I.

2 Die Finanzrechnung

2.1 Aufgaben der Finanzrechnung

In der Finanzrechnung werden geplant und verrechnet:

- Einzahlungen und Auszahlungen (Zu- und Abgänge von Bargeld und Buchgeld, d.h. Einlagen und Abhebungen auf das bzw. vom Bankkonto)
- Bestände an Zahlungsmitteln (Bargeld, Buchgeld)
- Finanzierungsmöglichkeiten (z.B. zukünftige Kreditaufnahmen)

Hinweise:

In Theorie und Praxis sind auch andere Begriffe als Einzahlungen und Auszahlungen üblich:

- Häufig werden für den Zufluss und Abfluss von Bar- und Buchgeld auch die Begriffe „Einnahmen" und „Ausgaben" gleichbedeutend mit Ein- und Auszahlungen verwendet.
- Manche Autoren unterscheiden jedoch zwischen „Einzahlungen" und „Auszahlungen" und „Einnahmen" und „Ausgaben".

  „Einzahlungen": Nur der tatsächliche Zufluss von Bargeld oder die Einzahlung auf Bankkonten.

  „Einnahmen": Auch die Vermehrung von Forderungen (z.B. Verkauf gegen spätere Zahlung).

  „Auszahlungen" sind nach dieser Definition nur der Abfluss von vorhandenen Geldmitteln und Guthaben.

  „Ausgaben" sind auch die Erhöhung von Schulden (z.B. Einkauf von Waren auf spätere Zahlung, Einkauf von Waren durch Erhöhung des Bankkredites).

Da die Begriffe Einnahmen und Ausgaben im steuerlichen Sinn wieder anders verwendet werden und daher Verwirrung entstehen könnte, werden wir für die **Bewegungen von Bar- und Buchgeld** die Begriffe **Ein- und Auszahlungen** verwenden.

Die Finanzrechnung hat dafür zu sorgen, dass das Unternehmen jederzeit in der Lage ist, die notwendigen Zahlungen zu leisten.

Diese Aufgabe kann selbstverständlich nur erfüllt werden, wenn Einzahlungen und Auszahlungen im Voraus geplant (Planungsfunktion des Rechnungswesens) und nicht nur im Nachhinein aufgezeichnet (dokumentiert) werden. Wesentlicher Bestandteil der Finanzrechnung ist daher die **Finanzplanung**. In der Praxis spricht man auch von der **Budgetierung**.

In der Regel wird am Ende der Planungsperiode ein Vergleich der geplanten Werte (**„Planwerte"**) mit den **tatsächlichen Werten („Istwerten")** vorgenommen (Kontrollfunktion).

Hinweis:

Manchmal finden Sie statt „Planwert" auch den Begriff „Soll-Wert". Dieser Begriff „Soll" (geplanter Wert) hat mit dem Begriff „Soll" (Sollseite) der Finanzbuchhaltung nichts zu tun (vgl. Abschnitt 3).

Soll ein Finanzplan erstellt werden, kann man sich an folgendem Aufbau orientieren:

A. Einzahlungen

a) **Laufende Einzahlungen**
   — Barerlöse aus der Geschäftstätigkeit

b) **Einzahlungen aus fälligen Forderungen**
   d.h. aus Verkäufen, die zunächst nicht gegen Barzahlung getätigt wurden

c) **Einzahlungen aus Anlagenverkäufen**
   — Barverkauf von Altanlagen und Grundstücken
   — Barverkauf von Beteiligungen

d) **Privateinlagen der Unternehmer** (bzw. durch neue Gesellschafter)

B. Auszahlungen

a) **Laufende Auszahlungen**
   — Löhne
   — Material- und Wareneinkäufe gegen Barzahlung
   — Energie
   — Instandhaltungen
   — etc.

b) **Kreditrückzahlungen einschließlich Verzinsung**
   — Fällige Lieferverbindlichkeiten für Einkäufe und Investitionen, die zunächst nicht bar bezahlt wurden („auf Ziel" getätigt wurden)
   — Fällige Rückzahlungen an Kreditinstitute einschließlich Zinsen

c) **Investitionen**
   — Anlagenanschaffungen (Gebäude, Maschinen, Computer etc.) gegen Barzahlung

d) **Privatentnahmen der Unternehmer bzw. Gewinnausschüttungen**

C. Zahlungsmittelbestand zu Beginn der Periode Kassenbestand und Bankguthaben

Können die Auszahlungen durch Einzahlungen und Zahlungsmittelbestand nicht gedeckt werden, so gibt es zwei Möglichkeiten:

➢ **Finanzierung der Differenz durch Aufbringung zusätzlicher Mittel durch**
   — Kreditaufnahme oder
   — Aufbringung von Eigenmitteln

➢ **Veränderung der Daten des Finanzplanes durch**
   Erhöhung der Einzahlungen
   — Erhöhung der Barerlöse (z.B. Lagerabverkauf, Vermeiden von Zielverkäufen)
   — Verkauf nicht unbedingt notwendigen Anlagevermögens (z.B. von Grundstücken oder Beteiligungen an anderen Unternehmen)

   Verringerung der Auszahlungen
   — Einsparungen bei den laufenden Auszahlungen
   — Aufschieben von Investitionen
   — Verlängerung („Prolongation") fälliger Verbindlichkeiten
   — Verringerung der Privatentnahmen bzw. der Gewinnausschüttungen

In Theorie und Praxis ist auch manchmal folgende Gruppierung der Ein- und Auszahlungen üblich:

A. Finanzgrundplan

	Bestand an Bar- und Buchgeld zu Beginn der Periode
+	Einzahlungen aus laufender Tätigkeit (Verkaufserlöse)
–	Auszahlungen aus laufender Tätigkeit (Löhne, Material, Energie etc.)
–	Auszahlungen für Investitionen
+	Einzahlungen aus Anlagenverkäufen
=	Saldo I

B. Finanzmitteldeckungsplan

	Einzahlung von Eigenmitteln
+	Kreditaufnahme
+	Einzahlungen aus offenen Kundenforderungen
–	Tilgung von Krediten einschließlich Verzinsung
–	Privatentnahmen, Gewinnausschüttung
=	Saldo II

Ist Saldo I positiv, so darf Saldo II maximal in gleicher Höhe negativ sein.

Ist Saldo I negativ, so muss Saldo II mindestens in der gleichen Höhe positiv sein, sonst müssen zusätzlich Maßnahmen gesetzt werden, wie sie oben beschrieben wurden.

Beachten Sie:

- In Kleinbetrieben sind die Privatentnahmen sinnvollerweise bereits im Finanzgrundplan anzusetzen.
- Zu berücksichtigen ist auch eine bestimmte **Barreserve.** Da der Finanzplan nur auf Schätzungen beruht, wäre es liquiditätspolitisch gefährlich, wenn Einzahlungen und Bargeldbestand die Auszahlungen nur gerade decken würden. In der Praxis verwendet man anstelle der Barreserve häufig die Kreditzusage (einen so genannten „Kreditrahmen“) der Hausbank.
- In manchen Finanzplänen wird der noch nicht ausgenützte Kreditrahmen (die **„offene Kreditlinie“**) gleich zum Zahlungsmittelbestand addiert. Eine „Unterdeckung“ ergibt sich erst dann, wenn man laut Planung mit den zugesagten Krediten nicht auskommt.

2.2 Anwendungsbeispiel zur Finanzrechnung

Goldschmied Goldi hat geerbt, und zwar € 60.000,– in bar.

In seinem Wohnhaus wird gerade ein Geschäftslokal frei.

Goldi stellt folgende Überlegungen an:

Er selbst will Entwürfe machen und verkaufen. Ein Geselle sollte Reparaturen durchführen und nach Entwürfen originellen Schmuck fertigen.

Abgesetzt soll sowohl an Privatkunden wie auch an andere Juweliere werden.

Bei seiner Finanzplanung geht Goldi von folgenden Annahmen aus:

➢ Ankauf einer Ladeneinrichtung	€ 70.000,-
➢ Ankauf von Werkzeug und Werkstätteneinrichtung	€ 20.000,-
➢ Goldeinkauf 4.000 g zu je € 10,-	€ 40.000,-
➢ Lohn für Gesellen pro Jahr	€ 24.000,-
➢ Lokalmiete pro Jahr	€ 15.000,-
➢ Sonstige Auszahlungen (Energie, Telefon etc.)	€ 10.000,-
➢ Privatentnahmen im ersten Jahr	€ 18.000,-

Den Umsatz im ersten Jahr schätzt Goldi auf ca. € 120.000,-.
Mit diesen Unterlagen geht er zu seiner Bank, die ihm tatsächlich die Finanzierung des Fehlbetrages zusagt.

Hinweis:
Alle Beträge ohne Umsatzsteuer, da diese erst später besprochen wird.

Zu Ende des ersten Jahres ergeben sich folgende Istdaten:

➢ Ladeneinrichtung (gegen Barzahlung)	€ 80.000,-
➢ Werkzeuge und Werkstätteneinrichtung (bar)	€ 30.000,-
➢ Goldeinkauf (bar)	€ 40.000,-
➢ Lohn für Gesellen	€ 30.000,-
➢ Lokalmiete	€ 15.000,-
➢ Sonstige Auszahlungen	€ 12.000,-
➢ Privatentnahmen	€ 15.000,-

Ferner ist zu berücksichtigen:

- Da Goldi noch Gold benötigt, kaufte er weitere 1.500 Gramm zu € 10,- pro Gramm. Der Lieferant stundet ihm den Betrag bis Ende Jänner nächsten Jahres.
- Laut Aufzeichnungen wurden 4.700 Gramm Gold zu Schmuck verarbeitet.
- $^{2}/_{3}$ des Schmucks konnten um insgesamt € 130.000,- verkauft werden, davon Schmuck um € 100.000,- an Privatkunden, die bar bezahlten und Schmuck um € 30.000,- an einen Großhändler, der die Rechnung erst im Februar nächsten Jahres bezahlen wird.
- Der restliche Schmuck ist noch auf Lager.
- Der Endbestand an Gold beträgt lt. Inventur 700 Gramm. Der Goldpreis ist zu Jahresende auf € 12,- pro Gramm gestiegen.
- Wie Sie bereits erkennen können, war der Finanzbedarf höher als geplant. Die Bank finanzierte auch den erhöhten Betrag und buchte zu Jahresende Zinsen in der Höhe von € 5.000,- vom Bankkonto ab (vgl. den umseitigen Finanzplan).

Für Goldi ergibt sich daher folgender Jahresfinanzplan einschließlich des Soll-Ist-Vergleichs:

Finanzplan Peter Goldi, 20 . .

Position	Plan	Ist	Abweichung
A. Auszahlungen			
a) Laufend			
Löhne	24.000	30.000	- 6.000
Lokalmiete	15.000	15.000	0
Goldeinkauf	40.000	40.000	0
Sonstiges	10.000	12.000	- 2.000
b) Investitionen			
Ladeneinrichtung	70.000	80.000	- 10.000
Werkzeuge	20.000	30.000	- 10.000
c) Kreditzahlungen	0	5.000	- 5.000
d) Privatentnahmen	18.000	15.000	+ 2.000
Summe Auszahlungen	197.000	227.000	- 30.000
B. Einzahlungen			
a) Laufend			
Schmuck, bar	120.000	100.000	- 20.000
Summe Einzahlungen	120.000	100.000	- 20.000
C. Zahlungsmittel	60.000	60.000	0
Unterdeckung (= Bankkredit zu Jahresende)	17.000	67.000	- 50.000

Der Plan-Ist-Vergleich zeigt Folgendes:

- Peter Goldi hat € 50.000,– mehr an finanziellen Mitteln benötigt als angenommen.
  Diese Abweichungen waren zurückzuführen auf
  - Unterschätzen der Investitionen,
  - Unterschätzen des Lohnaufwandes (wahrscheinlich wurden die Lohnnebenkosten [Sozialaufwand, Urlaub etc.] zu gering angesetzt),
  - Unterschätzen der sonstigen Auszahlungen,
  - Annahme, dass alle Umsätze gegen Barzahlung erfolgen,
  - Vergessen der Kreditkosten.

Diese Abweichungsursachen sind auch in der Praxis üblich.

- Teilweise hat Goldi seine finanzielle Situation durch den Zieleinkauf von Gold und
- durch Verringerung der Privatentnahmen verbessert.

Bei neu gegründeten Unternehmen wird die Situation zu Beginn meist noch dadurch verschärft, dass

- später eröffnet wird als geplant und daher die Rückflüsse später einsetzen,
- die Rückflüsse zu Beginn niedriger sind als erhofft,
- die Privatentnahmen in der Anlaufzeit nicht verdient werden,
- die Kreditrückzahlungen zu früh einsetzen.

Zu finanziellen Engpässen führen auch Ereignisse, die in der Planung oft nicht berücksichtigt wurden.

Beispiele: Ursachen für Mindereinzahlungen

- Mindereinzahlungen in der Fremdenverkehrswirtschaft durch Schneemangel
- Mindereinzahlungen bei Fluglinien durch politische Ereignisse (z.B.: Anschlag auf das World-Trade-Center, Irak-Krieg).

Die Finanzplanung sollte daher immer ausreichenden Spielraum für unvorhergesehene Ereignisse vorsehen.

Beachten Sie:

Der Jahresplan sagt nichts darüber aus, wie die finanzielle Situation während des Jahres ist.

Im Rahmen der Aufgabe (1) in Abschnitt 2.5 (S. 25) können Sie sofort versuchen, dies für den Fall Goldi auszurechnen. Sie werden sehen, dass die finanzielle Situation zu Beginn der Geschäftstätigkeit und zu Ende des ersten Quartals weitaus schlechter ist, als zu Ende des ersten Jahres.

Die mittel- und langfristige Finanzplanung muss daher durch kurzfristige Finanzpläne (Monatspläne, Quartalspläne) ergänzt werden.

In Großbetrieben liefert die EDV den täglichen **„Finanzstatus"**, d.h. die finanzielle Situation zu Beginn und zu Ende des Tages.

Der Kleinbetrieb ersieht seine tägliche finanzielle Situation vereinfacht aus den täglichen Kontoauszügen.

Beachten Sie ferner:

Das Fallbeispiel zeigt, dass Zahlungsfähigkeit nichts mit „Reichtum" zu tun hat.

Goldi hatte vor Beginn seiner Unternehmertätigkeit € 60.000,– Bargeld und keine Schulden.

Zu Ende des ersten Geschäftsjahres ist kein Bargeld vorhanden und die Schulden betragen € 67.000,– (vgl. Finanzrechnung). Ob Goldi nun „reich" oder „arm" ist, können wir auf Grund der Finanzrechnung nicht feststellen. Wir wissen nur, dass er über keine Zahlungsmittel verfügt und Schulden hat.

Die Finanzrechnung muss daher durch andere Rechensysteme ergänzt werden.

2.3 Probleme der Finanzplanung

2.3.1 Prognoseprobleme

Generell gilt, dass die Finanzplanung für das Überleben eines Unternehmens die wichtigste Planungsaktivität darstellt.

Zahlungsunfähigkeit führt unmittelbar zum Unternehmenszusammenbruch. Die Zahlungsströme sind die einzigen Daten, die völlig objektiv festgestellt werden können.

Im Gegensatz dazu, sind Gewinn und Verlust in der Finanzbuchhaltung und der Grad der Kostendeckung laut Kostenrechnung von zahlreichen, oft umstrittenen Zusatzannahmen abhängig, die in späteren Abschnitten dargestellt werden.

Sowohl Einzahlungen als auch Auszahlungen hängen sowohl vom so genannten „Mengengerüst“ (Zahl der erzeugten bzw. abgesetzten Stück, Zahl der angebotenen bzw. abgesetzten Beratungsstunden, Zahl der Arbeitsstunden, Menge des verbrauchten Rohmaterials, Kilowattstunden Strom etc.) wie auch von den prognostizierten Preisen ab.

Preis- und Mengenprognosen sind von wirtschaftlichen, aber auch von politischen Entwicklungen abhängig.

Beispiele: Prognoseprobleme bei Ein- und Auszahlungen

- Kollektivvertragliche Lohnerhöhungen sind relativ sicher vorauszuschätzen;
- Transportpreise, einschließlich der Treibstoffpreise, sind schon schwerer längerfristig zu prognostizieren (z.B. können durch politische Entscheidungen Mautgebühren eingeführt, Treibstoffe höher besteuert, LKW steuerlich stärker belastet werden);
- Rohstoffpreise können dramatisch steigen oder fallen

  (Beispiele für stark schwankende Preise sind der Kakaopreis, der Kaffeepreis, der Kupferpreis, die schon innerhalb kurzer Perioden um 100% gestiegen, aber auch um 50% gefallen sind). Auch bei den Rohstoffpreisen spielen politische Entwicklungen (z.B. Kriege, Handelsabkommen bzw. Handelskriege etc.) eine Rolle.
- Kreditzinsen sind erheblichen Schwankungen unterworfen und werden politisch beeinflusst.
- Absatzmengen und -preise sind ebenfalls nicht nur von wirtschaftlichen, sondern auch von politischen Entwicklungen abhängig

  (Beispiele wären etwa die durch Nahostkonflikte und Terroranschläge stark beeinflussten Umsätze der Fluglinien und der Tourismusbetriebe.)

2.3.2 Fixe und variable Auszahlungen

Bei steigenden oder fallenden Unternehmensleistungen verändern sich nicht alle Auszahlungen proportional zur Produktions- bzw. zur Absatzmenge.

Am einfachsten kann dies bei Handelsbetrieben gezeigt werden:

Anwendungsbeispiel: Möbelhändler, fixe und variable Auszahlungen

Struktur der Auszahlungen und Einzahlungen eines Möbelhändlers mit einem Jahresumsatz (ohne Umsatzsteuer) von € 1,000.000,– (die Zahlen entsprechen etwa den realen Verhältnissen).

Wareneinkäufe	€	600.000,–	(60%)
Personal (fix)	€	150.000,–	(15%)
Provision	€	20.000,–	(2%)
Lokalmiete	€	50.000,–	(5%)
Kreditverzinsung und Rückzahlung	€	70.000,–	(7%)
Sonstiges	€	50.000,–	(5%)
Summe der Auszahlungen	€	940.000,–	(94%)
Barerlöse	€	1,000.000,–	(100%)
Finanzieller Überschuss	€	60.000,–	(6%)

Die Auszahlungen zerfallen in

- **variable Auszahlungen**

  Das sind jene Auszahlungen, die sich proportional zur Unternehmensleistung (im Handel proportional zum Umsatz) ändern.

  Im Handel zählt dazu vor allem der Wareneinkauf.

  Erhalten die Verkäufer verkaufsabhängige Provisionen, sind auch diese variabel.

- **fixe Auszahlungen**

  Das sind jene Auszahlungen, die zumindest kurzfristig von den Umsatzschwankungen unabhängig sind.

  Dazu zählen im Handel
  - die Gehälter des Personals, das für die Verkaufsbereitschaft bezahlt wird,
  - die Raummiete,
  - die Kreditverzinsung und die Kreditrückzahlung,
  - die Auszahlungen für die Energie für die Raumbeleuchtung und -beheizung etc.

An drei Beispielen kann gezeigt werden, wie schon relativ kleine Veränderungen im Absatz- oder im Beschaffungsbereich die finanzielle Situation stark beeinflussen können.

Fall 1:

In der Geschäftsstraße fanden umfangreiche Bauarbeiten statt. Der Umsatz ging zurück und 20% der eingekauften Waren mussten zum halben Listenpreis abverkauft werden (d.h., statt € 200.000,– wurden nur € 100.000,– erlöst).

Fall 2:

Die Umgestaltung der Geschäftsstraße ist abgeschlossen. Der Umsatz steigt um 20% (Einkäufe um € 720.000,–, Verkäufe um € 1,200.000,–).

Fall 3:

Durch geschickte Einkaufsverhandlungen gelingt es, um 5% billiger einzukaufen (d.h. um € 570.000,– statt um € 600.000,–). Ferner wurden Möbelmodelle eingekauft, die es sonst in dieser Stadt nicht gibt. Dadurch konnten um 3% höhere Preise erzielt werden (€ 1,030.000,– statt € 1,000.000,–).

Lösungen zu Fall 1 bis 3 (Beträge in 1.000 Euro)

	Fall 1	Fall 2	Fall 3
Wareneinkäufe	600	720	570
Personal (fix)	150	150	150
Provisionen (2%)	18	24	20,6
Lokalmiete	50	50	50
Kreditverzinsung	70	70	70
Sonstiges	50	50	50
Summe Auszahlungen	938	1.064	910,6
Barerlöse	900	1.200	1.030
Finanzielles Ergebnis	– 38	+ 136	+ 119,4

Im Fall 1 führt ein Umsatzrückgang von 10% bereits zu einem negativen finanziellen Ergebnis. Im Fall 2 ergibt eine Umsatzsteigerung von 20% mehr als eine Verdopplung des finanziellen Ergebnisses.

Durch die „fixen Auszahlungen" haben geringe Schwankungen im Absatz- oder im Beschaffungsbereich sofort entscheidende Auswirkungen auf die finanzielle Situation.

Wird daher eine Änderung der Unternehmensleistung geplant, so ist es besonders wichtig, die Auszahlungen in **fixe** und in **variable** Auszahlungen zu zerlegen, um zu zuverlässigen Prognosen zu kommen.

Dieses Problem wird uns in der Kostenrechnung wieder begegnen.

2.3.3 Finanzieller Deckungsbeitrag und Cashflow-Point

Den Unterschied zwischen

Erlösen minus variablen Auszahlungen

bezeichnet man als

„finanziellen Deckungsbeitrag".

Hinweis:

Dabei geht man vereinfacht von der Annahme aus, dass die Erlöse bar zufließen.

Anwendungsbeispiel: Möbelhändler, Fortsetzung

Wird eine Kücheneinrichtung um € 8.000,– verkauft, ergibt sich folgender **„finanzieller Deckungsbeitrag"**:

Erlös	€ 8.000,–	(100%)
– Wareneinkauf	€ 4.800,–	(60%)
– Provision	€ 160,–	(2%)
= Finanzieller Deckungsbeitrag	€ 3.040,–	(38%)

D.h., bei jedem Umsatz entstehen variable Auszahlungen von 62%.

38% der Erlöse leisten einen **„Beitrag zur Deckung"** der fixen Auszahlungen.

Der **Cashflow-Point** ist jener Umsatz, bei dem die Summe der Auszahlungen und die Summe der Einzahlungen gleich sind.

Sie erhalten den **„Cashflow-Point"** aus folgender Rechnung:

$$\frac{\textbf{Fixe Jahresauszahlungen in Währungseinheiten} \times 100}{\textbf{Finanzieller Deckungsbeitrag in Prozenten vom Umsatz}}$$

Anwendungsbeispiel: Möbelhändler, Fortsetzung

Fixe Jahresauszahlungen (alles außer Wareneinsatz und Provision)	€ 320.000,-
Finanzieller Deckungsbeitrag in Prozenten	38%
= Cashflow-Point: 3,200.000,- : 0,38	€ 842.100,-

Kontrollrechnung:

Umsatz beim Cashflow-Point	€ 842.100,-
Wareneinsatz 60% (gerundet)	€ 505.300,-
Provision 2% (gerundet)	€ 16.800,-
Finanzieller Deckungsbeitrag	€ 320.000,-

D.h., beim Umsatz von € 842.100,- entspricht der finanzielle Deckungsbeitrag genau den fixen Jahresauszahlungen, die finanzielle Gebarung ist ausgeglichen.

Die Rechnung stimmt natürlich nur dann genau, wenn die Prognose der Ein- und Auszahlungen und die Auflösung in fixe und variable Auszahlungen richtig ist. Ferner muss der finanzielle Deckungsbeitrag für alle Unternehmensleistungen prozentuell gleich ist.

Z.B. könnten in einer Boutique Modellkleider höhere finanzielle Deckungsbeiträge liefern als Konfektionsware.

Man muss dann die ungefähre Zusammensetzung des Absatzes schätzen und mit einem durchschnittlichen finanziellen Deckungsbeitrag rechnen.

Mit Hilfe des Cashflow-Points kann man abschätzen, welcher Mindestumsatz erforderlich ist, um das finanzielle Gleichgewicht zu erreichen.

Der Cashflow-Point sollte vor allem bei Neugründungen und Erweiterungen ermittelt werden, um zu überlegen, ob der Mindestumsatz realistisch ist (vgl. Sie dazu die Problemstellung 3 im Abschnitt 2.5).

Hinweis:

In der Kostenrechnung zählt das Rechnen mit Deckungsbeiträgen zu den betriebswirtschaftlichen Grundlagen. In der Finanzplanung ist es zumindest in der deutschsprachigen Literatur kaum üblich, obwohl es in diesem Bereich mindestens genauso wichtig, wenn nicht noch wichtiger ist.

2.4 Zusammenfassung (Finanzrechnung)

Die Finanzrechnung stellt den

- **Einzahlungen** (Zuflüssen an Bar- und Buchgeld) **und** den zu Beginn der Periode vorhandenen **Zahlungsmittelbeständen** (evtl. plus „offene Kreditlinien") die
- **Auszahlungen** (Abflüsse an Bar- und Buchgeld)

gegenüber.

Die wesentlichsten Einzahlungen sind:

- Laufende Einzahlungen aus Barerlösen
- Einzahlungen aus Verkäufen des Anlagevermögens
- Einzahlungen aus fälligen Forderungen

Die wesentlichsten Auszahlungen sind:

- Laufende Auszahlungen (Löhne, Miete, Bareinkäufe von Material etc.)
- Auszahlungen für Investitionen
- Kreditrückzahlungen einschließlich Zinsen
- Privatentnahmen und Gewinnausschüttungen

Ergibt der Plan eine Unterdeckung, sind entweder

- die Auszahlungen zu verringern durch
  - Einsparen von laufenden Auszahlungen,
  - Verlängern von Kreditfristen,
  - Aufschieben von Investitionen,
  - Verringern von Privatentnahmen bzw. Gewinnausschüttungen

oder es sind

- zusätzliche Mittel aufzubringen durch
  - Kredite oder
  - Eigenmittel.

Die Finanzrechnung sollte immer aus

- **langfristigen** und **kurzfristigen Plänen** bestehen, die
- durch eine **Istrechnung** und eine **Abweichungsanalyse** ergänzt werden.

Das Hauptproblem liegt in der Vorausschätzung der zukünftigen Ein- und Auszahlungen. Die Finanzrechnung sollte daher ausreichende Reserven vorsehen. Zumindest sollten unausgenützte Kredite („Kreditlinien") zur Verfügung stehen.

Die Planung zukünftiger Einzahlungen und Auszahlungen ist schwierig, weil

- Auszahlungen und Einzahlungen durch **wirtschaftliche** und durch **politische** Einflüsse erheblich verändert werden können.

Wird eine erhebliche Änderung des mengenmäßigen Umsatzes erwartet, sollten die Auszahlungen sinnvollerweise zerlegt werden in

- **variable** Anteile, die proportional zum Umsatz steigen oder fallen wie z.B. Auszahlungen für Wareneinkäufe oder für umsatzabhängige Provisionen, und in
- **fixe** Anteile, die vom Umsatz weitgehend unabhängig sind wie z.B. Raummieten, ein Großteil der Personalkosten, Auszahlungen für Zinsen und Kreditrückzahlungen.

Die Differenz zwischen **Erlösen** und **variablen Auszahlungen** eines Umsatzaktes ergibt den **„finanziellen Deckungsbeitrag“**, d.h. jenen Betrag, der zur Deckung der **fixen Auszahlungen** verwendet werden kann.

Als **„Cashflow-Point“** bezeichnet man jenen Mindestumsatz, bei dem Einzahlungen und Auszahlungen gleich hoch sind.

Den **„Cashflow-Point“** erhält man aus:

$$\frac{\textbf{Fixe Jahresauszahlung in Währungseinheiten} \times 100}{\textbf{Durchschnittlicher finanzieller Deckungsbeitrag in Prozenten vom gesamten Umsatz}}$$

2.5 Problemstellungen

(1) Weiterführende Problemstellungen zum Fallbeispiel Goldi (Finanzstatus, Finanzplan)

1. Wie ist die finanzielle Situation (der Finanzstatus) von Goldi bei Geschäftseröffnung? **(nur Istrechnung).**
2. Wie ist die finanzielle Situation zu Ende des ersten Vierteljahres?
   Die Barumsätze an Private betrugen erst € 10.000,–.
   Der Geselle kostete in den ersten drei Monaten € 6.000,–,
   Privatentnahmen € 3.000,–, Miete € 3.750,–, Sonstiges € 3.000,– **(nur Istrechnung).**
3. Versuchen Sie den Jahresfinanzplan in Form eines Finanzgrundplanes und eines Finanzdeckungsplanes aufzustellen **(nur Sollrechnung).**

(2) Problemstellung zur Konfektionsschneiderei Müller (Finanzstatus, Finanzplan)

Frau Müller fertigt in ihrem Unternehmen Kleidung für Innenstadtboutiquen in Kleinserien. Während der Weihnachtsferien erstellt sie einen Finanzplan für das folgende Jahr und verwendet die Istzahlen des vergangenen Jahres, auf die sie vorsichtshalber 10% aufgeschlagen hat. Die erhöhten Zahlen lauten:

- Löhne € 200.000,–
- Miete € 20.000,–
- Materialeinkäufe € 120.000,–
- Investitionen € 100.000,–
- Sonstige laufende Auszahlungen € 20.000,–

Der Zahlungsmittelbestand ist unerheblich, da alle Zahlungsmittel immer sofort zur Verringerung des Bankkredits verwendet werden.

Die Umsätze schätzt sie für das Folgejahr auf ca. € 480.000,–.

Der derzeitige Stand ihres Bankkredits beträgt € 100.000,–. Frau Müller hat eine Zusage der Bank, dass sie den Kredit jederzeit auf € 120.000,– aufstocken kann.

a) Erstellen Sie den Finanzgrundplan für Frau Müller für das nächste Jahr.
b) Wird Frau Müller mit der Kreditzusage der Bank auskommen? Worauf hat Frau Müller bei ihrer Finanzplanung vergessen?

c) Wovon wird es abhängen, ob der Finanzstatus von Frau Müller zu Ende des ersten Quartals besser oder schlechter sein wird als zu Ende des Jahres?

d) Wodurch könnte sich die finanzielle Situation von Frau Müller erheblich verschlechtern, auch wenn die Umsatzprognosen zutreffen?

(3) Problemstellung zur Sekt- und Snackbar „Christerl" (Finanzielle Deckungsbeiträge, Cashflow-Point)

Frau Christine Berger ist Kellnerin und will sich selbständig machen.

Ein kleines Lokal in der Fußgängerzone in der Landeshauptstadt hat sie bereits gefunden.

Ihre monatlichen Auszahlungen plant sie wie folgt:

Fixe Auszahlungen pro Monat:

➢ Lokalmiete inkl. Betriebskosten	€ 2.100,–
➢ Zwei Hilfskräfte inklusive Nebenkosten (das Personal wird zum Fixlohn eingestellt, d.h., es erhält keinen Bedienungszuschlag)	€ 4.000,–
➢ Kreditrückzahlung und Verzinsung für die Adaptierung des Lokals	€ 800,–
➢ Entnahmen für die private Lebensführung und für ertragsabhängige Steuern	€ 1.800,–
	€ 8.700,–

Variable Auszahlungen:

Aus Erfahrung weiß sie, dass alkoholische Getränke etwa mit einem Aufschlag von 300% auf den Einkaufspreis, nichtalkoholische und Aufgussgetränke mit einem Aufschlag von 500% verkauft werden. Bei Speisen beträgt der Aufschlag etwa 200% auf das Rohmaterial.

In diesen Aufschläge ist die Umsatzsteuer (10% bei Speisen und 20% bei Getränken) enthalten.

Bedienungsgeld fällt keines an, da es sich um „Fixlöhner" handelt.

Umsatzstruktur:

Frau Berger schätzt, dass etwa 40% des Umsatzes aus Alkoholika, 30% aus Speisen, 30% aus Aufgussgetränken und aus nichtalkoholischen Getränken bestehen dürften.

Sonstige variable Auszahlungen, wie z.B. Energie für die Speisenzubereitung oder für die Geschirrspülmaschine, werden vernachlässigt.

a) Überlegen Sie, welchen Mindestumsatz Frau Berger pro Monat erzielen muss, um die fixen Auszahlungen zu decken.

b) Frau Berger will ihr Lokal ca. 22 Tage pro Monat von 18 h bis 2 h früh offen halten. Das Lokal hat 25 Plätze. Welchen Umsatz pro Platz und Tag muss sie erzielen? Ist das realistisch?

c) Welchen finanziellen Deckungsbeitrag liefert ein großer Brauner um € 3,50? Wie viel ein Glas Sekt um € 5,–, wie viel ein Toast um € 4,–?

(4) Problemstellungen zur Boutique Clarissa

Die Absolventin der Modeschule, Karla Petermann, plant die Eröffnung einer Boutique.

Ein geeignetes Lokal hat sie bereits gefunden. Die Monatsmiete beträgt € 2.500,–. Der Vermieter verlangt drei Monatsmieten Kaution. Für die Adaptierungsarbeiten des Lokals werden € 20.000,–, für die Ergänzung der Einrichtung € 30.000,– veranschlagt. Diese Arbeiten und die Vorbereitung der Eröffnung werden etwa drei Monate dauern.

In dieser Zeit wird Karla insgesamt etwa € 5.000,– für den Lebensunterhalt benötigen.

Für die Erstausstattung des Lagers wird Karla Waren um ca. € 40.000,– anschaffen müssen. Da sie nicht sehr bekannt ist, werden die Lieferanten nur ca. die Hälfte auf drei Monate Ziel liefern, den Rest aber bar kassieren.

Für diverse Gebühren, für die ersten Versicherungsprämien und für Werbung und Eröffnungsevent kalkuliert Karla mit € 5.000,–.

Karla hat € 30.000,– zur Verfügung.

Das Kreditinstitut bietet einen geförderten Jungunternehmerkredit für 5 Jahre an. Inklusive Zinsen soll Karla quartalsweise pro € 10.000,– Kredit € 575,– zurückzahlen.

Ab der Eröffnung sollen zwei Verkäuferinnen, eine halb-, eine ganztags, tätig sein. Die Personalkosten, einschließlich einer Urlaubsvertretung, schätzt Karla auf € 60.000,– pro Jahr.

Als Privatentnahmen veranschlagt sie € 2.000,– pro Monat (inklusive Steuern und Sozialversicherung).

Für Heizung, Beleuchtung, Reparaturen etc. rechnet Karla mit weiteren € 12.000,– pro Jahr.

Das Sortiment soll aus Designermode (Aufschlag 200% auf den Einstandspreis), Konfektion (Aufschlag 100%) und billigen Lockartikeln (Aufschlag 50%) bestehen. Der Aufschlag enthält bereits die Umsatzsteuer von 20%.

Ca. 50% des wertmäßigen Umsatzes soll mit der Designermode, 30% mit der Konfektionsware und 20% mit den billigen Lockartikeln erzielt werden.

a) Wie hoch soll der Kredit sein, den Karla für die Erstausstattung aufnehmen soll? Rechnen Sie eine Reserve von 10% ein und runden Sie auf volle € 5.000,– auf.

b) Erstellen Sie den Ausgabenplan für das erste Jahr nach der Eröffnung. Berücksichtigen Sie auch die unter a) ermittelte Kreditrate. Weitere Mittel für die Lagererhöhung werden nicht benötigt, da nun die Lieferanten auf Ziel liefern. Berücksichtigen Sie wieder eine Reserve von 10% und runden Sie auf volle € 5.000,–.

c) Welchen Mindestumsatz muss Karla erzielen, damit sie den Cashflow-Point erreicht?

d) Wie würde sich der Cashflow-Point verändern, wenn der tatsächliche Umsatz nur zu 20% aus Designermode, zu 50% aus Konfektionsware und zu 30% aus billigen Lockartikeln bestehen würde und die tatsächlich erzielbaren Preise um 10% niedriger als geplant wären? Welche Folgerungen ergeben sich daher für die Planung von Unternehmensgründungen?

e) Warum ist es sinnvoller, bei Neugründungen nur die Ausgaben zu planen und den Cashflow-Point zu ermitteln, als gleich mit einer detaillierten Schätzung der Einnahmen zu beginnen?

(5) Problemstellung zu einem Drogeriefilialbetrieb

Ein kleinerer Drogeriehändler mit 6 Filialen hat derzeit einen Umsatz (ohne Umsatzsteuer) von € 8 Millionen. Der Wareneinsatz beträgt € 6 Millionen, der Personalaufwand € 1,200.000,–, Miete samt Betriebskosten € 150.000,–, Werbeaufwand € 200.000,–, sonstige umsatzunabhängige Auszahlungen (Kredite, Reparaturen, Versicherungen etc. € 650.000,–). Die Verkäufer erhalten zusätzlich zum Fixgehalt eine Umsatzbeteiligung. Inklusive der Sozialabgaben beträgt diese 2% vom Umsatz.

Wie Sie erkennen können, erreicht das Unternehmen den Cashflow-Point derzeit nicht.

a) Errechnen Sie den Cashflow-Point.

b) Welche Maßnahmen wird das Unternehmen vermutlich ergreifen, um den Cashflow-Point zu erreichen? Preiserhöhungen sind wegen der starken Konkurrenz der großen Ketten nicht möglich.

Die Lösungshinweise finden Sie wieder im Anhang I.

3 Die Finanzbuchhaltung

3.1 Einführung

3.1.1 Grundfragen der Finanzbuchhaltung

Die Finanzbuchhaltung ist jener Teil des Rechnungswesens, in dem folgende Fragen beantwortet werden:

- **Wie „reich" ist das Unternehmen zu einem bestimmten Zeitpunkt?**
  (Frage nach dem „Reinvermögen" bzw. nach dem „Eigenkapital")
- **Hat das Unternehmen in der Abrechnungsperiode einen Gewinn oder einen Verlust erzielt?**
  (Frage nach dem Periodenerfolg)

Selbstverständlich können mit Hilfe der Finanzbuchhaltung zahlreiche andere Fragen beantwortet werden, wie z.B.:

- Woraus besteht der „Reichtum" des Unternehmens? (Frage nach der Vermögensstruktur)
- Wie wurde er finanziert? (Frage nach der Kapitalstruktur)
- Wie sieht die Struktur der Aufwendungen und Erträge aus, die zum ausgewiesenen Gewinn bzw. Verlust geführt hat?
- etc.

Diese Fragestellungen können durch verschiedene Systeme der Finanzbuchhaltung beantwortet werden.

Das vorherrschende System ist die so genannte **„Doppelte Buchhaltung".**

Sie wird von fast allen Unternehmen verwendet. Nur für freiberuflich Tätige (Rechtsanwälte, Architekten etc.), für Kleinstbetriebe und für Landwirte sind auch andere Systeme zulässig (vgl. Abschnitt 3.6).

Hinweis:

Bereits in der Einführung wurde darauf hingewiesen, dass für die Finanzbuchhaltung zahlreiche rechtliche Vorschriften existieren, um die Aussagekraft zu vereinheitlichen. Dass diese Vorschriften teilweise wieder zu „verzerrten" Ergebnissen führen, werden Sie in diesem Abschnitt erkennen.

Auf eine systematische Darstellung der rechtlichen Grundlagen und der Rechtsquellen wird in dieser Einführung verzichtet. Jene Vorschriften, die für das Verständnis des Systems und vor allem der Fehlerquellen notwendig sind, werden jedoch behandelt.

3.1.2 Rechtliche Vorschriften für die Finanzbuchhaltung (Hinweise)

Für die Finanzbuchhaltung bestehen zahlreiche rechtliche Vorschriften. Die wichtigsten sind im Handelsgesetzbuch enthalten. In den letzten Jahren fanden zahlreiche Novellierungen statt.

Die wichtigsten Bestimmungen finden Sie im Anhang II (Stand Juli 2005).

Für diesen Abschnitt reichen zunächst folgende Vorschriften aus:

- Der Kaufmann hat Bücher nach den Grundsätzen ordnungsmäßiger Buchführung zu führen, die so beschaffen sein müssen, dass sie einem **sachverständigen Dritten innerhalb angemessener Zeit einen Überblick** über die Geschäftsvorfälle und über die Lage des Unternehmens vermitteln können.
- Für jede Buchung muss ein Beleg vorhanden sein (Rechnung, Überweisung etc.). Es gilt die Regel: **„Keine Buchung ohne Beleg“** („Belegprinzip“).
- Diese **Bücher** und die **Kopien** der abgesendeten und die eingegangenen Handelsbriefe sind **aufzubewahren** (derzeit mindestens **sieben Jahre** ab Ende des betreffenden Geschäftsjahres; vgl. § 212 HGB).

Das Handelsgesetzbuch schreibt auch für fast alle Unternehmen die „doppelte Buchhaltung“ vor (vgl. § 189 HGB).

3.2 Das Konto

3.2.1 Einführung

Der einfachste Baustein des Systems der doppelten Buchhaltung ist das Konto.

Das Konto ist ein zweiseitiges Rechnungsfeld, auf dem einheitliche Inhalte verrechnet werden (z.B. Bargeld, Waren, Bankschulden etc.). Auf einem Konto wird nicht addiert und subtrahiert, wie bei einer staffelförmigen Verrechnung. Beträge, die addiert werden sollen, werden auf einer Seite gebucht, Beträge, die abgezogen werden sollen, auf der Gegenseite.

Beispiel: Kassakonto

• Der Kassenstand beträgt zu Beginn des Tages	€	450,–
• Wir verkaufen Waren gegen Barzahlung	€	200,–
• Wir kaufen Verpackungsmaterial gegen Barzahlung	€	170,–
• Wir zahlen die Stromrechnung (Posteinzahlung)	€	45,–
• Wir entnehmen für private Zwecke aus der Kasse	€	50,–

Am Kassakonto werden Anfangsbestand und Einzahlungen auf der linken Kontoseite und Auszahlungen auf der rechten Kontoseite eingetragen. Warum das so ist, erfahren Sie später in diesem Abschnitt.

Soll		Kassakonto	Haben
Anfangsbestand	450,–	Verpackungsmaterial	170,–
Barerlöse	200,–	Strom	45,–
		Privatentnahme	50,–
		Saldo	385,–
	650,–		650,–

Saldo (Kontostand):

Den Kontostand sehen wir nicht sofort. Um den Kontostand zu ermitteln, müssen wir beide Seiten addieren und die Differenz bilden. Diese Differenz bezeichnet man als **Saldo.**

Summe der linken Kontoseite	€ 650,–
Summe der rechten Kontoseite	€ 265,–
Differenz, „Saldo“ daher	€ 385,–

Zu Kontrollzwecken wird der Saldo in die kleinere Seite (hier also in die rechte Kontoseite) eingesetzt. Addiert man nun das Konto auf, so muss sich auf jeder der beiden Seiten die gleiche Summe ergeben.

SOLL und HABEN

Der Buchhalter spricht nicht von linker und von rechter Kontoseite sondern von

Sollseite: Linke Kontoseite bzw. linke Betragsspalte
Habenseite: Rechte Kontoseite bzw. rechte Betragsspalte

Beachten Sie:

Jeder Versuch, den Begriffen Soll und Haben auf Grund des Wortlautes eine bestimmte Bedeutung zu geben, ist nicht sinnvoll. Merken Sie sich zunächst nur, dass in der Buchhaltung

- „Soll“ die „linke“ Kontoseite und
- „Haben“ die „rechte“ Kontoseite

bezeichnet.

Sollbuchung, Habenbuchung:

Bucht man im SOLL eines Kontos, so spricht man von einer Sollbuchung.
Bucht man im HABEN eines Kontos, so liegt eine Habenbuchung vor.

Sollsaldo, Habensaldo

Der Saldo eines Kontos wird nach der größeren Kontoseite benannt.

Der Saldo unseres Kassakontos ist ein Sollsaldo. Der Sollsaldo wird auf der Habenseite des Kontos eingesetzt. Es kommt daher zu der Regel:
Der Sollsaldo steht auf der Habenseite, der Habensaldo auf der Sollseite.

3.2.2 Kontenformen

(1) Paginiertes Konto

In der Praxis kommen die Konten in unterschiedlicher Form vor. Bei händischer Buchführung in der Regel als Karteikarten in der so genannten **„paginierten“ (einseitigen) Form.**

Datum	Beleg	Text	Soll	Haben	Kto.Nr.
1. 4.	AR 32	Barverkauf	5.000,–		4000
1. 4.	KA 47	Elektriker M.		1.500,–	7200

Das **paginierte Konto** weist mindestens folgende Spalten auf:

1. DATUM Datum der Buchung, also der Eintragung (NICHT Datum des Belegs oder Datum des Geschäftsfalls).
2. BELEG
3. TEXT Durch die zunehmende Automatisierung der Buchhaltung bleibt die Textspalte meist leer.
   (TEXT und BELEG können auch in einer Spalte zusammengefasst werden.)
4. Zwei BETRAGSSPALTEN, eine Soll- und eine Habenspalte.
5. Eventuell eine Spalte für die Angabe des Gegenkontos (vgl. Doppelte Buchhaltung).

(2) T-Konto

In der Lehre wird zur Kontendarstellung das T-Konto verwendet. Sein Name entstand dadurch, dass das Konto die Form des Blockbuchstabens „T" hat.

(Es ist eine Vereinfachung der Urform des Kontos — nämlich des aufgeschlagenen Buches, in dem auf der linken Seite die Sollbuchungen und auf der rechten Seite die Habenbuchungen eingetragen wurden. Dieses Konto bezeichnete man als **„foliiertes oder zweiseitiges" Konto).**

Beachten Sie:

— Das T-Konto ist zur Darstellung in Lehrbüchern allgemein üblich.

— Es existiert in der Praxis nicht!

Soll			**Kassakonto**		**Haben**
1. 4.	AR 32 (4000)	5.000,–	1. 4.	KA 47 (7200)	1.700,–

In der Textspalte des T-Kontos wird entweder der Beleg und/oder das Gegenkonto angeführt.

In Lehrbüchern finden Sie häufig auch nur einen Hinweis auf den verbuchten Geschäftsfall.

(3) EDV-Konten

In der elektronischen Buchführung kommen die Konten in vielen Formen vor. Oft ist die ursprüngliche Kontenform nicht mehr zu erkennen. So stellen z.B. Bankauszüge Konten dar. Die Beträge sind jedoch untereinander angeordnet und meist mit minus (bei Abhebungen) bzw. nicht bezeichnet (Einlagen). Häufig wird in einer dritten Spalte der Saldo ausgewiesen.

Das dahinter stehende Denkschema ist jedoch immer Soll und Haben.

3.3 Das System der doppelten Buchhaltung

3.3.1 Übersicht

Hinweis:

Sie können auch sofort Abschnitt 3.3.2 bearbeiten, der mit praktischen Beispielen beginnt, und erst zu Ende des Kapitels diese Übersicht lesen.

In der doppelten Buchhaltung werden erfasst:

- Vermögen, Schulden, Eigenkapital und deren Veränderungen;
- Aufwände und Erträge.

Den Namen bekam dieses Buchhaltungssystem durch die Doppelerfassung jedes Betrages, jedes Geschäftsfalles und des Erfolgs:

- Jeder Betrag wird
  - auf einem Konto im SOLL
  - auf einem anderen Konto im HABEN

  verbucht. D.h., **jeder Betrag wird zweifach (doppelt)** verbucht.
- Jeder **Geschäftsfall** wird **zweifach** erfasst,
  - in **zeitlicher Reihenfolge** („chronologisch") im Grundbuch („Journal" — im Journal können Sie z.B. ersehen, welche Buchungen am 5. Mai erfolgten) und
  - **systematisch** im Hauptbuch, d.h. auf den einzelnen Konten (z.B. Buchung am Kassakonto, am Anlagenkonto usw.).
- Der **Erfolg** wird ebenfalls **zweifach** ermittelt:
  - Durch Vermögensvergleich.
    Es wird das Reinvermögen (= Eigenkapital) am Anfang der Abrechnungsperiode mit dem Reinvermögen am Ende der Abrechnungsperiode verglichen.
  - Durch Gegenüberstellung von Aufwänden und Erträgen.

  Der Erfolg beider Rechnungen muss gleich sein (Kontrolle!).

Beispiel: Doppelte Erfolgsermittlung, Einführungsbeispiel

Wollen Sie z.B. feststellen, ob Sie im Kasino gewonnen oder verloren haben, ist dies auf zwei Arten möglich:

- Sie vergleichen Ihren Geldbestand zu Ende des Kasinoabends mit dem Anfangsbestand (gegebenenfalls müssen Sie berücksichtigen, ob Sie Schulden gemacht, zurückgezahlt bzw. Ihre goldene Uhr versetzt haben) = **Vermögensvergleich.**
- Sie schreiben jeden Gewinn und jeden Verlust auf und ermitteln auf diese Weise Ihren „Erfolg" = **Erfolgsrechnung.**

Bei beiden Verfahren müssen Sie zum selben Ergebnis kommen = Kontrolle.

In der doppelten Buchhaltung werden in der Regel folgende Bücher geführt:

(1) Grundbuch (Journal)

Sie haben gerade erfahren, dass im Grundbuch die Geschäftsfälle in **zeitlicher Reihenfolge** eingetragen werden. Es gibt daher Auskunft, welche Geschäftsfälle z.B. an einem Tag angefallen sind.

(2) Hauptbuch

Die Geschäftsfälle, die im Journal chronologisch erfasst wurden, werden im Hauptbuch nach gleichen Inhalten (systematisch) verbucht. Gleichartige Inhalte werden auf

Konten zusammengefasst. Das heißt, das Hauptbuch besteht aus einer Vielzahl von Konten (z.B. Kassakonto, Anlagenkonto). Es ist das Kernstück der Buchhaltung.

(3) Nebenbücher

Sie erfassen bestimmte Vermögenswerte detaillierter als das Hauptbuch.

Beispiele: Nebenbücher

- **Die Anlagenkartei** gibt für jedes Anlagegut Auskunft über Anschaffungsdatum, Lebensdauer des Anlagegutes, Lieferant usw.
  Am Anlagenkonto im Hauptbuch wird dagegen nur der Wert aller (oder einer bestimmten Gruppe von) Anlagen verbucht (z.B. aller Computer, aller LKW).
- In der **Kunden- und Lieferantenkartei** gibt es für jeden einzelnen Kunden und Lieferanten ein eigenes Konto. Auf diesen Konten werden u.a. auch die Adressen und die Konditionen vermerkt. Im Hauptbuch braucht dagegen für sämtliche Kunden nur ein einziges Konto geführt zu werden (Forderungen aus Lieferungen und Leistungen). Ebenso nur ein einziges Konto für die Lieferanten (Verbindlichkeiten aus Lieferungen und Leistungen).

(4) Hilfsbücher

Die Hilfsbücher erfüllen zusätzliche Aufgaben, die von den anderen Büchern nicht ausreichend erfüllt werden. Art und Auswahl der Hilfsbücher sind vor allem durch den Geschäftszweig und durch die Betriebsgröße bedingt. (Z.B. Auftragsbuch, Spesenverteiler etc.).

Hinweis:

In dieser Einführung werden Sie vor allem mit den Buchungen im Hauptbuch vertraut gemacht. Journal und Nebenbücher haben überwiegend organisatorische Bedeutung und sind für das Verständnis des Systems nicht so wesentlich. In veröffentlichten Jahresabschlüssen finden Sie ebenfalls nur die Salden aus dem Hauptbuch.

3.3.2 Inventur, Inventar, Bilanz

Die doppelte Buchhaltung versucht, zwei grundsätzliche Fragen zu beantworten:

- „Wie reich ist ein Unternehmen zu einem bestimmten Zeitpunkt?"
- „Hat ein Unternehmen im Verlauf eines Geschäftsjahres einen Gewinn oder einen Verlust erzielt?"

Eine Möglichkeit, diese Fragen zu beantworten, sind

- Inventur, Inventar und Bilanz.

Unter „Inventur" versteht man die Bestandsaufnahme des Vermögens und der Schulden einer Unternehmung zu einem bestimmten Zeitpunkt.

Das heißt, um zu ermitteln, wie reich ein Unternehmen ist, muss man

➢ die Vermögensgegenstände zählen, messen, wiegen und
➢ bewerten, d.h. den Wert in Geld angeben.

Der Wert des Vermögens allein reicht jedoch nicht aus, um die Frage nach dem Reichtum eines Privatmannes oder eines Unternehmens zu beantworten. Dazu muss man

❍ dem Wert des Vermögens die Schulden gegenüberstellen.

Das Ergebnis der Inventur ist das **Inventar.**

Ein Inventar ist ein detailliertes mengen- und wertmäßiges Verzeichnis aller Vermögensgegenstände und Schulden einer Unternehmung.

Anwendungsbeispiel: Inventar

Würde ein Privater Inventur machen, so könnte dies z.B. folgendes Inventar ergeben:

1. Vermögen

1 Haus bewertet mit	150.000,–
5 Teppiche bewertet mit	15.000,–
1 Auto bewertet mit	20.000,–
Schmuck bewertet mit	15.000,–
Einrichtung bewertet mit	30.000,–
Bankguthaben und Bargeld	10.000,–
Summe des Vermögens	240.000,–

2. Schulden

Schulden bei der Bausparkasse	80.000,–
Schulden bei der Volksbank	40.000,–
Schulden bei Verwandten	30.000,–
Summe der Schulden	150.000,–

3. Zusammenstellung

Summe des Vermögens	240.000,–
Summe der Schulden	150.000,–
Reinvermögen (Eigenkapital)	90.000,–

D.h., zieht man vom Wert des Vermögens die Schulden ab, so wird die Frage nach dem „Reichtum“ beantwortet.

Die Differenz zwischen Vermögen und Schulden ist das „Reinvermögen“ oder das „Eigenkapital“.

Hinweis:

In der Praxis ist ein Inventar viel detaillierter. Es müsste z.B. ein detailliertes Verzeichnis der Schmuckstücke und der Einrichtungsgegenstände umfassen.

Erfolgt die Gegenüberstellung in Kontenform, so erhält man eine **„Bilanz“.**

Vermögen (Aktiva)		Bilanz	Schulden (Passiva)
1 Haus	150.000,–	Bausparkasse	80.000,–
5 Teppiche	15.000,–	Volksbank	40.000,–
1 Auto	20.000,–	Verwandte	30.000,–
Schmuck	15.000,–	Reinvermögen	90.000,–
Einrichtung	30.000,–	(Eigenkapital)	
Bankguthaben	10.000,–		
	240.000,–		240.000,–

Eine Bilanz ist daher die wertmäßige Gegenüberstellung von Vermögen und Schulden und die Ermittlung des Reinvermögens in Kontenform.

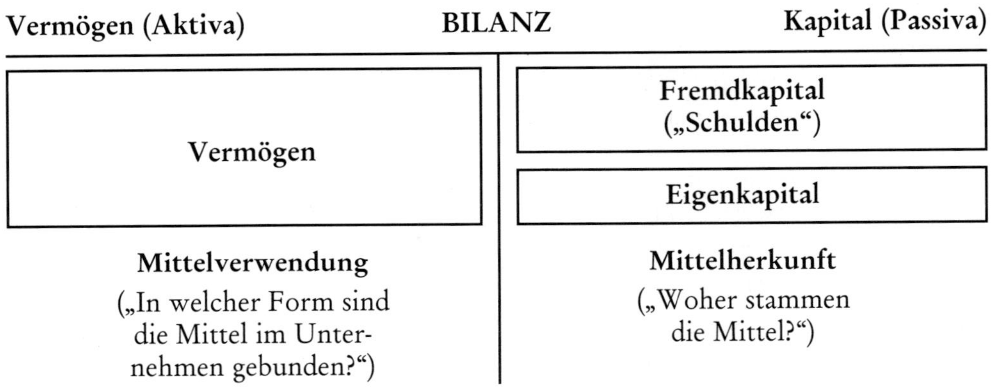

Abb. 3.1: Aufbau einer Bilanz

Fasst man den Aufbau der Bilanz zusammen, so stehen

- im **Soll** der Bilanz das **Vermögen** oder die Aktiva,
- im **Haben** der Bilanz das **Kapital** oder die Passiva.

  Die Passiva bestehen aus
  - **Fremdkapital** (Schulden) und
  - **Eigenkapital** oder Reinvermögen.

Beachten Sie:

Der Begriff PASSIVA wird in der Fachliteratur mit unterschiedlicher Bedeutung verwendet.

PASSIVA (rechtlich):	N U R die Schulden.
PASSIVA (betriebswirtschaftlich):	Die gesamte Kapitalseite, also Fremd- und Eigenkapital.

Aus der Sollseite kann man erkennen, wie die Mittel verwendet wurden („Mittelverwendung“), aus der Habenseite ist ersichtlich, woher die Mittel stammen („Mittelaufbringung“).

Da alle Mittel, die eingebracht wurden, irgendwie verwendet werden müssen, und alle Mittel, die verwendet werden, irgendwie aufgebracht werden müssen, gelten folgende Bilanzgleichungen:

Bilanzgleichungen:

AKTIVA (Vermögen)	=	PASSIVA (Kapital)
AKTIVA	=	EIGENKAPITAL + FREMDKAPITAL
AKTIVA - FREMDKAPITAL	=	EIGENKAPITAL

Hinweis:

Das „Eigenkapital" in der Bilanz ist eine „abstrakte" Herkunftsbezeichnung für jenen Teil des Vermögens, der vom Eigentümer (vom „Unternehmer") selbst aufgebracht wurde.

Eigenkapital hat daher nichts mit konkreten Vermögensgütern wie etwa „Geld" in der Kasse oder „Häusern" etc. zu tun.

Man sagt zwar, „der Unternehmer bringt Eigenkapital ein". Im Sinne der doppelten Buchhaltung ist diese Aussage unrichtig. Der Unternehmer bringt Vermögen ein (Geld oder andere Güter).

Eine unmittelbare Zuordnung von aufgebrachtem Kapital und einzelnen Vermögensteilen ist nicht möglich. Der Finanzierungsspezialist sagt auch etwas nachlässig:

„Geld hat kein Mascherl".

Bereits aus dem einfachen Beispiel einer Bilanz kann man einige Folgerungen ziehen:

- Die Inventur ist in der Praxis ein äußerst arbeitsaufwendiger Vorgang. Es müssen alle Vermögensgegenstände körperlich erfasst und bewertet werden. (Stellen Sie sich vor, Sie müssten in Ihrem Zimmer oder in Ihrer Wohnung „Inventur machen", d.h. auch alle Gebrauchsgegenstände wie Teller, Besteck oder alle Wäschestücke genau erfassen und bewerten.)
- Um die Frage nach dem Reichtum eines Unternehmens zu klären, reicht die Kenntnis der Höhe des Vermögens allein nicht aus, man muss auch die Schulden berücksichtigen. Sichtbare Zeichen des Reichtums, wie Häuser, Auto oder eine dicke Brieftasche können daher täuschen, sie können auf Schulden beruhen.
- Da die Vermögensgegenstände „bewertet" werden müssen, werden Bilanzen über den „wahren" Reichtum eines Unternehmens nur unzureichend Auskunft geben, da viele Bewertungsprobleme nur näherungsweise gelöst werden können.

Beispiel: Bewertungsprobleme in der Bilanz

Nehmen Sie an, das Haus in unserem obigen Beispiel wurde vor 20 Jahren um € 200.000,– erworben, wurde seit damals bewohnt und nicht besonders gepflegt. Die Grundstückspreise sind jedoch auf das Vierfache gestiegen. Was ist der „wahre" Wert des Hauses und mit welchem Wert ist es in der Bilanz anzusetzen?

Ähnliche Probleme hätten wir auch bei den anderen Positionen des Vermögens (z.B. beim Schmuck oder bei den Einrichtungsgegenständen).

Das Problem der richtigen „Bewertung" ist daher ein zentrales Problem der „Bilanzierung" und wird uns noch beschäftigen.

Hinweis:

Die Gliederung der Bilanz ist im Handelsgesetzbuch genau vorgeschrieben (vgl. **Anhang II** – § 224). Viele Begriffe sind jedoch für den Anfänger noch nicht verständlich.

3.3.3 Der Betriebsvermögensvergleich

Auch die zweite Frage der doppelten Buchhaltung

- **„Ist ein Unternehmen in einem Geschäftsjahr reicher oder ärmer geworden?"**

kann mit Hilfe von Bilanzen beantwortet werden.

Man vergleicht das Reinvermögen zu Anfang eines Geschäftsjahres mit dem Reinvermögen zu Ende des Geschäftsjahres.

Da das Reinvermögen zu Anfang des Geschäftsjahres gleich dem Reinvermögen zu Ende des vorhergehenden Geschäftsjahres ist, wird in der Praxis das Reinvermögen der vorhergehenden Schlussbilanz mit dem der folgenden Schlussbilanz verglichen.

Ein Gewinn liegt vor, wenn das Reinvermögen gewachsen ist, ein Verlust, wenn es gesunken ist. (Dies gilt jedoch nur, wenn keine Privateinlagen oder Privatentnahmen getätigt wurden.)

Das Verfahren bezeichnet man als **„Betriebsvermögensvergleich"**. Richtig müsste man eigentlich von einem „Reinvermögensvergleich" sprechen.

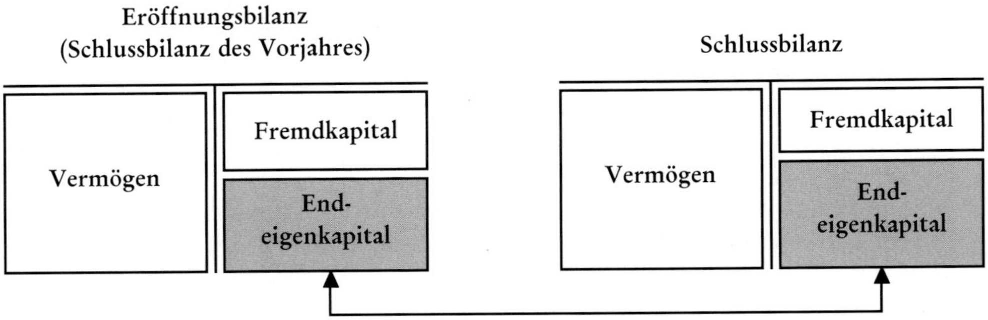

	Differenz
+	**Privatentnahmen**
–	**Privateinlagen**
=	**Gewinn (Verlust)**

Abb. 3.2: Grafische Darstellung des Betriebsvermögensvergleichs

Sonderproblem Privatentnahmen, Privateinlagen:

Das Ergebnis des Betriebsvermögensvergleichs kann durch Privatentnahmen und Privateinlagen der Unternehmer verzerrt werden:

- Haben die Unternehmer während des Jahres Vermögensteile aus dem Betrieb entnommen, z.B. Geld vom Bankkonto, um ihren Lebensunterhalt zu bestreiten, so ist das Vermögen und daher auch das Reinvermögen zu Jahresende kleiner als es eigentlich auf Grund von Gewinnen oder Verlusten sein müsste.

- Haben die Unternehmer Privateinlagen geleistet, so ist das Reinvermögen gewachsen, ohne dass Gewinne erzielt wurden.

Das Ergebnis des Betriebsvermögensvergleiches muss daher

- um Privatentnahmen vermehrt,
- um Privateinlagen vermindert werden.

Anwendungsbeispiel: Wirkung von Privatentnahmen und Privateinlagen auf den Betriebsvermögensvergleich

Bilanz per 31.12.2005

Gebäude	100.000	Schulden	80.000
Waren	60.000	Eigenkap.	100.000
Bankgh.	20.000		
	180.000		180.000

Bilanz per 31.12.2006

Gebäude	95.000	Schulden	30.000
Waren	40.000	Eigenkap.	165.000
Bankgh.	60.000		
	195.000		195.000

Zusatzangabe:

Variante a):

Der Unternehmer hat während des Jahres € 30.000,– für private Zwecke vom Bankkonto entnommen.

Variante b):

Der Unternehmer hat während des Jahres € 50.000,– aus seinem Privatvermögen verwendet, um Bankschulden des Unternehmens zu bezahlen.

Gewinn laut Betriebsvermögensvergleich:

Variante a)

	Reinvermögen zu Ende des Geschäftsjahres	165.000,–
–	Reinvermögen zu Anfang des Geschäftsjahres	100.000,–
=	Differenz	65.000,–
+	Privatentnahme	30.000,–
=	Jahresgewinn	95.000,–

Erklärung:

Hätte der Unternehmer nicht bereits während des Jahres € 30.000,– entnommen, würde das Bankguthaben nicht nur € 60.000,–, sondern € 90.000,– betragen. Das Vermögen und damit auch das Endreinvermögen (Endeigenkapital) wäre somit um € 30.000,– höher. Das Ergebnis des Betriebsvermögensvergleichs ist daher ebenfalls um € 30.000,– zu erhöhen.

Variante b)

	Reinvermögen zu Ende des Geschäftsjahres	165.000,–
–	Reinvermögen zu Anfang des Geschäftsjahres	100.000,–
=	Differenz	65.000,–
–	Privateinlage	50.000,–
=	Jahresgewinn	15.000,–

Erklärung:

Hätte der Unternehmer nicht aus seinem privaten Vermögen die Schulden zurückgezahlt, wären sie um € 50.000,– höher, das hieße aber, dass das Endreinvermögen um € 50.000,– geringer wäre. Das Ergebnis des Betriebsvermögensvergleiches ist daher um € 50.000,– zu verringern.

3.3.4 Die Erfolgsermittlung durch die Gewinn- und Verlustrechnung

Gewinn oder Verlust eines Geschäftsjahres können jedoch noch auf eine zweite Art ermittelt werden.

Man stellt den Ertrag eines Geschäftsjahres (z.B. die Verkaufserlöse) dem Aufwand eines Geschäftsjahres (z.B. den Löhnen eines Geschäftsjahres, der Miete, den Energiekosten, den Kreditzinsen etc.) gegenüber.

Beispiel:

Ein Friseur hat ein Lokal samt Einrichtung um € 12.000,– pro Jahr gemietet.

Er hat einen Gehilfen angestellt. Jährlicher Aufwand inklusive Sozialabgaben € 28.000,–, Heizung und Beleuchtung € 6.000,–, diverse Aufwendungen € 8.000,–.

Die Erlöse betragen € 80.000,–.

Stellt man Aufwand und Ertrag kontoförmig gegenüber und ermittelt die Differenz (den Saldo), so erhält man die Gewinn- und Verlustrechnung.

Aufwand	**Gewinn- und Verlustrechnung für 20 . .**		**Ertrag**
Mietaufwand	12.000,–	Erlöse	80.000,–
Lohnaufwand	28.000,–		
Energieaufwand	6.000,–		
Diverser Aufwand	8.000,–		
Jahresgewinn	26.000,–		
	80.000,–		80.000,–

Ein **Gewinn** ergibt sich, wenn die Erträge größer als der Aufwand sind. Da der Saldo auf der kleineren Seite steht, ergibt sich der Gewinn als **Habensaldo,** der bekanntlich im Soll steht.

Ein **Verlust** würde daher als **Sollsaldo** im Haben stehen. Auch dies ist logisch, da bei einem Verlust der Aufwand größer und der Ertrag kleiner wäre.

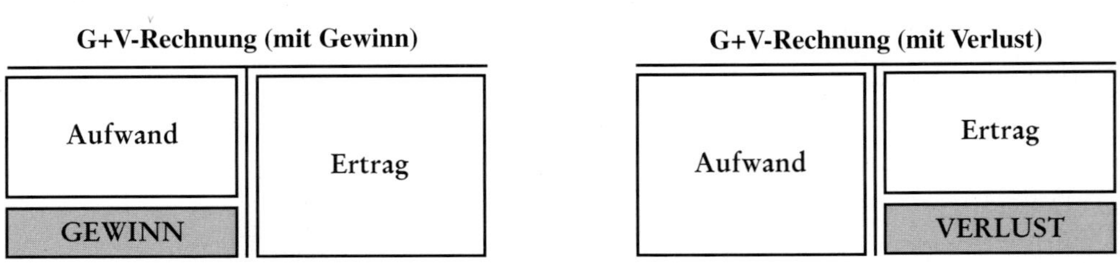

Abb. 3.3: Grafische Darstellung der Gewinn- und Verlustrechnung

Hinweis:

Wird eine Gewinn- und Verlustrechnung veröffentlicht, erfolgt dies in **Staffelform** (vgl. Abschnitt 3.4.3 [5]). Die Gliederung dieser Staffelform ist ebenfalls im Handelsgesetzbuch vorgeschrieben (vgl. **Anhang II** § 231). In der laufenden Buchhaltung werden jedoch Aufwand und Ertrag auf Konten verbucht, d.h., das dahinter stehende Denkschema ist immer das Konto.

3.3.5 Die doppelte Gewinnermittlung

Ein wesentliches Merkmal der doppelten Buchhaltung besteht nun darin, dass der Gewinn sowohl durch

- Betriebsvermögensvergleich als auch durch
- Vergleich von Erträgen und Aufwendungen

ermittelt wird.

Hat man richtig gerechnet, müssen beide Berechnungsarten zum gleichen Ergebnis führen.

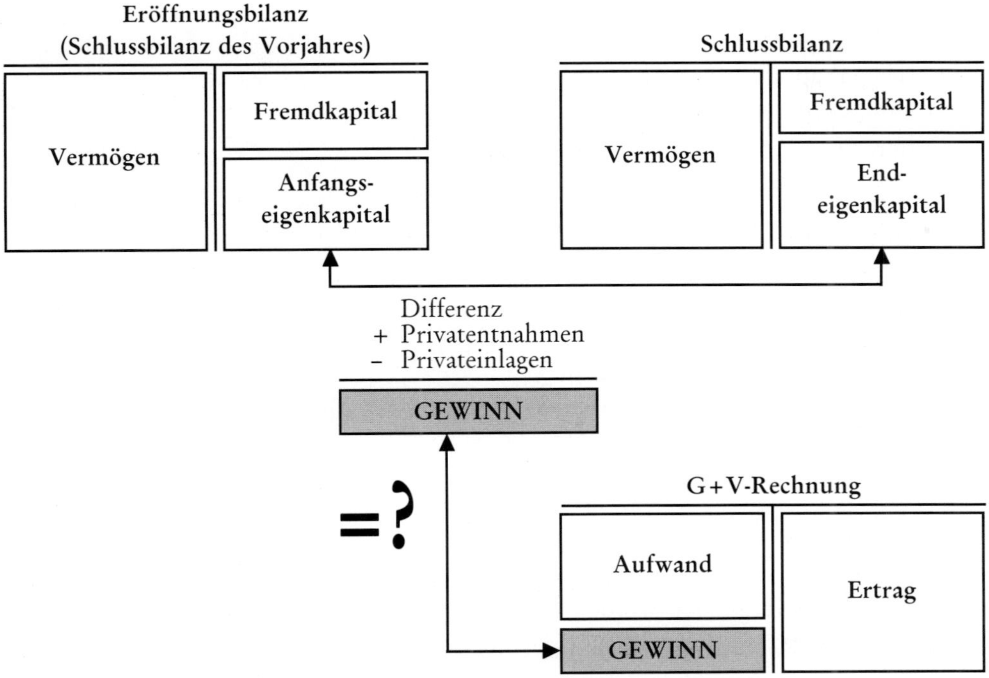

Abb. 3.4: Grafische Darstellung der doppelten Gewinnermittlung

Vereinfachtes Beispiel:

Ein Maronibrater hatte zu Beginn des Tages:

- einen Maroniofen im Wert von € 600,–
- einen Sack Maroni (10 kg) im Wert von € 4,– pro kg, insgesamt € 40,–
- Wechselgeld € 50,–
- Von einem Freund hat er sich zum Ankauf des Maroniofens € 200,– ausgeborgt.

Während des Tages ereignet sich Folgendes:

- Auf dem Weg zu seinem Standplatz kauft er 3 Säcke Holzkohle um insgesamt € 15,–.
- Mittags nimmt er € 10,– aus der Kasse und geht mittagessen.
- Dabei trifft er seinen Freund und gibt ihm € 40,– zurück.
- Abends befinden sich in seiner Kasse € 100,–.
- Ferner hat er noch 3 kg rohe Maroni und einen Sack Holzkohle.
- Laut seinen Aufzeichnungen hat er Maroni um insgesamt € 115,– verkauft.

Es soll der Tagesgewinn durch Betriebsvermögensvergleich und durch Gewinn- und Verlustrechnung ermittelt werden. (Annahme: Wert des Ofens bleibt gleich.)

Eröffnungsbilanz

Ofen	600,–	Schulden	200,–
Maroni	40,–	Eigenk.	490,–
Bargeld	50,–		
	690,–		690,–

Schlussbilanz

Ofen	600,–	Schulden	160,–
Maroni	12,–	Eigenk.	557,–
Holzkohle	5,–		
Bargeld	100,–		
	717,–		717,–

Betriebsvermögensvergleich:

	Endeigenkapital	557,–
–	Anfangseigenkapital	490,–
	Differenz	67,–
+	Privatentnahmen	10,–
	Tagesgewinn	**77,–**

Aufwand — Gewinn- und Verlustrechnung — Ertrag

Aufwand		Ertrag	
Maroniverbrauch	28,–	Erlöse lt. Aufzeichnung	115,–
Holzkohlenverbrauch	10,–		
Tagesgewinn	**77,–**		
	115,–		115,–

Das Beispiel zeigt, dass

- beim Betriebsvermögensvergleich die Bestände an Vermögen und Schulden zu **zwei Zeitpunkten** verglichen werden,
- in der **G + V-Rechnung** jedoch die Aufwendungen und Erträge eines **Zeitraumes** (einer Periode) gegenübergestellt werden.

Kassenkontrolle:

Kassenanfangsbestand		50,–
Einnahmen		115,–
Holzkohleneinkauf	15,–	
Schuldenrückzahlung	40,–	
Privatentnahme	10,–	65,–
Endbestand		100,–

Beachten Sie:

Das Beispiel zeigt erneut, dass die Veränderung des Kassenbestandes keine Auskunft über Gewinn und Verlust gibt und auch nichts über die Höhe des Eigenkapitals aussagt.

- Borgt man sich z.B. Geld aus, hat man zwar Bargeld, ist jedoch nicht reicher geworden.
- Erwirbt man Vermögensgüter gegen Barzahlung oder zahlt man Schulden zurück, hat man zwar weniger Bargeld, ist jedoch nicht ärmer geworden.

In allen Fällen ändern sich zwar das Vermögen und die Schulden, jedoch die Differenz zwischen Vermögen und Schulden (das Eigenkapital) bleibt gleich.

Zahlungen müssen daher daraufhin untersucht werden, ob sie den Gewinn beeinflussen oder nicht. Diese Unterscheidung ist am Anfang nicht immer leicht.

So mussten wir z.B. beim Holzkohleneinkauf trennen in jenen Teil der Holzkohle, die der Maronibrater verbraucht hatte (Aufwand) und in jenen Teil, der am Abend noch vorhanden war (Vermögen).

3.3.6 Zwischenzusammenfassung (Soll und Haben)

Bisher haben wir bestimmte Positionen auf die linke Kontoseite, d.h. ins Soll, und andere Positionen auf die rechte Kontoseite, ins Haben, geschrieben. Hinter dieser Zuordnung steckt ein System:

	SOLL	HABEN	
BILANZ	**Vermögen**	**Fremdkapital Eigenkapital**	**Bestands- konten**
G+V	**Aufwand**	**Ertrag**	**Erfolgs- konten**
	WOHIN? **Mittel- verwendung**	WOHER? **Mittel- aufbringung**	

Abb. 3.5: Soll und Haben in der doppelten Buchhaltung, Teil 1

Die Übersicht besagt Folgendes:

- Eine **Sollbuchung** gibt immer an, was mit den Mitteln geschieht. Entweder es wird Vermögen angeschafft oder es werden Aufwendungen getätigt.

- Die **Habenbuchung** gibt an, woher die Mittel kommen, d.h. ob man Schulden gemacht, Eigenkapital eingebracht oder Erträge erzielt hat.
- Die Gegenüberstellung von **Vermögen** und **Schulden** bzw. **Eigenkapital** ergibt die **Bilanz.** Die Bilanz weist die Bestände zu einem bestimmten **Zeitpunkt** aus (den Bestand an Gebäuden, Waren, Bargeld sowie an Schulden z.B. per 31.12. eines Jahres).
- Die Gegenüberstellung von **Aufwand** und **Ertrag** erfolgt in der **G + V-Rechnung.** Die Differenz ist der Erfolg für einen bestimmten **Zeitraum** (z.B. für das Jahr 2005).

Beachten Sie:

Die Darstellung ist noch nicht vollständig, da auf Bestands- und Erfolgskonten jeweils auch auf der Gegenseite gebucht werden kann.

	SOLL	HABEN	
	Schulden- bzw. Eigenkapital-verminderung	**Vermögens-verminderung**	**Bestands-konten**
	Ertrags-verminderung	**Aufwands-verminderung**	**Erfolgs-konten**
	WOHIN? Mittel-verwendung	**WOHER? Mittel-aufbringung**	

Abb. 3.6: Soll und Haben in der doppelten Buchhaltung, Teil 2

Auch diese Erweiterung ist leicht verständlich.

- Die Rückzahlung von Schulden ist eine „Mittelverwendung“. Da Schulden im Haben stehen, steht die Rückzahlung von Schulden im Soll.

  Entnimmt der Unternehmer Mittel für eigene Zwecke, so steht diese Privatentnahme im Soll, da er sein Eigenkapital vermindert.
- Die Entnahme von Vermögensteilen, z.B. die Entnahme von Geld aus der Kasse, ist eine Möglichkeit der Mittelaufbringung. Da das Vermögen im Soll steht, wird eine Verminderung im Haben verbucht.
- Die Verminderung bereits verbuchter Erträge (z.B. durch nachträgliche Rabatte) steht im Soll (da die Erträge im Haben stehen).
- Die Verminderung bereits verbuchter Aufwendungen steht aus dem gleichen Grund im Haben.

Aus den bisherigen Ausführungen ergeben sich bereits zwei Erklärungen für den Begriff **„Doppelte Buchhaltung“:**

- Der Gewinn einer Geschäftsperiode (meist eines Geschäftsjahres) wird mit zwei Methoden ermittelt,
  - durch Betriebsvermögensvergleich und
  - durch Vergleich von Aufwand und Ertrag.
- Jeder Geschäftsfall betrifft die Soll- und die Habenseite:
  - Im Soll ist ersichtlich, was mit den Mitteln geschehen ist (Verwendung).
  - Im Haben ist ersichtlich, wie die Mittel aufgebracht wurden (Aufbringung).

Manchmal ist es schwierig zu entscheiden, ob ein Tatbestand zum Aufwand oder zum Bestand zählt. Die folgende Grafik soll Ihnen helfen.

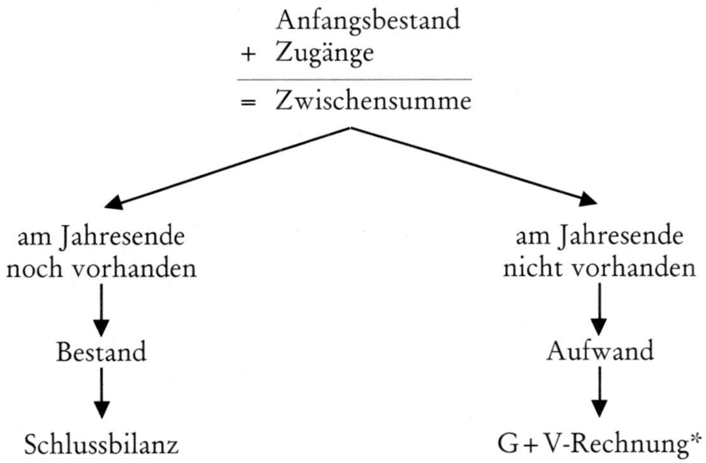

Beachten Sie:

Entscheidend ist die Zuordnung beim Jahresabschluss und nicht die Buchung während des Jahres.

Beispiel:

Wareneinkäufe können laufend als Warenbestand oder sofort als Wareneinsatz verbucht werden (die zweite Buchung ist in der Praxis üblich). Wichtig sind die Buchungen am Jahresende. Alles was verbraucht wurde (einschließlich Schwund und Abwertung), zählt zum Aufwand, alles was noch vorhanden ist, gehört zum Endbestand und damit in die Schlussbilanz.

Beachten Sie:

Die Unterscheidung wird nicht immer exakt getroffen. Zum Beispiel wird der Zukauf von Brennmaterial (z.B. Heizöl) sofort als Aufwand verbucht. Ein etwaiger Rest im Heizöltank wird jedoch selten als Bestand in der Bilanz ausgewiesen.

Kleingeräte (Werkzeuge, Taschenrechner, billige Drucker etc.) werden meist als „geringwertige Wirtschaftsgüter“ sofort als Aufwand verrechnet, obwohl es sich eindeutig um Bestände handelt (vgl. dazu jedoch § 226 (3) HGB).

3.4 Von der Eröffnungsbilanz zur Schlussbilanz

Bisher haben wir nur die Konten Eröffnungs- und Schlussbilanz und das G + V-Konto betrachtet.

In der Praxis wird jedoch nicht nur am Jahresende gebucht, sondern es wird jeder Geschäftsfall in der doppelten Buchhaltung aufgezeichnet.

Mit diesen Aufzeichnungen wollen wir uns nun beschäftigen.

3.4.1 Die Eröffnung der Konten zu Jahresbeginn

Zu Jahresbeginn werden für die einzelnen Vermögens- und Schuldenpositionen der Schlussbilanz des Vorjahres eigene Konten eröffnet.

Während des Jahres werden Veränderungen nicht in der Bilanz oder in der G + V-Rechnung verzeichnet, sondern auf Einzelkonten.

Beachten Sie:

Eröffnet werden nur die Bestandskonten. Nur „Bestände“ bleiben über den Jahresabschluss erhalten (Gebäude, die am 31.12. vorhanden waren, sind auch am 1.1. vorhanden, Gleiches gilt — leider — auch für Schulden usw.).

Erfolgskonten (Aufwands- und Ertragskonten) werden zunächst nicht eröffnet. Sie beziehen sich nur auf eine Periode und beginnen daher jedes Jahr mit dem Saldo null.

Beispiel: Konteneröffnung eines Textilhändlers

Schlussbilanz per 31.12.2004

Ladeneinrichtung	60.000,–	Bankschulden	40.000,–
Warenbestand	25.000,–	Lieferantenschulden	20.000,–
Kassa	10.000,–	Eigenkapital	35.000,–
	95.000,–		95.000,–

Zu Beginn des Folgejahres wird nun für jede Vermögens- und Schuldenposition und für das Eigenkapital ein Einzelkonto mit der entsprechenden Bezeichnung eröffnet.

Beachten Sie:

- In der Praxis erfolgt diese Eröffnung nicht zu Beginn des Jahres, sondern frühestens dann, wenn man für das Vorjahr Bilanz gemacht hat. Dies kann einige Monate dauern.

Benötigt man das Konto schon früher, um laufende Buchungen durchzuführen, so bucht man zunächst auf dem entsprechenden Konto, ohne den Anfangsbestand vorzutragen. In der Theorie wird jedoch jedes Konto bereits am 1. Jänner mit dem Vorjahresbestand eröffnet.

- Alle Gegenbuchungen für die Eröffnungsbuchungen werden auf einem „Eröffnungsbilanzkonto" gebucht.

  Da das „Eröffnungsbilanzkonto" die Gegenbuchungen zur Eröffnung der Hauptbuchkonten aufnimmt, ist es zur Schlussbilanz „seitenverkehrt".

  Beachten Sie jedoch:

  Werden aus irgendeinem Grund „Eröffnungsbilanzen" dargestellt, erfolgt dies genauso wie in der Schlussbilanz (Vermögen im Soll und Schulden im Haben).

Auf der Grundlage der oben stehenden Schlussbilanz würden die Bestandskonten (Vermögen und Schulden) theoretisch am 1.1. folgendermaßen eröffnet (praktisch erfolgt diese Eröffnung irgendwann während des Jahres):

Eröffnungsbilanzkonto 2005

Bankschulden	40.000,-	Ladeneinrichtung	60.000,-
Lieferantenschulden	20.000,-	Warenbestand	25.000,-
Eigenkapital	35.000,-	Kassa	10.000,-
	95.000,-		95.000,-

Ladeneinrichtung

1.1. EBK	60.000,-	

Bankschulden

	1.1. EBK	40.000,-

Warenbestand

1.1. EBK	25.000,-	

Lieferantenschulden

	1.1. EBK	20.000,-

Kassa

1.1. EBK	10.000,-	

Eigenkapital

	1.1. EBK	35.000,-

3.4.2 Laufende Buchungen

Jeder laufende Geschäftsfall wird im Soll und im Haben von Konten verbucht. Ist noch kein Konto vorhanden, wird ein neues Konto mit der entsprechenden Bezeichnung eröffnet.

Verwenden Sie bitte für die Verbuchung der nachfolgenden Geschäftsfälle die in Kapitel 3.3.6 dargestellte Übersicht.

Denken Sie bei jedem Geschäftsfall an den Grundsatz:

- **die Mittelverwendung wird im Soll gebucht,**
- **die Mittelaufbringung im Haben.**

3.4.2.1 Reine Bestandsbuchungen

Die nachfolgenden Buchungen setzen das obige Beispiel zur Kontoeröffnung des Textilhändlers fort.

Die Geschäftsfälle (1) bis (4) betreffen nur Bestandskonten.

(1) **Beleg: Eingangsrechnung ER 1/2002,** Einkauf von Handelswaren auf Ziel (d.h., wir bleiben die Rechnung zunächst schuldig) um € 10.000,–.

Warenbestand

1.1.	25.000,–		
(1)	10.000,–		

Lieferantenschulden

		1.1.	20.000,–
		(1)	10.000,–

Kommentar:

Die Mittel wurden für die Vermehrung des Handelswarenbestandes verwendet. Aufgebracht wurden sie durch die Vermehrung der Schulden.

(2) **Beleg: Eingangsrechnung ER 2/2002,** Einkauf von Handelswaren um € 4.000,– gegen Barzahlung.

Warenbestand

1.1.	25.000,–		
(1)	10.000,–		
(2)	4.000,–		

Kassa

1.1.	10.000,–	(2)	4.000,–

Kommentar:

Der Handelswarenbestand wurde erhöht (Mittelverwendung). Die Mittel wurden aus der Kassa genommen (Mittelaufbringung durch Verminderung eines anderen Vermögensgutes).

(3) **Beleg: B 1/2002** — Bankbeleg über eine Überweisung an unseren Lieferanten von € 20.000,–.

Lieferantenschulden

(3)	20.000,–	1.1.	20.000,–
		(1)	10.000,–

Bankschulden

		1.1.	40.000,–
		(3)	20.000,–

Kommentar:

Die Mittel wurden zur Bezahlung von Schulden verwendet (die Schulden wurden dadurch verringert). Die Mittel wurden dadurch aufgebracht, dass andere Schulden, nämlich unsere Bankschulden, vermehrt wurden.

(4) **Beleg: KA 1/2002** — Kassaausgangsbeleg, unser Lieferant hat die Hälfte der Rechnung aus Geschäftsfall (1) bar kassiert.

Lieferantenschulden

(3)	20.000,–	1.1.	20.000,–
(4)	5.000,–	(1)	10.000,–

Kassa

1.1.	10.000,–	(2)	4.000,–
		(4)	5.000,–

Kommentar:

Die Mittel wurden zur Bezahlung der Schulden verwendet. Sie wurden aus der Kassa entnommen und haben daher den Kassenbestand vermindert.

Beachten Sie:

Durch die Geschäftsfälle (1) bis (4) wurde unser Eigenkapital nicht verändert. Es veränderten sich nur einzelne Vermögensteile oder die Schulden. Der Unterschied zwischen Vermögen und Schulden blieb gleich.

Zur Kontrolle dieser Aussage machen wir eine Zwischenbilanz. Wir ermitteln den Kontenstand auf allen Vermögens- und Fremdkapitalkonten und ermitteln das Eigenkapital in Kontenform:

Zwischenbilanz

Ladeneinrichtung	60.000,–	Bankschulden	60.000,–
Warenbestand	39.000,–	Lieferantenschulden	5.000,–
Kassa	1.000,–	Eigenkapital	35.000,–
	100.000,–		100.000,–

Das Eigenkapital wurde durch die vier Bestandsbuchungen nicht verändert.

Die vier Buchungen stellten die vier Möglichkeiten für reine Bestandsbuchungen dar:

Buchung (1): **„Bilanzverlängerung“:** Vermehrung des Vermögens durch Vermehrung von Schulden.

Buchung (2): **„Aktivtausch“:** Ein Vermögensgut wird vermehrt, ein anderes vermindert.

Buchung (3): **„Passivtausch“:** Schuldenverminderung durch Vermehrung anderer Schulden.

Buchung (4): **„Bilanzverkürzung“:** Vermögensverminderung und Schuldenverminderung.

Nachstehend finden Sie eine Übersicht über die wichtigsten Bestandskonten:

Aktive Bestandskonten (VERMÖGEN)	Passive Bestandskonten (Eigenkapital, SCHULDEN)
Konten des Anlagevermögens	**Eigenkapital**
➢ Immaterielles Anlagevermögen	**Schulden aller Art**
— Rechte, Patente, Lizenzen	— Schulden an Lieferanten
➢ Sachanlagen	— Bankschulden
— Grundstücke, Gebäude	— Sonstige Schulden, Darlehen etc.
— Maschinen, Fuhrpark	(— Passive Rechnungsabgrenzung)
— Werkzeuge, Büroausstattung	
➢ Finanzanlagen	
— Beteiligungen	
— Wertpapiere des Anlagevermögens	
Konten des Umlaufvermögens	
➢ Vorräte	
— Roh-, Hilfs-, Betriebsstoffe	
— Unfertige Erzeugnisse	
— Fertige Erzeugnisse, Waren	
➢ Forderungen	
➢ Wertpapiere	
➢ Kassenbestand, Guthaben bei Kreditinstituten	
➢ (Aktive Rechnungsabgrenzung)	

Beachten Sie:

> **Anlagevermögen:** Vermögensgüter, die dazu bestimmt sind, dem Unternehmen längere Zeit (länger als ein Wirtschaftsjahr) zu dienen.
>
> **Umlaufvermögen:** Vermögensgüter, die nicht zum Anlagevermögen zählen.
>
> Was für einen Unternehmer Anlagevermögen ist, kann für einen anderen Unternehmer zum Umlaufvermögen zählen. Der Kombi eines Installateurbetriebes zählt zum Anlagevermögen, Kombis zum Verkauf bei einem Autohändler zählen zu dessen Umlaufvermögen.

Hinweis:

Die Gliederungsvorschriften für die Bilanz finden Sie im **Anhang II** (Handelsgesetzbuch § 224). Viele Positionen sind jedoch für Sie derzeit nicht verständlich und wurden daher in der obigen Kurzübersicht weggelassen.

3.4.2.2 Gemischte Buchungen

Bei den folgenden Buchungen treten **„erfolgswirksame"** Tatbestände auf, d.h., die Tatbestände betreffen Aufwand und Ertrag und verändern daher den Gewinn bzw. den Verlust und damit auch das Eigenkapital.

Aufwand:

In Geld bewerteter Wertverzehr in einer Rechnungsperiode (z.B. Miete, Reparatur etc.).

Aufwand stellt **„Mittelverwendung"** dar und wird daher im **Soll** von Aufwandskonten verbucht.

Ertrag:

In Geld bewertete Gegenleistung für die Leistungen des Unternehmens.

Erträge bringen Mittel auf (**„Mittelaufbringung"**) und werden daher im **Haben** von Ertragskonten verbucht.

Die **Erfolgskonten** bestehen daher aus

- einer Aufwandskontenreihe und
- einer Ertragskontenreihe.

Hinweis:

Die nachfolgenden Buchungsbeispiele setzen das Beispiel des Textileinzelhändlers aus dem vorigen Abschnitt fort.

Zur Vereinfachung werden bei den folgenden Geschäftsfällen nicht mehr auf jedem Konto alle vorhergehenden Buchungen angeführt, sondern nur mehr der Saldo laut Zwischenbilanz (er wird mit ZB, wie Zwischenbilanz, gekennzeichnet) und die neue Buchung.

(5) **Beleg: AR 1/2002:** Ausgangsrechnung über einen Warenverkauf um € 18.000,– gegen Barzahlung.

Kassa			Erlöse		
ZB	1.000,–			(5)	18.000,–
(5)	18.000,–				

Kommentar:

Die Mittel sind in die Kassa geflossen, sie haben den Kassenbestand vermehrt.

Die Mittel wurden durch Verkauf von Waren aufgebracht, d.h., sie stammen aus Erlösen. Das Erlöskonto ist neu anzulegen.

Beachten Sie bei der Verbuchung von Verkäufen:

- Der Tatbestand, dass sich auch der Warenbestand vermindert, wird zunächst nicht verbucht. Eine Buchung auf dem Konto Warenbestand wäre schon deswegen falsch, weil am Konto Warenbestand Einkaufspreise verrechnet werden, beim Verkauf werden jedoch Verkaufspreise verrechnet.
- Ferner werden häufig die Erlöse nur betragsmäßig aufgezeichnet. Welche Waren verkauft wurden, ist jedoch nicht genau bekannt.

  Ein Beispiel dafür wäre etwa der Verkauf in kleineren Einzelhandelsgeschäften ohne Scannerkassen. Die Kassierin tippt nur die Beträge in die Registrierkasse, zeichnet jedoch nicht auf, welche Waren verkauft wurden.

  Selbstverständlich wird später auch der Warenbestand berichtigt werden müssen (vgl. dazu den Abschnitt 3.4.3).
- Die Buchung auf dem Erlöskonto im Haben gibt an, dass die Vermehrung des Kassenbestandes durch Verkäufe „aufgebracht" wurde. D.h., „Erlöse" sind eine abstrakte Herkunftsbezeichnung. Die Einnahmen selbst (die konkreten Vermögensteile) stehen im Soll des Kassakontos.

  Ein Kaufmann, der auf seine volle Kasse verweist und sagt „Dies sind meine heutigen Erlöse" drückt sich daher im Sinne des Systems der doppelten Buchhaltung nicht ganz richtig aus. Richtig wäre zu sagen: „Dieses Bargeld stammt aus meinen heutigen Erlösen."

(6) **Beleg: AR 2/2002:** Ausgangsrechnung über einen Warenverkauf um € 30.000,– gegen spätere Zahlung („auf Ziel").

Kundenforderungen			Erlöse		
(6)	30.000,–			(5)	18.000,–
				(6)	30.000,–

Kommentar:

Wir haben wieder Waren verkauft und Erlöse erzielt. D.h., es wird am Konto „Erlöse" im Haben gebucht.

Da der Kunde nicht gezahlt hat, haben wir gegen den Kunden eine Forderung. Eine Forderung ist ein Vermögensbestandteil. Unternehmen, die viele ausständige Forderungen haben, besitzen ebenfalls umfangreiches Vermögen. Denken Sie z.B. an Kreditinstitute, bei denen 50–70% des Vermögens aus verliehenem Geld (Kreditforderungen) besteht.

Beachten Sie:

In der doppelten Buchhaltung werden die Erlöse bereits bei Lieferung der Ware verbucht und nicht erst, wenn der Kunde bezahlt.

(7) **Beleg: B 2/2002:** Bankbeleg mit Beilagen über zwei Überweisungen:
a) Lohnzahlung an unsere Verkäuferin: € 1.200,–
b) Bezahlung der Stromrechnung: € 500,–

Lohnaufwand

(7a)	1.200,–		

Energieaufwand

(7b)	500,–		

Bankschulden

		ZB	60.000,–
		(7a,b)	1.700,–

Kommentar:

In beiden Fällen handelt es sich um einen **Aufwand.** Die Mittel wurden für Löhne und Energie verwendet.

Aufgebracht wurden Sie durch eine weitere Erhöhung der Bankschulden.

Die Bankbuchung wurde als **„Sammelbuchung"** durchgeführt. D.h., wir haben nicht jeden Betrag einzeln gebucht, sondern die beiden Beträge zusammengezogen. Dies ist selbstverständlich zulässig.

(8) **Beleg: KA 2/2002:** Kassaausgangsbeleg über die Barzahlung der Miete € 800,–.

Mietaufwand

(8)	800,–		

Kassa

ZB	1.000,–	(8)	800,–
(5)	18.000,–		

Kommentar:

Auch die Miete ist ein Aufwand (Mittelverwendung). Bezahlt wurde sie aus der Kassa (Mittelaufbringung durch Verminderung des Kassenbestandes).

3.4.2.3 Privatentnahmen

Privatentnahmen vermindern zwar das Eigenkapital, sie stellen aber keinen erfolgswirksamen Vorgang dar. Eigentlich gehören sie daher zu den bestandswirksamen Tatbeständen.

In die Systematik der bestandswirksamen Tatbestände können sie mehrfach eingeordnet werden:

- Als „Bilanzverkürzung", wenn der Unternehmer das Geld aus der Geschäftskassa (vgl. Fall 9) oder aus einem Bankguthaben entnimmt.
- Als Passivtausch, wenn durch die Privatentnahme die Bankschulden erhöht werden.

> Buchungstechnisch werden die Privatentnahmen und Privateinlagen während des Jahres auf einem Vorkonto zum Eigenkapitalkonto verbucht. Dieses Konto trägt die Bezeichnung **„Privatkonto"**.
>
> Das Privatkonto wird am Jahresende gegen das Eigenkapitalkonto abgeschlossen.

(9) **Interner Beleg P 1/2002** über eine Privatentnahme des Unternehmers über € 2.000,– aus der Geschäftskasse.

Privatkonto

(9)	2.000,–		

Kassa

ZB	1.000,–	(8)	800,–
(5)	18.000,–	(9)	2.000,–

Kommentar:

Die Privatentnahme stellt „Mittelverwendung" dar, sie wird daher im Soll gebucht. (Eine andere Erklärung wäre: Die Privatentnahme vermindert das Eigenkapital. Da das Eigenkapital im Haben steht, muss eine Verminderung des Eigenkapitals im Soll stehen.)

Das Geld wurde aus der Kassa entnommen, daher Kassakonto Haben (Mittelaufbringung durch Vermögensminderung).

3.4.3 Abschlussbuchungen

Wurden alle laufenden Buchungen vorgenommen und ist die Geschäftsperiode, meist ein Geschäftsjahr, zu Ende, wird der Abschluss durchgeführt, d.h., es gilt wieder die beiden Hauptfragen der Buchhaltung zu beantworten:

- Wie reich ist der Unternehmer bzw. die Unternehmung (wie groß ist das Eigenkapital)?
- Ist er/es reicher oder ärmer geworden (wurde ein Gewinn oder ein Verlust erzielt)?

Einige Schritte sind Ihnen bereits bekannt.

(1) Inventur und Inventar

Zur Vorbereitung des Abschlusses wird eine Inventur durchgeführt, d.h., die Vermögensgegenstände werden gezählt, gemessen, gewogen und bewertet.

Da Forderungen und Schulden nicht körperlich erfasst werden können, werden sie mit dem Partner (dem Kunden, dem Lieferanten, dem Kreditinstitut) „abgestimmt". D.h., ein Partner teilt dem anderen mit, was er von ihm laut seiner eigenen Aufzeichnungen zu fordern hat bzw. was er ihm schuldet. Der Partner wird aufgefordert, den Kontostand in seinen eigenen Aufzeichnungen zu überprüfen und Abweichungen bekannt zu geben.

Haben beide Partner die gleichen Kontostände, nimmt man an, dass sie richtig sind, ist dies nicht der Fall, muss der Fehler gesucht werden.

(2) Ermittlung des Warenendbestandes und des Wareneinsatzes

Ein Zentralproblem der Inventur ist die Ermittlung des Warenendbestandes, mit dessen Hilfe dann der Wareneinsatz ermittelt wird.

Sie erinnern sich, beim Warenverkauf wurden nur die Erlöse verbucht. Die Tatsache, dass sich auch der Warenbestand verringerte, wurde nicht berücksichtigt.

Unternehmer (vor allem kleine Einzelhändler) zeichnen häufig nur Erlöse auf, wissen jedoch nicht, welche Waren sie tatsächlich verkauft haben. Sie können daher den Einstandswert der verkauften Waren nur „indirekt" ermitteln.

Annahme:

Bei der Inventur unseres Textilhändlers ergibt sich nach der körperlichen Bestandsaufnahme und nach der Bewertung der Bestände ein Warenendbestand von € 19.000,–.

Indirekte Wareneinsatzermittlung

	Anfangsbestand (lt. Schlussbilanz des Vorjahres)	€	25.000,–
+	Zukäufe laut Aufzeichnung (Geschäftsfälle (1) und (2))	€	14.000,–
=	Zwischensumme	€	39.000,–
–	Endbestand (lt. Inventur und Bewertung)	€	19.000,–
=	Wareneinsatz	€	20.000,–

Kommentar:

Da der Kaufmann nicht weiß, wie viele Waren, z.B. wie viel Meter Stoff, er verkauft hat, ermittelt er durch körperliche Bestandsaufnahme (Inventur durch Zählen, Messen, Wiegen) den Endbestand, bewertet ihn und überlegt wie folgt:

Hätte man nichts entnommen, müssten Anfangsbestand und Zukäufe noch vorhanden sein (dies ist die „Zwischensumme").

Tatsächlich vorhanden ist der Endbestand laut Inventur. Daraus schließt man **„indirekt"**, dass die fehlende Ware ordnungsgemäß verkauft wurde. Daher bezeichnet man dieses Verfahren als **„indirekte" Wareneinsatzermittlung.**

Selbstverständlich kann man mit diesem Verfahren nicht feststellen, ob tatsächlich die gesamte nicht vorhandene Ware ordnungsgemäß verkauft wurde oder ob ein Teil gestohlen wurde, verdorben ist (z.B. beim Obsthandel) etc. Trotz dieser Probleme findet sich dieses Verfahren in der Praxis häufig.

Eine **direkte Wareneinsatzermittlung** ist nur dann möglich, wenn die Warenentnahmen auch mengenmäßig genau aufgezeichnet werden (z.B. durch Warenentnahmebelege, durch Scannerkassen, bei denen nicht nur die Preise, sondern auch die Artikelnummern erfasst werden).

Buchung des Wareneinsatzes

Wareneinsatz

31.12.	20.000,–		

Warenbestand

1.1.	25.000,–	**31.12.**	20.000,–
(1)	10.000,–		
(2)	4.000,–		

Kommentar:

Der **Wareneinsatz** stellt **Aufwand** dar **(Mittelverwendung),** der Wert der verkauften Waren wurde zur Erzielung der Erlöse eingesetzt.

Die Waren wurden vom Warenbestand entnommen, sie werden daher dort abgebucht.

Hinweis:

In der Praxis werden die Warenzukäufe in der Regel sofort auf das Konto Wareneinsatz gebucht und erst am Jahresende so umgebucht, dass am Konto Warenbestand der Endbestand und am Konto Wareneinsatz der Wareneinsatz verbleibt. In unserem Beispiel ergäbe sich folgendes Bild:

Wareneinsatz

(1)	10.000		
(2)	4.000		
31.12.	6.000		

Warenbestand

1.1.	25.000	31.12.	6.000

Da am Jahresende weniger Waren vorhanden sind als am Anfang, wurden Waren um € 6.000,– mehr verbraucht als eingekauft wurden. Der Bestand ist daher um € 6.000,– zu verringern und der Wareneinsatz um € 6.000,– zu erhöhen. Wie Sie leicht kontrollieren können, ergeben sich die gleichen Salden wie bei der ersten Methode.

(3) Ermittlung der Abschreibung

Ein weiteres Abschlussproblem besteht darin, dass das so genannte abnutzbare Anlagevermögen durch den Gebrauch weniger wert wird.

Beispiele: Abschreibung

Autos, die ein Jahr genutzt werden, sind selbstverständlich zu Jahresende weniger wert als zu Jahresbeginn. Gleiches gilt für Maschinen, Werkzeuge, Computer, Ladeneinrichtung etc.

Dieser Wertverlust muss aus zwei Gründen berücksichtigt werden.

- Berücksichtigt man den Wertverlust nicht, wäre der Bilanzansatz für das entsprechende Wirtschaftsgut falsch.
- Der Wertverlust stellt jedoch auch „Aufwand“ dar. Er muss daher auch in der Gewinn- und Verlustrechnung angesetzt werden, sonst wäre der Jahresgewinn zu hoch bzw. ein etwaiger Verlust zu niedrig.

  Z.B. muss ein Taxiunternehmer bei der Ermittlung seines Gewinnes auch berücksichtigen, dass seine Taxis weniger wert werden.

Diesen Wertverlust bezeichnet man als **„Abschreibung“.** Er kann nicht genau ermittelt werden. Man schätzt ihn daher näherungsweise durch folgende Rechnung:

Abschreibung = Anschaffungswert : betriebsgewöhnliche Nutzungsdauer

Anschaffungswert und Nutzungsdauer werden in der **„Anlagenkartei“** verzeichnet und können dort jederzeit nachgesehen werden.

Zusatzangabe:

Der Anschaffungswert der Ladeneinrichtung unseres Textilhändlers beträgt € 100.000,–, die geschätzte Nutzungsdauer 10 Jahre.

Jährliche Abschreibung daher € 100.000,– : 10 = € 10.000,–

Buchung:

Abschreibung

31.12.	10.000,–		

Ladeneinrichtung

1.1.	60.000,–	**31.12.**	10.000,–

Kommentar:

Die **Abschreibung** stellt **Aufwand** dar **(Mittelverwendung).** Sie wird daher im **Soll** verbucht. Das HGB spricht von „planmäßiger Abschreibung“ (vgl. § 204). Das Einkommenssteuergesetz spricht von „Absetzung für Abnutzung“ (AfA).

Der Wertverlust vermindert den Wert der Ladeneinrichtung und wird daher im Haben des jeweiligen Vermögenskontos verbucht.

Hinweis:

In veröffentlichten Jahresabschlüssen ist ein so genannter „Anlagenspiegel" enthalten (vgl. § 226 (1) HGB im **Anhang II**).

(4) Umbuchung der Privatentnahmen auf das Eigenkapitalkonto

In der Regel hat der Unternehmer während des Jahres Privatentnahmen getätigt, um seinen Lebensunterhalt zu bestreiten. Diese wurden auf dem Privatkonto verbucht (vgl. Buchungsfall 9).

Am Jahresende werden nun diese Privatentnahmen auf das Eigenkapitalkonto umgebucht, da sie das Eigenkapital des Unternehmers mindern.

Privatkonto			
(9)	2.000,–	**31.12.**	2.000,–

Eigenkapital			
31.12.	2.000,–	1.1.	35.000,–

(5) Der Abschluss im engeren Sinn

Sind Wareneinsatz und Abschreibungen verbucht, kann der Abschluss im engeren Sinn durchgeführt werden, d.h., es wird die Schlussbilanz und die G+V-Rechnung erstellt.

Die schwierigste Entscheidung ist dabei für den Anfänger, welche Konten gegen das Schlussbilanzkonto abgeschlossen werden und welche Konten in die G+V-Rechnung eingehen.

Die bekannte Übersicht hilft Ihnen dabei.

	SOLL	HABEN	
BILANZ	Vermögen	Schulden Eigenkapital	Bestandskontenreihe
G+V-Konto	Aufwand	Ertrag	Erfolgskontenreihe
	WOHIN? Mittelverwendung	WOHER? Mittelaufbringung	

Abb. 3.7: Bestands- und Erfolgskonten

Hat man Schlussbilanz und Gewinn- und Verlustrechnung erstellt, kann man kontrollieren, ob der Gewinn bzw. ein etwaiger Verlust laut Gewinn- und Verlustrechnung mit dem Erfolg laut Betriebsvermögensvergleich übereinstimmt.

Beachten Sie:

Solange die Buchhaltung noch überwiegend händisch geführt wurde, musste jedes Konto **„saldiert"** und der Saldo auf dem entsprechenden Abschlusskonto **„gegengebucht"** werden.

Heute erstellt der Computer Schlussbilanz und G + V-Rechnung auf Tastendruck.

Wir zeigen Ihnen daher nur als Beispiel den „händischen“ Abschluss von zwei Einzelkonten.

- Beide Kontenseiten werden aufaddiert.
- Es wird der Unterschied zwischen den beiden Kontenseiten ermittelt („Saldo“).
- Der Saldo wird auf der kleineren Seite eingesetzt und auf dem entsprechenden Abschlusskonto (hier also auf dem Schlussbilanzkonto) gegengebucht.
- Zu Kontrollzwecken werden die beiden Kontoseiten neuerlich aufaddiert und müssen nun die gleiche Summe ergeben.

Warenbestand

1.1.	25.000,–	31.12.	20.000,–
(1)	10.000,–	**SBK**	19.000,–
(2)	4.000,–		
	39.000,–		39.000,–

Lieferantenschulden

(3)	20.000,–	1.1.	20.000,–
(4)	5.000,–	(1)	10.000,–
SBK	5.000,–		
	30.000,–		30.000,–

Wenn Sie alle Konten gegen SBK und G + V abschließen, erhalten Sie folgendes Ergebnis:

Gewinn- und Verlustkonto für 2005

31.12. Lohnaufwand	1.200,–	31.12. Erlöse	48.000,–
31.12. Wareneinsatz	20.000,–		
31.12. Abschreibungen	10.000,–		
31.12. Energieaufwand	500,–		
31.12. Mietaufwand	800,–		
31.12. Bilanzgewinn	15.500,–		
	48.000,–		48.000,–

Laut Gewinn- und Verlustrechnung ergibt sich somit ein Jahresgewinn von € 15.500,–, den wir nun durch einen Betriebsvermögensvergleich kontrollieren.

Schlussbilanz per 31.12.2005

31.12. Ladeneinrichtung	50.000,–	31.12. Bankschulden	61.700,–
31.12. Warenbestand	19.000,–	31.12. Lieferantenschuld	5.000,–
31.12. Kundenforderungen	30.000,–	31.12. Eigenkapital	48.500,–
31.12. Kassa	16.200,–		
	115.200,–		115.200,–

Kontrollrechnung (Betriebsvermögensvergleich):

	Endvermögen	115.200,–	
–	Schulden	66.700,–	
=	Endeigenkapital	48.500,–	
–	Anfangseigenkapital	35.000,–	(vgl. Seite 46)
=	Eigenkapitalzuwachs	13.500,–	
+	Privatentnahme	2.000,–	
=	Bilanzgewinn	15.500,–	

D.h., der Gewinn wird in der doppelten Buchhaltung aus zwei unabhängigen Rechnungskreisen zweimal ermittelt und kontrolliert.

Beachten Sie jedoch:

- Ergibt sich aus beiden Rechnungskreisen ein unterschiedlicher Gewinn, weist die Buchhaltung auf jeden Fall einen Fehler auf.
- Stimmen die beiden Gewinnermittlungen überein, kann die Buchhaltung trotzdem materiell zahlreiche Fehler aufweisen.

Beispiel: Formell richtige und materiell falsche Buchung

Hätten wir z.B. die Ladeneinrichtung irrtümlich nicht mit € 10.000,–, sondern mit € 40.000,– abgeschrieben, so hätten wir

- in der G+V-Rechnung einen Verlust von € 14.500,– erhalten und
- in der Schlussbilanz wäre die Ladeneinrichtung auf Grund der höheren Abschreibung nur mit € 20.000,– gestanden.

Das verringerte Vermögen hätte bei gleich gebliebenen Schulden auch ein vermindertes Eigenkapital von € 18.500,– ergeben und der Betriebsvermögensvergleich hätte genauso wie die G+V-Rechnung einen „falschen" Verlust von € 14.500,– gezeigt.

Hinweis:

Es wurde bereits darauf hingewiesen, dass Gewinn- und Verlustrechnungen in Staffelform und in einer bestimmten vorgeschriebenen Gliederung veröffentlicht werden (zur Gliederung lt. HGB vgl. **Anhang II, § 200; § 231).**

Beispiel: Gewinn- und Verlustrechnung in Staffelform

1.	Umsatzerlöse	€	48.000,–
2.	Materialaufwand bzw. Wareneinsatz	€	20.000,–
3.	Personalaufwand	€	1.200,–
4.	Abschreibungen	€	10.000,–
5.	Sonstige betriebliche Aufwendungen	€	1.300,–
	Ergebnis der Geschäftstätigkeit	€	15.500,–

D.h., manche Positionen müssen gesondert ausgewiesen werden (Material- und Wareneinsatz, Personalaufwand, Abschreibungen), andere können in einem Betrag veröffentlicht werden (in unserem Beispiel Energie- und Mietaufwand).

(6) Die Abschlusstechnik in der Praxis

In der Praxis wird die Trennung der beiden Rechnungskreise nicht so deutlich, wie bei unserem Lehrbeispiel. Es wird nämlich:

1. Der Gewinn laut G+V-Konto ermittelt.
2. Das G+V-Konto gegen das Eigenkapitalkonto abgeschlossen. Dadurch wird das Eigenkapital durch einen Gewinn vermehrt und durch einen Verlust vermindert.
3. Das Eigenkapitalkonto gegen das Schlussbilanzkonto abgeschlossen.

4. Kontrolliert, ob die Schlussbilanz nun Soll- und Habengleichheit zeigt.

Unser Beispiel würde daher in der Praxis folgende Abschlussbuchungen im engeren Sinn ergeben.

Wegen der besseren Übersicht wurden Aufwände, Erträge, Vermögen und Fremdkapital nur in einem Betrag angeführt.

Gewinn- und Verlustrechnung

Aufwand, insgesamt	32.500,–	Erträge, insgesamt	48.000,–
Gewinn ①	15.500,–		
	48.000,–		48.000,–

Eigenkapitalkonto

Privatentnahme	2.000,–	Anfangseigenkapital	35.000,–
Endeigenkapital ②	48.500,–	**Gewinn**	15.500,–
	50.500,–		50.500,–

Schlussbilanz

Vermögen, insgesamt	115.200,–	Fremdkapital	66.700,–
		Endeigenkapital	48.500,–
	115.200,–		115.200,–

? S = H ?

Das heißt, technisch erfolgt die Kontrolle in der Schlussbilanz. Sie ergibt im Soll und Haben je € 115.200,–, das Endeigenkapital wurde daher formell richtig ermittelt.

3.4.4 Zusammenfassung
3.4.4 (Von der Eröffnungs- zur Schlussbilanz)

Auf den folgenden Seiten finden Sie grafische Zusammenfassungen

- der laufenden Buchungen,
- der Abschlussvorbereitung (Wareneinsatzverbuchung, Abschreibungen, Umbuchung der Privatentnahmen) und
- des Gesamtsystems der doppelten Buchhaltung.

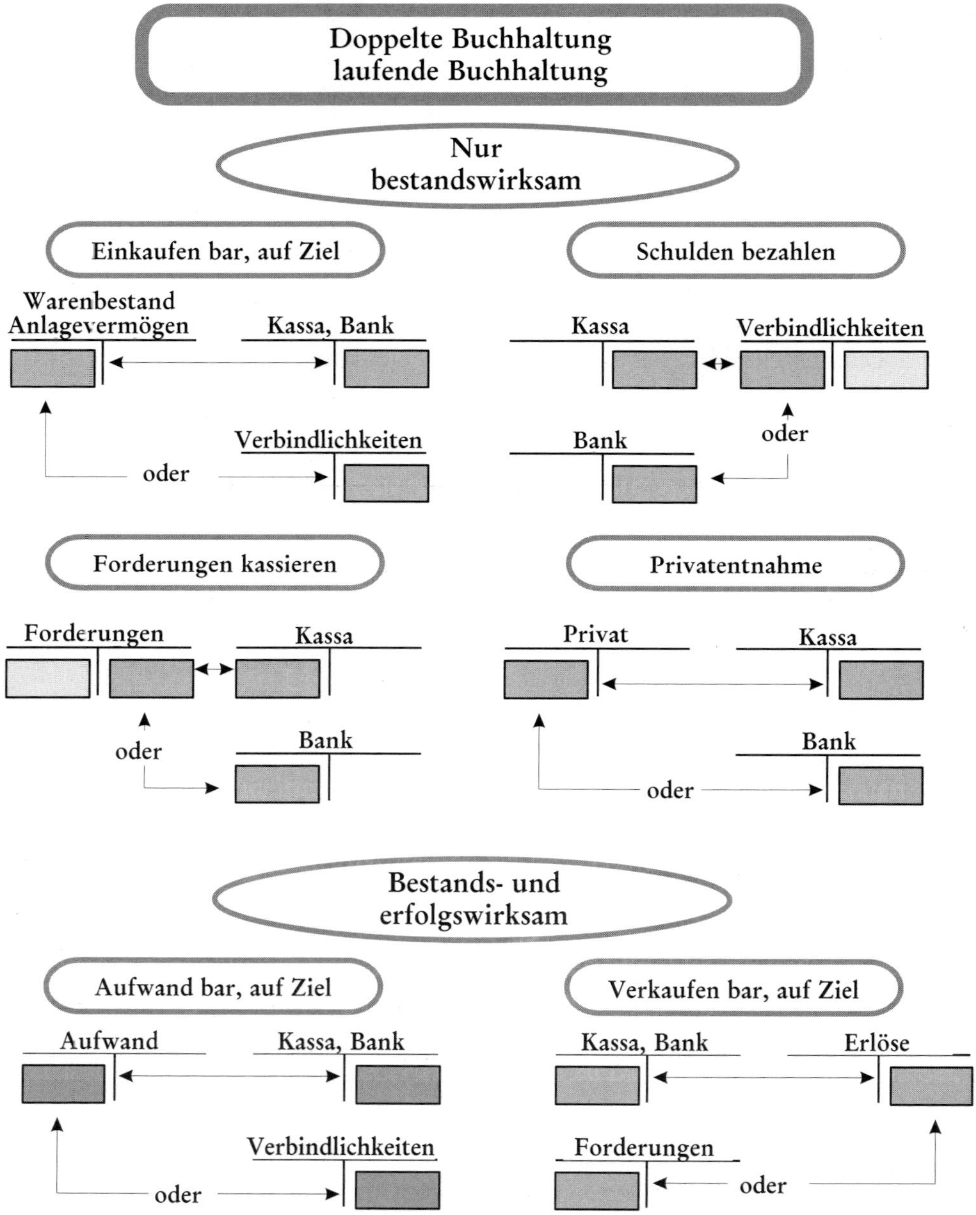

Abb. 3.8: Laufende Buchungen in der doppelten Buchhaltung

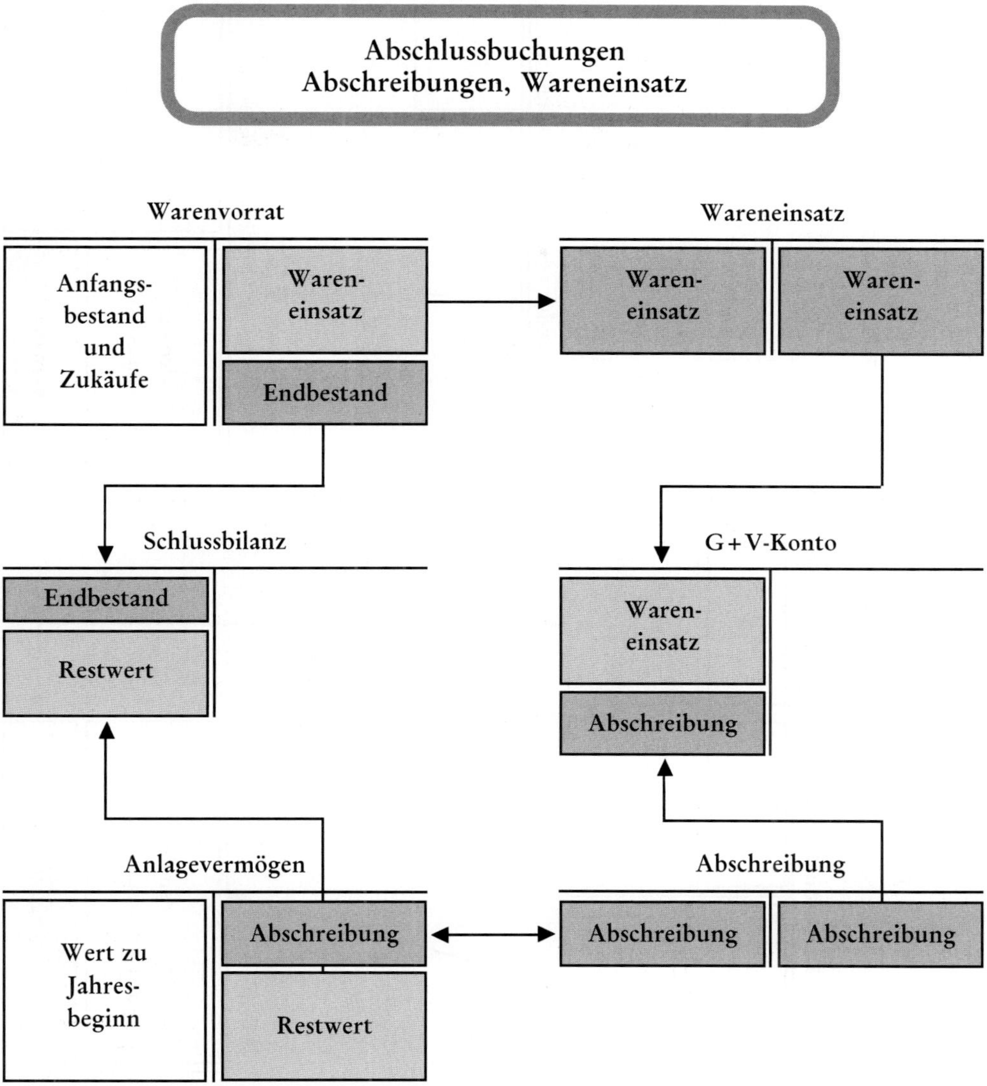

Abb. 3.9: Abschlussbuchungen

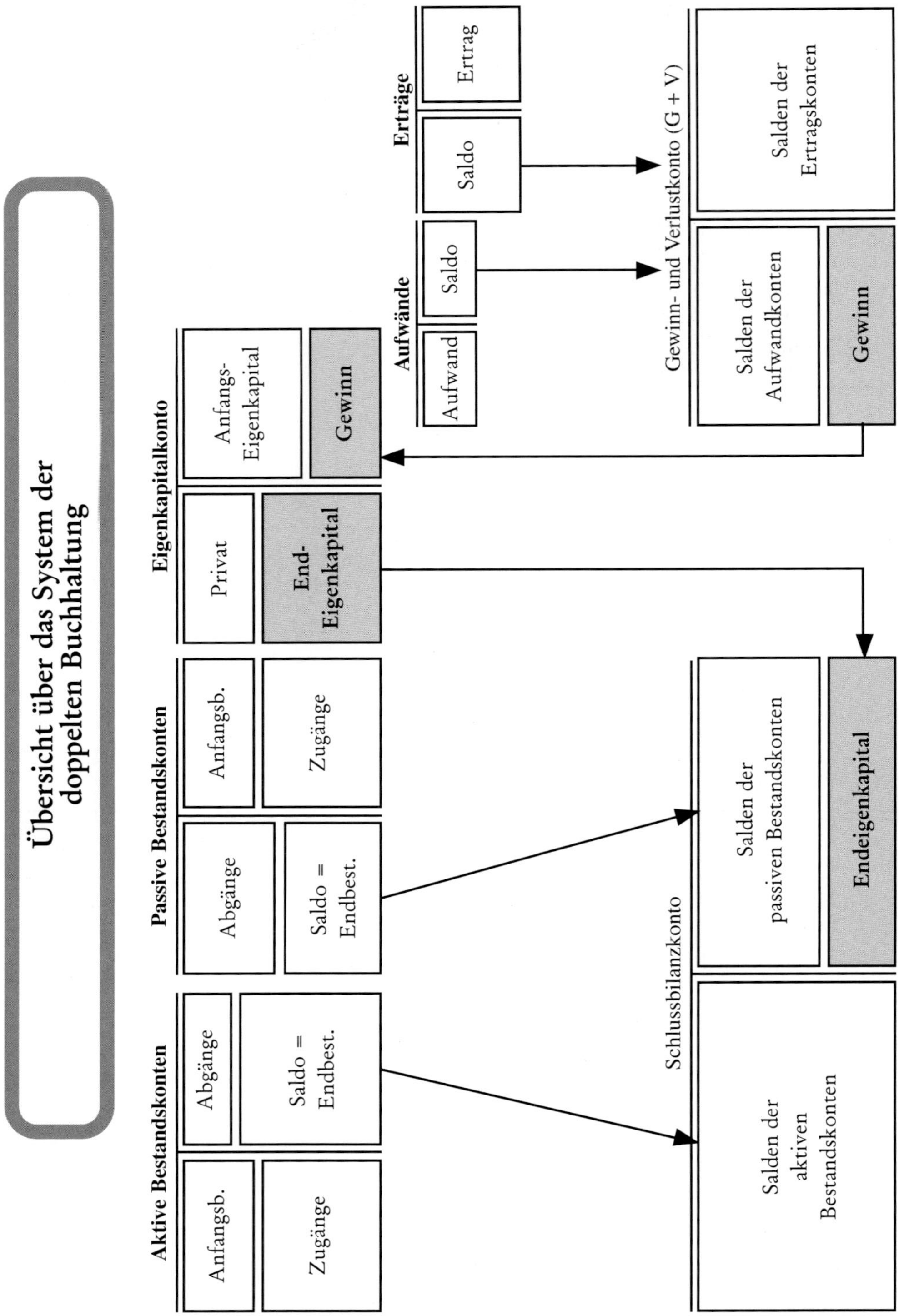

Abb. 3.10: System der doppelten Buchhaltung

3.5 Fallbeispiel zur doppelten Gewinnermittlung unter besonderer Berücksichtigung der Bewertungsproblematik (Fortsetzung „Goldi")

3.5.1 Angabe

Bisher wurde die „doppelte Gewinnermittlung" nur formal an wenig problematischen Fällen gezeigt. Am Fallbeispiel „Goldi" sollen nun einige der Hauptprobleme der Bilanzierung besprochen werden.

Zur Erinnerung (vgl. Kap. 2):

Goldi hat € 60.000,– geerbt. Er kauft gegen Banküberweisung:

- Ladeneinrichtung € 80.000,–
- Werkzeuge und Werkstätteneinrichtung € 30.000,–
- Gold (4.000 g zu je € 10,–) € 40.000,–

Die geerbten € 60.000,– bringt Goldi in das Unternehmen ein. Den Fehlbetrag finanziert er durch Aufnahme eines Bankkredites.

Die Eröffnungsbilanz hat somit folgendes Aussehen:

Eröffnungsbilanz, Firma Goldi, per 1.1.20 . .

Einrichtung	80.000,–	Bankkredit	90.000,–
Werkzeuge	30.000,–	Eigenkapital	60.000,–
Goldvorrat	40.000,–		
	150.000,–		150.000,–

Die Eröffnungsbilanz war einfach zu erstellen, da Goldi seine Geschäftstätigkeit noch nicht aufgenommen hatte.

Im Verlauf des Jahres sind folgende Veränderungen angefallen:
(vgl. auch das Fallbeispiel zur Finanzrechnung in Kap. 2)

Alle Auszahlungen werden über das Bankkonto vorgenommen. Bareinzahlungen aus den Verkäufen werden ebenfalls sofort auf das Bankkonto eingezahlt, um die Schulden zu verringern.

Laufende Geschäftsfälle:

(1)	Lohn für Gesellen	€	30.000,–
(2)	Lokalmiete	€	15.000,–
(3)	Sonstige Auszahlungen (Energie, Reinigung)	€	12.000,–
(4)	Zukauf von 1.500 g Gold zu je € 10,– auf Ziel	€	15.000,–
(5)	Privatentnahmen	€	15.000,–
(6)	Bankzinsen	€	5.000,–
(7)	Schmuckverkauf an Privatkunden gegen Barzahlung	€	100.000,–
(8)	Schmuckverkauf an einen Großhändler auf Ziel	€	30.000,–

Angaben für den Jahresabschluss:

(9) Abschreibungsdauer für die Ladeneinrichtung 10 Jahre, für die Werkzeuge 5 Jahre

(10) Goldi zeichnet den Goldverbrauch genau auf. Laut Aufzeichnungen wurden 4.700 Gramm Gold vom Gesellen zu Schmuck verarbeitet. Davon konnten $^2/_3$ verkauft

werden. Der restliche Schmuck ist noch auf Lager. Wir gehen davon aus, dass der Geselle nur für die Schmuckerzeugung tätig ist.
Der Endbestand an Gold beträgt laut Inventur 700 Gramm.
Der Goldpreis ist zu Jahresende auf € 12,– pro Gramm gestiegen.

3.5.2 Kontoeröffnung, laufende Buchungen, Abschlussbuchungen

(Auf die Darstellung des Eröffnungsbilanzkontos wird verzichtet. Würde man tatsächlich ein Eröffnungsbilanzkonto erstellen, wäre es zur obigen Eröffnungsbilanz spiegelverkehrt.)

Bitte versuchen Sie zunächst selbst auf einem Blatt Papier die Konten als T-Konten zu eröffnen und die laufenden Buchungen laut (1)–(8) durchzuführen.

Kontrollieren Sie, ob der Endbestand des Bankkredites mit den Istdaten des Finanzplanes (vgl. Seite 18) übereinstimmt.

Auch Abschreibungen können Sie bereits verbuchen (Punkt [9]).

Haben Sie Schwierigkeiten, verwenden Sie die Übersichten in Kapitel 3.4.4 bzw. die Kommentare in Abschnitt 3.5.3.

Kontrollieren Sie dann Ihre Lösungen.

Punkt (10) ist neu. Sie werden daher sofort den Kommentar benötigen.

Eröffnung, laufende Buchungen und Abschluss, Fallbeispiel Goldi:

Ladeneinrichtung

EBK	80.000,–	Abschr.	8.000,–
		SBK	72.000,–
	80.000,–		80.000,–

Bankkredit

Verkauf	100.000,–	EBK	90.000,–
SBK	67.000,–	Lohn	30.000,–
		Miete	15.000,–
		Div. Aufw.	12.000,–
		Privat	15.000,–
		Zinsen	5.000,–
	167.000,–		167.000,–

Werkzeuge

EBK	30.000,–	Abschr.	6.000,–
		SBK	24.000,–
	30.000,–		30.000,–

Eigenkapital

Privat	15.000,–	EBK	60.000,–
SBK	79.000,–	Gewinn	34.000,–
	94.000,–		94.000,–

Goldvorrat

EBK	40.000,–	Verbr.	47.000,–
Lieferv.	15.000,–	Schwund	1.000,–
		SBK	7.000,–
	55.000,–		55.000,–

Privatkonto

Entn.	15.000,–	Eigenk.	15.000,–
	15.000,–		15.000,–

Lieferverbindlichkeiten

		Vorrat	15.000,–
			15.000,–

Schmuck (Fertigerzeugnisse)

Best.v.	22.000,–	SBK	22.000,–
	22.000,–		22.000,–

Verkaufserlöse

G+V	130.000,–	Schmuck	130.000,–
	130.000,–		130.000,–

Forderungen

Erlöse	30.000,–	SBK	30.000,–
	30.000,–		30.000,–

Bestandsveränderungen

G+V	28.000,–	Fertig.	28.000,–
	28.000,–		28.000,–

Lohnaufwand

Geselle	30.000,–	G+V	30.000,–
	30.000,–		30.000,–

Zinsaufwand

Bankz.	8.000,–	G+V	8.000,–
	8.000,–		8.000,–

Mietaufwand

Miete	15.000,–	G+V	15.000,–
	15.000,–		15.000,–

Abschreibungen

Laden	8.000,–	G+V	14.000,–
Werkz.	6.000,–		
	14.000,–		14.000,–

Sonstiger Aufwand

Div.	12.000,–	G+V	12.000,–
	12.000,–		12.000,–

Material-(Gold-)Verbrauch

Verbr.	47.000,–	G+V	48.000,–
Schwund	1.000,–		
	48.000,–		48.000,–

Aufwand — Gewinn- und Verlustrechnung, Firma Goldi, für 20 . . — Ertrag

Aufwand		Ertrag	
Lohnaufwand	30.000,–	Verkaufserlöse	130.000,–
Materialverbrauch	48.000,–	Bestandsveränderungen	28.000,–
Miete	15.000,–		
Abschreibungen	14.000,–		
Sonstiger Aufwand	12.000,–		
Zinsen	5.000,–		
Gewinn	34.000,–		
	158.000,–		158.000,–

Aktiva	Schlussbilanz, Firma Goldi, per 31.12.20 . .		Passiva
Anlagevermögen		**Fremdkapital**	
Ladeneinrichtung	72.000,–	Bankkredit	67.000,–
Werkzeuge	24.000,–	Lieferverbdlk.	15.000,–
Umlaufvermögen		**Eigenkapital**	
Goldvorrat	7.000,–	Eigenkapital	79.000,–
Schmuckvorrat	28.000,–		
Forderungen	30.000,–		
	161.000,–		161.000,–

In Staffelform würde die G+V-Rechnung lauten:

	1.	Umsatzerlöse	€	130.000,–
+	2.	Bestandsveränderungen	€	28.000,–
–	3.	Materialaufwand	€	48.000,–
–	4.	Personalaufwand	€	30.000,–
–	5.	Abschreibungen	€	14.000,–
–	6.	Sonstige betriebliche Aufwendungen	€	27.000,–
=		Zwischensumme	€	39.000,–
–	7.	Zinsen („Finanzerfolg“)	€	5.000,–
=		Ergebnis der gewöhnlichen Geschäftstätigkeit	€	34.000,–

Anmerkungen:

Bestimmte Aufwendungen (z.B. Material, Personal, Abschreibungen) sind gesondert auszuweisen, andere (z.B. Mieten, Energie etc.) können zusammengezogen und in einem Posten (Sonstige betriebliche Aufwendungen) dargestellt werden.

Nach bestimmten Posten sind Zwischensummen auszuweisen.

Wie Sie im Beispiel sehen, sind Zinsaufwendungen (und Zinserträge, die hier nicht vorliegen) gesondert auszuweisen.

Hinweis:

Auf die Details der gesetzlichen Vorschriften für die Staffelform der Gewinn- und Verlustrechnung wird nicht eingegangen. Sie sind auch für das Verständnis des Systems nicht wesentlich. Sie finden die rechtlichen Gliederungsvorschriften im **Anhang II** (§ 231 HGB) am Ende des Buches.

3.5.3 Kommentar zu den laufenden Buchungen

(Haben Sie Schwierigkeiten, verwenden Sie die Buchungsübersicht in Kap. 3.4.4)

(1)–(3) Lohn, Miete, sonstiger Aufwand (Energie, Reinigung) stellen Aufwand dar.

Sie werden daher im **Soll** auf entsprechend bezeichneten Aufwandskonten verbucht (Mittelverwendung).

Die Auszahlung erfolgt vom Bankkonto, daher Bankkonto **Haben** (Mittelaufbringung). Da wir auf dem Bankkonto Schulden haben, erhöhen die Auszahlungen die Schulden, hätten wir ein Guthaben, würde das Guthaben verringert.

(4) Der Zukauf von Gold erfolgt gegen spätere Zahlung. Die Mittel für die Lagererhöhung wurden daher durch Schulden beim Lieferanten (**„Lieferantenverbindlichkeiten“**) aufgebraucht.

(5) Die Privatentnahme stellt Mittelverwendung dar **(Privatkonto Soll).** Die Auszahlung erfolgt vom Bankkonto **(Bankkonto Haben).**

(6) Die Bankzinsen stellen Aufwand dar **(Zinsaufwand Soll).** Die Bank belastet unser Konto, d.h., die Zinsen erhöhen unsere Schulden bei der Bank (daher **Bankkonto Haben).**

(7)–(8) Schmuck wird verkauft.

Schmuck um € 100.000,– gegen Barzahlung (bzw. gegen Einzahlung auf unser Bankkonto), daher

Bankkonto Soll an Erlöskonto Haben (wohin: auf das Bankkonto; woher: aus Erträgen).

Schmuck um € 30.000,– wird an einen Großhändler gegen spätere Zahlung verkauft („auf Ziel“). Wir erwerben daher eine Forderung gegen den Großhändler:

Forderungskonto Soll (Wo sind die Mittel? Noch beim Großhändler.), **Erlöskonto Haben** (Wieso haben wir eine Forderung? Aus Verkäufen an den Großhändler.).

Bitte beachten Sie nochmals:
Der **Erlös** entsteht in der doppelten Buchhaltung bereits **bei Lieferung ohne Rücksicht auf die Bezahlung.** (Dies ist z.B. ein Grund, warum Sie Gewinne, aber keine Zahlungsmittel haben können.)

3.5.4 Kommentar zu den Abschlussbuchungen, insbesondere zur Bewertung

Macht Goldi körperliche Bestandsaufnahme (Inventur), so stellt er zunächst Folgendes fest:

- eine gebrauchte Ladeneinrichtung (Anschaffungswert € 80.000,–)
- gebrauchte Werkzeuge (Anschaffungswert € 30.000,–)
- Gold (700 Gramm, Anschaffungswert € 7.000,–, Tageswert € 8.400,–)
- Selbsterzeugter Schmuck
- eine Forderung gegen den Großhändler von € 30.000,–
- Verbindlichkeiten gegen den Lieferanten von € 15.000,–
- Verbindlichkeiten gegen die Bank von € 67.000,–

Selbstverständlich müsste das Inventar in der Praxis detaillierter sein.

Beispiel: Inventur

> 2 Hämmer, 1 Satz Sticheln, 3 Feilen bzw.
> Ring, Goldgewicht 14 g, Brosche, Goldgewicht 28 g etc.

Überlegt sich Goldi nun Wertansätze für seine Schlussbilanz, hat er zahlreiche Probleme.

- Wie sind gebrauchte abnutzbare Güter des Anlagevermögens (Ladeneinrichtung, Werkzeuge) zu bewerten?
- Mit welchem Wert ist das Gold anzusetzen, der Preis ist ja um 20% gestiegen?
- Mit welchem Wert soll der unverkaufte, selbst erzeugte Schmuck in der Bilanz stehen?
- Ist die Forderung gegen den Juwelier tatsächlich € 30.000,– wert?

Einige dieser Probleme können Sie bereits lösen, andere sind neu. Wir wollen uns daher die Bewertungsproblematik in der Bilanz genauer ansehen.

Die Bewertung ist eines der Hauptprobleme bei der Bilanzerstellung. Es bestehen zahlreiche Regeln, um zu einheitlichen, wenn auch teilweise umstrittenen, Wertansätzen zu kommen.

Der Abschnitt Bewertung gibt Ihnen einen ersten Einblick in die „Ungenauigkeit" von Bilanzen.

(1) Grundprinzipien der Bewertung

Grundprinzip der Bewertung laut HGB ist das **Prinzip der kaufmännischen Vorsicht:** danach soll das Reinvermögen in der Bilanz vorsichtig, d.h. eher zu niedrig als zu hoch, ausgewiesen werden.

Begründet wird dieses Grundprinzip damit, dass der Bestand des Unternehmens nicht gefährdet werden soll. Weist die Bilanz ein zu hohes Reinvermögen aus, besteht die Gefahr zu hoher Privatentnahmen bzw. zu hoher Gewinnausschüttung und auch zu hoher Besteuerung. Dies alles könnte den Fortbestand des Unternehmens gefährden.

Dieses allgemeine **„Vorsichtsprinzip"** führt zu folgenden Bewertungsprinzipien:

- **Anschaffungswertprinzip**

In der Bilanz dürfen die Vermögensgüter höchstens zum Anschaffungswert bilanziert werden.

Beispiel: Anschaffungswertprinzip

> Goldi darf seinen vorhandenen Goldbestand höchstens zum Anschaffungswert von € 7.000,– ansetzen, obwohl der Preis um 20% gestiegen ist.
> Ein Grundstück, das vor 20 Jahren um € 30,– pro m² gekauft wurde und heute bereits € 200,– pro m² wert ist, würde immer noch zu € 30,– pro m² bilanziert.

❍ Niederstwertprinzip

Zum Zeitpunkt der Bilanzerstellung ist zwischen dem Anschaffungswert und dem Tageswert der niedrigere Wert zu wählen.

Beispiel: Niederstwertprinzip

> Wäre der Goldpreis gefallen und nicht gestiegen, müsste in der Bilanz der gesunkene Wert angesetzt werden.

Das Niederstwertprinzip gilt in zwei unterschiedlich strengen Formen:

- Für **Umlaufvermögen** gilt das **strenge Niederstwertprinzip,** d.h., auch geringfügige und kurzfristige Wertminderungen müssen berücksichtigt werden.
  (Wäre demnach der Goldpreis auch nur um € 1,– pro kg gefallen und bald nach dem Bilanzstichtag wieder gestiegen, müsste in der Bilanz abgewertet werden.)
- Für **Anlagevermögen** gilt das **gemilderte Niederstwertprinzip,** d.h., nur dauerhafte Wertverluste müssen berücksichtigt werden.
  (Schwankt z.B. der Preis eines Betriebsgrundstückes nur unwesentlich, so muss eine geringfügige Wertminderung (etwa bis 5%) in der Bilanz nicht berücksichtigt werden. Eine Abwertung ist jedoch erlaubt.)

➢ Wiederaufwertung bis zum Anschaffungswert

Wurden Bestände abgewertet und steigt der Wert bis zum nächsten Bilanzstichtag wieder an, so kann wieder aufgewertet werden. Der Anschaffungswert stellt jedoch stets die Obergrenze dar.

Anwendungsbeispiel: Bewertung von Aktienbeständen im Anlagevermögen

> Ein Unternehmen hält Aktien zu Beteiligungszwecken.
>
> Der Anschaffungswert betrug 2004: € 1 Million.
>
> 2005 fällt der Wert auf € 700.000,–. Eine Abwertung ist zwingend erforderlich.
>
> 2006 steigt der Wert auf € 1,2 Millionen. Eine Aufwertung bis € 1 Million ist zulässig, jedoch nicht zwingend erforderlich.

Hinweise:

- Zur Bewertung vgl. §§ 201–203 HGB im Anhang II.
- Zur Problematik der so genannten „Wertaufholung“ vgl. § 208 HGB im Anhang II.

(2) Bewertung des abnutzbaren Sachanlagevermögens

Goldi hat nur **abnutzbares Sachanlagevermögen** (Ladeneinrichtung und Werkzeuge). Sie wissen bereits, dass abnutzbares Sachanlagevermögen abgeschrieben wird.

Die **Abschreibung** stellt **Aufwand** dar und vermindert den Wert der Vermögensgüter.

Daher:

Konto Abschreibung im Soll und Vermögenskonten (Ladeneinrichtung und Werkzeuge) im Haben.

Der verbleibende Restwert, also € 72.000,– bei der Ladeneinrichtung und € 24.000,– bei den Werkzeugen, wird im Gegensatz zum Anschaffungswert als

„Buchwert" oder als **„fortgeschriebener Anschaffungswert"** bezeichnet.

Gemäß dem Prinzip der Vorsicht wird auch die betriebsgewöhnliche Nutzungsdauer „vorsichtig", d.h. eher zu kurz, angenommen.

Hinweis:

In der Praxis orientieren sich kleinere Unternehmen an Erlässen der Finanzbehörde, in denen zulässige Nutzungsdauern für Vermögensgüter des Anlagevermögens angeführt sind. Bei Nachweis einer kürzeren betriebsüblichen Nutzungsdauer können jedoch auch diese Ansätze verwendet werden.

Der fortgeschriebene Anschaffungswert und die Abschreibungen sind daher äußerst ungenau, da

- sie auf einem historischen Anschaffungswert aufbauen, der sich natürlich längst verändert haben kann (z.B. bei Gebäuden, die vor 30 Jahren erworben wurden und heute nicht weniger, sondern auch im gebrauchten Zustand mehr wert sind als vor 30 Jahren);
- die betriebsgewöhnliche Nutzungsdauer eher zu kurz als zu lang angenommen wird;
- der Wertverlust linear (gleichmäßig) angenommen wird, wirtschaftlich gesehen jedoch bei vielen Wirtschaftsgütern (z.B. bei Autos) anfangs größer und in weiteren Jahren geringer ist.

Hinweis: Anlagespiegel

Es ist ein so genannter „Anlagespiegel" zu erstellen, der folgende Daten enthalten muss (vgl. dazu § 226 (1) HGB im **Anhang II**):

- Die gesamten Anschaffungs- und Herstellungskosten des Anlagevermögens
- die Zu- und Abgänge des Geschäftsjahres
- etwaige Zuschreibungen (z.B. Aufwertungen)
- die Summe aller bisher erfolgten Abschreibungen
- die Abschreibungen des laufenden Jahres

Die Abschreibung wird entweder direkt auf dem Vermögenskonto abgebucht oder auf einem Konto „kumulierte Abschreibungen" gesammelt.

In veröffentlichten Bilanzen wird jedoch immer nur der Buchwert ausgewiesen.

Beispiel: Indirekte Verbuchung der Abschreibung

Im Abschnitt 3.4 war eine Ladeneinrichtung abzuschreiben, die zu Jahresbeginn einen Buchwert von € 60.000,– hatte. Der Anschaffungswert betrug € 100.000,–, die Nutzungsdauer 10 Jahre.

Die Abschreibung dieser Ladeneinrichtung würde indirekt wie folgt verbucht werden:

Planmäßige Abschreibung

31.12.	10.000,–	

Ladeneinrichtung

1.1.	100.000,–	

kumulierte Abschreib. Ladeneinrichtung

	1. 1.	40.000,–
	31.12.	10.000,–

Das heißt, den Buchwert erhält man, indem man vom Anschaffungswert die kumulierten Abschreibungen abzieht. In der Bilanz scheint nur der Buchwert auf.

(3) Bewertung des Umlaufvermögens

O Bewertung des Materialverbrauchs und des Materialeinsatzes

Der Materialverbrauch ergibt sich in diesem Fall direkt.

Wir wissen, dass 4.700 Gramm Gold im Anschaffungswert von € 47.000,– verarbeitet wurde.

Das verbrauchte Material stellt „Aufwand“ dar, der als „Materialeinsatz“ bezeichnet wird. Daher:

Konto „Materialeinsatz“ Soll und „Materialvorrat“ Haben.

Bei wertvolleren Wirtschaftsgütern wird man den Materialverbrauch aufzeichnen. Man kann dann auch kontrollieren, ob der Inventurbestand den Aufzeichnungen entspricht. Goldi hat den Goldverbrauch für die Schmuckerzeugung laut Angabe (Punkt 10) mit 4.700 Gramm aufgezeichnet. Laut Inventur sind noch 700 Gramm vorhanden. Es ergibt sich folgende Einsatzermittlung :

	Anfangsbestand an Gold	4.000 Gramm zu je € 10,–	€ 40.000,–
+	Zukauf	1.500 Gramm zu je € 10,–	€ 15.000,–
=	Zwischensumme	5.500 Gramm zu je € 10,–	€ 55.000,–
–	Goldverbrauch für Schmuckerzeugung	4.700 Gramm zu je € 10,–	€ 47.000,–
=	Sollendbestand	800 Gramm zu je € 10,–	€ 8.000,–
	Istendbestand (lt. Inventur)	700 Gramm zu je € 10,–	€ 7.000,–
	Schwund	100 Gramm zu je € 10,–	€ 1.000,–

Hätte Goldi den Materialeinsatz nur indirekt ermittelt, wäre nicht aufgefallen, dass 100 Gramm Gold fehlen.

Das fehlende Gold stellt Schwund dar. Ist dieser Schwund betriebsüblich, handelt es sich ebenfalls um Materialverbrauch. Die Buchung lautet daher:

Konto „Materialverbrauch“ Soll und „Materialvorrat“ Haben

Wäre dieser Schwund nicht betriebsüblich, müsste man auf „Abschreibungen auf Vorräte“ buchen (vgl. § 231 HGB).

Die Materialvorräte zählen zum Umlaufvermögen, die laut Anschaffungswertprinzip und strengem Niederstwertprinzip bewertet werden müssen. Der Goldvorrat darf daher nicht aufgewertet werden und ist mit dem Anschaffungswert von € 7.000,– anzusetzen.

Ein Sonderproblem ergibt sich bei der

❍ **Bewertung selbst erzeugter Vermögensgüter**

In unserem Beispiel handelt es sich um die Bewertung des noch auf Lager (bzw. im Tresor oder in der Auslage) befindlichen selbst erzeugten Schmucks.

Sie können sich vorstellen, dass dieses Problem bei vielen Industriebetrieben die Bilanzgestaltung erheblich beeinflusst (denken Sie z.B. an 10.000 unverkaufte Autos eines Autoerzeugers).

Der Gesetzgeber schreibt den Ansatz zu den so genannten „Herstellungskosten“ vor.

Hinweis:

Der Gesetzgeber verwendet bei der Regelung der Finanzbuchhaltung gelegentlich den Begriff **„Kosten“.** Wie Sie im Abschnitt über die Kostenrechnung erfahren werden, wird der Kostenbegriff in der Finanzbuchhaltung nicht im Sinne der Betriebswirtschaftslehre verwendet.

Richtig wäre es, vom **„Herstellungsaufwand“** zu sprechen, da der Werteinsatz in der Finanzbuchhaltung im betriebswirtschaftlichen Sinn Aufwand und nicht Kosten darstellt.

Die Bewertung bringt zwei Probleme mit sich:

- ➢ Was zählt zu den Herstellungskosten?
- ➢ Wie kann man die Herstellungskosten erfassen?

❍ **Was zählt zu den Herstellungskosten?**

Eindeutig jene Aufwendungen, die unmittelbar durch die Erzeugung verursacht wurden. Dies sind

- ➢ Fertigungsmaterial und
- ➢ Fertigungslöhne.

Bei den übrigen Aufwendungen ist die Entscheidung schwierig. Sie wird erst im Abschnitt Kostenrechnung näher besprochen werden.

Wir nehmen an, dass der Wertverlust (die Abschreibung) der Werkzeuge (€ 6.000,–) ebenfalls durch die Erzeugung verursacht wurde. Miete, Energie etc. wären im Rahmen einer genauen Kostenrechnung ebenfalls zu berücksichtigen.

❍ **Wie kann man die Herstellungskosten erfassen?**

Dies ist ein Problem der Kostenrechnung. Es soll hier nur am Beispiel der Löhne gezeigt werden.

Beispiel: Problematik der Ermittlung der Herstellungskosten (Fertigungslöhne)

- Wenn der Geselle unterschiedliche Schmuckstücke erzeugt, teilweise vielleicht auch Reparaturen ausführt und im Verkauf mithilft, müssten genaue Aufzeichnungen über die Arbeitszeit an den einzelnen Schmuckstücken geführt werden, um zu einer Ermittlung der Herstellungskosten zu kommen.
- Hätte Goldi mehrere Gesellen zu unterschiedlichen Löhnen angestellt, wäre zu überlegen, ob man mit einem Durchschnittslohnsatz oder jeweils mit dem Lohnsatz jenes Gesellen rechnen sollte, der an einem bestimmten Schmuckstück gearbeitet hat.
- Wie wäre zu rechnen, wenn die Schmuckstücke teilweise mit Überstunden erzeugt wurden? Ist der Wert von in Überstunden erzeugten Schmuckstücken höher? etc.

Nehmen wir vereinfacht an, der Geselle ist nur mit der Schmuckerzeugung beschäftigt.

Der gesamte erzeugte Schmuck wäre demnach zu bewerten mit:

Fertigungsmaterial (Gold)	€	48.000,-	(inkl. betriebsüblicher Schwund)
Fertigungslöhne (Geselle)	€	30.000,-	
Abschreibung Werkzeuge	€	6.000,-	
Herstellungskosten insgesamt	**€**	**84.000,-**	
Davon auf Lager ⅓	**€**	**28.000,-**	
Davon verkauft ⅔	**€**	**56.000,-**	

Hinweis:

Die gesamte Problematik der Bewertung von selbst erzeugten Vermögensgütern wird in der weiterführenden Literatur genau besprochen. Jedenfalls führt die Bewertung der selbst erzeugten Vermögensgüter immer wieder zu erheblichen Diskussionen.

Da kein Konto „Fertigerzeugnisse“ vorhanden ist, müssen wir ein neues Konto anlegen. „Fertigerzeugnisse“ sind somit im Unternehmen selbst produzierte und zum Verkauf bestimmte Vermögensgüter.

Den Wert haben wir soeben mit € 28.000,- (höchst ungenau) errechnet.

Wo aber soll die Gegenbuchung erfolgen? Gehen wir zunächst von der Lösung aus. Gebucht wird:

Fertigerzeugnisse Soll (€ 28.000,-) an **Bestandserhöhungen** Haben (€ 28.000,-)

Das Konto „Bestandsänderungen“ ist ein Erfolgskonto, das gegen die Gewinn- und Verlustrechnung abgeschlossen wird, also den Gewinn erhöht.

Wie ist dies zu begründen?

Im Soll stehen die Aufwendungen für den gesamten erzeugten Schmuck – wir verwenden das so genannte „Gesamtkostenverfahren“. 1/3 davon wurde jedoch nicht verkauft, sondern befindet sich noch im Tresor (sozusagen auf „Lager“). Die Erträge betreffen jedoch nur den verkauften Schmuck.

Daher müsste man aus den Aufwendungen jene Teile ausscheiden, die den auf Lager befindlichen Schmuck betreffen, also Gold € 16.000,–, Löhne € 10.000,– und Abschreibungen auf Werkzeuge € 2.000,–.

Diese Buchung stellt ebenfalls eine Lösung dar. (vgl. dazu Abschnitt 9 „Das Umsatzkostenverfahren“)

Zum selben Gewinn führt jedoch auch unser Verfahren, das bei vielen Unternehmen in Österreich üblich ist. Statt den Aufwand um € 28.000,– zu verringern, wird die Ertragsseite um die „Bestandsveränderungen“ erhöht. Der Saldo (der Gewinn) bleibt in beiden Fällen gleich.

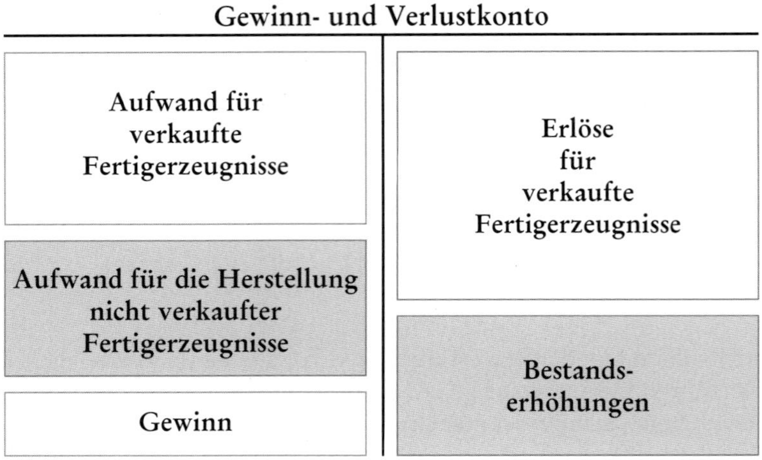

Abb. 3.11: Bestandsveränderungen

Wird daher in einer Gewinn- und Verlustrechnung der Posten **Bestandserhöhungen als Ertrag ausgewiesen**, so bedeutet dies, dass im Verlauf des Jahres der **Lagerbestand** an **selbst erzeugten Produkten zugenommen** hat, d.h., es wurde mehr erzeugt als verkauft werden konnte.

Wird der Posten **Bestandsverminderungen als Aufwand ausgewiesen**, so heißt dies, dass der Bestand an selbst erzeugten Produkten im Verlauf des Jahres abgenommen hat. Es wurde mehr verkauft als erzeugt wurde, man konnte das Lager abbauen.

O Bewertung von Forderungen

Laut Angabe hat Goldi Schmuck an einen Großhändler gegen spätere Zahlung verkauft. Er hat gegen den Juwelier eine Forderung in der Höhe von € 30.000,–.

Selbstverständlich gibt es auch bei Forderungen Bewertungsprobleme.

Oft muss man erkennen, dass eine Forderung „zweifelhaft“ („dubios“) ist, weil

- man den Schuldner bereits mehrmals gemahnt hat,
- der Schuldner überhaupt nicht zu erreichen ist,
- der Schuldner bereits von anderen erfolglos auf Zahlung geklagt wurde etc.

In solchen Fällen ist zu schätzen, wie hoch der Ausfall sein wird, und die Forderung ist gemäß dem Niederstwertprinzip abzuwerten.

Sie können sich vorstellen, dass auch diese Schätzungen nicht immer sehr genau sind und sich daher wieder eine „Bilanzunschärfe“ ergibt.

Wir nehmen an, dass der Juwelier sicher bezahlen wird und dass die Forderung daher nicht abgewertet werden muss.

Hinweis:

Weitere Bewertungsüberlegungen ergeben sich, wenn Forderungen und Schulden in fremden Währungen zu bilanzieren sind (z.B. Forderungen in USD oder Schulden in Yen). Auch bei diesen Posten gilt das „Vorsichtsprinzip“.

Das Ergebnis der zahlreichen „Bewertungsüberlegungen" ist die oben abgebildete Schlussbilanz.

Die Vermögensgüter stehen im Soll, die Schulden im Haben, die Differenz ist das Endeigenkapital.

Beachten Sie:

- Die einzige „sichere" Position in dieser Bilanz sind eigentlich die Bankschulden.
- Die Werte für Ladeneinrichtung und Werkzeuge ergaben sich durch grob geschätzte Wertverluste („Abschreibungen").
- Der Wert des Goldes ist gestiegen, musste jedoch zum Anschaffungswert bilanziert werden.
- Der Schmuckvorrat wurde auf Grund einer Kostenrechnung bewertet, über die es erhebliche Diskussionen geben kann.
- Die Forderungen wurden als sicher angenommen, man kann nur hoffen, dass dies stimmt.

(4) Gewinnermittlung durch Betriebsvermögensvergleich

	Endeigenkapital	€	79.000,–
	Anfangseigenkapital lt. Eröffnungsbilanz	€	60.000,–
	Eigenkapitalzuwachs	€	19.000,–
+	Privatentnahme	€	15.000,–
	Gewinn laut Finanzbuchhaltung	€	34.000,–

Sie können nun überlegen, wie genau ein derartiger Gewinn sein kann und wie genau die Position „Eigenkapital" den „Reichtum" des Unternehmens wiedergibt.

Bemerkenswert ist, dass Goldi weiterhin kein Bargeld besitzt und erhebliche Bankschulden hat. Dennoch ist er „reicher" geworden. Sein Reichtum besteht allerdings nicht in Zahlungsmitteln, sondern er steckt im Unternehmen.

(5) Gewinnermittlung durch Gewinn- und Verlustrechnung

In der Gewinn- und Verlustrechnung werden den Aufwendungen einer Rechnungsperiode die Erlöse dieser Periode gegenübergestellt.

Dabei ist zu beachten:

- Die Erlöse entstehen in der doppelten Buchhaltung bereits bei Lieferung oder Leistung und nicht erst bei Zahlung.
- Die Abgrenzung zwischen Aufwand und Bestand ist oft umstritten bzw. sie wird aus praktischen Gründen nicht exakt gehandhabt. Im Zweifelsfall bucht die Praxis eher auf Aufwand.

Beispiele: Unscharfe Abgrenzung von Bestand und Aufwand

- Geringwertige Wirtschaftsgüter (Anschaffungswert unter € 400,–), wie z.B. billige Drucker, einfaches Werkzeug, einzeln nachgekaufte Stühle etc., werden meist gleich als Aufwand ausgebucht, obwohl sie Anlagevermögen darstellen und daher aktiviert und dann abgeschrieben werden müssten.

- Bei Instandhaltungsarbeiten entsteht oft die Diskussion, ob sie Wert erhöhend sind und daher aktiviert werden und auf die Nutzungsdauer abgeschrieben werden müssten oder nur der Erhaltung der Gebrauchsfähigkeit dienen, also Aufwand darstellen (z.B. Fassadenrenovierung mit Verbesserung der Wärmedämmung, Erneuerung von Badezimmern in Hotels und Einbau von Whirlpools statt normaler Badewannen etc.).

Aufwendungen und Erträge werden auf Konten gebucht. Wird die Gewinn- und Verlustrechnung publiziert, erfolgt dies in Staffelform.

Handelt es sich um ein produzierendes Unternehmen, sind die Aufwände um jene Aufwendungen zu korrigieren, die für Güter entstanden sind, die zu einer Lagererhöhung führten („Bestandserhöhungen"). Der Gewinn soll ja die Differenz zwischen den Erlösen für verkaufte Produkte und den Aufwendungen für die verkauften Produkte darstellen.

Hinweis:

Auf „Lager produzierte Produkte" im weiteren Sinn stellen auch „Nicht abgerechnete Aufträge", z.B. in der Bauindustrie, beim installierenden und reparierenden Gewerbe oder bei der Softwareentwicklung, dar.

Beispiele: Nicht abgerechnete Aufträge

- Ein Buch führendes Installationsunternehmen muss den Wert seiner unfertigen und nicht abgerechneten Installationen auf Baustellen genauso ermitteln und bilanzieren, wie ein
- Softwareentwickler den Wert der teilweise fertig gestellten, jedoch noch nicht abgerechneten Softwareaufträge.

3.5.5 Zusammenfassung (Bewertungsproblematik)

Prinzip der kaufmännischen Vorsicht

Der Kaufmann soll sich nicht reicher rechnen, als er ist. Daraus ergeben sich die beiden wichtigsten Bewertungsprinzipien:

- **Anschaffungswertprinzip**
  Der Anschaffungswert gilt als Obergrenze und darf nicht überschritten werden.
- **Niederstwertprinzip**
  Ist der Tageswert niedriger als der Anschaffungswert, ist dieser Wert anzusetzen, d.h., das Wirtschaftsgut ist abzuwerten.
- **Wiederaufwertungen** bis zum Anschaffungswert sind bei Wertsteigerungen möglich, aber nicht zwingend.

Bewertung des Anlagevermögens

- **Abnutzbares Sachanlagevermögen**
  Wird mit dem „fortgeschriebenen Anschaffungswert" bewertet (= Anschaffungswert bzw. Restwert des Vorjahres minus Abschreibung).
  Ist der Tageswert niedriger, kann auch dieser angesetzt werden (selten!).
- **Nicht abnutzbares Anlagevermögen**
  Niederstwertprinzip in gemilderter Form. Sinkt der Anschaffungswert dauernd, **muss** abgewertet werden, sonst **kann** abgewertet werden.

Bewertung des Umlaufvermögens

- **Strenges Niederstwertprinzip,** d.h., es ist immer auf einen niedrigeren Tageswert abzuwerten.
  Dies gilt auch für dubiose Forderungen.

Hinweis:
Aus dem Prinzip der kaufmännischen Vorsicht ergibt sich, dass **Schulden** mindestens mit dem Anschaffungswert zu bilanzieren und **gegebenenfalls aufzuwerten** sind (**„Höchstwertprinzip"**). Dies könnte z.B. bei Fremdwährungsschulden der Fall sein, wenn der Wechselkurs steigt.

3.6 Hinweise zur Einnahmen-Ausgaben-Rechnung

Kleine Unternehmen (z.B. kleine Handwerker), die die Buchführungsgrenzen nicht überschreiten (weniger als € 400.000,– Umsatz pro Jahr) und Selbständige (wie Ärzte, Rechtsanwälte, Physiotherapeuten, Steuerberater) müssen keine Bilanz erstellen und dürfen ihren Gewinn vereinfacht in der Form einer „Einnahmen-Ausgaben-Rechnung" ermitteln.

Wesentliche Unterschiede zur doppelten Buchhaltung sind:

- Aufwand und Erlös entstehen erst bei der Bezahlung und nicht bei Lieferung oder Leistung.
- Der Materialeinkauf wird bei Bezahlung als Aufwand verbucht. Da keine Bilanz erstellt wird, spielen Endbestände an Material, aber auch unfertige und fertige Produkte und nicht abgerechnete Aufträge (Bestandserhöhungen, Bestandsverminderungen) bei der Gewinnermittlung keine Rolle, sondern der bezahlte Wareneinkauf gilt als Aufwand. Der Wareneinkauf muss jedoch genau aufgezeichnet werden.

Anlagevermögen wird wie in der doppelten Buchhaltung verrechnet. Das heißt, es muss eine Anlagenkartei geführt werden. Als Aufwand gelten nur die Abschreibungen. Es spielt keine Rolle, ob das Anlagegut bereits bezahlt wurde.

Beispiel: Einnahmen-Ausgaben-Rechnung – Goldi

Einnahmen:	€ 100.000,–	(Der Zielverkauf an den Großhändler ist noch keine Einnahme.)
Ausgaben:		
Material	€ 40.000,–	(Zukauf ist noch nicht bezahlt)
Personal	€ 30.000,–	
Abschreibungen	€ 14.000,–	
Zinsen	€ 5.000,–	
Sonstiger Aufwand	€ 27.000,–	
Verlust laut Einnahmen-Ausgaben-Rechnung	€ 16.000,–	

Goldi hatte laut doppelter Buchhaltung einen Gewinn von € 34.000,–. Die Einnahmen-Ausgaben-Rechnung ergibt jedoch einen Verlust, da der Zielverkauf an den Großhändler noch keine Einnahme darstellt und die Bestandserhöhungen nicht berücksichtigt werden. Andererseits ist auch der Materialaufwand geringer, da nur das eingekaufte und bezahlte Material als Auszahlung angesetzt wird.

Diese Unterschiede sind in der Aufbauphase eines Unternehmens größer als im weiteren Verlauf. Bei gleich bleibenden Umsätzen entsprechen die Einnahmen ungefähr den Erlösen, da sich die Verschiebungen zwischen den Jahren ausgleichen. Haben sich die Lagerbestände und die nicht abgerechneten Aufträge stabilisiert, fallen auch diese Unterschiede weg.

3.7 Exkurs: Die Umsatzsteuer („Mehrwertsteuer") in der doppelten Buchhaltung

(1) Einführung

Ein Großteil der Belege für laufende Buchungen (Einkauf, Verkauf, Aufwand, Anlagenanschaffung) enthält Umsatzsteuer. Bei EDV-unterstützter Verbuchung werden die Umsatzsteuerbeträge meist automatisch berechnet und verbucht. Um einfache laufende Buchungen in der Praxis zu verstehen, sind einige Grundkenntnisse über die „Umsatzsteuer" notwendig.

Für das Verständnis des Systems der doppelten Buchhaltung sind Grundkenntnisse der Umsatzsteuer jedoch nicht erforderlich.

Hinweise:

Umgangssprachlich wird auch der Begriff „Mehrwertsteuer" verwendet. Das Gesetz kennt jedoch nur den Begriff „Umsatzsteuer".

Wie bei allen steuerlichen Vorschriften gibt es auch im Umsatzsteuergesetz viele spezielle Regelungen, die in dieser kurzen Einführung nicht behandelt werden können. Es wird auf die weiterführende Literatur verwiesen.

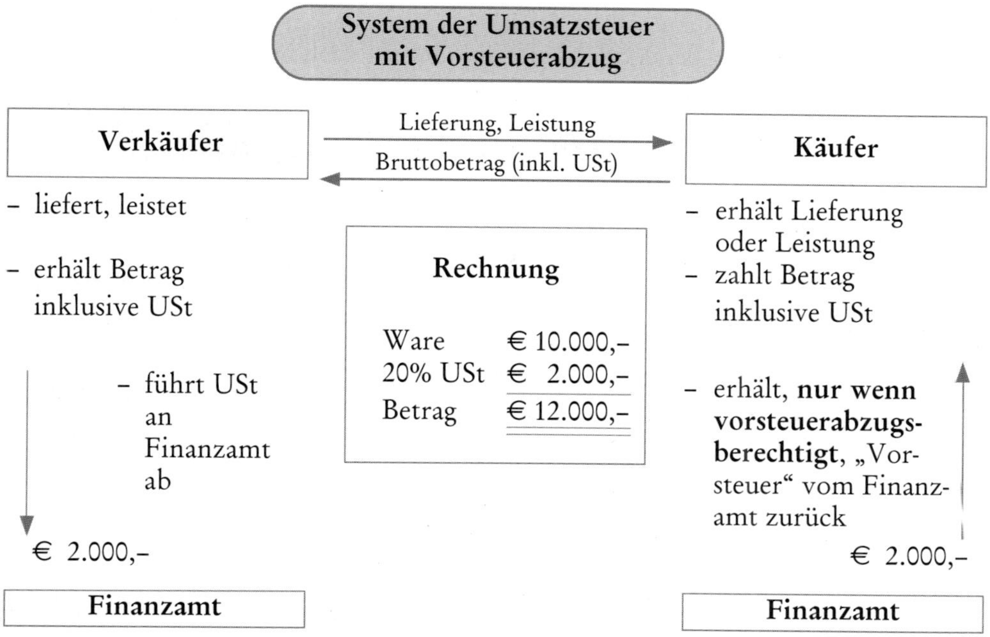

Abb. 3.12: Das System der Umsatzsteuer

(2) Umsatzsteuerpflicht, Umsatzsteuersätze

Alle **Umsätze,** die von einem **Unternehmen gegen Entgelt** im **Inland** getätigt werden, unterliegen der Umsatzsteuer. Zusätzlich unterliegen auch **erhaltene Anzahlungen** der USt.

Ferner wird Umsatzsteuer auch für den **Eigenverbrauch** (Privatentnahme von Gütern und Dienstleistungen) und für die **Einfuhr** eingehoben. (Die Besonderheiten der Einfuhr werden hier nicht besprochen.)

Es gelten folgende Sätze (Stand Juni 2005):

- Normalsatz 20%
- Ermäßigter Satz 10% (Wichtigste Positionen: Lebensmittel, im Gasthaus verabreichte Speisen, Personentransport, Druckwerke, Wohnungsmieten, Übernachtungen in Hotels)

Manche Umsätze sind von der Umsatzsteuer befreit. Die wichtigsten Positionen sind:

- **„echte Befreiungen“ — vgl. (4)**
  - Exportumsätze, einschließlich Lohnveredlung
  - grenzüberschreitender Gütertransport
  - grenzüberschreitender Personentransport mit Schiffen und Flugzeugen
- **„unechte“ Befreiungen — vgl. (4)**
  - Bank- und Versicherungsumsätze
  - Grundstücke
  - Umsätze von Ärzten
  - Umsätze von Privatschulen

Die Umsatzsteuerpflicht entsteht in der Regel bereits bei der Lieferung bzw. bei der Leistung, d.h. nicht erst bei der Zahlung. Sie entsteht auch beim Erhalt von Anzahlungen.

Sie wissen ja bereits, dass in der doppelten Buchhaltung die Erlöse bereits bei der Lieferung und nicht erst bei der Zahlung erfolgswirksam verbucht werden.

(3) Umsatzsteuerberechnung

Die Berechnung erfolgt vom Nettobetrag, d.h. vom Betrag ohne Umsatzsteuer.

Die Rückrechnung erfolgt daher „auf Hundert".

Beispiel: Ermittlung und Rückrechnung der Umsatzsteuer

	Kopierpapier („Nettopreis")	€ 20,–
+	20% USt von € 20,–	€ 4,–
	Preis inklusive USt („Bruttopreis")	€ 24,–
Rückrechnung:		
Bruttopreis (inkl. USt)		€ 24,–
Umsatzsteuer: € 24 : 120 × 20		€ 4,–
Nettopreis (ohne USt)		€ 20,–

(4) Vorsteuerabzug

Unternehmen, denen Umsatzsteuer in einer Faktura in Rechnung gestellt wurde, können diese Umsatzsteuer als „Vorsteuer" vom Finanzamt zurückverlangen, d.h. in der Regel von der eigenen Umsatzsteuerschuld abziehen.

Diese Vorsteuerabzugsberechtigung gilt für **alle** Rechnungen, d.h. auch für

- Investitionsgüter, wie Computer, Maschinen etc.
- Aufwendungen, wie Reparaturen
- Ware, die nicht weiterverkauft werden kann, z.B. weil sie verdorben ist.

Voraussetzung für den Vorsteuerabzug ist der Erhalt der Lieferung bzw. der Leistung und die Rechnung mit dem ausgewiesenen Umsatzsteuerbetrag.

Hinweis:

Bei Rechnungen bis zu einem Gesamtbetrag (inkl. USt) von € 150,– — „Kleinbetragsrechnung" — reicht die Angabe des Umsatzsteuersatzes aus.

Weitere Anforderungen, die das USt-Gesetz an Rechnungen stellt, finden Sie in der Literatur.

Ausnahmen vom Vorsteuerabzug:

❍ **„unecht steuerbefreite Umsätze" – vgl. (2):**

Für Rechnungen, die mit „unecht steuerbefreiten Umsätzen" im Zusammenhang stehen, ist kein Vorsteuerabzug möglich. Dies trifft vor allem Banken und Versicherungen.

(Exportumsätze sind „echt" steuerbefreit. Daher sind exportierende Betriebe voll vorsteuerabzugsberechtigt.)

❍ **PKW-Aufwand**

Für die Anschaffung und die laufenden Aufwendungen von Personenkraftwagen kann in der Regel kein Vorsteuerabzug geltend gemacht werden.

In Ausnahmefällen ist der Vorsteuerabzug möglich (Taxi, Fahrschulen etc.).

(5) Umsatzsteuerabrechnung

Abrechnungszeitraum ist in der Regel ein Monat. Das heißt, die Unternehmen haben monatlich die Umsatzsteuer und die Vorsteuer selbständig zu berechnen und die so ermittelte „Zahllast" bis zum 15. des übernächsten Monats an das Finanzamt abzuführen.

Beispiel: Umsatzsteuerabrechnung

Ausgangsrechnungen September (ohne USt)	€ 40.000,–
darauf 20% USt	€ 8.000,–
Eingangsrechnungen September (ohne USt)	
Wareneingänge, Reparaturen, Investitionen etc.	€ 15.000,–
darauf 20% USt	€ 3.000,–
Zahllast für September (zahlbar bis 15. November)	€ 5.000,–

(6) Die Verbuchung von Umsatzsteuer und Vorsteuer

a) **Verbuchung der Umsatzsteuer (für Erlöse beim „Verkäufer")**

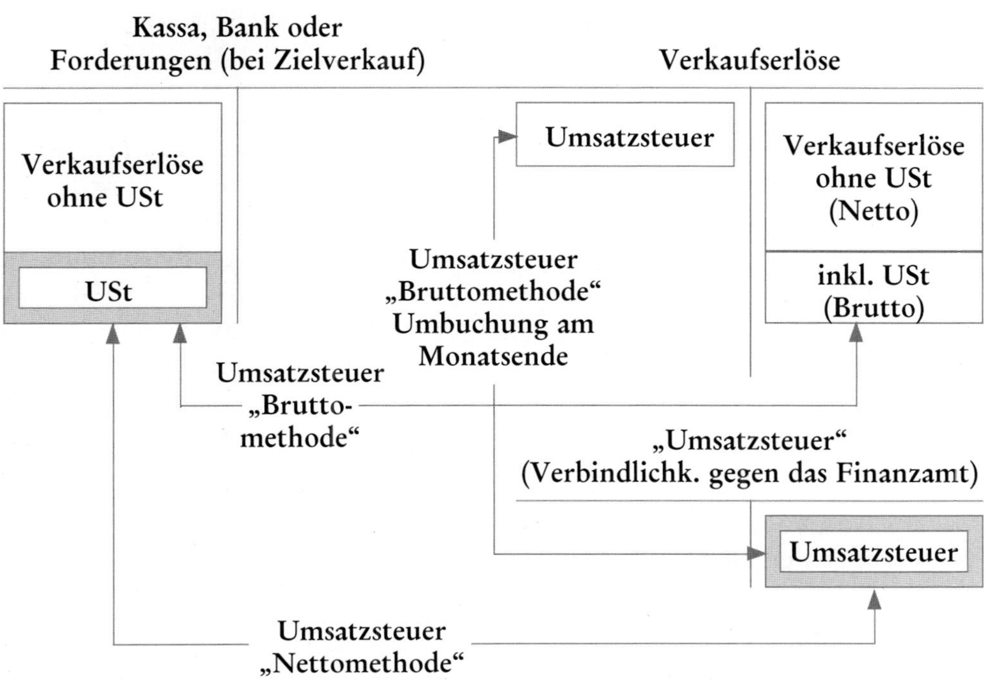

Abb. 3.13: Verbuchung der Umsatzsteuer (Netto- und Bruttomethode)

Die **Umsatzsteuer** ist **rechtlich** eine **„Verbindlichkeit an das Finanzamt“.**

Sie zählt daher **nicht** zu den **Erlösen** und ist **nicht erfolgswirksam.**

Die Verbuchung erfolgt auf einem Konto, das kurz als **„Umsatzsteuerkonto“** bezeichnet wird, exakt jedoch **„Verbindlichkeiten an das Finanzamt aus Umsatzsteuer“** heißen müsste. Das Konto gehört zur Gruppe der „Sonstigen Verbindlichkeiten“.

Bezahlt bzw. bei einem Zielverkauf gefordert wird immer der Bruttobetrag.

Dieser wird daher beim Verkäufer auf einem Zahlungsmittelkonto oder auf einem Forderungskonto im Soll verbucht.

Als Erlös gilt nur der Nettobetrag. Die Trennung von reinem Erlös und Umsatzsteuer kann sofort bei der Erlösverbuchung erfolgen (Nettomethode) oder erst zu Monatsende („Bruttomethode“).

b) Verbuchung der Vorsteuer (auf Wareneinkäufe, Investitionen, Aufwand)

Die **Vorsteuer** ist **rechtlich** eine **„Forderung an das Finanzamt“.** Sie zählt daher nicht zum Anschaffungswert von Wirtschaftsgütern oder zum Aufwand (Ausnahme: im Zusammenhang mit unecht befreiten Umsätzen, d.h. z.B., dass Banken und Versicherungen aus ihren Investitionen und Aufwendungen die Vorsteuer nicht herausrechnen dürfen).

Die Verbuchung erfolgt auf einem Konto, das kurz als **„Vorsteuerkonto“** bezeichnet wird, exakt jedoch **„Forderungen an das Finanzamt aus Vorsteuer“** heißen müsste. Das Konto gehört zur Gruppe der „Sonstigen Forderungen“.

In der Regel wird die Vorsteuer sofort bei der Verbuchung vom Computer herausgerechnet und getrennt verbucht („Nettomethode“).

Bezahlt bzw. geschuldet wird jedoch der Betrag inklusive Umsatzsteuer (Bruttobetrag).

Grafisch ergibt sich folgende Darstellung:

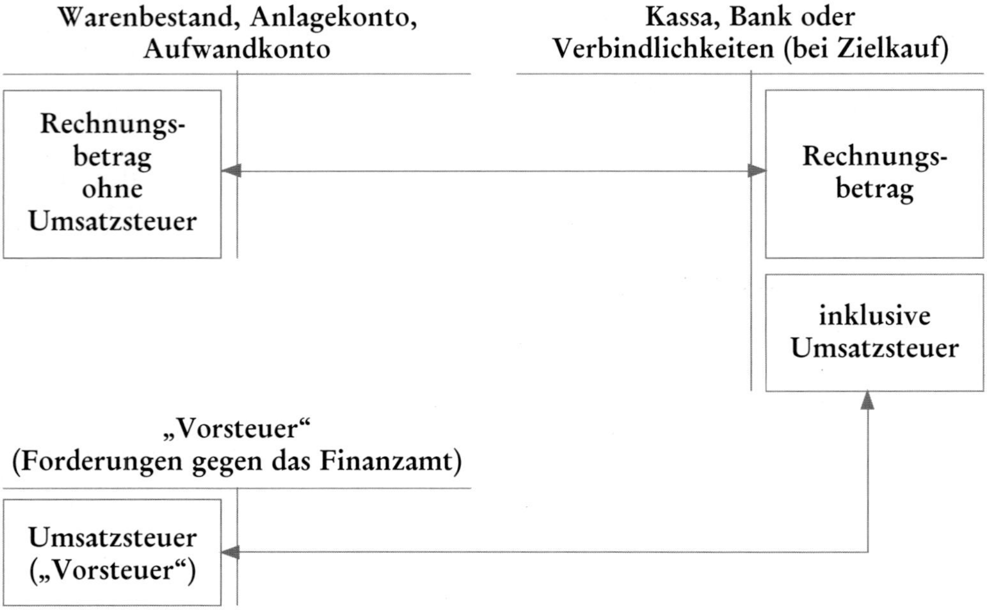

Abb. 3.14: Verbuchung der Vorsteuer (Nettomethode)

Hinweis:

In einzelnen Monaten kann die Vorsteuer höher als die Umsatzsteuer sein („Vorsteuerüberhang"). Dies ist vor allem dann der Fall, wenn umfangreiche Investitionen getätigt wurden oder hohe Reparaturaufwendungen anfielen.

Das Unternehmen kann dann den „Vorsteuerüberhang" vom Finanzamt zurückfordern oder gegen anderen Steuerverpflichtungen aufrechnen.

(Umsatzsteuerbuchungen bei Aus- und Einfuhr, innergemeinschaftlicher Lieferung bzw. innergemeinschaftlichem Erwerb, bei Eigenverbrauch und Anzahlungen werden hier nicht dargestellt.)

3.8 Der Zusammenhang zwischen Finanzrechnung, Bilanz und G+V

Finanzrechnung		Bilanz		G+V	
Einzahlung	**Auszahlung**	**Vermögen**	**Kapital**	**Aufwand**	**Ertrag**
Anfangsbest. an Zahlungsmittel plus Einzahlungen mit/ohne Erfolgswirkung	Auszahlungen mit/ohne Erfolgswirkung	Vermögen ohne Zahlungsmittel	Fremdkapital Anfangs-EK + Privatentn. - Privateinl.	Aufwand mit/ohne Zahlungswirkung	Erträge mit/ohne Zahlungswirkung
	Endsaldo an Zahlungsmittel		**Gewinn**		

Unterschied Finanzrechnung/G+V-Rechnung (Beispiele):

Auszahlungen, kein Aufwand
- Barzahlungen für Investitionen
- Kreditrückzahlungen
- Zahlungen für Wareneinkäufe
- Privatentnahmen, Gewinnausschüttung

Aufwand, keine Auszahlung
- Abschreibungen
- Wareneinsatz (bei Zieleinkauf)
- Bildung von Rückstellungen
- Bestandsminderungen

Einzahlungen, kein Ertrag
- Forderungseingänge
- Kreditaufnahme
- Privateinlage

Ertrag, keine Einzahlung
- Zielverkäufe
- Auflösung von Rückstellungen
- Bestandserhöhungen

Abb. 3.15: Zusammenhang zwischen Finanzrechnung, Bilanz und G+V-Rechnung

Die Grafik zeigt, dass

- die Finanzrechnung nur mit ihrem Saldo als „Zahlungsmittelbestand" in die Bilanz eingeht;
- erhebliche Unterschiede zwischen Auszahlungen und Aufwand und Einzahlungen und Erlösen bestehen.

Hinweis:

Ist der Saldo der Finanzrechnung negativ, haben Sie mehr ausgegeben, als an Zahlungsmitteln und Einnahmen verfügbar war. Dies ist nur möglich, wenn Ihnen jemand (in der Regel Ihre Bank) etwas geborgt hat. Der Saldo erhöht dann die Bankschulden.

3.9 Problemstellungen

3.9.1 Problemstellung 1: Eröffnung, laufende Buchungen, Abschluss

a) Bitte eröffnen Sie alle Bestandskonten und das Eigenkapitalkonto mit Hilfe des EBK.

Tragen Sie in der Textspalte jeweils den Namen des Gegenkontos bzw. dessen Kurzbezeichnung ein.

Das **Eröffnungsinventarium** zeigt folgendes Bild:

I.	**Betriebsvermögen**		
1	**Anlagevermögen**		
1.1	Einrichtung	€ 50.000,–	
1.2	Fuhrpark	€ 30.000,–	€ 80.000,–
2	**Umlaufvermögen**		
2.1	Kassa	€ 20.000,–	
2.2	Forderungen	€ 20.000,–	
2.3	Warenbestand	€ 30.000,–	€ 70.000,–
			€ 150.000,–
II.	**Fremdkapital**		
1.	Lieferverbindlichkeiten		€ 15.000,–
2.	Bankkredit		€ 25.000,–
			€ 40.000,–

b) Verbuchen Sie die folgenden Geschäftsfälle.

Benennen Sie alle Konten sinngemäß. In der Textspalte ist die Nummer des Geschäftsfalles anzugeben (also (1), (2) usw.).

(1) Wareneinkauf auf Ziel € 50.000,–

(2) Warenverkauf gegen Barzahlung € 40.000,–

(3) Wir haben gegen einen Kunden eine Forderung in Höhe von € 10.000,– (ist im Gesamt-Forderungsbestand enthalten). Der Kunde zahlt diese Forderung bar.
(4) Wir bezahlen Löhne bar € 40.000,–
(5) Barzahlung von Reparaturen € 5.000,–
(6) Wir zahlen Lieferverbindlichkeiten bar zurück: € 15.000,–
(7) Lastschrift der Zinsen am Bankkonto: € 2.000,–
(8) Warenverkauf auf Ziel € 70.000,–

c) **Laut Inventur beträgt der Warenendbestand € 20.000,–.** Ermitteln Sie bitte den Wareneinsatz und verbuchen Sie diesen.

d) **An Abschreibungen sind zu verbuchen:**

€ 5.000,– für Einrichtung
€ 10.000,– für Fuhrpark

e) **Nehmen Sie bitte alle Abschlussbuchungen vor.**

3.9.2 Problemstellung 2: Konfektionsschneiderei Müller

Im Abschnitt Finanzrechnung erstellten Sie den Finanzgrundplan für Frau Müller auf Grund der nachfolgenden Angaben.

Frau Müller fertigt in ihrem Unternehmen Kleidung für Innenstadtboutiquen in Kleinserien.

Während der Weihnachtsferien erstellt sie einen Finanzplan für das folgende Jahr und verwendet die Istzahlen des vergangenen Jahres, auf die sie vorsichtshalber bereits 10% aufgeschlagen hat:

➢ Löhne	€	200.000,–	
➢ Miete	€	20.000,–	Alle Zahlungen über das
➢ Materialeinkäufe	€	120.000,–	Bankkonto.
➢ Investitionen	€	100.000,–	
➢ Sonstige laufende Aufwendungen	€	20.000,–	

Die Umsätze schätzt Frau Müller auf ca. € 480.000,–.

Die **Schlussbilanz des Vorjahres** der Firma Ingrid Müller hat folgendes Aussehen:

Schlussbilanz, Firma Müller, per 31.12.20 . .

Anlagevermögen	150.000,–	Bankkredit	100.000,–
Materialvorrat	10.000,–	Eigenkapital	90.000,–
Fertigerzeugnisse	30.000,–		
	190.000,–		190.000,–

Weitere Angaben:

Alle vorausgeschätzten Beträge treffen genau zu.

Ferner ist zu berücksichtigen:

Im Verlauf des Jahres wird die geplante Investition von € 100.000,– getätigt und vom Bankkonto bezahlt.

Frau Müller hat laut Angabe um € 120.000,– Material zugekauft. Davon hat sie € 110.000,– durch Banküberweisung bezahlt und ist € 10.000,– noch schuldig.

Die Verkäufe von € 480.000,– werden mit Ausnahme von € 20.000,–, die zu Jahresende noch offen sind, durch Banküberweisung der Kunden bezahlt.

Frau Müller entnimmt während des Jahres € 30.000,– privat durch Bankabhebung.

Die Bank schreibt Ende des Jahres Zinsen in der Höhe von € 10.000,– vor und belastet mit diesem Betrag das Kreditkonto, das jetzt insgesamt einen Kredit von € 130.000,– ausweist.

Am Ende des Jahres beträgt der Materialbestand € 20.000,–.

Der Bestand an selbst erzeugten Produkten ist laut Nachkalkulation zu Jahresende auf € 10.000,– gefallen.

Die Abschreibungen auf das gesamte Anlagevermögen betragen € 40.000,–.

Eröffnen Sie auf Grund dieser Angaben alle Konten. Führen Sie die laufenden Buchungen und die Abschlussbuchungen durch, kontrollieren Sie, ob der Bankkredit stimmt und erstellen Sie

- die Schlussbilanz,
- den Betriebsvermögensvergleich sowie
- die Gewinn- und Verlustrechnung in Konto- und in Staffelform.

Zusatzfragen:

Wie erklären Sie sich, dass Frau Müller zwar einen Gewinn erzielt hat, jedoch mehr Schulden als zu Beginn des Jahres aufweist, obwohl sie weniger als den Gewinn privat entnommen hat?

Hätte sich der Gewinn verändert, wenn Frau Müller € 50.000,– statt € 30.000,– privat entnommen hätte?

Die Lösungshinweise finden Sie wieder im Anhang I.

4 Grundzüge der Bilanzpolitik

Sie haben bereits an einigen Stellen erkannt, dass Bilanzen zwar nach bestimmten Regeln aufgestellt werden, dass diese Regeln jedoch auch zu Abweichungen von den „wahren" Verhältnissen führen können.

Dieser Abschnitt soll nun systematisch zeigen, inwieweit Bilanzen von der Realität abweichen, er soll jedoch auch in die Möglichkeiten einführen, Bilanzen innerhalb der gesetzlichen Vorschriften zu gestalten.

4.1 Bewertungspolitik

4.1.1 Vermögensbewertung und stille Reserven

Das Prinzip der Vorsicht bewirkt zusammen mit dem Anschaffungswertprinzip und dem Niederstwertprinzip, dass das Vermögen eher niedriger und die Schulden gegebenenfalls höher ausgewiesen werden, als es den realen Verhältnissen entspricht.

Je länger Vermögen im Unternehmen verbleibt, desto größer ist die Wahrscheinlichkeit, dass der „wahre" Wert höher als der Bilanzansatz ist, da

- der historische Anschaffungswert nicht überschritten werden darf,
- die Abschreibungen des abnutzbaren Anlagevermögens ebenfalls „vorsichtig", d.h. in der Regel zu hoch, vorgenommen werden.

Beispiel: Unterbewertung beim Anlagevermögen durch Anschaffungswertprinzip und „vorsichtige" Abschreibung

- Vor 30 Jahren wurde ein Grundstück mit 2.000 m² um € 80.000,– erworben und darauf ein Gebäude um € 600.000,– errichtet.
  Das Gebäude wurde auf Basis einer Nutzungsdauer von 40 Jahren jährlich mit 2,5% abgeschrieben. Selbstverständlich kann das „nicht abnutzbare" Grundstück nicht abgeschrieben werden.
  Das Gebäude steht daher samt Grundstück mit € 230.000,– in der Bilanz (Anschaffungswert des Grundstückes € 80.000,– + Restwert des Gebäudes nach 30 Jahren € 150.000,–).
  Der tatsächliche Marktwert wird jedoch auf € 1,000.000,– geschätzt. Das Gebäude ist mindestens noch weitere 40 Jahre nutzbar.

Unterbewertungen kommen auch beim Umlaufvermögen vor.

Beispiele: Unterbewertungen beim Umlaufvermögen

- Unterbewertung von Rohstoffvorräten bei Anstieg des Weltmarktpreises; z.B. Rohölvorräte oder Goldvorräte (vgl. „Goldi")
- Unterbewertung von „dubiosen" Forderungen, wenn die Höhe des Ausfalles überschätzt wird.

Der Bilanzanalytiker sagt: „Im Vermögen sind **stille Reserven** oder **stille Rücklagen** enthalten." Diese stillen Rücklagen bewirken, dass das Eigenkapital zu gering ausgewiesen wird.

Bilanz
(mit stillen Reserven im Vermögen)

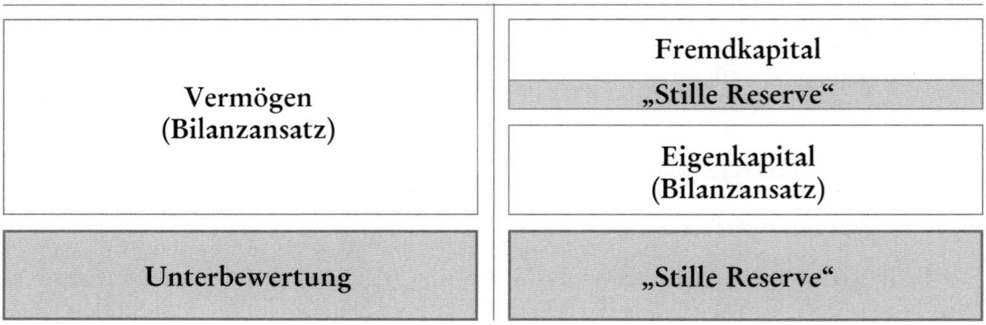

Abb. 4.1: Stille Reserven durch Unterbewertung des Vermögens und Überbewertung von Fremdkapital

Beachten Sie:

Zur **Überbewertung** der Aktiva kann es nur dann kommen, wenn die Bilanzierungsvorschriften nicht eingehalten werden. Dies kann dann der Fall sein, wenn das Unternehmen Verluste verschleiern möchte, etwa um weitere Kredite zu erhalten. Z.B. können Warenvorräte, Fertigerzeugnisse oder Forderungen nicht abgewertet werden.

Stille Reserve in den Passiva

Stille Reserven in den Passiva können z.B. durch die Überbewertung von Fremdwährungsschulden entstehen (z.B. wurde ein Yenkredit wegen steigender Yenkurse aufgewertet und bei Fallen des Yen nicht mehr abgewertet).

4.1.2 Rückstellungspolitik

Rückstellungen werden für drohende Aufwendungen gebildet, die zwar von der Verursachung her in das Abschlussjahr gehören, jedoch der Höhe oder dem Rechtsgrund nach noch nicht feststehen.

Die Bildung der Rückstellung („Dotierung") wird als Aufwand verbucht, d.h., die Dotierung mindert im Jahr der Bildung den Jahresgewinn (bzw. erhöht den Jahresverlust).

Die Rückstellung selbst ist ein Passivposten in der Bilanz, man könnte vereinfacht sagen, eine „ungewisse Verbindlichkeit", die solange bestehen bleibt, bis die endgültige Höhe der Verbindlichkeit feststeht. **Rückstellungen** zählen daher zum **„Fremdkapital"** (vgl. § 198 (8) HGB).

Ist die Dotierung zu hoch, wird ein zu niedriger Gewinn ausgewiesen. Ist daher auch die Rückstellung zu hoch, wird das Eigenkapital zu niedrig ausgewiesen.

Beispiel: Rückstellung für Prozessrisiko

> Die Firma Kodak wurde von Polaroid wegen zahlreicher Patentverletzungen im Zusammenhang mit Sofortbildkameras auf $ 12 Milliarden geklagt. D.h., Kodak wusste zum Bilanztermin, dass ein hoher Schaden drohte. Im Sinne des Vorsichtsprinzips war eine Rückstellung zu bilden.
>
> Der Prozess wurde erst 16 Jahre späger entschieden. Polaroid erhielt $ 900 Millionen (!). D.h. jedoch, dass durch Überbewertung der Rückstellung über 16 Jahre eine stille Reserve von mehreren Milliarden Dollar in der Bilanz von Kodak enthalten war.
>
> Tatsächlich stiegen die Kodakaktien, als Kodak den Prozess endgültig verlor, die Schadenssumme jedoch weit geringer war als erwartet. War doch Kodak plötzlich um einige Milliarden Dollar reicher geworden.

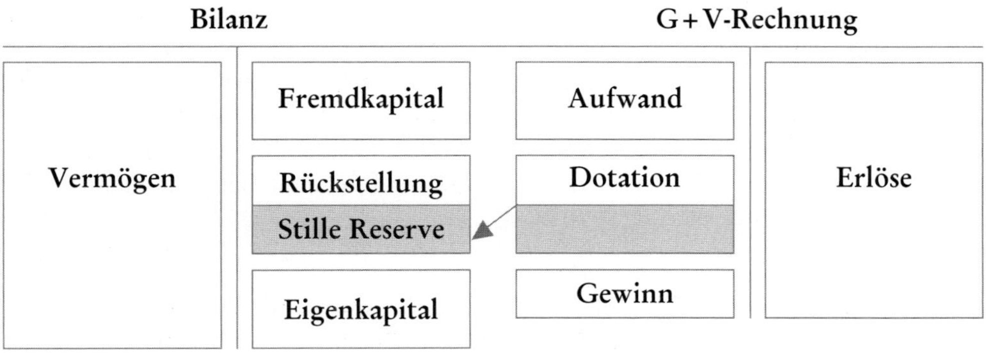

Abb. 4.2: Rückstellungen und stille Reserven

Die gerasterte Fläche zeigt die Wirkung einer zu hohen Rückstellungsdotation auf Eigenkapital und Gewinn.

Die wichtigsten Rückstellungen in Bilanzen sind:

- Abfertigungsrückstellungen
- Pensionsrückstellungen
- Steuerrückstellungen
- Sonstige Rückstellungen, wie
  - Prozessrückstellungen (vgl. unser Beispiel)
  - Garantierückstellungen (für noch laufende Garantieverpflichtungen)
  - Rückstellungen für die Inanspruchnahme nach dem Produkthaftungsgesetz
  - Rückstellungen für schwebende Geschäfte (wenn ein Auftrag noch nicht abgeschlossen ist, jedoch z.B. auf Grund eines fixen Angebots und Kostensteigerungen oder Wechselkursänderungen ein Verlust droht — z.B. in der Bauindustrie oder im Anlagenbau)

Bitte beachten Sie den Unterschied zwischen den Posten **„Dotation der Rückstellung"** und **„Rückstellung"**.

- **Dotation der (Zuweisung zur) Rückstellung** ist ein Aufwandposten in der Gewinn- und Verlustrechnung. Er gibt an, um welchen Betrag in diesem Jahr die

Rückstellung erhöht wurde und mindert den Gewinn. In der publizierten Gewinn- und Verlustrechnung wird der Posten nicht gesondert ausgewiesen, sondern ist in jenen Aufwendungen enthalten, für die Rückstellungen gebildet werden (z.B. in den Aufwendungen für Abfertigungen, für Pensionen etc.)

Erweisen sich Rückstellungen als zu hoch (vgl. das Beispiel zur Prozessrückstellung), werden sie gewinnerhöhend aufgelöst. Der Posten Erträge aus der Auflösung von Rückstellungen ist jedoch in der Gewinn- und Verlustrechnung gesondert auszuweisen.

- **Rückstellung** ist ein Passivposten in der Bilanz. Er gibt die gesamte Höhe der Rückstellung mit einer bestimmten Widmung an (z.B. Abfertigungsrückstellung, Pensionsrückstellung). Rückstellungen sind Teil des Fremdkapitals („ungewisse Verbindlichkeiten“).

Beachten Sie:

Die Dotation der Rückstellungen mindert den Gewinn und damit auch die Steuern vom Unternehmensertrag. Es gibt daher gewisse Widersprüche zwischen dem „Prinzip der Vorsicht“ und der Steuergesetzgebung. Manche Rückstellungen sind nur handelsrechtlich zulässig (z.B. Garantierückstellungen, Rückstellungen für Produkthaftpflicht).

Auch Kleinaktionäre kritisieren oft die Höhe der Rückstellungen, da dadurch der ausschüttbare Gewinn verringert wird.

Sozialkapital:

Besonders umstritten ist die Höhe der Abfertigungs- und der Pensionsrückstellungen. Da die stillen Reserven in diesen großen Rückstellungspositionen besonders schwer zu schätzen sind, spricht man oft von einer eigenen Bilanzposition, die eine Mittelstellung zwischen Eigen- und Fremdkapital einnimmt, dem **„Sozialkapital“.**

Handelsrechtlich müssen diese Rückstellungen realistisch ausgewiesen werden.

Steuerrechtlich gibt es jedoch niedrigere Obergrenzen für Abfertigungs- und Pensionsrückstellungen (vgl. dazu die weiterführende Literatur).

Beispiel: Bildung und Auflösung einer Prozessrückstellung

- Bildung einer Rückstellung für eine Schadenersatzklage und für die damit verbundenen Rechtsanwaltskosten im Jahr 2004 (Schätzung des Schadenersatzes € 600.000,–, Schätzung der Rechtsanwaltskosten € 100.000,–).

Buchungen:

Aufw. f. Schadenersatz			Rückst. f. Schadenersatz	
600.000,–		◄────►		600.000,–

Rechts- u. Beratungsaufwand			Rückst. f. Rechts- u. Beratungsaufw.	
100.000,–		◄────►		100.000,–

G+V   SBK

Auswirkung: Gewinn sinkt um € 700.000,–, ohne dass etwas bezahlt wird.

- 2006 endet der Prozess durch Vergleich. Wir zahlen € 400.000,– als Schadenersatz und begleichen unsere eigenen Rechtsanwaltskosten in der Höhe von € 120.000,–. Das heißt, die Rückstellung für Schadenersatz ist zu hoch und die Rückstellung für Rechts- und Beratungskosten ist zu gering.

Buchungen:

Aufw. f. Schadenersatz

Bank	400.000,–	RSt	400.000,–

Bank

		Aufw.	400.000,–
		Aufw.	120.000,–

Erträge aus d. Aufl. v. RSt.

		RSt	200.000,–

Rückst. f. Schadenersatz

Aufl.	600.000,–	EBK	600.000,–

Rechts- u. Beratungsaufwand

Bank	120.000,–	RSt	100.000,–

Rückst. f. Rechts- u. Beratungsaufw.

Aufl.	100.000,–	EBK	100.000,–

G+V SBK

Auswirkung: Gewinn steigt um 180.000,–, da die Rückstellungen insgesamt um diesen Betrag zu hoch waren und ertragswirksam aufgelöst wurden. Tatsächlich fielen jedoch Auszahlungen von € 520.000,– an.

Kommentar:

Bei Bezahlung werden die Auszahlungen so verbucht, als wäre keine Rückstellung gebildet worden. Am Jahresende werden die Rückstellungen, wie oben dargestellt, gegen das jeweilige Aufwandkonto aufgelöst.

War die Rückstellung zu hoch (wie bei der Rückstellung für Schadenersatz) wird der Mehrbetrag auf das Konto „Erträge aus der Auflösung von Rückstellungen" gebucht. War die Rückstellung zu niedrig, verringert der Mehraufwand den diesjährigen Gewinn (wie bei der Rückstellung für Rechts- und Beratungskosten).

4.1.3 Rücklagenpolitik

Rücklagen sind Teile des Eigenkapitals, die nicht auf dem Eigenkapitalkonto aufscheinen.

(1) Rücklagen in der Bilanz („Offene Rücklagen")

Hinweis:

In Bilanzen von Kapitalgesellschaften, insbesondere von Aktiengesellschaften, finden Sie eine Vielzahl von unterschiedlich bezeichneten Rücklagen. Bei Einzelunternehmen und Personengesellschaften finden Sie meist nur „unversteuerte Rücklagen".

a) Kapitalrücklagen

Kapitalrücklagen entstehen durch Kapitaleinzahlungen, und zwar überwiegend dann, wenn bei der Ausgabe von Aktien mehr eingezahlt wird als der Nennwert.

Beispiel: Kapitalrücklage

> Ausgabe von 1 Million Aktien im Nennwert von je € 100,–, Ausgabebetrag € 150,–.
> Auf dem Eigenkapitalkonto der Aktiengesellschaft scheint nur der Nennwert der ausgegebenen Aktien, also insgesamt € 100 Millionen auf, der Mehrbetrag (das „Agio" in der Höhe von € 50 Millionen) wird der Kapitalrücklage zugeführt.

Weitere Gründe für die Bildung von Kapitalrücklagen bei Aktiengesellschaften finden Sie im HGB § 229 (2).

b) Gewinnrücklagen

Bei Kapitalgesellschaften werden einbehaltene Gewinne einer **„Gewinnrücklage"** zugeführt, d.h., sie stammen aus jenem Teil des Gewinnes, der nicht an die Gesellschafter ausgeschüttet wird.

Zu unterscheiden sind „versteuerte Rücklagen" und „unversteuerte Rücklagen".

❍ „Versteuerte" Rücklagen

Die Zuführung („Dotation") zu versteuerten Rücklagen darf bei der Ermittlung des steuerpflichtigen Gewinnes nicht abgezogen werden.

Eine spezielle Form der „versteuerten Gewinnrücklage" ist die **„gesetzliche Rücklage"** bei Aktiengesellschaften. Aktiengesellschaften müssen jährlich mindestens 5 % ihres Gewinnes der gesetzlichen Rücklage zuführen, bis diese 10 % des Nennwertes des Aktienkapitals erreicht hat (zur genauen Berechnung vgl. § 130 (3) Akt.Ges.).

Hinweis:

In der Bilanz finden Sie den Begriff „versteuerte Rücklagen" nicht, wohl jedoch den „Gegenbegriff":

❍ „Unversteuerte Rücklagen"

Die Zuführung („Dotation") zu unversteuerten Rücklagen mindert den steuerpflichtigen Gewinn. Unversteuerte Rücklagen werden auf Grund ständig wechselnder steuerlicher Vorschriften, meistens zur Investitionsbegünstigung, gebildet. Sie treten auch bei Einzelunternehmen und Personengesellschaften auf.

Je nach gesetzlichen Vorschriften müssen sie im Verlauf der Zeit wieder aufgelöst und nachversteuert werden oder verbleiben dem Unternehmer ohne Nachversteuerung.

Die Bildungsmöglichkeiten für derartige unversteuerte Rücklagen wurden in der letzten Zeit stark eingeschränkt (vgl. die weiterführende Literatur).

Buchungstechnisch erfolgt die Zuweisung („Dotation") zu einer versteuerten Rücklage genauso, wie zu einer unversteuerten Rücklage zu Lasten des Jahresüberschusses.

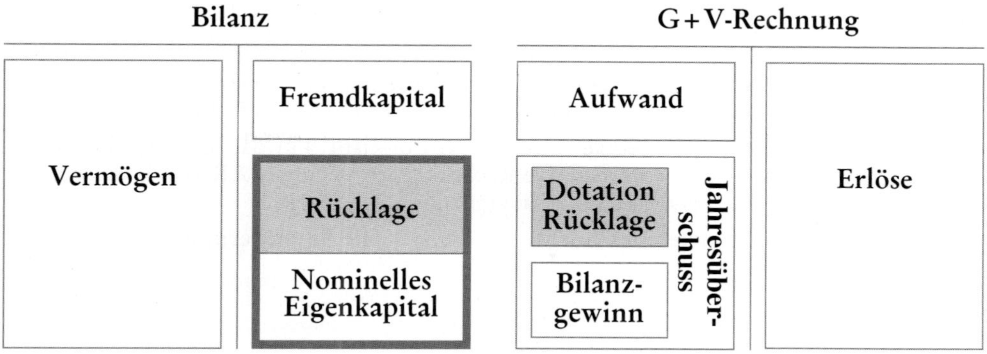

Abb. 4.3: Dotation Rücklagen

Hinweise:

- Versteuerte und unversteuerte Rücklagen müssen in der Bilanz gesondert ausgewiesen werden. Auch die Zuführung („Dotation") zu versteuerten und zu unversteuerten Rücklagen ist in der G + V-Rechnung getrennt auszuweisen.
- Bei der Bilanzanalyse werden die gesondert ausgewiesenen „Unversteuerten Rücklagen" in der Regel zum Eigenkapital gezählt.

(2) Stille Rücklagen – Hinweis

Stille Rücklagen („Stille Reserven") sind in der Bilanz nicht ersichtlich. Sie entstehen durch Unterbewertung des Vermögens (vgl. 4.1.1) und durch Überbewertung der Passiva, wie z.B. durch zu hohe Rückstellungen (vgl. 4.1.2) oder aufgewertete Fremdwährungsschulden, wenn der Kurs wieder fällt.

4.1.4 Rechnungsabgrenzungen

Rechnungsabgrenzungsposten finden sich sowohl auf der Aktiv- als auch auf der Passivseite von Bilanzen – vgl. § 198 (5), (6) HGB.

Aktive Rechnungsabgrenzungen betreffen Aufwendungen, die bereits im Abschlussjahr bezahlt wurden, jedoch teilweise erst das Folgejahr (die Folgejahre) betreffen. Sie stellen für den Bilanzierenden eine Art Forderung (Anspruch auf zukünftige Leistungen) dar. Typische Beispiele sind Versicherungsprämien beim Versicherten oder vorausbezahlte Zinsen beim Zahler.

Passive Rechnungsabgrenzungen betreffen Erträge, die bereits im Abschlussjahr bezahlt wurden. Die entsprechenden Leistungen werden aber erst im Folgejahr (in den Folgjahren) erbracht. Sie stellen für den Bilanzierenden eine Art Verbindlichkeit (Schulden für zukünftige, zu erbringende Leistungen) dar. Typische Beispiele sind Versicherungsprämien bei der Versicherung oder im Voraus erhaltene Zinsen beim Empfänger.

Beispiel:

Ein Industrieunternehmen überweist die Feuerversicherungsprämie für die Zeit vom 1.10. des Abschlussjahres bis zum 30.9. des Folgejahres in der Höhe von € 24.000,–.

¾ dieser Prämie, also € 18.000,–, gehören in das Folgejahr. Für das Industrieunternehmen stellen diese € 18.000,– eine „aktive Rechnungsabgrenzung – ARA", für die Versicherung jedoch eine „passive Rechnungsabgrenzung – PRA" dar.

Das Industrieunternehmen bucht:

Bank

		1.10.	24.000,–

Versicherungsaufwand

1.10	24.000,–	31.12. **ARA**	18.000,–
		31.12. G+V	6.000,–

ARA

31.12.	18.000,–	31.12. SBK	18.000,–

Schlussbilanz

31.12. ARA	18.000,–		

G+V

31.12. Vers.aufw.	6.000,–		

Die Versicherung bucht:

Bank

1.10.	24.000,–		

Prämienerlöse

31.12. **PRA**	18.000,–	1.10.	24.000,–
31.12. G+V	6.000,–		

PRA

31.12. SBK	18.000,–	31.12.	18.000,–

Schlussbilanz

		31.12. PRA	18.000,–

G+V

		31.12. Erlöse	6.000,–

4.1.5 Weiterführende Hinweise

(1) Bewertungsreserve

Werden aus steuerlichen Gründen Sonderabschreibungen vorgenommen, die über das handelsrechtlich zulässige Ausmaß hinausgehen, erfolgt der Ausgleich über eine Bewertungsreserve, die über die Lebensdauer des Vermögensgutes im handelsrechtlichen Jahresabschluss ertragserhöhend aufgelöst wird.

(2) Latente Steuern

Handelsrechtlich soll jene Körperschaftssteuerbelastung ausgewiesen werden, die bei einer Besteuerung des handelsrechtlichen Gewinnes anfallen würde.

Tatsächlich wird jedoch jene Körperschaftssteuer entrichtet, die sich auf Grund der steuerrechtlichen Gewinnermittlung ergibt.

Wurde steuerlich mehr entrichtet, als handelsrechtlich anfallen würde (z.B. weil die steuerlichen Bestimmungen bestimmte Aufwandposten, wie die Dotation von Garantie- oder Produkthaftpflichtrückstellungen oder die pauschale Abschreibung von Forderungen, nicht zulassen), finden Sie den Unterschiedsbetrag auf der Aktivseite der Bilanz.

Wurde steuerlich weniger entrichtet als handelsrechtlich angefallen wäre (z.B. weil verschiedene steuerliche Begünstigungen ausgenutzt wurden), finden Sie den Differenzbetrag auf der Passivseite der Bilanz.

Für die Berechnung gibt es zahlreiche Detailregelungen, die in dieser Einführung nicht behandelt werden – vgl. § 198 HGB (9) und (10).

4.2 Zusammenfassung (Bilanzpolitik)

Unter Bilanzpolitik werden alle Maßnahmen zur Gestaltung der Bilanz und des Gewinnes und Verlustes zusammengefasst. Zur Bilanzpolitik im engeren Sinn zählen:

- Bewertungspolitik beim Anlagevermögen, einschließlich Abschreibungspolitik
- Rückstellungspolitik
- Bewertungspolitik beim Umlaufvermögen, einschließlich Forderungen
- Rücklagenpolitik

Das in der Bilanz aufscheinende Eigenkapital wird in der Regel auf Grund der Bewertungsvorschriften und wegen der „vorsichtigen“ Bilanzpolitik zu niedrig ausgewiesen.

Haupteinflussgrößen sind:

- Unterbewertung der Aktiva durch
  - Anschaffungswertprinzip und Niederstwertprinzip
  - zu schnelle Abschreibung
- Überbewertung der Passiva, vor allem durch
  - Rückstellungspolitik
  - eventuell auch durch Überbewertung von Fremdwährungsverbindlichkeiten

Beide Maßnahmen führen zu „stillen Rücklagen“, d.h. zu Eigenkapitalteilen, die in der Bilanz nicht ersichtlich sind (vgl. Grafiken).

Teile des Gewinns können offenen Rücklagen zugeführt werden. Die offenen Rücklagen gehören somit zum Eigenkapital. Zu unterscheiden ist, ob die Zuweisung den steuerpflichtigen Gewinn mindert („unversteuerte Rücklage“) oder nicht.

Beachten Sie:

- In publizierten Gewinn- und Verlustrechnungen:
  - sind die **Zuweisungen (Dotationen) von Rückstellungen** in den jeweiligen Aufwendungen enthalten und daher nicht ersichtlich. Sie können jedoch indirekt aus dem Vergleich des Bilanzpostens Rückstellungen mit dem Ansatz des Vorjahres ermittelt werden.
  - **Die Zuweisungen zu Rücklagen bzw. die Erträge aus der Auflösung von Rücklagen** finden Sie in publizierten Gewinn- und Verlustrechnungen zwischen Jahresüberschuss/Jahresfehlbetrag und Bilanzgewinn

  Die **Dotationen von Rückstellungen** sind **Aufwand,**
  die **Dotationen von Rücklagen** stellen **Gewinnverwendung** dar.

- In der **Bilanz** finden Sie die Posten
  - **Rückstellungen** und
  - **Rücklagen**

  auf der **Habenseite.**

  Rückstellungen sind, soweit sie nicht zu hoch sind, **Fremdkapital,**
  Rücklagen sind **Eigenkapital** und werden entweder unter der Überschrift „Eigenkapital“ oder gesondert als „unversteuerte Rücklagen“ ausgewiesen.

Hinweis:

Umstritten ist, ob die unversteuerten Rücklagen zum Eigenkapital zählen. Manche dieser Rücklagen müssen aufgelöst und nachversteuert werden. Analysten „entsteuern“ daher manchmal diese Rücklagen, d.h., sie ziehen 25% Körperschaftssteuer ab.

4.3 Problemstellungen

Gegeben ist die folgende vereinfachte Bilanz:

Schlussbilanz per 31.12.2005

Unbeb. Grundstücke	3,000.000	Eigenkapital	11,500.000
Beb. Grundstücke	12,500.000	Bilanzgewinn	800.000
Geschäftsausstattung	5,000.000	Unverst. Rücklage	1,700.000
Fertigerzeugnisse	300.000	Abfertigungsrückstellung	800.000
Forderungen	2,000.000	Prozessrückstellung	500.000
Kassa, Bank	200.000	Bankdarlehen	5,200.000
		Lieferantenverb.	2,500.000
	23,000.000		23,000.000

1. Wie hoch ist das auf der Passivseite offen ausgewiesene Eigenkapital? (Achtung!)
2. In welchen Positionen der Aktiv- und der Passivseite sind vermutlich „stille Reserven“ enthalten?

   Wodurch entstehen diese stillen Reserven?
3. In der Gewinn- und Verlustrechnung des Jahres 2005 werden Abschreibungen in der Höhe von € 500.000,– ausgewiesen. Überlegen Sie, ob diese Abschreibungen auch dann zu gering sein können, wenn das „Prinzip der Vorsicht“ vollständig eingehalten wird?
4. Nehmen Sie an, die Prozessrückstellung wäre zu hoch. Zeigen Sie an diesem Beispiel, dass Rückstellungen manchmal Rücklagen sein können.

Die Lösungshinweise finden Sie wieder im Anhang I.

4.4 Jahresabschlüsse nach unterschiedlichen Standards (Hinweise)

Der Jahresabschluss dient verschiedenen Interessen (Erhaltung des Unternehmens, Gläubigerschutz, Information der Gesellschafter, Steuerbemessung). Diese Interessen widersprechen einander teilweise und führen zu unterschiedlichen Vorschriften.

Die nachfolgenden Anmerkungen weisen nur auf die Probleme hin. Für Details wird auf die weiterführende Literatur verwiesen.

❍ Österreichisches Handelsgesetzbuch

Das HGB orientiert sich am Prinzip der Vorsicht. Es will vor allem verhindern, dass zu hohe Gewinne ausgewiesen werden, die zu überhöhten Entnahmen der Gesellschafter führen und so den Bestand des Unternehmens gefährden würden. Es begünstigt daher den Aufbau stiller Reserven (vgl. Niederstwertprinzip, Anschaffungswertprinzip, keine zwingende Wertaufholung, wenn daraus steuerliche Nachteile entstehen, keine Bewertung über dem Anschaffungswert, Bildung von Rückstellungen aller Art etc.).

❍ Österreichisches Einkommenssteuer- und Körperschaftssteuerrecht

Grundsätzlich gilt in Österreich der Grundsatz der Maßgeblichkeit der Handelsbilanz für die Steuerbilanz. Dies bedeutet, dass immer dann, wenn handelsrechtliche Mussbestimmungen und steuerrechtliche Kannbestimmungen einander widersprechen, buchführungspflichtige Vollkaufleute den handelsrechtlichen Bestimmungen zu folgen haben.

Umgekehrt gilt auch, dass steuerliche Begünstigungen, die handelsrechtlichen Mussbestimmungen nicht widersprechen, nur dann in Anspruch genommen werden dürfen, wenn sie auch im handelsrechtlichen Abschluss berücksichtigt werden.

Da jedoch das handelsrechtliche Prinzip der Vorsicht eher zu einem geringeren Gewinnausweis führt, nimmt die Zahl der steuerlichen Mussbestimmungen zu, die mit handelsrechtlichen Mussbestimmungen nicht übereinstimmen.

Beispiele dafür wären das steuerrechtliche Verbot pauschaler Garantie- und Produkthaftpflichtrückstellungen, das Verbot zur Bildung von Rückstellungen für unterlassene Aufwendungen.

Typisch sind auch Einzelbestimmungen, wie die Vorschrift, dass die Bewirtung von Geschäftspartnern steuerlich nur zur Hälfte geltend gemacht werden darf, oder die Beschränkung der Abschreibung von Personenkraftwagen auf einen Anschaffungswert von derzeit € 40.000,– und die Erstreckung der Abschreibung auf acht Jahre.

Derartige Vorschriften widersprechen dem Handelsgesetzbuch. Der steuerpflichtige Gewinn kann daher nur durch eine so genannte „außerbücherliche Mehr-Weniger-Rechnung" aus dem Gewinn laut HGB abgeleitet werden.

Dennoch gilt in Österreich eine international eher unübliche enge Verschränkung von Handels- und Steuerrecht (vgl. dazu auch § 208 HGB im Anhang II).

❍ IFRS/IAS (International Financial Reporting Standards, International Accounting Standards)

Diese Standards werden vom International Accounting Standard Board (IASB) ausgearbeitet und weiterentwickelt. Der IASB ist ein Organ der International Accounting Standards Committee Foundation (IASC-Foundation).

IFRS ist der Oberbegriff. Er umfasst die IAS, die IFRIC (Interpretationen der IAS durch das "International Financial Reporting Interpretatin Committee) und die SIC (Interpretationen des Standing Interpretation Committee).

Die Regelungen gelten vor allem für Konzernbilanzen und sind für börsennotierte Aktiengesellschaften, auch in Österreich, verpflichtend.

Seit 1999 müssen Konzernunternehmen, die nach internationalen Normen bilanzieren, keinen Abschluss nach dem Handelsgesetzbuch vorlegen (§ 245a HGB). Das heißt, dass auch der österreichische Gesetzgeber die internationale Entwicklung akzeptiert.

Ziel der IFRS/IAS ist vor allem eine möglichst „richtige" Information der Aktionäre. Dominierend ist nicht das Prinzip der Vorsicht, sondern das Prinzip des „Fair and True View". Abschlüsse nach den IFRS führen daher in der Regel langfristig zum Ausweis höherer Gewinne und zu einem höheren Eigenkapitalanteil.

Zwischen steuerlichen Bestimmungen und IFRS gibt es keine Wechselwirkung.

Einige Unterschiede zwischen HGB und IFRS werden zur Illustration angeführt:

- Es ist zulässig, aber nicht verpflichtend, das Anlagevermögen einer Neubewertung zu unterziehen. Dabei ist eine Aufwertung über den Anschaffungswert möglich, wenn sie dem Marktwert entspricht.
- Ebenso ist eine Aufwertung über den Anschaffungswert bei Wertpapieren des Umlaufvermögens zulässig.
- Wertaufholungsgebote
  Wurde außerplanmäßig abgeschrieben, ist z.B. eine Wiederaufwertung bei Sachanlagen und immateriellen Anlagegütern verpflichtend vorgesehen, wenn der Grund für die Abwertung wegfällt.
- Abschreibungssätze sind regelmäßig zu überprüfen und bei einer Änderung des Nutzungsverlaufes anzupassen.
- Rückstellungen für drohende Verpflichtungen sind erst dann auszuweisen, wenn als wahrscheinlich angenommen werden kann, dass eine derartige Verpflichtung besteht (etwa 50% und mehr, „more likely, than not"). Laut HGB können ungewisse Verbindlichkeiten schon bei geringerer Eintrittswahrscheinlichkeit passiviert werden. Rückstellungen für unterlassene Aufwendungen (z.B. unterlassene Reparaturen) dürfen laut IAS nicht gebildet werden.
- Bei langfristigen Aufträgen ist nach IAS auch der Gewinnanteil je nach Fertigstellung des Auftrags auszuweisen (percentage of completion method). Nach HGB sind Gewinne erst bei Fertigstellung und Risikoübergang auszuweisen (completion of contract method). Zu aktivieren sind lt. HGB lediglich die bisher aufgewendeten „Kosten" (richtig „Aufwendungen").
- Lediglich bei den Pensionsrückstellungen (und bei den Abfertigungsrückstellungen) weisen die IAS „vorsichtigere" Bestimmungen auf, da auch zukünftige Gehaltssteigerungen bei der Bildung der Rückstellungen zwingend einbezogen werden müssen. Dies ist auch der Grund, warum bei der Umstellung auf IAS häufig zunächst Gewinn- bzw. Eigenkapitalminderungen auftreten.

❍ General Accepted Accounting Principles (GAAP)

Die GAAP sind die in den USA gültigen Standards, die ebenfalls dem Prinzip vom „True and Fair View" folgen und eine bessere Information der Aktionäre zum Ziel haben. In Details, die hier nicht behandelt werden können, weichen die GAAP von den IAS ab. Auch die Erstellung des Jahresabschlusses nach den GAAP erfolgt ohne Verbindung zur steuerlichen Gewinnermittlung.

Man nimmt an, dass sich IFRS und GAAP immer stärker annähern und schließlich zu einheitlichen, weltweit gültigen Standards führen werden.

Hinweis:

Einige Fälle von „Überbewertungen" in den Bilanzen vor allem US-amerikanischer Unternehmungen (World-Com, Enron, Rank-Xerox, Shell) haben die Diskussion zwischen Befürwortern des Vorsichtsprinzips und den Vertretern des „Fair and True View-Prinzips" wieder angefacht.

5 Auswertung des Jahresabschlusses

5.1 Einführung

Bisher haben wir den Begriff **„Jahresabschluss“** nicht verwendet. „Jahresabschluss“ ist der Oberbegriff für **Bilanz** und **Gewinn- und Verlustrechnung,** ergänzt um „Anhang“ und „Lagebericht“ (vgl. §§ 236 HGB ff).

Hinweis:

In der Praxis wird jedoch häufig auch der Begriff „Bilanzieren“ oder „Bilanzerstellen“ verwendet und damit die Erstellung des gesamten Jahresabschlusses gemeint.

Der Jahresabschluss wurde bisher sehr vereinfacht dargestellt. Das Handelsgesetzbuch sieht wesentlich detailliertere Regelungen vor. Generell gelten die §§ 198 bis 200. Für Kapitalgesellschaften die §§ 222 ff.

Die detaillierten Gliederungsvorschriften für die Bilanz finden Sie im § 224, für die G + V-Rechnung im § 231 (vgl. Anhang II).

Da die EDV-Programme auf die Abschlüsse von Kapitalgesellschaften abgestellt sind, werden meist auch die Abschlüsse der Personengesellschaften und Einzelunternehmen in dieser Form gestaltet.

Beachten Sie insbesondere, dass der Bilanzgewinn in mehreren Zwischenschritten ermittelt wird (vgl. § 231). Vereinfacht ergibt sich nach dem Gesamtkostenverfahren folgende Staffel:

Posten 1–8	= Ordentliches betriebliches Ergebnis (Posten 9)
Posten 10–15	= Finanzergebnis (Posten 16)
Posten 17	= Ergebnis der gewöhnl. Geschäftstätigkeit (EGT)
Posten 18–19	= Außerordentliches Ergebnis (Posten 20)
Posten 21	= Steuern vom Einkommen und Ertrag
Posten 22	= Jahresüberschuss, Jahresfehlbetrag
Posten 23–28	= Rücklagenbewegung, Gewinn-, Verlustvortrag
Posten 29	= Bilanzgewinn

Anmerkung:

Steuern vom Einkommen und Ertrag finden Sie nur in der G + V-Rechnung von Kapitalgesellschaften. Personengesellschafter und Einzelunternehmer versteuern ihre Gewinne im Rahmen ihrer persönlichen Einkommensteuererklärung.
Im Anhang III finden Sie Bilanzen und G + V-Rechnungen nach dem Gesamtkostenverfahren und nach dem Umsatzkostenverfahren.

Benötigt man für betriebswirtschaftliche Entscheidungen knappe Informationen, werden die wichtigsten Größen zusammengefasst und zueinander in Beziehung gesetzt.

Grundsätzlich ist zu unterscheiden, ob die Kennzahlen des Jahresabschlusses unternehmensintern oder von Dritten ermittelt werden. Werden Bilanzkennzahlen intern errechnet, ist es wesentlich leichter, alle jene Verzerrungen zu berücksichtigen, die Sie in den Abschnitten 3 und 4 kennen gelernt haben. Wird unternehmensextern gerechnet, muss man sich der Ungenauigkeit der Basisdaten bewusst sein.

Die nachfolgende kurze Einführung in die Auswertung des Jahresabschlusses wird daher auch auf die möglichen Fehlerquellen eingehen.

Hinweis zum Umsatzkostenverfahren

§ 231 HGB sieht auch eine zweite Möglichkeit zur Gliederung der G+V-Rechnung vor – nämlich das **„Umsatzkostenverfahren"**. Zum Verständnis benötigen Sie jedoch Kostenrechnungskenntnisse. Das Verfahren wird daher erst in Abschnitt 9 besprochen.

5.2 Die Geldflussrechnung („Cashflow-Rechnung")

5.2.1 Einführung

Wie bereits gezeigt wurde, stimmt der Jahresüberschuss bzw. der Jahresfehlbetrag der Gewinn- und Verlustrechnung nicht mit Zugang bzw. Abgang an finanziellen Mitteln überein (vgl. die Übersicht im Abschnitt 3.8). Ziel der Geldflussrechnung ist es, das Entstehen dieses Unterschiedes deutlich zu machen.

Die handelsrechtlichen Vorschriften für den Jahresabschluss von Kapitalgesellschaften (vgl. § 243 [1]) sehen auch eine Darstellung der finanziellen Lage des Unternehmens vor. Diese Darstellung ist in Österreich noch nicht genormt. Es existiert jedoch ein Gutachten der Kammer der Wirtschaftstreuhänder aus 1998, das eine Empfehlung für eine derartige Geldflussrechnung enthält. Vorschriften finden sich auch im Unternehmensreorganisationsgesetz (vgl. Abschnitt 5.6).

Unternehmen, die ihren Jahresabschluss nach internationalen Richtlinien erstellen (z.B. nach IAS oder GAAP), müssen zwingend eine Geldflussrechnung aufstellen.

Die Regelungen sind sehr detailliert. Die nachfolgenden Ausführungen können daher nur das Prinzip aufzeigen. Dazu kommt, dass einige Daten für die Geldflussrechnung benötigt werden, die für den außen stehenden Analysten, der nur über den Jahresabschluss samt Anhang und Lagebericht verfügt, nicht zugänglich sind.

Sie können daher publizierte Geldflussrechnungen, die meist als Cashflow-Statement bezeichnet werden, nur näherungsweise kontrollieren.

5.2.2 Der Cashflow nach der Praktikermethode

Der Cashflow nach der Praktikermethode stellt eine erste näherungsweise Ermittlung der Zahlungskraft des Unternehmens dar. Er dient zur schnellen Orientierung über die finanziellen Mittel, die dem Unternehmen für Investitionen bzw. für Kreditrückzahlungen zur Verfügung stehen.

Das nachfolgend dargestellte Verfahren wird mit zahlreichen geringfügigen Verfeinerungen z.B. bei Kreditinstituten eingesetzt, um die Zahlungskraft des Kreditwerbers einzuschätzen.

Es geht vom Jahresüberschuss (Jahresfehlbetrag) aus und korrigiert diesen um die wichtigsten unbaren Aufwendungen und unbaren Erträge.

Rechenschema:

Jahresüberschuss (Jahresfehlbetrag)
\+ Abschreibungen
\+ Zuweisungen (– Erträge aus Auflösung) von langfristigen Rückstellungen
(– Steuern vom Ertrag bei Personengesellschaften)

= Cashflow nach der Praktikermethode

Die nachfolgende Grafik versucht, das Rechenschema zu verdeutlichen.

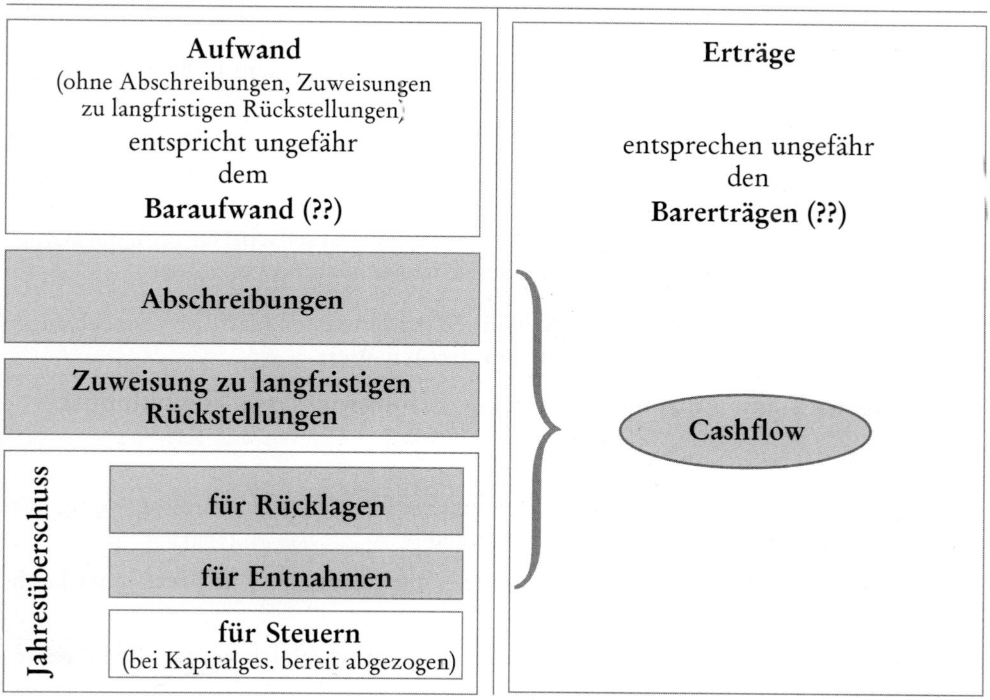

Abb. 5.1: Cashflow

Beachten Sie:

Die grafische Darstellung zeigt, dass

- Abschreibungen und Zuweisungen zu Rückstellungen zwar den Gewinn mindern, aber nicht den Zufluss an Bar- bzw. Buchgeld.

  In der Regel wird die Zuweisung zu kurzfristigen Rückstellungen (z.B. Garantierückstellungen) nicht zum Jahresgewinn addiert, weil ja demnächst mit der Inanspruchnahme, d.h. mit einer Auszahlung, zu rechnen ist.

  Die Zuweisung zu langfristigen Rückstellungen, wie z.B. Zuweisungen zum Sozialkapital, stehen dem Unternehmen jedoch zur Verfügung.

  Das bereits zitierte Beispiel Kodak – Polaroid mit einer Prozessdauer von 15 Jahren zeigt allerdings, dass die Unterscheidung in lang- und kurzfristige Rückstellungen nicht immer einfach ist.
- Verzichten die Unternehmer auf Entnahmen bzw. auf Gewinnausschüttungen, steht auch dieser Teil voll zur Verfügung.

- Wurden die Steuern vom Ertrag noch nicht berücksichtigt (z.B. bei Einzelunternehmungen, Personengesellschaften), sind sie abzuziehen, da sie nicht für Investitionen oder Kreditrückzahlungen verwendet werden können.

Die Grafik zeigt auch sofort die Schwäche der Kennzahl:

- Die Annahme, dass alle Aufwendungen mit Ausnahme der Abschreibungen und der Zuweisung zu langfristigen Rückstellungen bar erfolgen, ist genauso unscharf, wie die Annahme, dass alle Erträge Barerträge darstellen.
- Die Abgrenzung langfristiger von kurzfristigen Rückstellungen ist schwierig. In der Regel werden nur die Sozialrückstellungen als langfristig betrachtet. Selbstverständlich können auch andere Rückstellungen langfristig sein (z.B.: Prozessrückstellungen).
- Zweifelhaft ist auch, ob der gesamte für Entnahmen zur Verfügung stehende Gewinnanteil für Investitionen oder Kreditrückzahlungen verwendet werden kann. Im Kleinbetrieb benötigt der Unternehmer die Privatentnahme, um seinen Lebensunterhalt zu bestreiten, im Großbetrieb werden die Gesellschafter (z.B. die Aktionäre) wohl kaum vollständig auf die Gewinnausschüttung verzichten.

In der Praxis gibt es daher zahlreiche Versionen der einfachen Cashflow-Berechnung, die den Cashflow immer näher an den angestrebten Wert

Erfolgswirksame Einzahlungen minus **Erfolgswirksame Auszahlungen**

heranführen.

Wie die meisten Kennzahlen ist auch die einzelne Cashflow-Berechnung wenig aussagekräftig. Man sollte sie daher nur verwenden

- im Periodenvergleich, d.h., wenn man die Entwicklung über mehrere Jahre beobachtet,
- im Betriebsvergleich, d.h., wenn man die „hoffentlich gleich berechneten“ Kennzahlen mehrerer Unternehmen vergleicht.

5.2.3 Problemstellung zum Cashflow nach der Praktikermethode

1. Berechnen Sie aus der nachfolgenden Gewinn- und Verlustrechnung in Staffelform den Cashflow nach der Praktikermethode.
2. Warum gibt der Cashflow die Zahlungskraft des Unternehmens nur unvollkommen wieder?
3. Versuchen Sie mit Hilfe des Cashflows zu erklären, warum ein Unternehmer mehr als den Bilanzgewinn aus einem Unternehmen entnehmen kann? Überlegen Sie, welche Wirkungen dies langfristig haben kann.

Gewinn- und Verlustrechnung (in Millionen Euro) — Ges.m.b.H.

	Umsatzerlöse	250	
+	Bestandsveränderungen	10	
-	Materialaufwand	30	
-	Personalaufwand	120	(vgl. Anmerkung)
-	Abschreibungen	30	
-	Sonstiger Aufwand	30	(vgl. Anmerkung)
	Zwischensumme (Betriebsergebnis)	50	
+	Erträge aus Beteiligungen	10	
+	Zinserträge (aus Wertpapieren)	5	
-	Zinsaufwand (aus Bankkrediten)	8	
	Finanzergebnis	7	
-	Steuern	12	
	Jahresüberschuss	45	
-	Zuweisung zu Rücklagen	10	
	Bilanzgewinn	35	

Anmerkungen:

- Im Personalaufwand sind Zuweisungen zur Pensionsrückstellung in der Höhe von € 1,000.000,– enthalten.
- Im sonstigen Aufwand sind Zuweisungen zur Garantierückstellung in der Höhe von € 1,000.000,– enthalten.

5.2.4 Grundlagen der Geldflussrechnung

(1) Einführung

Die Kritik am Cashflow nach der Praktikermethode zeigte bereits, dass eine Verfeinerung dieser Rechnung notwendig ist. Die Geldflussrechnung versucht daher alle Einflussfaktoren zu erfassen, die eine Abweichung des Geldflusses vom Jahresgewinn bzw. Jahresfehlbetrag verursachen.

Diese Unterschiede können zwei großen Gruppen zugerechnet werden:

a) Aufwendungen und Erträge, die nicht unmittelbar zu Auszahlungen oder Einzahlungen geführt haben.

b) Auszahlungen und Einzahlungen, die in der laufenden Periode zu keinen erfolgswirksamen Buchungen geführt haben, jedoch den Geldfluss veränderten.

Beispiele zu a) wären:

- Verkäufe auf Ziel, die in dieser Periode nicht bezahlt wurden
- Waren- und Materialeinkäufe auf Ziel, wenn die Waren bereits verkauft bzw. das Material verbraucht, die Einkaufsrechnung aber noch nicht bezahlt wurden

Beispiele zu b) wären:

- Kreditaufnahmen und Kreditrückzahlungen (selbstverständlich ohne Zinsen)
- Eigenkapitalerhöhungen durch Einzahlung
- Gewinnausschüttungen bzw. Privatentnahmen
  Diese Zahlungsvorgänge stellen keine erfolgswirksamen Tatbestände dar, haben aber selbstverständlich Auswirkungen auf den Geldfluss.
- Barinvestitionen in abnutzbares Anlagevermögen
  Diese wirken sich erst in Form der Abschreibung im Verlauf einiger Jahre auf die Gewinn- und Verlustrechnung aus, sind aber sofort zahlungswirksam.

Der externe Analytiker kann diese Tatbestände vor allem aus der Veränderung von Bilanzpositionen (aus der „Veränderungsbilanz") erkennen.

Erinnern wir uns an das System der doppelten Buchhaltung, so galt für die Bestandskonten folgende Regel:

Für die Vermehrung von Vermögen und die Verminderung von Kapital werden Mittel verwendet, d.h. jedoch, der Geldfluss wird negativ beeinflusst.

Durch die Verminderung von Vermögen und durch die Vermehrung von Kapital werden Mittel aufgebracht, d.h., der Geldfluss wird positiv beeinflusst.

Mittelverwendung	**Mittelaufbringung**
Vermögensvermehrung	**Vermögensverminderung**
Kapitalverminderung	**Kapitalvermehrung**
Geldabfluss	**Geldzufluss**

Abb. 5.2: Mittelaufbringung, Mittelverwendung

Das Schema können Sie sich leicht anhand Ihrer privaten Erfahrungen erklären und merken.

Wenn Sie etwas erwerben (z.B. ein Auto, eine Eigentumswohnung bzw. ihren Wochenendeinkauf), nimmt Ihr Zahlungsmittelbestand ab. Wenn Sie Vermögensgegenstände verkaufen (z.B. Ihr altes Motorrad), nimmt er zu.

Machen Sie Schulden, haben Sie mehr Zahlungsmittel, zahlen Sie die Schulden zurück, haben Sie weniger.

(2) Die Veränderungsbilanz

Anhand eines Beispiels soll dargestellt werden, wie man durch die Analyse der Veränderungen der Bilanzposten Mittelaufbringung und -verwendung kontrollieren kann.

Anwendungsbeispiel: Veränderungsbilanz (Einzelunternehmen)

Schlussbilanz per 31.12.2005

Grundstücke	3,000.000,–	Eigenkapital	11,000.000,–
Gebäude	13,800.000,–	Bilanzgewinn	1,000.000,–
Geschäftsausstattung	7,700.000,–	Unv. Rücklagen	2,700.000,–
Warenbestand	300.000,–	Pensionsrückst.	1,000.000,–
Forderungen	200.000,–	Garantierückst.	300.000,–
		Bankdarlehen	7,000.000,–
		Lieferantenverbindlk.	2,000.000,–
	25,000.000,–		25,000.000,–

Schlussbilanz per 31.12.2004

Grundstücke	3,000.000,–	Eigenkapital	11,500.000,–
Gebäude	12,100.000,–	Bilanzgewinn	1,300.000,–
Geschäftsausstattung	7,000.000,–	Unv. Rücklagen	1,700.000,–
Warenbestand	500.000,–	Pensionsrückst.	800.000,–
Forderungen	400.000,–	Garantierückst.	200.000,–
		Bankdarlehen	5,000.000,–
		Lieferantenverbindlk.	2,500.000,–
	23,000.000,–		23,000.000,–

Mittelaufbringung:

➢ **Verringerung der Aktiva**		
Warenbestand („Lagerabbau")	200.000,–	
Forderungsabbau	200.000,–	400.000,–
➢ **Vermehrung der Passiva**		
Unversteuerte Rücklagen	1,000.000,–	
Pensionsrückstellung	200.000,–	
Garantierückstellung	100.000,–	
Bankdarlehen	2,000.000,–	3,300.000,–
Summe Mittelaufbringung		3,700.000,–

Mittelverwendung:

➢ **Vermehrung der Aktiva**		
Gebäude	1,700.000,–	
Geschäftsausstattung	700.000,–	2,400.000,–
➢ **Verminderung der Passiva**		
Lieferantenverbindlichkeiten	500.000,–	
Eigenkapital (inkl. Bilanzgew.)	800.000,–	1,300.000,–
Summe Mittelverwendung		3,700.000,–

Die Veränderungsbilanz zeigt:

- dass die Mittel überwiegend für Investitionen in Gebäude und Geschäftsausstattung verwendet wurden.
  Ferner mussten die Lieferantenverbindlichkeiten vermindert werden.
  Überdies hat der Unternehmer Eigenkapital in hohem Ausmaß entnommen.
- Aufgebracht wurden die Mittel überwiegend durch steuerfreie Rücklagen und durch Erhöhung des Bankdarlehens sowie durch Abbau des Warenlagers und der Forderungen.

(3) Die Geldflussrechnung nach Aktivitätsbereichen

Grundsätzlich kann man drei Teilbereiche unterscheiden, in denen Mittel aufgebracht bzw. verwendet werden:

- Geldfluss aus der laufenden Geschäftstätigkeit („operative activities")
- Geldfluss aus der Investitionstätigkeit („investing activities")
- Geldfluss aus der Finanzierungstätigkeit („financing activities")

a) Geldfluss aus der laufenden Geschäftstätigkeit (aus den „operative activities"):

Den Geldfluss aus der laufenden Geschäftstätigkeit erhält man wie folgt:

	Jahresüberschuss
+ (–)	Abschreibungen (Zuschreibungen) auf Vermögensgegenstände des Anlagevermögens (inklusive Finanzanlagen)
– (+)	Gewinn (Verlust) aus dem Abgang von Vermögensgegenständen des Investitionsbereichs
+ (–)	Zunahme (Abnahme) von Rückstellungen
– (+)	Zunahme (Abnahme) von Vorräten
– (+)	Zunahme (Abnahme) der Forderungen aus Lieferungen und Leistungen
– (+)	Zunahme (Abnahme) anderer Aktiva, die der laufenden Geschäftstätigkeit zuzurechnen sind
+ (–)	Zunahme (Abnahme) der Verbindlichkeiten aus Lieferungen und Leistungen
+ (–)	Zunahme (Abnahme) anderer Passiva, die der laufenden Geschäftstätigkeit zuzurechnen sind
=	**Geldfluss aus der laufenden Geschäftstätigkeit**

Sehr häufig wird dieser Geldfluss als **Cashflow** bezeichnet.

Sie können erkennen, dass der Geldfluss aus der laufenden Geschäftstätigkeit eine Weiterentwicklung des Cashflows nach der Praktikermethode darstellt. Ein Großteil der Probleme der Praktikermethode wird dadurch behoben.

Beispiele: Verbesserte Cashflow-Berechnung

- Die Trennung der Rückstellungsdotationen in kurz- und langfristige ist unerheblich, da die gesamte Veränderung der Rückstellungen berücksichtigt wird.

- Das Problem, dass nicht alle Erlöse Barerlöse und nicht alle Aufwendungen Baraufwendungen sind, wird dadurch berücksichtigt, dass die Veränderungen von Forderungen und Verbindlichkeiten aus Lieferungen und Leistungen in die Rechnung eingehen.

Hinweise:

Die dritte Position des Rechenschemas betrifft den Abzug der Gewinne bzw. die Hinzurechnung von Verlusten aus dem Abgang von Vermögensgegenständen des Investitionsbereichs. Diese Korrektur wird vorgenommen, weil diese Gewinne und Verluste dem Investitionsbereich zugerechnet werden. Sie werden daher aus dem operativen Bereich herausgenommen und erst im Investitionsbereich berücksichtigt.

Berechnungsbeispiel:

Wir verwenden die Angabe zur Bewegungsbilanz aus Abschnitt (2) mit folgenden Ergänzungen:

Jahresüberschuss laut G+V-Rechnung	€ 2,000.000,–
darin enthalten Erträge aus Anlagenabgang	(€ 300.000,–)
Abschreibungen	€ 2,800.000,–

Geldfluss aus der laufenden Geschäftstätigkeit

	Jahresüberschuss	€ 2,000.000,–
+	Abschreibungen	€ 2,800.000,–
–	Erträge aus Anlagenabgang	€ 300.000,–
+	Aufbau von Rückstellungen (Pension, Garantie)	€ 300.000,–
+	Abbau von Forderungen	€ 200.000,–
+	Abbau von Vorräten	€ 200.000,–
–	Abbau von Lieferverbindlichk.	€ 500.000,–
=	Geldfluss aus der laufenden Geschäftstätigkeit	€ 4,700.000,–

D.h., ein Teil der Aufwendungen war unbar (Abschreibungen, Zuweisung zu den Rückstellungen) und minderte nur den Gewinn, nicht jedoch den Geldfluss. Diese Aufwendungen wurden daher wieder dazugezählt. Zusätzlich wurden Mittel aufgebracht durch Verringerung der Außenstände (Forderungen) und der Vorräte. Allerdings wurden auch die Lieferverbindlichkeiten verringert, dies verbrauchte Mittel.

Bitte beachten Sie:

Die Rechnung beginnt mit dem Jahresüberschuss. Dieser Jahresüberschuss wurde um unbare Aufwendungen, wie Abschreibungen und Rückstellungsdotationen, verringert. Das Hinzuzählen dieser Positionen heißt daher nicht, dass Abschreibungen oder Rückstellungsdotationen den Cashflow vermehren, sondern nur, dass sie den Jahresüberschuss verringern, ohne dass tatsächlich Auszahlungen vorgenommen wurden. Sie müssen daher in der Geldflussrechnung wieder hinzugezählt werden.

Beispiel: Einfluss von Abschreibungen und Rückstellungen auf den Cashflow

Nehmen Sie an, der Gesetzgeber erlaubt eine Erhöhung der Pensionsrückstellungen um 10% und Sie dotieren diese Rückstellung daher mit € 100.000,– zusätzlich. Ihr Jahresüberschuss würde um € 100.000,– sinken. Ihr Geldfluss jedoch nicht, da Sie ja nur die Dotation gebucht, jedoch nichts ausgezahlt haben.

Der verminderte Jahresüberschuss ist daher wieder um diese € 100.000,– zu erhöhen, um zum Geldfluss zu kommen.

Unangenehmerweise gibt es auch den gegenteiligen Effekt. Sie müssen eine Rückstellung, die zu hoch gebildet wurde, auflösen. Denken Sie z.B. an den Rechtsstreit zwischen Polaroid und Kodak. Lösen Sie Rückstellungen auf, erhöht sich zwar der Gewinn, jedoch nicht Ihr Geldfluss. Sie müssen daher diese Verminderung der Rückstellungen in der Geldflussrechnung abziehen.

Praktisch kann dies zu erheblichen Schwierigkeiten führen, wenn Sie diesen „unbaren Ertrag“ versteuern müssen oder Ihre Aktionäre höhere Gewinnausschüttungen verlangen.

Beispiel: Auflösung von Rückstellungen und Cashflow

Viele Jahre durften die österreichischen Hausbesitzer bis zu zehn Jahresmieterträge für Hausreparaturen steuerfrei rückstellen. Das heißt, sie wiesen zumindest steuerlich keine Gewinne aus, hatten aber einen erheblichen Geldzufluss. Dieser Geldzufluss wurde häufig für den Lebensunterhalt verwendet. 1999/2000 mussten sie diese Reparaturrückstellungen auflösen und nachversteuern. Diese Auflösung führte zu erheblichen Gewinnen, ohne dass ein Geldzufluss vorlag. Die Nachversteuerung führte daher zu Liquiditätsengpässen, durch die Hausverkäufe notwendig wurden.

b) Geldfluss aus der Investitionstätigkeit („investing activities“)

Das Gutachten der Kammer der Österreichischen Wirtschaftstreuhänder und die internationalen Vorschriften sehen eine Bruttorechnung vor. Das heißt, der Geldfluss aus der Investitionstätigkeit ergibt sich aus

+ Einzahlungen aus Anlagenabgang (– Auszahlungen aus Anlagenzugang) ohne Finanzinvestitionen
+ Einzahlungen aus Abgängen (– Auszahlungen aus Zugängen) aus Finanzinvestitionen

Aus dem Schema ersehen Sie, dass auch Finanzinvestitionen (z.B. Wertpapiere des Anlagevermögens, Beteiligungen) zum Investitionsbereich gezählt werden. Laut Kammergutachten zählen dazu auch die Geldflüsse aus der Anschaffung und dem Verkauf von Wertpapieren des Umlaufvermögens.

Die Einzahlungen und Auszahlungen aus den „investing activities“ können nur mit Hilfe des Anlagespiegels (vgl. § 226 HGB) rekonstruiert werden. Dies soll nur an einem Beispiel gezeigt werden. Die genaue Ermittlung bleibt der weiterführenden Literatur vorbehalten.

Beispiel: Einzahlungen aus Anlagenabgang

Ein Gebäude mit einem Buchwert von € 2 Millionen wurde um € 5 Millionen verkauft. In der Gewinn- und Verlustrechnung wurde daher der Überschuss der Verkaufserlöse über den Buchwert, also € 3 Millionen, als „Ertrag aus dem Abgang von Anlagen" ausgewiesen.

Als positiver Cashflow aus den „investing activities" ergeben sich jedoch € 5 Millionen, d.h., zum Verkaufsgewinn muss der Buchwert des abgegangenen Anlagegutes addiert werden.

(Sie erinnern sich, dass der Ertrag aus Anlagenabgang aus dem Geldfluss der laufenden Geschäftstätigkeit ausgeschieden wurde, um ihn dem Geldfluss aus der Investitionstätigkeit hinzuzufügen.)

c) Geldfluss aus der Finanzierungstätigkeit („financing activities")

Auch im Finanzierungsbereich werden die Bruttogeldströme berücksichtigt:

+ Einzahlung (– Rückzahlung) von Eigenkapital
– Gewinnausschüttungen (bzw. Privatentnahmen)
+ Einzahlungen aus der Aufnahme (– Auszahlungen aus der Tilgung) von Anleihen und Finanzkrediten

Das heißt, die Veränderung von Bankkrediten wird dem Finanzierungsbereich zugerechnet, die Veränderung von Lieferantenkrediten jedoch der laufenden Geschäftstätigkeit.

An einem Beispiel soll wieder gezeigt werden, wie man die Bruttogeldflüsse rekonstruiert.

Im Beispiel zur Veränderungsbilanz (vgl. Abschnitt (2)) betrugen die zum Eigenkapital gehörenden Posten:

Posten	31.12.2004	31.12.2005	Differenz
Eigenkapital	11,500.000	11,000.000	– 500.000
Bilanzgewinn	1,300.000	1,000.000	– 300.000
Unversteuerte Rücklage	1,700.000	2,700.000	+ 1,000.000

In der Veränderungsbilanz ergab sich daher ein Eigenkapitalabgang, zunächst ohne Berücksichtigung der unversteuerten Rücklagen von € 800.000,–, und damit ein negativer Geldfluss.

Will man ermitteln, wie viel der Unternehmer tatsächlich privat entnommen hat, müsste man wie folgt rechnen:

Endeigenkapital inklusive Bilanzgewinn 2005	€	12,000.000,–
Endeigenkapital inklusive Bilanzgewinn 2004	€	12,800.000,–
Eigenkapitalverminderung	€	800.000,–
Bilanzgewinn 2005	€	1,000.000,–
Die Privatentnahmen betragen daher	€	1,800.000,–

Das heißt, es wurden der gesamte Bilanzgewinn und zusätzlich € 800.000,– entnommen. Anders wäre eine Eigenkapitalverminderung bei einem Bilanzgewinn von € 1 Million nicht zu erklären.

Hätte man einschließlich der unversteuerten Rücklagen gerechnet, hätte man den Gewinn vor der Dotation der Rücklage verwenden müssen.

Endeigenkapital (inkl. unversteuerter Rücklage) 2005	€ 14,700.000,–
Endeigenkapital (inkl. unversteuerter Rücklage) 2004	€ 14,500.000,–
Eigenkapitalerhöhung	€ 200.000,–
Gewinn vor Rücklagendotation	€ 2,000.000,–
Privatentnahme daher	€ 1,800.000,–

Beispiel: Geldfluss aus dem Investitions- und Finanzierungsbereich (vereinfacht)

Wir verwenden wieder die Angabe zur Veränderungsbilanz aus Abschnitt (2).

Ergänzungen hiezu:

Neuzugang an Anlagen laut Anlagenkartei:	€ 5,400.000,–
(Bezahlung bar bzw. teilweise durch Bankdarlehen)	
Erlöse aus Anlagenverkauf lt. G+V	€ 300.000,–
Buchwert der verkauften Anlagen	€ 200.000,–

(Sie erinnern sich, der Erlös aus Anlagenverkauf wurde aus dem Geldfluss aus laufender Geschäftstätigkeit ausgeschieden. Die Gesamteinzahlung aus Anlagenverkauf muss € 500.000,– betragen, da ein Überschuss von € 300.000,– erzielt wurde und der Buchwert € 200.000,– betrug.)

+ Einzahlung aus Anlagenverkauf	€ 500.000,–
– Auszahlung für Investitionen	€ 5,400.000,–
= Geldfluss aus Investitionstätigkeit	**€ – 4,900.000,–**
+ Aufbau Bankdarlehen	€ 2,000.000,–
– Privatentnahmen brutto (vgl. oben)	€ 1,800.000,–
= Geldfluss aus der Finanzierungstätigkeit	**€ + 200.000,–**
Geldfluss aus lfd. Betriebstätigkeit (S. 107)	**€ 4,700.000,–**

Insgesamt ergibt sich somit eine Gleichheit von Aufbringung und Verwendung. Der positive Geldfluss aus Betriebstätigkeit wurde überwiegend für Investitionen und für Privatentnahmen verwendet. Die Differenz wurde durch eine Erhöhung des Bankdarlehens aufgebracht.

Hinweis:

Hätte das Unternehmen liquide Mittel wie Kassenbestände und sofort fällige Bankguthaben gehabt, so hätte ein Überschuss der Geldflussrechnung diese Mittel erhöht bzw. hätte eine Unterdeckung diese Mittel verringern müssen (vgl. Problemstellung zur Geldflussrechnung).

5.2.5 Exkurs: EBITDA

Als vereinfachte Kennzahl für den Geldfluss wird häufig das sogenannte EBITDA berechnet. Die Abkürzung bedeutet

Earnings **B**efore **I**nterest **T**axes **D**epreciation and **A**mortization

Der Begriff EBIT wird auf Seite 115 f. näher erklärt (ordentliches Betriebsergebnis zuzüglich Ergebnis aus Finanzinvestitionen einschließlich von Umlaufwertpapieren, jedoch vor Berücksichtigung von Aufwandzinsen).

Zu diesem EBIT werden beim EBITDA noch die Abschreibungen addiert.

Hinweis:

In der Fachsprache steht:

- „Amortization" für die Abschreibung des Firmenwerkes,
- „Depreciation" für die übrigen Abschreibungen.

Geht man auf Spezialprobleme der Berechnung nicht ein, handelt es sich um eine Version des Praktiker-Cashflows, jedoch vor Steuern und Zinsen.

Problemstellung:

Berechnen Sie das EBITDA aus den Angaben zur Gewinn- und Verlustrechnung zum Abschnitt 5.2.3 (Seite 102).

5.2.6 Problemstellung: Geldflussrechnung

Ermitteln Sie für 2005 aus den nachfolgenden Bilanzen für eine Personengesellschaft: Den Cashflow nach der Praktikermethode, den Geldfluss nach Tätigkeitsbereichen.

Schlussbilanz per 31.12.2005, Firma Sandler

Grundstücke	1,000.000,–	Eigenkapital	11,300.000,–
Gebäude	13,000.000,–	Bilanzgewinn	100.000,–
Maschinen	8,000.000,–	Unv. Rückl.	2,600.000,–
Material	400.000,–	Pensionsrückst.	6,000.000,–
Fertigerzeugn.	1,200.000,–	Prozessrückst.	400.000,–
Handelswaren	2,000.000,–	Bankdarlehen	7,000.000,–
Kassa, Bank	100.000,–	Lieferantenverb.	3,300.000,–
Forderungen	5,000.000,–		
	30,700.000,–		30,700.000,–

Schlussbilanz per 31.12.2004, Firma Sandler

Grundstücke	3,000.000,–	Eigenkapital	11,400.000,–
Gebäude	10,000.000,–	Bilanzgewinn	2,000.000,–
Maschinen	7,000.000,–	Unv. Rückl.	2,400.000,–
Material	300.000,–	Pensionsrückst.	5,200.000,–
Fertigerzeug.	200.000,–	Bankdarlehen	5,000.000,–
Handelswaren	2,500.000,–	Lieferantenverb.	4,000.000,–
Kassa, Bank	200.000,–		
Forderungen	6,800.000,–		
	30,000.000,–		30,000.000,–

Zusatzangaben:

Lt. G+V: Jahresüberschuss € 300.000,–; Abschreibungen € 2,500.000,–; Verlust aus Anlagenverkauf € 400.000,–. Lt. Anlagenspiegel: Buchwert abgegangener Anlagen € 600.000,–; Anlagenzugang € 5,100.000,–. Die Privatentnahmen müssen Sie erst ermitteln (vgl. Seite 109).

5.2.7 Vom Cashflow abgeleitete Kennzahlen

Werden Kennzahlen mit Hilfe des Cashflows ermittelt, ist zunächst zu fragen, welcher Cashflow verwendet werden soll.

Unter dem Einfluss der internationalen Rechnungslegungsvorschriften und unter Berücksichtigung des Kammergutachtens der österreichischen Wirtschaftstreuhänder wird in Zukunft vermutlich immer häufiger der Cashflow aus den „operative activities" verwendet werden.

Dennoch ist damit zu rechnen, dass in der Praxis auch der Cashflow nach der Praktikermethode mit oder ohne Verfeinerungen verwendet werden wird. Ferner wird auch der **Cashflow vor Steuer** ermittelt.

(1) Entschuldungsdauer

$$\frac{\textbf{Nettoverschuldung}}{\textbf{Cashflow}}$$

Die Nettoverschuldung erhält man aus:

	Fremdkapital insgesamt
–	liquide Mittel (Bargeld, Bankguthaben, Umlaufwertpapiere)
–	kurzfristige Forderungen
=	**Nettoverschuldung**

Die Kennzahl gibt an, in wie vielen Jahren man das Fremdkapital durch Eigenkapital ersetzen könnte.

(2) Selbstfinanzierungsgrad der Investitionen

$$\frac{\textbf{Cashflow} \times 100}{\textbf{Investitionen}}$$

Die Kennzahl gibt an, wie viel Prozent der für Investitionen benötigten Mittel durch die Betriebstätigkeit aufgebracht werden konnten.

Problemstellung:

Ermitteln Sie die Nettoverschuldung und den Selbstfinanzierungsgrad der Investitionen aus den Daten aus 5.2.6 (Seite 111). Verwenden Sie den Cashflow aus den „operative activities".

5.3 Kennzahlen der Bilanzstruktur

5.3.1 Einführung

Cashflow und Kapitalflussrechnung bezogen sich auf die Veränderungen zwischen zwei Bilanzterminen. Viele Kennzahlenprogramme berechnen jedoch auch Kennzahlen der Bilanzstruktur zeitpunktbezogen, d.h. für den Termin des Jahresabschlusses.

Diese Kennzahlen sind aus mehreren Gründen verzerrt:

- Vermögen und Kapital sind durch stille Reserven meist unterbewertet.
- Vermögen und Kapital können auch saisonal verzerrt sein.
  So ist es z.B. in der Praxis üblich, den Bilanztermin so anzusetzen, dass das Lager möglichst gering ist, d.h. zu Ende der Saison, um die Inventur zu erleichtern.
- Ferner kann das im Betrieb genutzte Anlagevermögen gemietet oder geleast sein (z.B. Gebäude, Maschinen) und daher in der Bilanz nicht aufscheinen (vgl. S. 7).

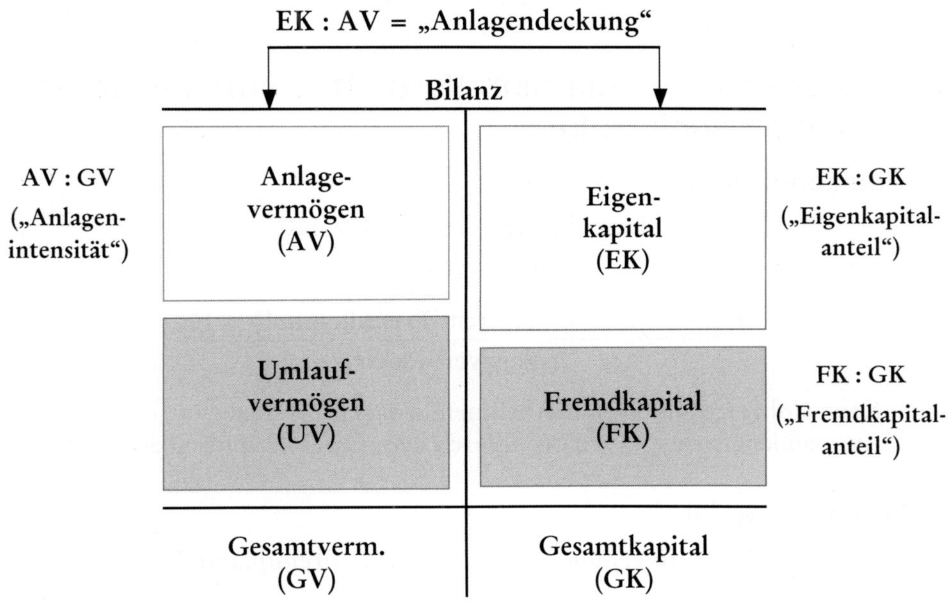

Abb. 5.3: Kennzahlen der Bilanzstruktur

5.3.2 Kennzahlen der Vermögensstruktur

Anlagenintensität

$$\frac{\text{Anlagevermögen} \times 100}{\text{Gesamtvermögen}}$$

Auch andere Vermögensteile können zum Gesamtvermögen ins Verhältnis gesetzt werden (z.B. das gesamte Umlaufvermögen, die Forderungen, die Vorräte etc.).

Diese Kennzahlen zeigen an, wo das meiste Vermögen im Unternehmen gebunden ist („anlageintensive", „forderungsintensive" Unternehmen etc.).

5.3.3 Kennzahlen der Kapitalstruktur

(1) Eigenkapitalanteil

$$\frac{\textbf{Eigenkapital (einschl. Rücklagen und Bilanzgewinn)} \times 100}{\textbf{Gesamtkapital}}$$

(2) Fremdkapitalanteil

$$\frac{\textbf{Fremdkapital (einschl. Rückstellungen)} \times 100}{\textbf{Gesamtkapital}}$$

5.3.4 Kennzahlen aus dem Verhältnis von Vermögens- zur Kapitalstruktur

(1) Anlagendeckung

$$\frac{\textbf{Eigenkapital (wie oben)} \times 100}{\textbf{Anlagevermögen}}$$

oft auch:

$$\frac{\textbf{(Eigenkapital + langfrist. Fremdkapital)} \times 100}{\textbf{Anlagevermögen}}$$

Diese Kennzahl zeigt, ob das Unternehmen „vorsichtig" finanziert ist, d.h., in welchem Ausmaß langfristiges Vermögen durch langfristiges Kapital gedeckt ist.

(2) Working Capital

Umlaufvermögen – kurzfristiges Fremdkapital

Diese Kennzahl stammt aus dem angelsächsischen Raum. Sie zeigt sozusagen den theoretischen Überschuss an liquiden Mitteln, der bleiben würde, wenn man das Umlaufvermögen verkaufte und damit die kurzfristigen Schulden bezahlte.

Die Kennzahl ist deswegen so beliebt, weil sie gegen die meisten Verzerrungen nicht anfällig ist.

- Im Umlaufvermögen sind die stillen Reserven weit geringer als im Anlagevermögen.
- Das kurzfristige Fremdkapital weist ebenfalls geringe Verzerrungen auf (Ausnahmen könnten die kurzfristigen Rückstellungen — z.B. Prozessrückstellungen — sein).

(3) Liquidität

a) **Liquidität 1. Grades**

$$\frac{\textbf{(Bare Mittel [Kassa, Bank] + Wertpapiere des Umlaufverm.)} \times 100}{\textbf{kurzfristige Verbindlichkeiten}}$$

b) **Liquidität 2. Grades („Acid Test")**

$$\frac{\text{(Bare Mittel + Wertpap. des UV + kurzfrist. Forderungen)} \times 100}{\text{kurzfristige Verbindlichkeiten}}$$

Die Kennzahl wird als „Schnelltest" für die Liquidität verwendet. (Der Begriff ist eine Analogie für den Säureschnelltest für Gold.)

c) **Liquidität 3. Grades („Current Ratio")**

$$\frac{\text{(Bare Mittel + Wertpap. des UV + kurzfrist. Ford. + Vorräte)} \times 100}{\text{kurzfristige Verbindlichkeiten}}$$

Diese Kennzahlen sollen anzeigen, ob das Unternehmen in der Lage ist, seine kurzfristigen Verbindlichkeiten zu erfüllen.

Auch diese Kennzahlen sind nur im Zeitvergleich sinnvoll.

Der Hauptmangel besteht darin, dass kurzfristige Baraufwendungen und kurzfristige Barerträge nicht erfasst sind (z.B. nächster Lohntermin, bevorstehende hohe Barverkäufe etc.).

5.3.5 Problemstellung: Kennzahlen der Bilanzstruktur

Ermitteln Sie alle Kennzahlen für die Bilanz der Firma Sandler zum 31. 12. 2005 (vgl. Problemstellung zur Geldflussrechnung, Kap. 5.2.6 – S. 111).

Die Lösungshinweise finden Sie wieder im Anhang I.

5.4 Rentabilitätskennzahlen

5.4.1 Einführung

Allgemein erhält man die Rentabilität, indem man den Gewinn in Prozenten des eingesetzten Kapitals ausdrückt:

$$\frac{\text{Gewinn} \times 100}{\text{Kapital}}$$

Sofort erheben sich zwei Fragen:

- **Welcher Gewinn?**

  Der Gewinn vor oder nach Steuer, der Gewinn vor oder nach Rücklagenbildung, der Gewinn einschließlich des Finanzerfolges etc.?

  Die unterschiedlichen Arten des Gewinnes ersehen Sie aus den vielen Zwischensummen bei der staffelförmigen Gewinnermittlung nach den Vorschriften des HGB – § 231 (vgl. **Anhang II**).

In der Praxis werden verwendet:

- Jahresüberschuss („Gewinn nach Steuern")
- EGT („Gewinn vor Steuern")
- EBIT („earnings before interest and taxes")

Anmerkung zum EBIT:

Vereinfacht entspricht dieser Wert dem „Ordentlichen betrieblichen Ergebnis" (vgl. die Übersicht in Abschnitt 5.1), d.h. dem Ergebnis vor Berücksichtigung des Finanzergebnisses.

Exakt wäre zum EGT nur der Saldo aus Aufwandzinsen und Erträgen aus der laufenden Finanzierung zu addieren. Erträge und Verluste aus anderen Finanzierungsbereichen, z.B. Erträge und Verluste aus Beteiligungen oder aus Umlaufwertpapieren müssen jedoch beim EBIT berücksichtigt werden. (vgl. dazu die Aufgabenstellung zu 5.2.5 und deren Lösung.)

❍ **Welches Kapital?**

Auch die Basis des Bruches ist verzerrungsanfällig.

Grundsätzlich kann der Gewinn auf das
- Eigenkapital („Eigenkapitalrentabilität") oder auf das
- Gesamtkapital („Gesamtkapitalrentabilität")

bezogen werden.

Zum Eigenkapital zählen auch die Rücklagen und der Bilanzgewinn. Das Eigenkapital ist durch die vorsichtige Bewertung in der Bilanz meist zu gering ausgewiesen.

Auch das Gesamtkapital ist verzerrt, weil
- das verzerrte Eigenkapital Teil des Gesamtkapitals ist, und
- weil es saisonal verzerrt sein kann (vgl. dazu auch 5.3).

Die aus dem Jahresabschluss ermittelte Kapitalrentabilität kann daher zu klein oder zu groß sein.

➢ Zu klein, weil der Gewinn „vorsichtig" ermittelt wird und der Zähler daher zu klein sein kann,

➢ zu groß, weil das Kapital ebenfalls „vorsichtig" bewertet wird und der Nenner des Bruches daher ebenfalls zu klein sein kann.

Hinweis:

Ein Sonderproblem stellen die unversteuerten Rücklagen dar. Ein Teil dieser Rücklagen muss im Verlauf der Zeit gewinnerhöhend aufgelöst und versteuert werden. Das heißt jedoch, dass nur der nach der Versteuerung verbleibende Rest zum Eigenkapital zählt.

Bei der Analyse von Kapitalgesellschaften werden die unversteuerten Rücklagen daher gelegentlich „entsteuert", d.h., man zieht die „drohende" Körperschaftssteuer von 25% ab. Bei Einzelunternehmen und Personengesellschaften kann jedoch die Steuerbelastung wegen der Progression des Einkommenssteuertarifs nicht vorausgeschätzt werden.

Im Rahmen dieser Einführung wird auf die Entsteuerung der unversteuerten Rücklagen bei der Kennzahlenanalyse verzichtet.

5.4.2 Die Eigenkapitalrentabilität

$$\frac{\text{Jahresüberschuss (vor oder nach Steuern)} \times 100}{\text{Durchschnittliches Eigenkapital (einschließlich Rücklagen)}}$$

Manchmal wird auch anstelle des durchschnittlichen Eigenkapitals (Durchschnitt von Eröffnungs- und Schlussbilanz) das Eigenkapital zu Beginn des Geschäftsjahres (Anfangseigenkapital) oder das Anfangseigenkapital plus halbem Jahresgewinn (weil der Gewinn sozusagen kontinuierlich das Eigenkapital erhöht) verwendet.

5.4.3 Die Gesamtkapitalrentabilität

$$\frac{\text{(Jahresüberschuss [vor oder nach Steuern] + Fremdkapitalzinsen)} \times 100}{\text{Durchschnittliches Gesamtkapital}}$$

Bei der Gesamtkapitalrentabilität werden üblicherweise zum Gewinn noch die Fremdkapitalzinsen addiert, da die Fremdkapitalzinsen sozusagen eine Vorwegentnahme des auf das Gesamtkapital entfallenden Gewinnes darstellen.

5.4.4 Problemstellung: Rentabilitätskennzahlen

Ermitteln Sie aus der Schlussbilanz der Firma Sandler zum 31.12.2005 die Eigen- und die Gesamtkapitalrentabilität (vgl. Problemstellung zur Kapitalflussrechnung, Kap. 5.2.6 - Seite 111).

Beachten Sie, dass Sie die Rücklagendotation aus dem Vergleich der beiden Bilanzen entnehmen können.

Zusatzangaben:

Fremdkapitalzinsen laut G+V € 600.000,-
Ertragsbesteuerung: € 40.000,-

Überlegen Sie auch, warum die ermittelten Rentabilitäten höher oder niedriger als errechnet sein könnten.

Die Lösungshinweise finden Sie wieder im Anhang I.

5.5 Der „Schnelltest" bei der Kennzahlenanalyse

Will man schnell einen Überblick über die Lage des Unternehmens bekommen, so kann man die folgenden Kennzahlen verwenden:

- **Eigenkapitalanteil:**
  30% und mehr gelten als sehr gut, 20% als gut, 10% als mittel bis schlecht.
- **Cashflow nach der Praktikermethode (vor Steuer) in Prozenten des Umsatzes**
  10% und mehr gelten als sehr gut, 8% als gut, 5% als mittel bis schlecht.
- **Gesamtkapitalrentabilität (vor Steuer)**
  15% und mehr — sehr gut, 12% — gut, 8% — mittel bis schlecht.

- **Schuldtilgungsdauer**
  3 Jahre und weniger — sehr gut, 5 Jahre — gut, 8–12 Jahre — mittel bis schlecht.

Sind die ersten drei Kennzahlen negativ oder liegt die Schuldtilgungsdauer über 20 Jahre, so gilt das Unternehmen als insolvenzgefährdet.

Beachten Sie:
Der Schnelltest gilt für Industrieunternehmen.

5.6 Die Kennzahlen nach dem Unternehmensreorganisationsgesetz

Alle prüfungspflichtigen Kapitalgesellschaften müssen lt. URG die folgenden Kennzahlen ermitteln. Es ist jedoch sinnvoll, wenn auch nicht prüfungspflichtige Unternehmen (z.B. kleine Ges.m.b.H. oder Personengesellschaften) diese Kennzahlen errechnen.

- **Eigenmittelquote (§ 23 URG)**

$$\frac{\textbf{(Eigenkapital + unversteuerte Rücklagen)}}{\textbf{Bilanzsumme (ohne Anzahlungen lt. § 225 Abs. 6)}}$$

Als Anzeichen eines Restrukturierungsbedarfs gilt eine Quote von weniger als 8%

- **Fiktive Schuldtilgungsdauer (§ 24 URG)**

  Die Berechnung erfolgt in Anlehnung an die Entschuldungsdauer, die in Abschnitt 5.2.7 errechnet wurde.

$$\frac{\textbf{Effektivverschuldung}}{\textbf{Cashflow aus der gewöhnlichen Geschäftstätigkeit}}$$

  Die fiktive Schuldtilgungsdauer sollte nicht über 15 Jahren liegen.

  Exakt wird gerechnet:

	Rückstellungen
+	Verbindlichkeiten
–	Erhaltene Anzahlungen (lt. § 225, Abs. 6)
–	Wertpapiere und sonstige Anteile (§ 224, B III [2])
–	Kassenbestand, Schecks, Guthaben bei Kreditinstituten
=	**Effektivverschuldung**

	Ergebnis der gewöhnlichen Geschäftstätigkeit
–	Steuern vom Einkommen (soweit sie auf das EGT entfallen)
+	Abschreibungen auf das Anlagevermögen
+	Verluste, – Gewinne aus dem Verkauf von Anlagevermögen
–	Zuschreibungen auf das Anlagevermögen
+	Zuführung zu langfristigen Rückstellungen (d.h. Rückstellungen mit einer Laufzeit von über einem Jahr) –
–	Erträge aus der Auflösung von langfristigen Rückstellungen
=	**Cashflow aus der gewöhnlichen Geschäftstätigkeit**

5.7 Die Verzerrung von Bilanzkennzahlen

Eine „vorsichtige" Bewertungs- und Rückstellungspolitik verzerrt Ertrags- und Bestandspositionen.

- Der Einfluss auf den Gewinn ist offensichtlich.
- Stille Reserven verschleiern (verringern) den Eigenkapitalanteil lt. Bilanz.
- Stille Reserven verringern auch das Gesamtvermögen und erhöhen daher die Gesamtrentabilität (da der Nenner kleiner wird).

Ein Sonderproblem stellen **gemietete oder geleaste Anlagen** dar.

- Werden Anlagen gemietet statt gekauft ist das bilanzielle Gesamtvermögen des Unternehmens geringer. Nimmt man an, dass die Investitionen durch Fremdkapital finanziert würden, wäre das Gesamtvermögen größer, der Eigenkapitalanteil jedoch geringer.
- Ebenso scheinen die „Leasingschulden" in der Bilanz nicht auf. Dies verbesserte wieder die Entschuldungsdauer.
- Abschreibungen gekaufter Anlagen werden bei der Cashflow-Ermittlung addiert. Leasingraten, in denen selbstverständlich auch Abschreibungen stecken, werden jedoch beim Cashflow nicht berücksichtigt.

Anwendungsbeispiel zur Kennzahlenverzerrung durch Leasingfinanzierung:

Im nachfolgenden Beispiel wird angenommen, dass die gesamten Maschinen entweder mit einem Bankdarlehen oder mit Leasing finanziert werden.

Zusatzannahmen: Jahresüberschuss € 600.000,–, Darlehenszinsen € 200.000,–
Abschreibungen: Gebäude € 100.000,–, Maschinen € 400.000,–
Leasingrate € 600.000,–

Unterstellt man, dass der Jahresüberschuss in beiden Fällen etwa gleich bleibt, da Abschreibungen und Fremdkapitalzinsen in etwa den Leasingraten entsprechen, so zeigt das Beispiel, wie sich Cashflow (nach der Praktikermethode), Entschuldungsdauer, Gesamtkapitalrentabilität und die Kennzahlen der Bilanzstruktur verändern.

Bilanz (in € 1.000) mit Fremdkapitalfinanzierung

Gebäude	2.500	Eigenkap.	3.000
Maschinen	4.000	Darlehen	4.000
Vorräte	1.000	Lieferverb.	1.000
Forderungen	500		
	8.000		8.000

Bilanz (in € 1.000) mit Leasingfinanzierung

Gebäude	2.500	Eigenkap.	3.000
Vorräte	1.000	Lieververb.	1.000
Forderungen	500		
	4.000		4.000

Gesamtkapitalrentabilität

Jahresüberschuss	600.000
+ Zinsen	200.000
=	800.000
: 8,000.000	10%

Gesamtkapitalrentabilität

Jahresüberschuss	600.000
+ Zinsen	0
=	600.000
: 4,000.000	15%

Cashflow		**Cashflow**	
Jahresüberschuss	600.000	Jahresüberschuss	600.000
+ Abschreibungen	500.000	+ Abschreibungen	100.000
= Cashflow	1,100.000	= Cashflow	700.000
Entschuldungsdauer		**Entschuldungsdauer**	
Gesamtschulden	5,000.000	Gesamtschulden	1,000.000
– Forderungen	500.000	– Forderungen	500.000
= Nettoverschuldung	4,500.000	= Nettoverschuldung	500.000
: Cashflow	1,100.000	: Cashflow	700.000
= Entschuldungsdauer	4,1 Jahre	= Entschuldungsdauer	0,7 Jahre
Eigenkapitalanteil		**Eigenkapitalanteil**	
3.000 : 8.000	37,5%	3.000 : 4.000	75%
Anlagenintensität		**Anlagenintensität**	
6.500 : 8.000	81%	2.500 : 4.000	62%
Anlagendeckung		**Anlagendeckung**	
3.000 : 6.500	46%	3.000 : 2.500	120%

Lt. § 237 (8) HGB sind im Anhang publizierter Rechnungsabschlüsse anzugeben:

— Verpflichtungen aus der Nutzung von in der Bilanz nicht ausgewiesenem Sachanlagevermögen für das nächste Jahr sowie
— die Summe dieser Verpflichtungen für die nächsten fünf Jahre

In diesen Beträgen stecken nicht nur Leasingraten, sondern auch Miet- und Pachtverpflichtungen.

Wie man die immer größer werdenden Leasingpositionen bei der Kennzahlenanalyse berücksichtigen soll, wird in der Fachliteratur diskutiert.

Eine einfache, jedoch ungenaue Lösung wäre, die Höhe der Verpflichtungen für die nächsten fünf Jahre als Erhöhung des Anlagevermögens und der Schulden in die Kennzahlenanalyse einzubeziehen. International geht die Entwicklung in die Richtung, dass die ausständigen Leasingraten auf den Barwert diskontiert und mit diesem Betrag sowohl als Vermögen, als auch als Fremdkapital in die Bilanz des Leasingnehmers aufgenommen werden.

Es wird auf die weiterführende Literatur verwiesen.

Problemstellungen:

(1) Machen Sie den „Schnell-Test" anhand der Bilanz der Firma Sandler für **2004** (nicht für 2005 – Seite 111) mit Hilfe folgender Zusatzangaben (vgl. Abschnitt 5.2.7):

Abschreibungen € 2,500.000,–, Dotation der steuerfreien Rücklage € 400.000,–, Dotation der Pensionsrückstellung € 600.000,–, Zinsaufwand € 600.000,–, Umsatz € 70 Millionen.

(2) Gegeben sind die nachfolgenden (vereinfachten) Daten eines Jahresabschlusses.

Bilanz (in € 1.000) mit Fremdkapitalfinanzierung

Gebäude	4.500	Eigenkap.	6.500
Maschinen	8.000	Darlehen	8.000
Vorräte	2.000	Lieferverb.	1.500
Forderungen	1.500		
	16.000		16.000

Gewinn- und Verlustrechnung

Erlöse	13,000.000
Personalaufwand	4,000.000
Materialaufwand	6,000.000
Abschreibungen	1,000.000
Sonstiger Aufwand	800.000
Darlehenszinsen	500.000
Jahresüberschuss	700.000

Anmerkung: Von den Abschreibungen entfallen € 800.000,– auf die Maschinen.

a) Zeigen Sie, wie sich die Eigen- und Gesamtkapitalrentabilität sowie Anlagendeckung und Eigenkapitalanteil ändern, wenn in den Gebäuden stille Reserven in der Höhe von € 10 Millionen enthalten sind und diese berücksichtigt werden sollen.

b) Zeigen Sie, wie sich Cashflow, Gesamtkapitalrentabilität, Anlagendeckung ändern, wenn die Maschinen statt durch das Bankdarlehen mittels Leasing finanziert würden. Die Leasingrate beträgt pro Jahr € 1,500.000,–.

(Die stille Reserve laut Aufgabe a) ist nicht zu berücksichtigen.)

5.8 Zusammenfassung (Auswertung des Jahresabschlusses)

Jahresabschluss

Bilanz und Gewinn- und Verlustrechnung
(Anhang und Lagebericht)

Kennzahlen der Zahlungskraft

Cashflow („Praktikermethode"):
Jahresüberschuss
+ Abschreibungen
+ Dotation (– Auflösung) langfristiger Rückstellungen

Die Kennzahl ist ein grober Anhaltspunkt für die Fähigkeit des Unternehmens, Investitionen selbst zu finanzieren bzw. Kredite selbst zu tilgen.

Vom Cashflow abgeleitet sind die Kennzahlen:

Entschuldungsdauer =
Nettoverschuldung /Cashflow

Selbstfinanzierungsgrad der Investitionen =
Cashflow × 100 /Investitionen

Veränderungsbilanz und Geldflussrechnung

Versuchen den Fluss der Aus- und Einzahlungen genauer zu analysieren.

Veränderungsbilanz:

Vergleicht nur die Daten der Eröffnungsbilanz (Schlussbilanz des Vorjahres) mit den Daten der Schlussbilanz des Abschlussjahres.

Mittelverwendung: Jede Vermehrung der Aktiva und jede Verminderung der Passiva.

Mittelaufbringung: Jede Verminderung der Aktiva und jede Vermehrung der Passiva.

Geldflussrechnung:

Versucht die gesamten Zahlungsströme zu analysieren.

Insbesondere gehen in die Geldflussrechnung auch die Bruttoinvestitionen und die vollen Privatentnahmen ein.

Die Gliederung der Geldflussrechnung erfolgt in der Regel nach:

Aktivitätsbereichen (operating, financing, investing)

Bei den „operating activities" werden nur die Nettoveränderungen (z.B. der Vorräte, Forderungen, Lieferverbindlichkeiten, Rückstellungen) berücksichtigt.

Bei den „financing and investing activities" jedoch die Bruttogeldflüsse (z.B. Bruttobarinvestitionen, Bruttoerlöse aus Anlagenverkauf).

EBITDA:

Earnings before Interest and Taxes = Betriebsergebnis ± Saldo der Aufwendungen und Erträge aus den Finanzinvestitionen + Abschreibungen

Kennzahlen der Bilanzstruktur

Kennzahlen der Vermögensstruktur

Anlagenintensität:
Anlagevermögen × 100 /Gesamtvermögen

Andere übliche Relationen: Forderungen, Vorräte, gesamtes Umlaufvermögen zu Gesamtvermögen.

Kennzahlen der Kapitalstruktur
Eigenkapitalanteil:

Eigenkapital (einschl. Rücklagen) × 100 /Gesamtkapital

Fremdkapitalanteil:
Fremdkapital (einschl. Rückst.) × 100 /Gesamtkapital

Kennzahlen zum Verhältnis von Vermögensstruktur zu Kapitalstruktur

Anlagendeckung:
Eigenkapital (evtl. + langfr. Fremdkapital) × 100 /Anlagevermögen

Working Capital:
Umlaufvermögen – kurzfr. Fremdkapital

Liquidität 1. Grades:
(Bare Mittel + Wertpapiere d. UV) × 100 /kurzfr. Fremdkapital

Liquidität 2. Grades („Acid Test"):
(Wie oben + kurzfr. Ford.) × 100 /kurzfr. Fremdk.

Liquidität 3. Grades („Current Ratio"):
(Wie oben + Vorräte) × 100 /kurzfr. Fremdkapital

Verzerrungen der Kennzahlen der Vermögens- und Kapitalstruktur

Anlagevermögen ist oft unterbewertet (Anschaffungswertprinzip, zu schnelle Abschreibung)
Rückstellungen sind vorsichtig bewertet, d.h. eher zu hoch
Eigenkapital und Gesamtkapital sind daher eher zu niedrig ausgewiesen

Liquiditätskennzahlen: Berücksichtigen nur die augenblickliche Situation (es fehlen kurzfristige Barerlöse und kurzfristige Baraufwendungen)

Rentabilitätskennzahlen

Eigenkapitalrentabilität:
Gewinn × 100 /Eigenkapital

Gesamtkapitalrentabilität
(Gewinn + Fremdkapitalzinsen) × 100 /Gesamtkapital

Gerechnet wird mit dem Jahresüberschuss vor oder nach Steuer.

Verzerrungen:

- **Gewinn:** zu niedrig, wegen „vorsichtiger" Ermittlung, welcher Gewinn? (Vgl. Gliederung der G+V-Rechnung im **Anhang II.**)
- **Kapital:** vgl. Verzerrungen von Eigen- und Gesamtkapital bei den Kennzahlen zur Bilanzstruktur.

„Schnelltest"

- **Eigenkapitalanteil**
  (30% sehr gut, 5% mittel bis schlecht)
- **Cashflow in Prozenten vom Umsatz**
  (10% sehr gut, 5% mittel bis schlecht)
- **Gesamtkapitalrentabilität vor Steuer**
  (15% sehr gut, 8% mittel bis schlecht)
- **Schuldtilgungsdauer**
  (3 Jahre sehr gut, 8–12 Jahre mittel bis schlecht)

Alle Kennzahlen werden verändert, wenn Vermögensgüter gemietet oder geleast statt gekauft werden.

6 Einführung in die Kostenrechnung

6.1 Welche Fragen beantwortet die Kostenrechnung?

Bereits im 1. Abschnitt wurden die zentralen Fragen angeführt, die mit Hilfe der Kostenrechnung beantwortet werden sollen:

- Welchen Mindestpreis muss ein Produkt (eine Dienstleistung) am Markt erzielen, damit der Erlös die Kosten deckt (**„Preisentscheidung“**)?
- Welche Produkte (Dienstleistungen) sollen überhaupt am Markt angeboten werden, um den Gewinn des Unternehmens zu optimieren (**„Sortimentsentscheidung“**)?
- Mit welchen Verfahren sollen Produkte bzw. Dienstleistungen erstellt werden, um die Kosten zu minimieren (**„Verfahrensentscheidung“**)?
- Ein Sonderfall ist die Frage, ob eine Leistung im Unternehmen selbst erstellt oder von anderen Unternehmen zugekauft werden soll. Soll z.B. ein Unternehmen die tägliche Gebäudereinigung selbst durchführen oder eine Reinigungsfirma beauftragen (**„Make-or-Buy-Entscheidung“, „Outsourcing-Entscheidung“**)?
- Wie sollen sich die Kosten für die betrieblich erstellten Leistungen entwickeln, und wie haben sie sich entwickelt (**„Problem der Kostenplanung und der Kostenkontrolle“**)?

Beachten Sie:

Die Frage nach dem angemessenen Preis ist daher nur eine von vielen Fragen, die mit Hilfe der Kostenrechnung beantwortet werden sollen.

Viele Betriebswirte behaupten sogar, dass der Preis überhaupt nicht mit Hilfe der Kostenrechnung ermittelt, sondern nur kontrolliert werden sollte. Preise bilden sich demnach am Markt und nicht durch Kalkulation.

Diskussionsaufgaben:

1. Diskutieren Sie, welche der angeführten Aufgaben von der Kostenrechnung in allen Unternehmen laufend erfüllt werden sollten.
2. Überlegen Sie, bei welchen der folgenden Unternehmen die Kostenrechnung für die Preisermittlung die größere Bedeutung hat: Skierzeuger, Brückenbauunternehmen, Chipproduzent, Maßküchentischler. Versuchen Sie Ihre Antwort zu begründen.

Zu den Diskussionsaufgaben werden im Anhang keine Lösungshinweise gegeben.

6.2 Grundprobleme der Kostenrechnung

6.2.1 Das Bewertungsproblem

Ein berühmter Betriebswirt definierte einmal „Kosten“ als „Rechengrößen, die von der Entscheidungssituation abhängig sind“.

Wie richtig diese nebulose Beschreibung ist, wird an einem kleinen Beispiel verdeutlicht.

Beispiel: Unterschiedliche Kostenbegriffe

Sie suchen dringend ein Geschenk für Ihre Erbtante. In Ihrem Wohnzimmer steht eine italienische Keramikvase, die Sie vor 2 Jahren aus dem Urlaub mitbrachten. Der Kaufpreis betrug damals ca. € 80,–. Sie verpacken die Vase und schenken Sie Ihrer Tante.

Was hat Sie dieses Geschenk „gekostet"?

Mindestens drei Lösungen sind möglich:

- **Kosten auf Basis des Anschaffungswertes – pagatorischer Kostenbegriff.**
  Sie würden die Kosten des Geschenkes mit € 80,– eventuell abzüglich eines entsprechenden Wertverlustes für die zweijährige Nutzung bewerten. Dies entspricht auch der Bewertung in der Finanzbuchhaltung.
- **Kosten auf Basis des Wiederbeschaffungswertes**
  Sie wollen wieder eine gleichartige Vase kaufen. Das Geschenk kostet Sie daher den Anschaffungswert der neuen Vase, z.B. € 120,–.
- **Kosten auf Basis des entgangenen alternativen Nutzens – „Opportunitätskosten"**
  Sie sind froh, dass Sie die hässliche Vase los sind. Sie hätten sie sonst am Flohmarkt verkauft. Der Erlös hätte höchstens € 10,– betragen. Das Geschenk kostet Sie daher € 10,–.

Denkbar wäre auch noch ein

- **Kostenbegriff auf der Basis der Auszahlungen**
  Sie sind zwar nicht froh, dass Sie die Vase los sind, aber es stört Sie nicht, das heißt, Sie hätten sie weder verkauft noch werden Sie die Vase ersetzen. Unter dem Gesichtspunkt der Liquidität waren die Kosten des Geschenks null.

Das Beispiel zeigt, dass die Höhe der Kosten tatsächlich von der Entscheidungssituation abhängig ist.

Hinweis:

In der laufenden Kostenrechnung herrscht in der Praxis der pagatorische Ansatz vor. D.h., die Kosten werden überwiegend mit den Aufwandzahlen der Finanzbuchhaltung angesetzt.

In Entscheidungssituationen, wenn es z.B. darum geht, ob die Produktion ausgeweitet oder eingeschränkt werden soll, ob es besser ist, ein Zweigwerk oder eine Filiale weiterzuführen oder zu schließen etc., wird vor allem mit Opportunitätskosten gerechnet.

In der deutschsprachigen Kostenrechnungsliteratur wird der „Wiederbeschaffungswert" forciert, der jedoch in der Praxis der laufenden Kostenrechnung zu Schwierigkeiten führt.

Vgl. dazu auch den Abschnitt 6.2.2.

6.2.2 Zur Überleitung der Daten der Finanzbuchhaltung in Kosten

Die Kostenrechnung baut auf den Daten der Finanzbuchhaltung auf.

Aufwandarten, wie Personalaufwand, Materialaufwand, Abschreibungsaufwand, Energieaufwand etc., werden als **Kostenarten** in der Kostenrechnung weiter verrechnet. In vielen Lehrbüchern finden Sie umfangreiche Ausführungen zur Überleitung der Aufwendungen laut Finanzbuchhaltung in Kosten.

In der Praxis werden Sie diese Überleitungen in der laufenden Kostenrechnung eher selten finden.

Für die Überleitung der Aufwandarten in Kostenarten werden folgende Begründungen angeführt:

(1) Aufwände und Erträge vermindern bzw. erhöhen den Erfolg eines Unternehmens in der Finanzbuchhaltung ohne Rücksicht darauf, ob sie mit dem Zweck der betrieblichen Leistungserstellung unmittelbar zusammenhängen oder nicht.

Beispiele: Betriebsfremde Aufwendungen und Erträge

- Der Gewinn eines Sägewerkes kann aus dem Ertrag eines Grundstückverkaufes stammen. Das Sägewerk selbst könnte verlustbringend sein.
- Der Verlust einer Lebensmitteldiskontkette könnte aus Spekulationsverlusten mit Wertpapieren stammen, die Lebensmitteldiskontkette selbst ist gewinnbringend.

In der Kostenrechnung sollten daher **„betriebsfremde" Aufwendungen und Erträge ausgeschieden** werden.

Dies ist in der Praxis wenig relevant, da Betriebe in so genannte „profit-centers" aufgegliedert werden und daher Erlöse oder Aufwände bei Grundstücksverkäufen oder Spekulationsverluste von Lebensmittelketten nie in Bereichen verrechnet werden, die unmittelbar der betrieblichen Leistungserstellung dienen.

(2) Aufwendungen und Erträge werden in der Finanzbuchhaltung nach ihrem zufälligen zeitlichen Anfall und nicht nach ihrem durchschnittlichen Anfall verrechnet.

Beispiele: Unregelmäßig anfallende betriebliche Aufwendungen

- Wird in einem Hotel jedes 5. Jahr tapeziert, wird dieser Instandhaltungsaufwand in der Finanzbuchhaltung im Jahre des Anfalls verrechnet.
- Treten bei einem Transportunternehmen in einem Jahr wegen schlechten Wetters doppelt so viele unversicherte Unfälle auf wie im Durchschnitt, wird dieser Aufwand in diesem Jahr in der Finanzbuchhaltung voll gewinnmindernd berücksichtigt.
- Hat eine Bank in einem Jahr besonders viele Kreditausfälle, so belasten diese den buchhalterischen Aufwand nur im laufenden Jahr.

In der Kostenrechnung sollten daher **unregelmäßig anfallende Aufwendungen „normalisiert"** werden.

Diese Argumentation ist sicher richtig, jedoch versucht man in größeren Unternehmen unregelmäßig auftretende Aufwendungen meist durch andere Maßnahmen zu normalisieren.

Beispiele: Normalisierung unregelmäßig anfallender Aufwendungen

- Das Hotel würde nicht sämtliche Zimmer in einem Jahr tapezieren, sondern laufend einzelne Stockwerke oder einzelne Flügel neu tapezieren und so den Aufwand verteilen.
- Das Transportunternehmen würde entsprechende Versicherungen abschließen und auf diese Art das Risiko normalisieren.
- Die Bank wird das unterschiedliche Risiko je nach Kundengruppen durch einen Zu- oder Abschlag bei den Zinsen berücksichtigen und nicht durch eine allgemeine Position „Kreditrisiken“ in der Kostenrechnung.

Hinweis:

Notwendig ist eine Normalisierung jedoch bei unterjähriger Kostenrechnung (z.B. pro Monat oder pro Quartal), da verschiedene Aufwendungen unregelmäßig anfallen (z.B. Urlaubs- oder Feiertagsentgelte, Heizkosten etc.)

(3) Die Bewertung von Aufwendungen erfolgt in der Finanzbuchhaltung auf der Basis des Anschaffungswertprinzips und der kaufmännischen Vorsicht. Die Zahlen weichen daher von den tatsächlichen Größen erheblich ab.

Beispiele: Durch Anschaffungswertprinzip und Vorsicht verzerrte Aufwandsgrößen

- Abschreibungen von Gebäuden und Maschinen werden auf Grund des historischen Anschaffungswertes, jedoch mit einer vorsichtig geschätzten Nutzungsdauer berechnet.
- Der Waren- und Materialeinsatz wird auf der Basis der Anschaffungswerte ermittelt. Sind die Preise bereits eingekaufter Waren und Materialien gestiegen (z.B. die Preise des Kupfers in der Kabelerzeugung), so wird dies in der Finanzbuchhaltung nicht berücksichtigt.

In der Kostenrechnung sollten daher **die Anschaffungswerte umgewertet** und versucht werden, die **„betriebswirtschaftlich richtigen“ Werte** anzusetzen.

In der Praxis hat dies überwiegend im Bereich von Gebäuden Bedeutung, da diese langfristig dem Unternehmen dienen und meist im Wert steigen. Man könnte daher den Tageswert ermitteln und die Abschreibungen auf der Basis der tatsächlichen Nutzungsdauer errechnen.

Im Bereich der Maschinen und Computer trägt der wirtschaftliche und technische Fortschritt dazu bei, dass es kaum zu einem Wertzuwachs kommt.

Im Bereich des Rohstoff- und Wareneinkaufs ist man heute bestrebt, das Lager möglichst klein zu halten. So lassen große Industriebetriebe Rohstoffe und Fertigteile „just in time“ anliefern. D.h., die Lieferanten werden verpflichtet, mehrmals täglich Zulieferungen vorzunehmen. Zu größeren Lagern und zu Bewertungsdifferenzen kommt es daher kaum.

(4) Manche Werteinsätze werden in der Finanzbuchhaltung überhaupt nicht erfasst, sind aber für betriebswirtschaftlich richtige Entscheidungen zu berücksichtigen. Man bezeichnet diese Wertansätze als „Zusatzkosten".

Beispiele: Zusatzkosten

- Viele Kleinbetriebe sind laut Finanzbuchhaltung nur deshalb gewinnbringend, weil keine Löhne für die mitarbeitenden Unternehmer angesetzt werden (**„Unternehmerlohn"**).
- Ebenso fehlen in der Finanzbuchhaltung die **Zinsen für das Eigenkapital.**

Als Gegenargument findet man vor allem im angelsächsischen Bereich den Einwand, dass der Unternehmer den Gewinn erhält und selbst entscheiden muss, ob ihm dieser einen ausreichenden Unternehmerlohn und eine ausreichende Verzinsung des Eigenkapitals bietet. Eine Aufspaltung des Gewinns in Unternehmerlohn, Eigenkapitalzinsen und eigentlichen Gewinn sei daher überflüssig.

Dazu kommt, dass der Unternehmerlohn nur in Kleinstbetrieben eine Rolle spielt. Kleinstbetriebe haben jedoch in der Regel keine ausgebaute Kostenrechnung. Auch Handwerksbetriebe werden heute bereits oft in Form einer Gesellschaft mit beschränkter Haftung geführt und der bzw. die Unternehmer sind als Geschäftsführer angestellt.

Es verbleibt das Problem der **„kalkulatorischen Zinsen"**. Diese werden in der Praxis häufig verrechnet. Die Art der Verrechnung ist jedoch nicht einheitlich.

Beispiel: Zur Bedeutung der kalkulatorischen Zinsen und des Unternehmerlohns

Ein Gärtner betreibt auf einem geerbten Grundstück in einer guten Villenlage gemeinsam mit seiner Frau eine Gärtnerei auf rund 10.000 m². Das Grundstück wurde schon vor Jahren als Baugrund gewidmet. Der Gärtner hat keine Schulden

Gewinn laut Finanzbuchhaltung	€ 50.000,–
In der Kostenrechnung sollte man zusätzlich ansetzen:	
Unternehmerlohn für die beiden Unternehmer ca. (etwa der Lohn für gleichwertige Angestellte, der um etwa 20% erhöht wird – Unternehmerzuschlag)	€ – 60.000,–
Kalkulatorische Zinsen auf das in der Gärtnerei gebundene Vermögen: 10.000 m² Baugrund à € 500,– = € 5,000.000,–; davon 5%	€ – 250.000,–
Verlust laut Kostenrechnung	€ – 260.000,–

Das Beispiel zeigt, dass derartige Überlegungen für die Preisgestaltung nur eine geringe Bedeutung haben können. Unser Gärtner müsste die Preise für sein Gemüse erheblich erhöhen, um die kalkulatorischen Zusatzkosten zu decken. Gemüsepreise werden jedoch vor allem vom Markt bestimmt.

Das Ergebnis zeigt jedoch auch an, dass es nicht sehr sinnvoll ist, auf einem Baugrund mit einem derartigen Wert eine Gärtnerei zu betreiben. Aus betriebswirtschaftlicher

Sicht sollte der Gärtner den Grund verkaufen, den Betrag anlegen und von den Kapitalerträgen leben.

Diese Zusatzkosten bringen ferner die Schwierigkeit mit sich, sie in angemessener Höhe anzusetzen.

Das Problem des „angemessenen Unternehmerlohns" ist durch den Vergleich mit den Kosten eines gleichwertigen Angestellten, erhöht um einen Unternehmerzuschlag relativ leicht lösbar.

Die Berechnung der kalkulatorischen Zinsen bringt jedoch zwei Fragen mit sich, die nicht so leicht gelöst werden können:

a) Was ist das Unternehmen tatsächlich wert ?
   Man müsste laufend alle Vermögensgüter neu bewerten.
b) Mit welchem Zinssatz sollte man das betriebliche Vermögen verzinsen ?
   Z.B. mit dem Zinssatz für eine weitgehend risikofreie Kapitalanlage (z.B. dem Zinssatz für festverzinsliche Wertpapiere), der um einen angemessenen Risikozuschlag für die unternehmerische Tätigkeit erhöht wird.

Beispiel:

> In Zeiten, in denen Bund und Länder am Strommarkt ein Monopol besaßen, mussten Strompreisanträge mit genauen Kostenberechnungen an die Paritätische Kommission gestellt werden. Es gab umfangreiche Diskussionen, wie man den Zeitwert der teilweise jahrzehntealten Kraftwerksanlagen ermitteln solle und mit welchem Zinsfuß kalkulatorische Zinsen berechnet werden sollen.

Umstritten ist auch, wovon die kalkulatorischen Zinsen verrechnet werden sollen. Es gibt mehrere Lösungen (vgl. dazu auch Abschnitt 7):

a) Die Zinsen werden nur vom Eigenkapital berechnet und für das restliche Kapital werden die Fremdkapitalzinsen angesetzt.
b) Die Fremdkapitalzinsen werden ausgeschieden, das betriebliche Vermögen wird auf den Tageswert umgewertet und für diesen Tageswert werden kalkulatorische Zinsen für das gesamte Vermögen angesetzt.
c) Manchmal wird auch noch diskutiert, ob nicht bestimmte Beträge abgezogen werden, die bereits auf andere Art verzinst werden (z.B. die Forderungen, weil in den Forderungen möglicherweise bereits Zinsen enthalten sind, etc.). Diese Abzüge sind in der Praxis unüblich und werden daher nicht weiter besprochen.

Hinweis:

Da jedoch in der weiterführenden Literatur die Umwertung der buchhalterischen Aufwendungen in Kosten breiten Raum einnimmt, werden diese Probleme auch in diesem Buch behandelt.

Sie sollten jedoch in der Praxis immer nachfragen, welche Umwertungen im jeweiligen Unternehmen tatsächlich in welcher Form vorgenommen werden.

6.2.3 Das Zurechnungsproblem

Hinweis

Sie können auch gleich die Beispiele in Abschnitt 6.3 bearbeiten und erst dann diesen Abschnitt durchlesen.

(1) Zurechnung auf Kostenträger

Ausgehend von der Finanzbuchhaltung werden die **Aufwandsarten** in **Kostenarten** umgerechnet und umgewertet. Man spricht von der **„Kostenartenrechnung"** (z.B. Lohnkosten, Materialkosten, Zinskosten etc.). Diese Kostenarten sollen nun auf **Kostenträger** zugerechnet werden.

Kostenträger sind im Betrieb erstellte Leistungseinheiten bzw. Auftragseinheiten, die für den Markt bestimmt sind oder im Unternehmen selbst weiterverwertet werden.

Beispiele: Kostenträger

- Jeder erzeugte Kühlschrank;
- jede Unterrichtsstunde eines Tennistrainers;
- ein Beratungsauftrag eines Unternehmensberaters für ein Großunternehmen;
- aber auch die innerbetrieblich erstellte Leistung, wie z.B. eine Gussform, die in einer anderen Abteilung weiterverwendet wird, oder eine innerbetrieblich erledigte Reparatur.

Bei der Zurechnung der **„Kostenarten"** auf **„Kostenträger"** treten nun folgende Fragen auf:

➢ **Wie soll und kann zugerechnet werden?**

➢ **Was kann und soll zugerechnet werden?**

Beispiele: Zurechnungsprobleme auf Kostenträger

- Wie sind z.B. die Kosten des gesamten Vorstandes eines Automobilkonzerns auf die einzelnen PKW-Typen umzulegen?
- Mit welchem Anteil an den Kosten der Fassadenrenovierung ist eine bestimmte Waschmaschinentype eines Haushaltsgeräteerzeugers zu belasten?

Man unterscheidet je nach Zurechenbarkeit:

(a) **Einzelkosten**

Einzelkosten sind Kosten, die dem einzelnen Kostenträger technisch oder organisatorisch eindeutig zugerechnet werden können.

Beispiele: Einzelkosten, Reparaturauftrag — Autospenglerei

- Lohnkosten der unmittelbar am Auftrag beschäftigten Arbeiter (soweit Zeitaufzeichnungen geführt werden)
- Für die Reparatur benötigte Einzelteile (neuer Kotflügel, neue Stoßstange etc.)

Das Beispiel zeigt, dass die Antwort auf die Frage, was Einzelkosten sind, organisatorisch bedingt ist.

Beispiel:

Im Gastgewerbe wird in der Regel nur das Material (Nahrungsmittel, Getränke) als Einzelkosten kalkuliert, da es nicht möglich ist, z.B. die „Bearbeitungszeit für ein Schnitzel" gesondert zu erfassen und die „Fertigungslöhne" als Einzelkosten zu berechnen.

(b) Gemeinkosten

Gemeinkosten sind Kosten, die dem Kostenträger aus technischen oder aus organisatorischen Gründen nicht direkt zugerechnet werden können. Solche Kosten müssen mit geeigneten Verfahren zugerechnet werden.

Beispiele: Gemeinkosten, Reparaturauftrag — Autospenglerei

- Abschreibung der verwendeten Werkzeuge und der Hebebühne
- Zinsen für das in der Spenglerei gebundene Kapital

Vereinfacht könnte man sagen, Gemeinkosten sind alle Kosten, die keine Einzelkosten (bzw. keine Sonderkosten — vgl. nächster Punkt) sind.

Gemeinkosten werden mit verschiedenen Verfahren zugerechnet, die noch besprochen werden.

(c) Sonderkosten

In der Kostenrechnungsliteratur und -praxis werden zusätzlich zu den Einzel- und Gemeinkosten noch „Sonderkosten" angeführt.

Sonderkosten sind **„Kostenträgereinzelkosten"**, d.h., sie können dem einzelnen Kostenträger technisch bzw. organisatorisch direkt zugerechnet werden. Sie fallen aber nicht bei jedem gleichartigen Kostenträger im gleichen Ausmaß an.

Beispiele: Sonderkosten

Sonderkosten der Beschaffung
- Kosten für Expresszulieferung, um die Fertigungszeit zu verkürzen

Sonderkosten der Fertigung
- Überstundenzuschläge, weil der Kunde einen sehr kurzen Liefertermin verlangt und die Mehrkosten tragen will

Sonderkosten des Vertriebs
- Provisionen für Verkaufsvertreter, die in verschiedenen Gebieten in verschiedener Höhe anfallen etc.

d) Voll- oder Teilkosten

Bereits aus den bisherigen Überlegungen war ersichtlich, dass vor allem die Zurechnung der Gemeinkosten teilweise nur sehr ungenau möglich ist.

Für die Entscheidung über die Annahme oder Ablehnung eines Auftrags ist es z.B. nur sinnvoll, jene Kosten zu berücksichtigen, die durch den Auftrag zusätzlich verursacht werden bzw. die eingespart werden, wenn der Auftrag nicht angenommen wird.

Beispiel: Vollkosten und Teilkosten

Eine Frühstückspension hat 50 Betten und 5.000 Übernachtungen pro Jahr. Sie hat folgende Kosten:

Personal	€	40.000,–
Energie, Heizung, Kühlung	€	6.000,–
Nahrungsmittel, Frühstück	€	4.000,–
Wäschereinigung	€	3.000,–
Zinsen	€	10.000,–
Abschreibung Gebäude	€	10.000,–
Abschreibung Einrichtung	€	7.000,–
Insgesamt	€	80.000,–
Pro Übernachtung daher	€	16,–

Pro Nacht werden € 24,– verrechnet. Nach Umsatzsteuer und sonstigen Abgaben verbleiben € 20,–, also mehr als die vollen Kosten.

In der toten Saison sind meist nur 20 Betten belegt.

Eine Reisegruppe würde die restlichen 30 Betten für 14 Tage buchen, jedoch nur € 15,– pro Nacht bezahlen. Der Unternehmer berechnet Umsatzsteuer und Abgaben und stellt fest, dass ihm nur ca. € 12,– pro Nacht, also weniger als die Kosten verblieben. Er lehnt daher die Annahme der Reisegruppe ab.

Seine Rechnung ist falsch. Für seine Entscheidung muss er die Kosten teilen in:

- **Fixe Kosten**: Sie ändern sich nicht, wenn sich die Kapazitätsauslastung verändert. (Z.B. Gebäudeabschreibung, Zinsen, ein Teil der Heizung, ein Teil der Personalkosten etc.)
- **Variable Kosten:** Sie ändern sich, wenn sich die Kapazitätsauslastung ändert. (Z.B. Kosten der Nahrungsmittel für das Frühstück, Kosten der Wäschereinigung, eventuell ein Teil der Heizung bzw. Kühlung, da nur bewohnte Zimmer geheizt/gekühlt werden etc.)

Für die Annahme oder Ablehnung des Zusatzauftrages sind nur jene Kosten entscheidend, die zusätzlich entstehen. Fixe Kosten entstehen auf jeden Fall und sind daher für die Entscheidung nicht relevant.

Wie das Beispiel zeigt, ist es häufig notwendig, nur einen Teil der Kosten zuzurechnen, um zu richtigen Entscheidungen zu kommen. Derartige Systeme werden als **„Teilkostenrechnungssysteme“** bezeichnet.

Das Problem besteht in der **„Kostenauflösung“.** So müssen z.B. die Energiekosten in einen fixen, zeitabhängigen und einen variablen, nutzungsabhängigen Teil zerlegt werden. Dies ist nur näherungsweise möglich. Auch Teilkostenrechnungssysteme sind daher fehleranfällig.

(2) Zurechnung auf Kostenstellen

Kostenstellen sind Leistungs- bzw. Verantwortungsbereiche, die räumlich und/ oder organisatorisch abgrenzbar sind und in denen Kosten anfallen.

Beispiele: Kostenstellen

- Lackiererei in einer Autoreparaturwerkstätte
- Lohnverrechnungsabteilung in einem Großbetrieb
- Hauswerkstätte

Die Kosten werden auf Kostenstellen zugerechnet,

- weil sie auf diesem Weg oft leichter auf die Kostenträger umgelegt werden können (Kostenstellenrechnung zum Zweck der Kostenträgerrechnung);
- weil kontrolliert werden soll, ob die Kosten in den Kostenstellen angemessen sind bzw. den vorgegebenen Kosten (Sollkosten, Plankosten etc.) entsprechen (Kostenstellenrechnung zum Zweck der Kostenkontrolle, d.h., es soll der „Kostenverantwortliche" kontrolliert werden).

Auch bei der Kostenstellenrechnung können **„Einzel- und Gemeinkosten"** unterschieden werden.

Kostenstelleneinzelkosten können der einzelnen Kostenstelle technisch und organisatorisch einwandfrei zugerechnet werden.

Beispiele: Kostenstelleneinzelkosten, Autospenglerei

- Löhne aller Arbeiter, die nur in der Autospenglerei beschäftigt sind.
- Abschreibung aller Werkzeuge, die nur in der Autospenglerei verwendet werden.

Kostenstellengemeinkosten können technisch und organisatorisch der einzelnen Kostenstelle nicht direkt zugerechnet werden.

Beispiele: Kostenstellengemeinkosten, Autospenglerei

- Strom- und Heizungskosten, wenn keine eigenen Zähler in der Spenglerei installiert sind. (Die Zurechnung kann nur mit einem Schlüssel, z.B. über Quadratmeter erfolgen.)
- Kosten der Lohnverrechnung für die in der Spenglerei beschäftigten Arbeiter. (Die Zurechnung könnte über die Zahl der Abgerechneten erfolgen.)

Auch bei der Kostenstellenrechnung kann sich die Frage ergeben, ob alle Kosten oder nur Teile der Kosten auf die Kostenstellen aufgeteilt werden sollen. Dieses Problem wird in weiteren Abschnitten behandelt werden.

6.2.4 Das Planungsproblem

In der Literatur finden Sie häufig die Überleitung der Kosten aus den Istzahlen der Buchhaltung (z.B. des Vorjahres). Dieser Ansatz ist wenig sinnvoll. Kostenrechnung sollte immer mit der Kostenplanung beginnen, die sich natürlich an den Verbrauchsmengen und den Verbrauchswerten des Vorjahres orientieren wird.

Kostenrechnung, die erst im Nachhinein mit den Istzahlen durchgeführt wird (Istkostenrechnung im engeren Sinn) ist wenig sinnvoll, da sie nur mehr das Ergebnis, z.B. die mangelnde Kostendeckung, feststellen kann.

Durch eine reine Istkostenrechnung wird auch eine wesentliche Aufgabe der Kostenrechnung, nämlich die Kontrolle der Kosten, verhindert.

In der Regel beginnt die Kostenplanung mit der Planung des „Mengengerüstes“ der Kosten.

Beispiele: Mengengerüst der Kosten

Straßenfrächter:

Ein Straßenfrächter wird zunächst die Zahl der Fahrkilomter planen, daraus den Dieselverbrauch, die Chauffeurstunden, die Servicetermine ableiten und diese in Geld bewerten.

Ferienclub:

Ein Ferienclub wird zunächst die Auslastung, d.h. die Zahl der Übernachtungen planen und daraus den Lebensmittelverbrauch, die Anzahl der Wäschewechsel, den Personalbedarf für Küche, Service und Animation ableiten und diesen in Geld bewerten.

Wie genau das Mengengerüst geplant wird, ist eine Frage der Organisation der Kostenrechnung.

Beispiel: Genauigkeit des Mengengerüstes

Maßtischler:

Ob die Menge des Leims, der Schrauben etc. im Detail geplant oder mit einem Zuschlag auf den Materialeinsatz (Holz, Furniere) berücksichtigt wird, wird von der Betriebsgröße abhängen.

Wie die Beispiele zeigen, ist es auch sinnvoll, die fixen und die variablen Kosten getrennt zu planen. Die fixen Kosten treten auf jeden Fall auf, die variablen sind von der Nutzung der Kapazität abhängig (vgl. dazu das Beispiel der Frühstückspension im vorhergehenden Abschnitt).

6.3 Einführende Beispiele zu den Grundproblemen der Kostenrechnung (ohne Kostenstellenrechnung)

6.3.1 Betriebsüberleitung, Voll- und Grenzkosten, Break-even-Punkt (Einproduktbetrieb)

Herr Maier hat nur ein Taxi und fährt abwechselnd mit seiner Frau insgesamt 16 Stunden pro Tag und sechs Tage in der Woche. 5 Wochen im Jahr wird Urlaub gemacht.

Herr Maier plant wie im Vorjahr insgesamt 60.000 km (davon 10.000 Leerkilometer) zu fahren.

Aus seiner Buchhaltung entnimmt Herr Maier folgende Daten für das soeben beendete Jahr:

Reifen	€	1.200,–
Versicherung, Steuer	€	900,–
Service, Reparatur	€	2.000,–
Blechschaden	€	2.400,–
Diesel, Öl	€	5.000,–
Garagierung	€	1.800,–
Abschreibung	€	6.000,–
Summe Aufwand	€	19.300,–
Erlöse (ohne USt)	€	60.000,–
Gewinn laut G+V	€	40.700,–

Zusatzangaben:

(1) Der PKW wurde vor 3 Jahren um € 30.000,– angeschafft. Ein gleichwertiger Neuwagen kostet derzeit ca. € 35.000,–. In der Regel fährt Herr Maier seine Taxis vier Jahre. Er rechnet mit einem Verkaufs- bzw. Eintauschpreis von € 7.000,–.

Den PKW hat Maier aus Eigenmitteln angekauft. Weiteres Kapital ist im Unternehmen nicht gebunden.

(2) In der Position Reifen sind zwei komplette Reifensätze enthalten. Ein Reifensatz wird in der Regel 40.000 km gefahren.

(3) Herr Maier ist ein sehr vorsichtiger Fahrer. Unversicherte Blechschäden mit Selbstverschulden in der angeführten Höhe treten etwa jedes 3. Jahr auf.

(4) Herr Maier rechnet mit einem Anstieg der Diesel- und Ölpreise um 20%.

Aufgabe 1:

Herr und Frau Maier überlegen, aus dem Taxigeschäft auszusteigen. Sie haben das Angebot einer Supermarktkette, im Bereich des Fuhrparks zu arbeiten. Zusammen würde das Ehepaar Maier ca. € 50.000,– vor Steuer pro Jahr verdienen. Wie ist diese Möglichkeit betriebswirtschaftlich zu beurteilen?

Aufgabe 2:

Der Fahrer von Herrn Generaldirektor Berger hat sich ein Bein gebrochen. Herr Direktor Berger macht der Familie Maier das Angebot, sie solle ihn zwei Monate lang gegen ein Pauschale von € 1.200,– (zuzüglich Umsatzsteuer) täglich ins Büro führen und vom Büro abholen. Dies wäre eine Fahrstrecke von 2.000 km (inklusive Leerkilometer).

Soll Familie Maier diesen Auftrag annehmen bzw. wovon wird es abhängen, ob dieser Auftrag angenommen werden soll.

Aufgabe 3:

Wie viele bezahlte Kilometer muss die Familie Meier pro Jahr fahren, um alle Kosten zu decken?

Lösung zu Aufgabe 1:

Um zu einer betriebswirtschaftlich richtigen Entscheidung zu gelangen, sollte Herr Maier seine Aufwandzahlen in Kosten umwerten und Veränderungen berücksichtigen.

Er stellt einen so genannten **„Betriebsüberleitungsbogen"** auf:

Position	**Finanzbuchh.**	**Überleitung**	**Kosten**
Reifen	1.200,–	– 300,–	900,–
Versicherung, Steuer	900,–		900,–
Service	2.000,–		2.000,–
Blechschaden	2.400,–	– 1.600,–	800,–
Diesel, Öl	5.000,–	+ 1.000,–	6.000,–
Garagierung	1.800,–		1.800,–
Abschreibung	6.000,–	+ 1.000,–	7.000,–
Unternehmerlohn		+ 50.000,–	50.000,–
kalk. Zinsen		+ 630,–	630,–
Summen	19.300,–	+ 50.730,–	70.030,–
Erlöse			60.000,–
Betriebsw. Verlust			10.030,–

Kommentar:

- **Reifen:** Da 60.000 km gefahren werden sollen, werden 1 1/2 Reifensätze verbraucht. In der Finanzbuchhaltung stehen zwei volle Reifensätze, da der Ersatz heuer vorgenommen wurde. Es ist daher der Aufwand für 1/2 Reifensatz auszuscheiden.
- **Blechschaden:** Er wurde heuer verursacht, wird daher in der Finanzbuchhaltung voll berücksichtigt. Durchschnittlich ereignet sich ein derartiger Schaden nur jedes 3. Jahr. Der Aufwand ist daher mit dem Durchschnittsbetrag als „Kosten" anzusetzen.

  Hinweis:

  In der Praxis der Kostenrechnung spricht man vom so genannten **„kalkulatorischen Wagnis"** oder **„kalkulatorischen Risiko"**. Technisch wird die Aufwandgröße oft vollständig ausgeschieden und dann in einer eigenen Position „kalkulatorisches Wagnis" berücksichtigt.

(Manche Autoren zählen das kalkulatorische Wagnis zu den „Zusatzkosten". Dies ist sicher eine irreführende Bezeichnung, da es sich nur um eine „Normalisierung" handelt.)

- **Diesel, Öl:** Plus 20% lt. Vorausschätzung.
- **Abschreibungen:** In der Kostenrechnungsliteratur wird vorgeschlagen, Abschreibungen auf Tageswertbasis und auf der Basis des echten Wertverlustes zu berechnen.

Tagesanschaffungswert:	€	35.000,–
Geschätzter Restwert nach 4 Jahren	€	7.000,–
Wertverlust in 4 Jahren	€	28.000,–
Abschreibung pro Jahr	€	7.000,–

Hinweis:

Auch die Abschreibungen werden manchmal vollständig ausgeschieden und als eigene Position „kalkulatorische Abschreibung" wieder berücksichtigt. Wie die kalkulatorischen Wagnisse werden auch die **kalkulatorischen Abschreibungen** von manchen Autoren irreführend als **„Zusatzkosten"** bezeichnet.

Zusatzkosten im engeren Sinn:

- **Unternehmerlohn**

  Soll entschieden werden, ob das Unternehmen kostendeckend bzw. betriebswirtschaftlich rentabel geführt werden kann, müssen auch Kosten für den mittätigen Unternehmer verrechnet werden (soweit er nicht angestellt ist).

  Zwei Möglichkeiten für die Berechnung bieten sich an:
  - Lohn eines vergleichbaren Angestellten, meist zuzüglich eines Unternehmerzuschlags von etwa 20%, da man vom Unternehmer einen größeren Einsatz erwartet. Dieser Ansatz geht von den **Kosten als Wiederbeschaffungswert zum Tagespreis aus.**
  - Lohn, den der Unternehmer in einem anderen Unternehmen als Angestellter verdienen würde. Dieser Ansatz geht vom „entgangenen Nutzen" (**„Opportunitätskosten"**) aus.

  Da unser Taxifahrerehepaar entscheiden muss, ob es den Beruf aufgibt und zur Supermarktkette geht, wären die Opportunitätskosten zu berücksichtigen. Sonst könnte man den Jahreslohn von zwei Taxifahrern plus Unternehmerzuschlag ansetzen.

- **Kalkulatorische Zinsen**

  Im Unternehmen steckt Eigenkapital. Die Verzinsung soll berücksichtigt werden. Es gibt wieder zwei Ansätze:
  - Kalkulatorische Zinsen auf der Basis des Wiederbeschaffungswertes.
    Hätte man kein Eigenkapital, müsste man es durch Fremdkapital ersetzen. Es sind daher die vergleichbaren Fremdkapitalzinsen anzusetzen.
  - Kalkulatorische Zinsen auf der Basis des entgangenen Nutzens.
    Der Unternehmer könnte sein Kapital zinsbringend anlegen (z.B. in Wertpapieren).

  Um die Zinsen zu berechnen, muss man zunächst feststellen, wie viel Vermögen im Unternehmen gebunden ist. Aus dem Abschnitt über die Analyse des Jahresabschlusses wissen Sie, dass dies nicht einfach ist. Das Problem wird noch genauer behandelt werden.

Unser Taxifahrer hat nur sein Taxi.

Dieses Taxi wurde vor 3 Jahren angeschafft. Es ist im kommenden Jahr daher im Durchschnitt 3 1/2 Jahre alt.

Man könnte folgende Berechnung anstellen:

	Wiederbeschaffungswert	€	35.000,–
–	Kalkulatorische Abschreibung für 3 1/2 Jahre	€	24.500,–
	Kalkulatorischer Restwert zu Jahresmitte des Planungsjahres	€	10.500,–
	Darauf 6 % Zinsen	€	630,–

Das Beispiel zeigt, dass die Berechnung bei umfangreichem Betriebsvermögen viele Schwierigkeiten aufwirft. So kann z.B. der Wiederbeschaffungswert häufig nur ungenau bestimmt werden, da ein gleiches Wirtschaftsgut nicht mehr am Markt ist oder speziell auf Grund einer Ausschreibung angefertigt werden müsste. Es wird daher mit Indices (z.B. Baukostenindex, Großhandelspreisindex) gearbeitet, die natürlich für das spezielle Wirtschaftsgut nicht unbedingt typisch sein müssen. Auch die Einbeziehung des Restwertes in die Abschreibung ist problematisch, da es sich um eine Vorausschätzung über einige Jahre handelt.

Häufig wird daher auch in der Kostenrechnung nur die buchhalterische Abschreibung und der buchhalterische Restwert verwendet.

Betriebswirtschaftlich betrachtet ist es somit für die Familie Maier unwirtschaftlich, Taxi zu fahren, da sie weder den vollen Unternehmerlohn noch die Zinsen auf das investierte Kapital verdient.

Es wäre daher durchaus zu überlegen, das Angebot des Supermarktes anzunehmen.

Beachten Sie jedoch:

Trotz des betriebswirtschaftlichen Verlustes hat das Unternehmen laut Finanzbuchhaltung einen Gewinn. Der Cashflow ist noch höher (Gewinn + Abschreibung = € 46.700,–). Wurde das Taxi aus Eigenmitteln finanziert, könnte die Familie Maier trotz des betriebswirtschaftlichen Verlustes jährlich € 46.700,– entnehmen. Allerdings muss davon auch die Einkommensteuer auf den Gewinn bezahlt werden.

Dieses Ergebnis ist übrigens durchaus realistisch. Seit Jahren werden für Taxiunternehmen und für viele andere Kleinbetriebe (z.B. für Kleinbetriebe des Lebensmitteleinzelhandels) von verschiedenen Instituten betriebswirtschaftliche Verluste ermittelt. Dies heißt jedoch nur, dass diese Unternehmen nicht den vollen Unternehmerlohn und die vollen kalkulatorischen Zinsen verdienen. Buchhalterisches Ergebnis und Cashflow können durchaus positiv sein.

Lösung zu Aufgabe 2 (Zusatzauftrag)

Zu Vollkosten wäre die Rechnung einfach:

Gesamtkosten (€ 70.030,–): Gesamtfahrstrecke (60.000) = € 1,17
Da Herr Berger nur € 0,60 pro Kilometer bietet, wäre der Auftrag abzulehnen.

Beachten Sie:

Schon diese Überlegung ist problematisch, da

- man davon ausgeht, dass in diesem Jahr die Gesamtfahrstrecke ungefähr gleich bleibt.
- Ändert sich jedoch die Gesamtfahrstrecke, ändern sich auch die Durchschnittskosten, da nicht alle Kostenpositionen gleichmäßig mit der Fahrstrecke steigen oder sinken.

Um die Fragestellung betriebswirtschaftlich richtig zu beantworten, müssen die Kosten in „fixe" und „variable" getrennt werden. D.h., es ist zu fragen, welche **Kosten** treten **zusätzlich** auf, wenn der Auftrag des Herrn Generaldirektor Berger angenommen wird. Diese Kosten sind den **zusätzlichen Erträgen** gegenüberzustellen.

Wie die nachfolgende Aufstellung zeigt, ist die „Auflösung der Kosten" in fixe und variable nicht unproblematisch.

Position	**Finanzbuchhaltung**	**Überleitung**	**Kosten**	**davon variabel**
Reifen	1.200,–	– 300,–	900,–	900,–
Versicherung, Steuer	900,–		900,–	
Service	2.000,–		2.000,–	2.000,–
Blechschaden	2.400,–	– 1.600,–	800,–	800,–
Diesel, Öl	6.000,–		6.000,–	6.000,–
Garagierung	1.800,–		1.800,–	
Abschreibung	6.000,–	+ 1.000,–	7.000,–	3.500,–
Unternehmerlohn		+ 50.000,–	50.000,–	
kalk. Zinsen			630,–	
Kostensumme				13.200,–
Kilometer			70.030,–	60.000
var. Kosten/km				0,22

Kommentar:

Wahrscheinlich würden Sie zu einer anderen Lösung kommen. Dies zeigt die Problematik der Kostenauflösung.

Ziemlich eindeutig ist,

- dass bei einem Taxifahrer Reifenverschleiß, Service, Benzin und Öl von der Fahrstrecke abhängen, also variabel sind.
- Mit einiger Sicherheit hängt auch das Unfallrisiko von der Fahrstrecke ab.

Ebenso ist eindeutig, dass

- Kfz-Steuer, Versicherung und Garagierung von der Fahrstrecke unabhängig sind.
- Auch Zinsen fallen unabhängig von der Nutzung der Vermögensgüter an.

Ein Problem bei der „Kostenauflösung" ist die Abschreibung:

Mehrere Lösungsansätze sind möglich:

- **Abschreibung ist fix.** Dies ist vor allem dann der Fall, wenn das Gerät wirtschaftlich und technisch veraltet und die Entwertung von der Nutzung weitgehend unabhängig ist (z.B. bei Computern) oder die Entwertung nur von äußeren Einflüssen, aber nicht von der Nutzung abhängig ist (z.B. bei Bürogebäuden).

- **Abschreibung wird in einen fixen (zeitabhängigen) und in einen variablen (nutzungsabhängigen) Teil zerlegt.**

  Z.B. dann, wenn das Wirtschaftsgut regelmäßig nach einer bestimmten Zeit ersetzt wird und der Restwert vom Alter und vom Gebrauch abhängt. In welchem Verhältnis man die Gesamtabschreibung teilt, ist ein Problem.

  Wir haben einfach angenommen, dass die halbe Abschreibung fix und die andere Hälfte variabel ist.

- **Die gesamte Abschreibung ist nutzungsabhängig, also variabel.** Dies wäre z.B. dann der Fall, wenn das Anlagegut nach einer bestimmten Nutzung ausgetauscht wird (z.B. das Taxi nach 250.000 Kilometer).

Hinweis:

In der Praxis wird die Abschreibung fast immer als fix angenommen. Dies hat folgende Gründe:

- Die Auslastungsschwankungen sind meist zu gering, um einen Einfluss auf die Abschreibung zu haben (ob der Taxifahrer 60.000 oder 62.000 km pro Jahr fährt, ist für die Abschreibung vermutlich bedeutungslos).
- Der Hauptzweck der Kostenrechnung ist die Kostenkontrolle. Ob Abschreibungen richtig oder falsch sind, kann jedoch erst zu Ende der Nutzungsdauer kontrolliert werden. Die Höhe der Abschreibung ist daher für die Kostenkontrolle wenig relevant.

Geht man davon aus, dass das Taxi andernfalls am Standplatz stehen würde, wäre es sinnvoll, den Auftrag von Herrn Generaldirektor Berger anzunehmen, da

- die Grenzkosten pro Kilometer nur € 0,22,
- die zusätzlichen Erlöse jedoch € 0,60

betragen.

Deckungsbeitrag:

Man bezeichnet den Unterschied zwischen zusätzlichen Erlösen und zusätzlichen Kosten (in unserem Beispiel € 0,38) als „Deckungsbeitrag".

Die Bezeichnung zeigt an, dass alles, was mehr erzielt wird als die Grenzkosten, hilft, die **„fixen Kosten"** zu decken.

Nimmt die Famlie Maier daher den Auftrag an, so erzielt sie insgesamt:

Zusätzliche Erlöse	€	1.200,–
Zusätzliche Kosten 2.000 × 0,22	€	440,–
Deckungsbeitrag	€	760,–

Beachten Sie jedoch:

Diese Überlegung ist nur dann richtig, wenn das Taxi keine anderen Kunden in dieser Zeit hätte. Da ca. € 1,– pro Kilometer (einschließlich Leerkilometer) erzielt werden, wenn das Taxi fährt, wäre das Angebot von Herrn Direktor Berger in diesem Fall abzulehnen, da der alternative Nutzen höher wäre.

Grenzkostenkalkulationen sind daher nur dann sinnvoll, wenn die Kapazität nicht ausgelastet ist.

Lösung zu Aufgabe 3: Break-even-Punkt

Wie Aufgabe 1 gezeigt hat, erzielt der Taxiunternehmer unter kostenrechnerischen Gesichtspunkten einen Verlust. Wie in der Finanzrechnung kann man auch in der Kostenrechnung jene Umsätze ermitteln, bei denen die Erlöse die Kosten gerade decken. Dies ist der Break-even-Punkt laut Kostenrechnung.

Die Vorgangsweise kennen Sie bereits. Wir trennen die variablen und die fixen Kosten und ermitteln den Deckungsbeitrag in Prozent des Umsatzes (**„Deckungsquote“**).

Aus Fixkosten dividiert durch Deckungsquote erhalten wir den Umsatz beim Break-even-Punkt.

Berechnung:

Umsatz	€	60.000,–
Summe der variablen Kosten lt. Kostenauflösung	€	13.200,–
Deckungsbeitrag	€	46.800,–
in Prozent des Umsatzes		78%
fixe Kosten (alles, was nicht variabel ist)	€	57.250,–
dividiert durch die Deckungsquote		0,78
Break-even-Punkt beim Umsatz von	€	73.400,–
Erlös pro bezahlten Kilometer	€	1,20
es müssen daher gefahren werden ca.		61.000 km

(Derzeit fährt das Taxi 50.000 km gegen Bezahlung. Die Erlöse betragen € 60.000,–, d.h., die Erlöse betragen etwa € 1,20 pro bezahlten Kilometer.)

Berechnungsvariante:

Da es sich um einen Einproduktbetrieb handelt, könnte man in diesem Fall einfacher rechnen:

$$\textbf{Mengenmäßiger Umsatz beim Break-even-Punkt} = \frac{\textbf{Fixkosten}}{\textbf{Deckungsbeitrag pro Einheit}}$$

Da die Frage lautet, bei wie vielen „bezahlten Kilometern“ der Break-even-Punkt erreicht wird, müssen wir die variablen Kosten pro bezahlten Kilometer ermitteln:

Variable Kosten pro bezahlten Kilometer 13.200 : 50.000 =	€	0,264
Erlöse pro bezahlten Kilometer	€	1,20
Deckungsbeitrag pro bezahlten Kilometer	€	0,936
Break-even-Punkt in km: 57.200 : 0,936 =		61.000 km

Beachten Sie:

In vielen Lehrbüchern finden Sie nur diese Berechnungsmethode. Sie ist jedoch sehr selten anwendbar, da es nur wenige Einproduktbetriebe gibt. Am ehesten hat sie noch in Dienstleistungsbetrieben ihre Berechtigung (z.B. Tennishalle, Schischule, Unternehmensberater, die nach Stunden abrechnen).

6.3.2 Voll- und Grenzkosten, Break-even-Punkt, im Mehrproduktbetrieb (ohne Kostenstellen)

Ein Straßenbuffet wird vom Unternehmer und einer Hilfskraft in einem Buffetwagen betrieben. Das Angebot besteht aus Hotdogs, Frankfurter-Würstel und Leberkässemmeln. Die Betriebsüberleitung wurde bereits durchgeführt:

Kostenplanung pro Monat, Straßenbuffet Johann Müller

Löhne	1.200,–
Fleisch	2.000,–
Brot	1.000,–
Papiertassen	100,–
Senf, Ketchup	50,–
Abschreibung Wagen	300,–
Abschreibung Geräte	150,–
Standplatzmiete	400,–
Strom	100,–
Unternehmerlohn	1.400,–
Kalk. Zinsen	200,–

Der Unternehmer will nun Kalkulationen für seine drei Produkte durchführen, den Deckungsbeitrag pro Produkt ermitteln und den Break-even-Punkt feststellen.

Im Gegensatz zum Taxifahrer haben wir es nicht mit einem Einproduktbetrieb, sondern mit einem Mehrproduktbetrieb zu tun.

Die Kosten müssen daher in Einzelkosten und in Gemeinkosten getrennt werden. Laut Definition sind Einzelkosten jene Kosten, die dem Produkt technisch und organisatorisch einwandfrei zugerechnet werden können. Gemeinkosten sind alle Kosten, die nicht als Einzelkosten verrechnet werden.

Einzelkosten:

Der Unternehmer kann folgende Kosten problemlos den Produkten zurechnen:

- Brot: pro Hotdog € 0,20, pro Frankfurter € 0,10, pro Leberkässemmel € 0,15.
- Fleisch: pro Hotdog € 0,40, pro Frankfurter € 0,60, pro Leberkässemmel € 0,30

Unechte Gemeinkosten:

Es wäre auch möglich, die Papiertassen und eventuell auch Senf und Ketchup genau auf die Produkte zuzurechnen. Wegen der Kleinheit der Beträge würde sich jedoch vermutlich der Aufwand nicht lohnen.

Kosten, die zwar technisch zurechenbar wären, jedoch aus wirtschaftlichen oder organisatorischen Gründen als Gemeinkosten behandelt werden, bezeichnet man auch als **„unechte Gemeinkosten“.**

Echte Gemeinkosten:

Echte Gemeinkosten können auch technisch nicht direkt auf die Produkte zugerechnet werden. Dazu zählen die meisten Abschreibungen, Miete, Zinsen, Energie.

In vielen Dienstleistungsbetrieben (z.B. Hotel- und Gastgewerbe, Handel) ist es häufig auch nicht möglich, die Löhne direkt zuzurechnen. (Wie lange braucht man, um ein Hotdog zuzubereiten? Wie rechnet man, wenn gleichzeitig Frankfurter gewärmt und Leberkässemmeln geschnitten werde?)

Zuschlagssätze:

Die Gemeinkosten müssen nun in irgendeiner Form auf die Produkte zugerechnet werden. Dies erfolgt meist durch einen Zuschlag auf die Einzelkosten.

Das heißt, die Einzelkosten werden aus den Gesamtkosten ausgeschieden und die Gemeinkosten in Prozenten der Einzelkosten ausgedrückt („Gemeinkostenzuschlag").

In unserem Beispiel sind nur die Materialkosten Einzelkosten, alle anderen Kosten werden als Gemeinkosten verrechnet.

Ermittlung des Gemeinkostenzuschlages:

Löhne	1.200,–	
Fleisch	2.000,–	(Einzelkosten)
Brot	1.000,–	(Einzelkosten)
Papiertassen, Servietten etc.	100,–	(Unechte Gemeinkosten)
Senf, Ketchup	50,–	(Unechte Gemeinkosten)
Abschreib. Wagen	300,–	
Abschreib. Geräte	150,–	
Standplatzmiete	400,–	
Strom	100,–	
Unternehmerlohn	1.400,–	
Kalk. Zinsen	200,–	
Kostensumme	6.900,–	
Davon Einzelkosten	3.000,–	
Daher Gemeinkosten	3.900,–	
In % der Einzelk.	130%	

Ermittlung der Selbstkosten:

Kostenart	Hotdog	Frankfurter	Leberkässemmel
Fleisch	0,40	0,60	0,30
Brot	0,20	0,10	0,15
Summe Einzelkosten	0,60	0,70	0,45
+ 130% Gemeinkosten	0,78	0,91	0,59
Selbstkosten	1,38	1,61	1,04

Ermittlung der Deckungsbeiträge:

Zusatzangabe:

Die Verkaufspreise abzüglich Umsatzsteuer betragen:

Hotdog: € 2,–, Frankfurter € 3,–, Leberkässemmel € 1,50.

Wie Sie bereits wissen, ergibt sich der Deckungsbeitrag aus Verkaufserlös minus variabler Kosten. Er gibt an, wie viel jede abgesetzte Einheit zur Deckung der fixen Kosten beiträgt.

Die Materialkosten (Fleisch und Brot sind sicher variabel).

Selbstverständlich sind auch Teile der Gemeinkosten, nämlich Senf, Ketchup und Papiertassen, variabel. Nehmen wir an, wir könnten diese Größen näherungsweise erfassen:

- Frankfurter: Senf und Papiertasse € 0,07
- Hotdogs: Senf und Ketchup € 0,04

	Hotdog	**Frankfurter**	**Leberkäs-semmel**
Verkaufserlös ohne USt	2,00	3,00	1,50
- Brot und Fleisch	0,60	0,70	0,45
- Variable Gemeinkosten	0,04	0,07	
Deckungsbeitrag	1,36	2,23	1,05
in % des Verkaufserlöses	68%	74%	70%

Ermittlung des Break-even-Punktes:

Wie bei der Finanzrechnung können wir auch in der Kostenrechnung einen Break-even-Punkt ermitteln. Dies ist jener Umsatz, bei dem gerade Kostendeckung erreicht wird. Wir erhalten ihn aus

(Fixkosten × 100) : Deckungsbeitrag in Prozenten vom Umsatz.

Näherungsweise beträgt der Deckungsbeitrag vom Umsatz laut obiger Rechnung rund 70%. Selbstverständlich könnten wir ihn mit Hilfe der Umsatzanteile der drei Produkte auch genau ausrechnen. Darauf verzichten wir, da die Beträge so knapp beisammen liegen und in die Kostenrechnung bekanntlich viele ungenaue Zahlen eingehen (Kalkulatorische Zinsen, Unternehmerlohn, Abschreibungen etc.).

Fixkosten sind alle Kosten außer Brot, Fleisch, Papiertassen, Senf und Ketchup, also € 3.750,–.

Break-even-Punkt: (3.750 × 100) : 70 = € 5.360,–

Das heißt, der Umsatz nach Abzug der Umsatzsteuer müsste pro Monat ca. € 5.500,– betragen, um alle Kosten zu decken.

Hinweis:

Da die Deckungsbeiträge der drei Produkte so ähnlich waren, war die Berechnung leicht. Sind die Deckungsbeiträge für unterschiedliche Produktgruppen verschieden (z.B. im Textileinzelhandel für Designermode, Konfektionsmode und Lockartikel oder im Gastgewerbe für Speisen und Getränke), muss man einen durchschnittlichen Deckungsbeitrag durch Gewichtung der geplanten Deckungsbeiträge mit den geplanten Umsatzanteilen der Produktgruppen ermitteln. (Beispiele finden Sie im Abschnitt über die Finanzplanung bei der Lösung der Aufgaben zu Abschnitt 2.5. – Sektbar Christl und Boutique Clarissa).

Das heißt aber, dass nicht nur die Deckungsbeiträge geplant werden müssen, sondern auch die Sortimentsanteile.

Weitere Ausführungen zur Zuschlagskalkulation finden Sie im Abschnitt 8.

6.4 Zusammenfassung (Einführung in die Kostenrechnung)

Die Kostenrechnung geht von den **Aufwandszahlen** der **Finanzbuchhaltung** aus. Diese sollen lt. Kostenrechnungsliteratur:

- **betrieblich abgegrenzt** (betriebsfremder Aufwand wird ausgeschieden),
- **normalisiert** (ungleichmäßig anfallende Aufwendungen werden in Durchschnittswerte umgerechnet),
- **umgewertet** (anstelle der Anschaffungswerte werden Tageswerte oder der entgangene Nutzen angesetzt) und
- **ergänzt („Zusatzkosten"**, wie Unternehmerlohn oder Zinsen auf das Eigenkapital, scheinen in der Finanzbuchhaltung nicht auf; sie werden in der Kostenrechnung zusätzlich berücksichtigt) werden.

Der Vorgang der Umwandlung der **„Aufwandsarten"** in **„Kostenarten"** wird als **„Betriebsüberleitung"** bezeichnet. Das Organisationsmittel als **„Betriebsüberleitungsbogen"**.

Beachten Sie:

In der deutschsprachigen betriebswirtschaftlichen Literatur wird vor allem der Ansatz der Kosten zu **„Wiederbeschaffungswerten am Einsatztag"** bzw. bei bestimmten Entscheidungen der Ansatz von **„Opportunitätskosten" (Kosten als entgangener Nutzen der nächstbesten Verwendung)** empfohlen.

In der angelsächsischen Literatur und in der Praxis, herrscht der **„pagatorische"** Kostenbegriff (Kosten bewertet mit vergangenen oder zukünftigen Auszahlungen) vor.

Um zu betriebswirtschaftlichen Entscheidungen zu kommen, müssen die Kosten auf

- **Kostenträger** (Produkte und Dienstleistungen, die vom Unternehmen für den Markt oder für die innerbetriebliche Weiterverwertung erstellt werden) und
- **Kostenstellen** (räumlich und/oder organisatorisch abgrenzbare Verantwortungsbereiche, in denen Kosten anfallen)

zugerechnet werden.

- **Einzelkosten** können direkt (z.B. Fertigungsmaterial pro Auftrag),
- **Gemeinkosten** nur mit Hilfe von Schlüsseln oder Zuschlagssätzen zugerechnet werden.
- **Sonderkosten** sind Einzelkosten, die jedoch nicht bei jedem gleichartigen Produkt in gleicher Höhe anfallen.

Was im Einzelfall als Einzel- und was als Gemeinkosten berücksichtigt wird, hängt vom Organisationsstand der Kostenrechnung und von Wirtschaftlichkeitskriterien ab.

Ob alle oder nur Teile der Kosten auf Kostenträger oder Kostenstellen zugerechnet werden, hängt vom Zweck der Rechnung ab.

Ist ein Unternehmen schlecht ausgelastet, ist es wenig sinnvoll, Kosten auf Aufträge zuzurechnen, die auch anfallen, wenn der Auftrag nicht angenommen wird **(Fixkosten).** Für die Annahme von Aufträgen bei schlechter Auftragslage sind nur die **variablen Kosten** von Bedeutung.

Variabel sind Kosten, die nur anfallen, wenn eine Leistung erstellt wird bzw. die nicht anfallen, wenn die Leistung nicht erstellt wird.

Kriterium für die Annahme bzw. die Ablehnung eines zusätzlichen Auftrags ist der **„Deckungsbeitrag".** Der **„Deckungsbeitrag"** ist die Differenz zwischen den zusätzlich anfallenden Erlösen und den zusätzlich anfallenden Kosten (**„Grenzkosten"**) eines Auftrags.

Der **„Break-even-Punkt"** ist jener Umsatz, bei dem alle Kosten gedeckt werden. Er ergibt sich aus

(Fixkosten × 100) : Deckungsbeitrag in Prozenten vom Umsatz.

Bei Einproduktbetrieben kann man den Break-even-Point in verkauften Einheiten ermitteln:

Fixkosten : Deckungsbeitrag pro Einheit.

Hinweis:

Bei den einführenden Beispielen in Abschnitt 6.3 wurden die Kosten direkt auf die Produkte verrechnet. Es gab noch keine Einteilung in Kostenstellen, daher traten noch nicht alle Probleme der Kostenrechnung auf.

Eine grafische Übersicht finden Sie auf der nächsten Seite.

6.5 Problemstellungen: Einführung in die Kostenrechnung

6.5.1 Tennishalle

Herr und Frau Schlager betreiben auf einem eigenen Grundstück am Stadtrand einer größeren Stadt seit 15 Jahren eine Tennishalle mit 8 Plätzen. Die Errichtung erfolgte überwiegend mit Eigenmitteln, die aus einem Grundstücksverkauf stammten. Vom Bankdarlehen von € 500.000,– ist noch ein Rest von € 200.000,– offen.

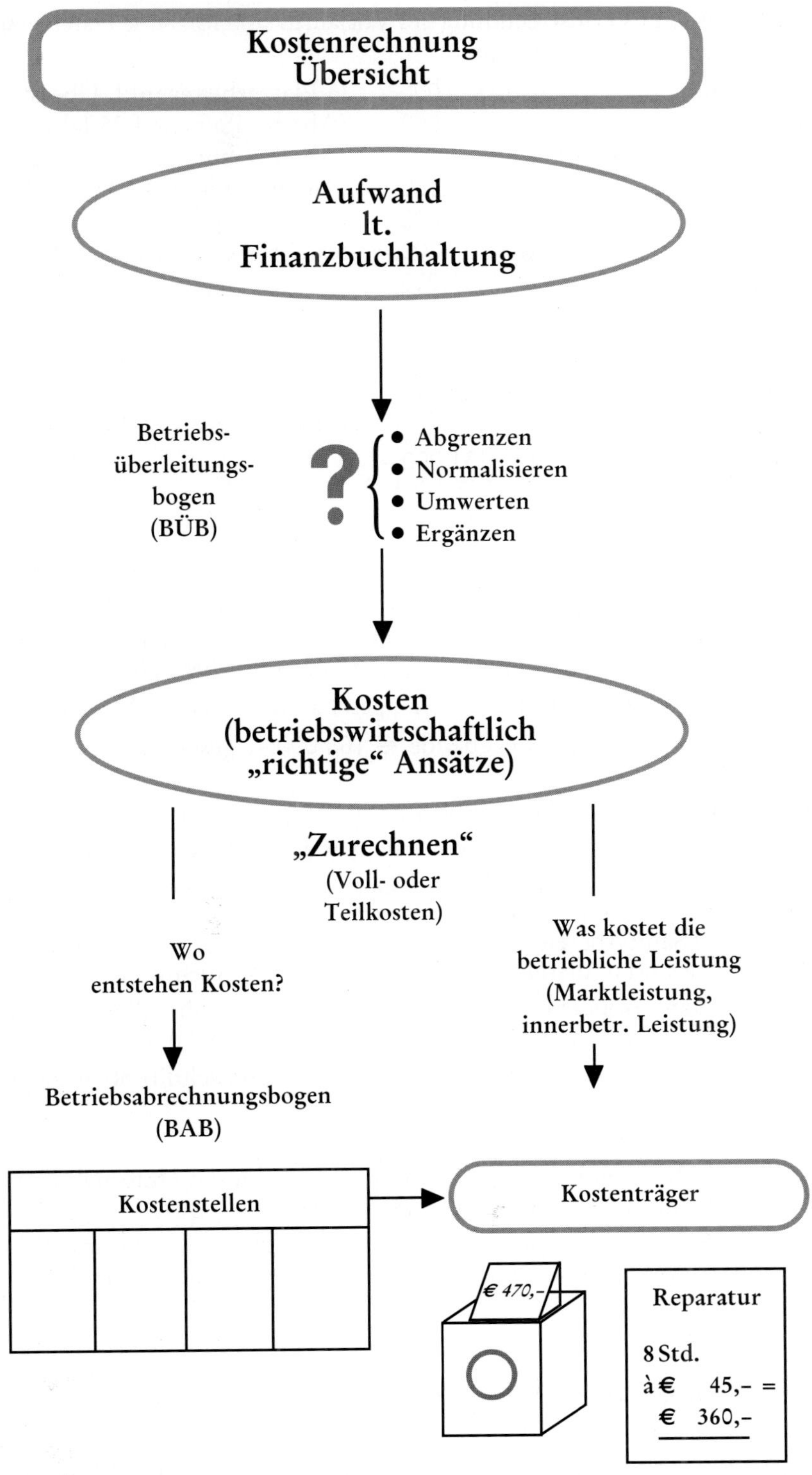

Abb. 6.1: Zentrale Fragen und Aufgaben der Kostenrechnung

Aus der Gewinn- und Verlustrechnung des Vorjahres sind folgende Daten ersichtlich: Weitere Angaben jeweils in Klammer.

Personalaufwand	120.000,–	(5 Platzarbeiter inkl. Überstunden)
Abschreibung Halle	40.000,–	(Abschreibung auf 25 Jahre)
Abschr. Umkleideräume	4.000,–	(Abschreibung auf 40 Jahre)
Instandhaltung	20.000,–	(Sanierung im Sanitärbereich)
Heizung, Halle	30.000,–	(ca. 150 Tage)
Beleuchtung, Halle	25.000,–	(ca. 2.500 Stunden pro Jahr)
Zinsen — Darlehen	20.000,–	
Buchw. verk. Grundst.	40.000,–	
Sonstiger laufender Aufw.	10.000,–	
Summe Aufwand	309.000,–	
Summe Erlöse	440.000,–	(darin € 140.000,– für Grundstück)
Gewinn lt. Finanzbuchhaltung	131.000,–	

Zusatzangaben:

- Grundstücksgröße 7.000 m², Anschaffungswert € 280.000,–. Für die Tennishalle einschließlich der Nebenräume werden 5.000 m² benötigt. 1.000 m² wurden in diesem Jahr um € 140.000,– verkauft. Der Betrag ist in den Erlösen enthalten. Weitere 1.000 m² werden demnächst abgetrennt und ebenfalls verkauft.
- Anschaffungswert Halle: € 1,000.000,–, geschätzte Nutzungsdauer 40 Jahre.
- Anschaffungswert Umkleidegebäude € 160.000,–, geschätzte Nutzungsdauer 80 Jahre.

  Beide Bauten wurden bei Betriebsbeginn vor 15 Jahren errichtet.
- Weitere Vermögensgüter mit wesentlichem Wert sind nicht vorhanden.
- Eine Generalreparatur von Halle und Gebäude steht bevor. Geschätzte Kosten etwa € 300.000,–. Derartige Instandsetzungen sind etwa einmal in 20 Jahren erforderlich. Im Sanitärbereich sind allerdings Sanierungsarbeiten in jedem 10. Jahr notwendig. Sie sind in diesem Jahr erfolgt (vgl. G + V-Rechnung).
- Der Winter war besonders kalt. Die Heizkosten lagen daher 20% über dem langjährigen Durchschnitt. Derart kalte Winter gibt es etwa jedes 5. Jahr.
- Herr und Frau Schlager arbeiten pro Woche im Durchschnitt 50 Stunden.

Aufgabe 1:

Ermitteln Sie das Betriebsergebnis lt. Kostenrechnung für das Unternehmen und zeigen Sie die Problematik der notwendigen Annahmen.

Jährlich werden etwa 25.000 Platzstunden verkauft. Welche Durchschnittskosten pro verkaufte Stunde ergeben sich zu Vollkosten? Welche preispolitische Bedeutung haben diese Kosten?

Aufgabe 2:

Die Familie Schlager überlegt, Montag bis Donnerstag abends früher zu schließen (ab 21 Uhr) bzw. morgens später zu öffnen (ab 10 Uhr).

Würde diese Entscheidung die Ertragslage verbessern oder verschlechtern, wenn Montag bis Donnerstag für die Stunden von 6 bis 8 Uhr € 14,–, von 8 bis 10 Uhr

€ 10,– und von 21 bis 23 Uhr ebenfalls € 10,– (ohne USt) verlangt werden und folgende Zusatzangaben berücksichtigt werden sollen:

- Die Halle ist derzeit an 360 Tagen im Jahr von 6 bis 23 Uhr durchgehend geöffnet.
- Zwischen 21 und 23 Uhr werden jedoch Montag bis Donnerstag meist nur zwei Plätze bespielt.
- Zwischen 6 Uhr und 8 Uhr Früh ist die Halle praktisch voll ausgelastet. Jedoch zwischen 8 Uhr und 10 Uhr beträgt die durchschnittliche Auslastung ebenfalls nur ca. 2 Plätze.
- Die Halle wird in diesen Zeiten von einem Platzwart betreut; Personalkosten ca. € 13,– pro Stunde.
- In den Morgen- und Abendstunden muss die Halle voll beleuchtet werden (Kosten pro Stunde ca. € 10,–). Zwischen 8 und 10 Uhr ist keine Beleuchtung notwendig.
- Die Halle wird an 150 Tagen im Jahr beheizt. Würde man die Betriebszeit um insgesamt 6 Stunden pro Tag senken, so könnte man durch zeitweise Temperaturabsenkung während der Nacht ca. 15% der durchschnittlichen Heizkosten einsparen.
- Die sonstigen laufenden Aufwendungen sind von der Zahl der täglichen Betriebsstunden unabhängig.

Die Entscheidung soll getrennt für die Heizperiode und für das restliche Jahr getroffen werden.

Aufgabe 3:

Als Alternative bietet eine studentische Vereinigung an, jeweils 4 Plätze zwischen 8 Uhr und 10 Uhr und zwischen 21 Uhr und 23 Uhr um € 5,– pro Stunde, zuzüglich Umsatzsteuer anzumieten. Ist dies eine sinnvolle Variante?

6.5.2 Tischlerei

Ein Tischler plant folgende Kosten pro Jahr:

Löhne	140.000,–
Material	60.000,–
Maschinenabschreibung	20.000,–
Gebäudemiete	40.000,–
Energie für Heizung, Beleuchtung	4.000,–
Energie für Antrieb	2.000,–
Versicherungen	4.000,–
Unternehmerlohn	40.000,–
Kalkulatorische Zinsen	10.000,–

Aufgabe 1:

Er will eine Maßküche zu Vollkosten kalkulieren.
Lohnkosten ca. € 4.000,–
Materialkosten ca. € 2.000,–
Gewinnzuschlag auf die Selbstkosten 20%

Hinweis:

Es gibt mehrere Möglichkeiten für die Ermittlung der Zuschläge.

Aufgabe 2:

Nehmen Sie an, der Tischlereibetrieb kann die Küche zum kalkulierten Preis absetzen. Wie hoch ist der Deckungsbeitrag, wenn der Tischlereibetrieb voll ausgelastet ist und wie hoch ist er, wenn der Tischlereibetrieb schlecht ausgelastet ist?

Lösungsvorschläge finden Sie im Anhang I.

7 Exkurs: Zur Problematik der Berechnung der kalkulatorischen Zinsen

In der deutschsprachigen Literatur herrscht die Meinung vor, die Berechnung der Zinsen sollte auf der Basis der Tageswerte und mit einem „Marktzinssatz“ erfolgen.

Es ergeben sich folgende Probleme:

(1) Welcher Zinssatz ist zu wählen?

In Frage kommen:

- **Zinssatz für langfristiges Fremdkapital** (sozusagen jene Kosten, die bei „Wiederbeschaffung“ des Kapitals bezahlt werden müssten).
- **Zinssatz für eine alternative Kapitalanlage** (z.B. beim „nächstbesten“ Investitionsobjekt oder auf dem Kapitalmarkt).

  Auf den Kapitalmarktzinssatz könnte noch ein Risikoaufschlag verrechnet werden, da ja die unternehmerische Nutzung des Kapitals risikoreicher ist als die Anlage in festverzinslichen Wertpapieren (z.B. +2% bis 3%).

Das Hauptproblem besteht darin, dass in den angeführten Zinssätzen bereits Anteile für die Geldentwertung enthalten sind. Steigt die Inflationsrate, steigen in der Regel auch die Zinsen, fällt sie, fallen auch die Zinsen.

Wertet man daher das Vermögen zuerst auf den Tageswert auf und verzinst man es dann mit einem Marktzinsfuß, erfolgt eine Doppelverrechnung der Geldentwertung.

Manche Autoren schlagen daher vor, entweder nicht aufzuwerten oder einen um die Inflationsrate verringerten Marktzinsfuß für die Verzinsung zu verwenden.

- **Planzinssatz**
  Es wird jener Zinssatz angesetzt, den man erzielen will.

(2) Soll nur der Eigenkapitalanteil oder auch der Fremdkapitalanteil mit dem kalkulatorischen Zinssatz verzinst werden?

Für Betriebsvergleiche ist es sicher sinnvoll, die buchhalterischen Zinsen auszuscheiden und das gesamte im Unternehmen gebundene Kapital zu verzinsen. Damit ist ein Betriebsvergleich von der Finanzierungsform unabhängig.

Nimmt man jedoch Kosten auch als Basis für Preis- oder Programmentscheidungen, ist diese Vorgangsweise nicht gerechtfertigt.

So wie ein günstiger Einkauf oder eine günstige Lohnsituation zu einer günstigen Kostensituation führt, sollte dies auch für die Finanzierung gelten.

Sinnvoll schiene es daher, **das Eigenkapital auf der Basis der Tageswerte neu zu ermitteln** (Gesamtvermögen minus Fremdkapital) und mit einem um die Geldentwertung verminderten Zinssatz zu verzinsen.

Die tatsächlichen Kosten des Fremdkapitals („buchhalterische Zinsen“) könnten in den Kosten enthalten bleiben.

Beispiel: Tennishalle, kalkulatorische Zinsen

Aufgewertetes Gesamtvermögen	€	2,210.000,–
abzüglich Darlehen	€	200.000,–
Aufgewertetes Eigenkapital	€	2,010.000,–
Verzinst mit bereinigtem Zinsfuß, ca. 5%	€	100.500,–
zuzüglich Fremdkapitalzinsen	€	20.000,–
Zinsen insgesamt	€	120.500,–

Will man die Zinsen auf Kostenstellen aufteilen, muss ein Mischzinssatz errechnet werden, da ja eine Zuordnung von Eigen- bzw. Fremdkapital auf Kostenstellen nicht möglich ist („Geld hat kein Mascherl").

Fortsetzung des Beispiels: Mischzinssatz

Mischzinssatz: Zinsen (120.500,–) : Gesamtvermögen (2,210.000,–) = 5,5%

Dies würde jedoch bedeuten, dass der Mischzinssatz dauernd neu errechnet werden muss, da sich das Verhältnis Eigen- zu Fremdkapital laufend ändert.

Das Problem wird in der weiterführenden Literatur ausführlich diskutiert.

(3) Das Problem des zinsberechtigten Vermögens

In der Literatur wird ferner diskutiert, ob das gesamte im Unternehmen für den Betriebszweck gebundene Vermögen verzinst werden soll oder ob bestimmte Abzüge vorgenommen werden sollten. Die Überlegungen sind folgende:

Für manche Teile des Betriebsvermögens bzw. des Kapitals werden Zinsen gesondert berechnet. Eine neuerliche Belastung mit kalkulatorischen Zinsen würde eine Doppelbelastung darstellen. Man meint daher, dass diese Teile bei der Berechnung der kalkulatorischen Zinsen auszuscheiden wären.

Dazu zählen:

- **Kundenforderungen, in denen Skonto enthalten ist**
  Im Skonto steckt ein Zinsanteil. Würde man die Lieferforderungen neuerlich verzinsen, erfolgte eine Doppelverrechnung.
- **Lieferantenverbindlichkeiten**
  Sind die **Lieferantenverbindlichkeiten unverzinslich,** wäre es unbillig, kalkulatorische Zinsen auf Kapital zu verrechnen, das dem Unternehmen zinsenlos zur Verfügung gestellt wurde.
  Sind die **Lieferantenverbindlichkeiten verzinslich,** werden die Zinskosten über den Materialeinsatz weiterverrechnet. Eine zusätzliche Verzinsung würde zur Doppelverrechnung führen.
- **Unverzinsliche Anzahlungen von Kunden**
  (Argumentation wie oben)

- **Vermögenspositionen, die einen gesonderten Ertrag abwerfen**
  Dazu zählen z.B. betriebsnotwendige Beteiligungen oder vermietete Reserveanlagen (z.B. Reservegebäude, Reservegrundstücke).
  (Vgl. dazu auch (4).)

(4) Zur Verrechnung der kalkulatorischen Zinsen in der Praxis

In der Praxis wurden alle Formen der Zinsenverrechnung vorgefunden:

- Es werden nur die **tatsächlich angefallenen Fremdkapitalzinsen** verrechnet.
  Diese Lösung ist vor allem bei Klein- und Mittelbetrieben üblich. Die Eigenkapitalzinsen werden dann im Gewinn abgedeckt. (Eine Lösung, die man auch in der Kostenrechnungsliteratur findet.)
- Es werden die **Fremdkapitalzinsen** verrechnet **und** für das **gebundene Eigenkapital kalkulatorische Zinsen.**
  Die Ermittlung des Eigenkapitals erfolgt meist direkt aus der Bilanz, d.h. ohne Auflösung der stillen Reserven.
- Nur bei ausgebauten Kostenrechnungssystemen wurde der auch in der deutschsprachigen Literatur vertretene Ansatz gefunden, die **Fremdkapitalzinsen vollständig auszuscheiden** und durch **kalkulatorische Zinsen auf das betriebsnotwendige Vermögen minus Abzugskapital zu ersetzen.**
- Generell spielt in der Praxis die Verrechnung des **Abzugskapitals** eine **geringe Rolle.** In der Literatur wird das Problem jedoch ausführlich diskutiert.
  Schwierig ist vor allem die Verrechnung auf Kostenstellen.
  Zieht man z.B. die Kundenforderungen vom Vermögen des Vertriebsbereiches und die Lieferverbindlichkeiten vom Beschaffungs- bzw. Lagerbereich ab, so könnte dies sogar zu einem „negativen gebundenen Vermögen“ führen.
- Vermögensgüter, die einen gesonderten Ertrag abwerfen, werden häufiger ausgeschieden, da sie meistens gesonderten Kostenstellen zuzuordnen sind (Beteiligungsverwaltung, Mietgebäude etc.).
  In den einführenden Beispielen kommen diese Positionen nicht vor.

Beachten Sie daher:

- Werden Zinsen in der Kostenrechnung verrechnet, ist immer zu fragen
  - wovon und
  - mit welchem Zinssatz?
- Trifft man Preis- und Programmentscheidungen auf der Basis der Grenzkosten, ist das Problem allerdings kaum relevant, da Zinsen in der Regel zu den fixen Kosten zählen.
  Werden jedoch Betriebsteile neu aufgebaut bzw. aufgegeben (z.B. bei der Erweiterung eines Hotels oder beim Verkauf einer Filiale), können auch Zinsen durch betriebswirtschaftliche Entscheidungen zu- oder abnehmen.

8 Weiterführende Probleme der Kostenrechnung

8.1 Die Kostenstellenrechnung

Kostenstellen wurden definiert als **„Leistungs- und Verantwortungsbereiche, die räumlich und/oder organisatorisch abgrenzbar sind und in denen Kosten anfallen“.**

Sie werden gebildet, um

- Kosten besser planen und kontrollieren zu können und
- Kosten leichter bzw. genauer auf Kostenträger zurechnen zu können.

In den einführenden Beispielen wurden keine Kostenstellen gebildet. Das Schwergewicht der Berechnung lag auf der Erfassung der Gesamtkosten bzw. der Grenzkosten für ein zusätzliches Angebot.

Die Kosten pro Leistungseinheit ergaben sich durch die Division der Kostensumme durch die Zahl der erstellten Einheiten (Taxifahrer) oder durch eine einfache Zuschlagskalkulation auf den Materialeinsatz (Straßenbuffet).

Durchläuft die Produktion jedoch verschiedene Stufen, ist diese vereinfachte Abrechnung nicht mehr möglich.

Beispiele: Kostenstellengliederung

- **Hotelbetrieb mit Restaurant und Bar** (bietet Übernachtungen und unterschiedliche Speisen und Getränke an unterschiedlichen Orten an)
- **Tennishalle mit Buffet und Sportshop**
- **Selbstverständlich alle Industriebetriebe**

Die Kosten werden daher meist zunächst auf Kostenstellen gesammelt und erst dann den Kostenträgern zugerechnet.

Das Organisationsmittel, mit dem Kosten auf Kostenstellen zugerechnet werden, bezeichnet man als **„Betriebsabrechnungsbogen“** (vgl. auch das Beispiel im nächsten Abschnitt).

Um Kosten genauer kontrollieren zu können, werden häufig mehr Kostenstellen gebildet als für die Kostenträgerrechnung erforderlich sind. Industriebetriebe haben daher mehrere hundert Kostenstellen.

Man unterscheidet:

- **Hauptkostenstellen**

  Hauptkostenstellen stehen mit den gefertigten Produkten in unmittelbarer Beziehung und werden daher direkt auf das Endprodukt umgelegt.

- **Hilfskostenstellen**

  Hilfskostenstellen geben Leistungen an andere Hauptkostenstellen (oder Hilfskostenstellen) ab.

Beispiele: Kostenstellen eines Kfz-Reparaturbetriebes

- **Hauptkostenstellen**
  Lager, Spenglerei, Autoelektrik, Lackiererei, Ersatzteilverkauf
- **Hilfskostenstellen**
  Gebäude, Fuhrpark, innerbetriebliche Reparatur

Hinweis:

Verwaltungsstellen werden häufig als Hauptkostenstellen geführt und direkt auf die Kostenträger zugerechnet (vgl. Abschnitt 8.2), obwohl sie im Sinn der Definition „Hilfskostenstellen" darstellen, die für alle anderen Kostenstellen Leistungen erbringen.

Die Hauptprobleme der Kostenstellenrechnung sind:

➢ **Welche Kostenstellen werden gebildet?**

Um eine genaue Kostenkontrolle zu ermöglichen, sollten Kostenstellen für einzelne Verantwortungsbereiche gebildet werden. Dies heißt, dass meist mehr Kostenstellen gebildet werden als für die Zurechnung auf Kostenträger erforderlich sind (z.B. Lackiererei I, II und III), wenn zwar gleiche Leistungen erstellt werden, jedoch unterschiedliche Kostenstellenleiter verantwortlich sind.

➢ **Wie werden die Kostenarten auf die Kostenstellen zugerechnet?**

- **Kostenstelleneinzelkosten**
  können direkt auf eine Kostenstelle zugerechnet werden (z.B. Löhne aller in der Kostenstelle Beschäftigten).
- **Kostenstellengemeinkosten**
  müssen mit Schlüsseln (z.B. Heizkosten nach m^2) zugerechnet werden.

Ob Kostenarten als Kostenstelleneinzelkosten oder als Kostenstellengemeinkosten verrechnet werden, hängt häufig von der technischen oder wirtschaftlichen Zweckmäßigkeit ab.

Beispiel: Kostenzurechnung auf Kostenstellen

Will man die Heizkosten als Kostenstelleneinzelkosten erfassen, muss man in jedem Raum entsprechende Heizkostenzähler einbauen. Dies ist teuer und technisch nicht immer möglich.

Heizkosten werden daher meist als Kostenstellengemeinkosten pro m^2 oder pro m^3 umgelegt.

➢ **Was wird auf die Kostenstellen umgelegt?**

In der Regel können vom Kostenstellenverantwortlichen nur Teile der Kosten beeinflusst werden. Für die Kostenkontrolle sind daher auch nur diese Teile heranzuziehen.

Beispiele: Kostenzurechnung und Kostenverantwortung

- Ist das Lager zu groß, so kann der Lagerleiter kaum für die zu hohen Raumkosten verantwortlich gemacht werden.
- Werden Entscheidungen über Computersysteme zentral getroffen, so können die Abschreibungskosten für den Computer kaum dem Leiter der Buchhaltung angelastet werden.

Sollen Preis- oder Sortimentsentscheidungen auf der Basis von variablen Kosten getroffen werden, dürfen natürlich auch nur die variablen Kosten auf die Kostenstellen zugerechnet werden.

Soweit eine Aufteilung in fixe und variable Kosten erfolgt, wird sie mit relativ groben Schlüsseln vorgenommen. Diese werden als **„Variatoren"** bezeichnet. Der **„Variator"** gibt in Schritten von 10% an, wie viel Prozent einer Kostenart als variabel angenommen werden.

Beispiel: Variator

Haben z.B. die Energiekosten einer Stanzerei den Variator 7, so heißt dies, dass 70% der Energiekosten proportional zur Leistung der Abteilung steigen oder fallen und 30% als fix betrachtet werden.

➢ **Wie werden die Hilfskostenstellen auf die Hauptkostenstellen umgelegt?**

Zwei einfache Verfahren sind:

- **Umlageverfahren**

  Die Kosten der Hilfskostenstellen werden mit bestimmten Schlüsseln auf die Hauptkostenstellen umgelegt.

  Z.B. werden die Kosten der Reinigung auf einer Kostenstelle gesammelt (Lohnkosten des Reinigungspersonals, Reinigungsmittel, Abschreibung der Reinigungsgeräte) und dann nach m^2 auf die Hauptkostenstellen (bzw. auf andere Hilfskostenstellen) umgelegt.

- **Kostenträgerverfahren**

  Die Leistungen der Hilfskostenstelle werden als eigene Kostenträger abgerechnet.

  Z.B. könnten die Leistungen der Hilfskostenstelle „Maschinenservice" wie ein Reparaturauftrag abgerechnet werden (Material, Lohn, Gemeinkosten).

  (Vgl. Sie dazu den Abschnitt „Kostenträgerrechnung".)

Probleme ergeben sich, wenn mehrere Hilfskostenstellen umzulegen sind, die auch füreinander Leistungen erbringen.

Beispiel: Hilfskostenstellen leisten füreinander

> Ein Unternehmen führt die Hilfskostenstellen „Gebäudeverwaltung", „Technisches Service" und „Werksküche".
>
> In der Hilfskostenstelle Werksküche werden die Mitarbeiter der Hilfskostenstelle Gebäudeverwaltung und der Hilfskostenstelle Service verpflegt. Andererseits stellen die Gebäudeverwaltung und die Servicestelle ihre Dienste auch der Werksküche zur Verfügung. Ferner leistet die Servicestelle Dienste für die Gebäudeverwaltung und die Gebäudeverwaltung verwaltet die Werkstätte der Servicestelle.

Für diese Probleme gibt es komplizierte mathematische Lösungen oder ein einfaches **„Stufenleiternverfahren"**. Das heißt, es wird festgelegt, in welcher Reihenfolge die Hilfskosten umgelegt werden. Die dabei entstehenden Unschärfen werden in Kauf genommen.

Beispiel: Stufenleiternverfahren

> Im obigen Beispiel wird festgelegt, dass zuerst die Kostenstelle „Gebäudeverwaltung", dann das „Technische Service" und dann die „Werksküche" auf alle verbleibenden Stellen umgelegt wird.

Ein Beispiel finden Sie in Abschnitt 8.5.

Andere Umlageverfahren finden Sie in der weiterführenden Literatur.

Hinweis:

Die Zurechnung der Kosten auf Kostenstellen erfolgt für die laufenden Kosten in EDV-gestützten Systemen meist durch Kontierung der Belege nach Kostenstellen.

8.2 Die Kostenträgerrechnung

8.2.1 Die Divisionskalkulation (Hinweis)

Wird nur ein einziges Produkt erzeugt, können die Kosten pro Kostenträger durch Division der Gesamtkosten durch die Zahl der Produkte ermittelt werden.

Ein Beispiel wäre der Taxifahrer, der eine einheitliche Leistung in Form von Kilometern abgibt.

Die Divisionskalkulation ist in dieser reinen Form selten anwendbar.

Sie findet sich jedoch bei der Zurechnung der Kosten einzelner Kostenstellen auf Kostenträger.

Beispiel: Divisionskalkulation in einer Kostenstelle

> Eine Presse erzeugt vordere Kotflügel für ein bestimmtes Automodell.
>
> Kann der Verantwortungsbereich eindeutig räumlich und organisatorisch abgegrenzt werden, so können die Kosten für den Arbeitsgang „Pressen" durch Division der Gesamtkosten durch die produzierten Stücke ermittelt werden.

8.2.2 Die Stundensatzrechnung als Sonderform der Divisionskalkulation

Ist die Bearbeitungszeit eine Haupteinflussgröße der Kostenverursachung, wird die Divisionskalkulation als Zeitstunden- oder Maschinenstundensatzkalkulation angewandt. Die Gesamtkosten werden durch die Anzahl der genutzten Stunden (Minuten) dividiert.

Die Stundensatzrechnung für das gesamte Unternehmen ist wieder nur in Ausnahmefällen möglich.

Die Abrechnung pro Maschinenstunde (bzw. -minute) findet sich jedoch häufig bei der Abrechnung einzelner Kostenstellen.

Beispiele: Stundensatzrechnung

Stundensatzrechnung für das Gesamtunternehmen:
- Tennisplatz
- Beraterstunden (Steuerberatung etc.)

Maschinenstundensatz pro Kostenstelle
- Computergesteuerte Drehbänke, auf denen unterschiedliche Werkstücke bearbeitet werden etc.

8.2.3 Stundensatzrechnung zuzüglich Materialeinzelkosten

Vor allem im Handwerk (z.B. Installateur, Kfz-Mechaniker etc.) werden die Materialkosten als Einzelkosten erfasst (z.B. Heizkörper, Therme, Motoren, Kotflügel etc.) und alle anderen Kosten in einem Stundensatz („Regiestunde") berücksichtigt.

Beispiel: Stundensatz zuzüglich Materialeinzelkosten

Ein Kfz-Reparaturbetrieb plant Gesamtkosten von € 1,5 Millionen, davon Materialeinsatz € 0,3 Millionen. Geleistet werden sollen von 15 Mitarbeitern, die unmittelbar in der Reparatur tätig sind, pro Jahr insgesamt 24.000 Stunden.

Die Kosten für einen Auftrag würden sich daher näherungsweise aus den Materialkosten zuzüglich den Kosten pro Stunde

1,2 Millionen : 24.000 = € 50,–

ergeben.

Hinweis:

Werden die Lohnsätze nicht differenziert (z.B. je nach Ausführendem, z.B. Meister, Geselle, Anlernling, Auszubildender), führt die Stundensatzrechnung zum gleichen Ergebnis wie eine Zuschlagskalkulation.

Beispiel: Stundensatzrechnung und Lohnzuschlag

> In den obigen Kosten wären ferner Löhne für die produktiven Stunden in der Höhe von € 720.000,– enthalten.
>
> Der Lohnaufschlag würde betragen: 480.000,– : 720.000,– = 66,67%
>
> Der Lohnsatz pro Stunde beträgt: 720.000 : 24.000 = € 30,–
>
> Schlägt man 66,67% drauf, erhält man wieder einen Stundensatz von € 50,–.

8.2.4 Die Zuschlagskalkulation

Werden ungleiche Produkte erstellt bzw. von einer Kostenstelle ungleiche Leistungen („inhomogene" Leistungen) abgegeben, kommen unterschiedliche Formen der Zuschlagskalkulation zum Einsatz.

Bei der Zuschlagskalkulation werden

- die Einzelkosten dem Kostenträger direkt zugerechnet,
- die Gemeinkosten über bestimmte Schlüssel zugerechnet.

Welche Kosten als Einzelkosten erfasst werden, ist ein technisch-organisatorisches Problem.

Beispiele: Einzel- und Gemeinkosten in der Kostenträgerrechnung

> - **Industrie**
>   In der Industrie werden häufig die Materialkosten und die Lohnkosten der unmittelbar mit der Produktion befassten Mitarbeiter als Einzelkosten verrechnet.
>
>   Alle übrigen Kosten (z.B. Lohn des aufsichtsführenden Meisters, Löhne der Hilfskräfte, die Abschreibungen, Reparaturen etc.) werden als Gemeinkosten verrechnet.
> - **Handel, Gastgewerbe**
>   Nur die Handelsware bzw. der Wareneinsatz werden als Einzelkosten verrechnet, alle übrigen Kosten als Gemeinkosten.

Beachten Sie:

In allen Fällen können natürlich zusätzlich Sonderkosten als Einzelkosten verrechnet werden (z.B. Zustellung im Handel, Fahrt- und Wegzeiten im installierenden und reparierenden Gewerbe etc.).

Welche Einzelkosten als Zuschlagsbasis verwendet werden, hängt davon ab, welche Positionen für die Gesamtkosten als repräsentativ angesehen werden.

Beispiele: Zuschlagsbasen bei der Zuschlagskalkulation

> - **Lagergemeinkosten („Materialgemeinkosten")**
>   werden meist auf den Wert des entnommenen Materials zugeschlagen.
> - **Fertigungsgemeinkosten in Fertigungsstellen**
>   werden meist auf die Fertigungslöhne zugeschlagen.

- **Gemeinkosten im Handel und im Gastgewerbe**
  werden meist auf den Wareneinsatz zugeschlagen.
- **Verwaltungsgemeinkosten**
  werden meist auf die Summe aller jener Kosten zugeschlagen, die in der Lagerung und der Fertigung in einer Periode angefallen sind (so genannte „Herstellkosten").

8.3 Vereinfachtes Beispiel einer Betriebsabrechnung

Der Betrieb führt die Hauptkostenstellen „Lager", „Fertigung I", „Fertigung II", „Verwaltung", „Vertrieb". Ferner wird die Hilfskostenstelle „Reparatur und Service" geführt.

Die Verteilung der Kosten auf die Kostenstellen ist bereits erfolgt.

- Die Materialgemeinkosten werden auf das Fertigungsmaterial umgelegt.
- Fertigungsstelle I rechnet mit einem Zuschlagssatz auf die Fertigungslöhne,
- Fertigung II rechnet nach Maschinenstunden ab.
  In der Fertigung II wurden in diesem Monat insgesamt 800 Stunden auf den vier gleichartigen Maschinen geleistet.
- Laut Zeitaufzeichnungen wurde die Hilfskostenstelle von der Fertigung I mit insgesamt 200 Stunden, von der Fertigung II mit 100 Stunden und vom Lager mit 100 Stunden beansprucht.
- Die Verwaltungs- und Vertriebsgemeinkosten werden als Zuschlag auf die Herstellkosten berücksichtigt.

Kalkuliert werden soll ein Kostenträger mit folgenden Daten:

Materialeinsatz:	€ 200,–
Fertigungslöhne in der Fertigung I	€ 800,–
Maschinenstunden in der Fertigung II	12

Hinweis:

Sind die Daten für den zu kalkulierenden Kostenträger bereits gegeben, kann man daran erkennen, welche Kosten als Einzel- und welche als Gemeinkosten abgerechnet werden.

Im obigen Beispiel wird aus den Angaben der Kostenträgerrechnung klar, dass die Materialkosten und die Löhne in der Fertigungsstelle I Einzelkosten sind.

Fertigungsstelle II rechnet pauschal mit einem Stundensatz ab, das heißt, in dieser Stelle erfolgt keine Trennung in Einzel- und Gemeinkosten.

Verwaltungs- und Vertriebsgemeinkosten werden fast immer mit einem Zuschlagssatz auf die „Herstellkosten" berücksichtigt (vgl. Lösung des Beispiels).

Betriebsabrechnung — Monat November (in 1.000 Euro, - Stundensätze in Servicestelle und Fertigung II in Euro)

Kostenart	Kosten	Service	Lager	Fert. I	Fert. II	Verw.	Vertr.
Fertigungslohn	170			150	20		
Gehälter	89	8	7	20	4	20	30
Fertigungsmat.	100		100				
Hilfsmaterial	10			6	4		
Sonst. Kosten	82	4	2	43	17	6	10
Kosten insges.	451						
Summe Service		12					
Basis, Service		400 Std.					
Umlage Service		30/Std.	3	6	3		
Summe Mat.-GK			12				
Basis Mat.-GK			100				
MGK-Zuschlag			12%				
Summe GK				75	48	26	40
Basis Zuschlag				150	800 St.	385	385
Zuschläge				50%	60,–/St.	6,8%	10,4%

Kommentar:

Die Spalte **Kosten** ist das Ergebnis der Überleitung der Aufwendungen in Kosten, also des so genannten „Betriebsüberleitungsbogens" (BÜB).

Die Verteilung der Kosten auf die Kostenstellen erfolgt mit Hilfe des BAB.

Hinweise:

- In der Praxis erfolgt die Verteilung der Kosten durch Kontierung der anfallenden laufenden Belege nach Kostenstellen und durch EDV-gestützte Verteilung der übrigen Kosten (z.B. Abschreibungen, kalk. Zinsen).
- Die Einzelkosten werden direkt den Kostenträgern zugerechnet und scheinen in der Kostenstellenrechnung nicht auf.

❍ **Einzel- und Gemeinkosten**

Einzelkosten sind in unserem Fall:

- das Fertigungsmaterial
- die Fertigungslöhne in der Fertigungsstelle I

  Die Fertigungslöhne in Fertigungsstelle II werden über die Maschinenstunden verrechnet, eine Trennung erfolgt daher nicht.

  Gleiches gilt für die Hilfskostenstelle „Service und Reparatur". Auch diese Stelle rechnet pro Leistungsstunde ab. Die Kosten werden daher nicht getrennt.

Gemeinkosten sind jene Kosten, die nicht als Einzelkosten verrechnet werden können oder sollen.

Da nur die Gemeinkosten in Form von Zuschlagssätzen weiterverrechnet werden sollen, dürfen auch bei der Addition der Kosten pro Kostenstelle nur die Gemeinkosten addiert werden. (Die Einzelkosten wurden daher gesondert gekennzeichnet.)

Beachten Sie daher:

Was Einzelkosten sind, hängt von der kostenrechnerischen Entscheidung ab und nicht von der Kostenart.

In der Fertigungsstelle I sind die Fertigungslöhne Einzelkosten, in der Fertigungsstelle II hingegen Gemeinkosten. Bei der Ermittlung der Gemeinkosten pro Kostenstelle werden sie daher in Fertigungsstelle I **nicht** mitgerechnet, in der Fertigungsstelle II hingegen mitgerechnet.

- **Umlage von Hilfskostenstellen**

  Sind Hilfskostenstellen vorhanden, sind diese zunächst umzulegen.

  Als Schlüssel wird laut Angabe die Zahl der Leistungsstunden verwendet.

  Pro Stunde werden daher € 30,– auf die Hauptkostenstellen zugerechnet.

- **Gemeinkostensummen der Hauptkostenstellen**

  Nach der Umlage der Hilfskostenstellen können die Gemeinkosten der Hauptkostenstellen addiert werden.

  Am Beispiel der Materialstelle („Lager") kann wieder gezeigt werden, wie das Abrechnungsverfahren von kostenrechnerischen Entscheidungen abhängig ist.

  Selbstverständlich könnte man auch das „Hilfsmaterial" in die Zuschlagsbasis für die Materialgemeinkosten einbeziehen und dann die Materialgemeinkosten für das „Sonstige Material" auf die anderen Kostenstellen als „innerbetriebliche Leistung" umlegen.

  Die Materialstelle wäre dann teilweise „Hilfs-" und nur teilweise „Hauptkostenstelle".

  In diesem Fall würde die Rechnung wie folgt aussehen:

Gemeinkosten Materialstelle („Lager")	12.000,–
Basis jedoch	110.000,–
Zuschlagssatz	11%

  Man müsste daher jenen Stellen, die sonstiges Material bezogen haben, noch je 11% auf dieses Material anlasten.

  Diesen Vorgang wird man dann wählen, wenn das „Hilfsmaterial" erhebliche Bedeutung hat.

- **Material- und Fertigungsgemeinkostenzuschläge**

  Jetzt werden die Gemeinkosten in Prozenten der Einzelkosten ermittelt bzw. die Stundensätze durch Division errechnet.

- **Verwaltungs- und Vertriebsgemeinkosten**

  Häufig werden die Verwaltungs- und Vertriebsgemeinkosten als Prozentsatz auf die **Herstellkosten** zugeschlagen.

  Als **Herstellkosten** bezeichnet man die Summe aller Einzel- und Gemeinkosten aus dem Beschaffungs-, Lagerungs- und Fertigungsbereich.

Addiert man die Kosten nach der Umlage der Hilfsstelle, erhält man (in 1.000 Euro):

Fertigungsmaterial	100
Materialgemeinkosten	12
Fertigungslöhne (FM I)	150
Fertigungsgemeinkosten (FM I)	75
Fertigungskosten (FM II)	48
Herstellkosten	**385**

(Man hätte auch von den Gesamtkosten die Verwaltungs- und Vertriebskosten abziehen können.)

Die Verwaltungs- und Vertriebsgemeinkostenzuschläge werden nun üblicherweise auf der Basis der Herstellkosten ermittelt.

- **Kalkulation des Kostenträgers**

Materialkosten	€	200,–
Materialgemeinkosten 12%	€	24,–
Fertigungslöhne, FM I	€	800,–
Fertigungsgemeinkosten FM I 50%	€	400,–
Fertigungskosten FM II 12 Stunden zu je € 60,–	€	720,–
Herstellkosten	**€**	**2.144,–**
6,8% Verwaltung	€	146,–
10,4% Vertrieb	€	223,–
Gesamtkosten vor Sonderkosten des Vertriebs	**€**	**2.513,–**

Beachten Sie:

Derartige Kalkulationen werden Sie in der Praxis immer wieder sehen.

Die Genauigkeit dieser Rechnung kann nicht sehr hoch sein, wenn Sie sich an die verschiedenen Annahmen erinnern.

Die wichtigsten Quellen für Ungenauigkeiten sind:

- **In den Kostenarten** werden die kalkulatorischen Abschreibungen und die kalkulatorischen Zinsen durch verschiedene Annahmen über Nutzungsdauer und Tageswert entscheidend beeinflusst.
- **Die Kostenzurechnung auf Kostenstellen** erfolgt mit mehr oder weniger ungenauen Schlüsseln.
- **Die Zuschlagssätze** werden auf Grund verschiedener Annahmen errechnet, wie z.B.:
  - der **Materialgemeinkostenzuschlag** mit der Annahme, dass die Kosten der Materiallagerung und -verwaltung vom Wert des Materials abhängen;
  - der **Zuschlag auf die Fertigungslöhne** mit der Annahme, dass die übrigen Kosten der Fertigungsstelle mit den Löhnen im gleichen Ausmaß steigen bzw. fallen;
  - die **Verwaltungs- und Vertriebsgemeinkostenzuschläge** mit der Annahme, dass sich diese Kosten proportional zu den Herstellkosten entwickeln.
- **Die gesamte Berechnung** geht von der Annahme aus, dass sich die Kapazitätsauslastung nicht ändert bzw. dass sich bei einer Änderung der Auslastung alle Kosten proportional entwickeln.

8.4 Beispiel zur Kostenstellen- und Kostenträgerrechnung mit Vollkosten

Das nachfolgende Beispiel zeigt die unterschiedlichen Möglichkeiten der Abrechnung von Kostenstellen und deren Auswirkung auf die Kostenträgerrechnung.

(1) Angabe:

Es handelt sich um eine Tennishalle mit angeschlossener Kantine, Sportshop und einem davon unabhängigen Bespannungsservice.

Es werden folgende Kostenstellen geführt:

- **Hilfskostenstelle Gebäude**

  Auf dieser Kostenstelle werden alle Gebäudekosten, wie Abschreibung, Reinigung, Renovierung, Energie etc. gesammelt. Die Hilfskostenstelle Gebäude wird nach einem Schlüssel, der einerseits die Quadratmeter und andererseits die Wertigkeit der Flächen berücksichtigt (Hallenflächen sind weniger aufwendig als die Flächen des Shops oder der Verwaltung), auf die übrigen Kostenstellen umgelegt (Umlageverfahren).

  Die Umlage erfolgt derzeit mit folgenden Prozentsätzen:

  Materiallager 5%, Halle 60%, Shop 10%, Bespannung 5%, Kantine 10%, Verwaltung 10%.
- **Materiallager** einschließlich Beschaffung. Die Stelle organisiert die Beschaffung und lagert das Material für den Shop und für das Bespannungsservice. Die Kantine kauft direkt ein und lagert selbst.
- **Tennishalle**
- **Shop**
- **Bespannungsservice**
- **Kantine**
- **Verwaltung und Vertrieb**

Die **Tennishalle** soll pro Jahr insgesamt 15.000 Stunden verkaufen.

Im **Bespannungsservice** sollen einerseits die Materialkosten berücksichtigt werden, da unterschiedlich teure Saiten verkauft werden, andererseits ist auch die Bespannungszeit zu berücksichtigen, da Großflächenschläger eine längere Bespannungszeit benötigen. Es ist eine volle und eine Halbtagsarbeitskraft beschäftigt.

Es sollen pro Jahr insgesamt 2.000 Großflächenschläger (Arbeitszeit je ca. 25 Minuten) und 5.000 Mittel- und Normalschläger (Arbeitszeit je ca. 20 Minuten) bespannt werden.

Das heißt, es sollen 2.500 produktive Arbeitsstunden verrechnet werden.

Die restliche Arbeitszeit entfällt auf Beratung bzw. bleibt unausgelastet.

Insgesamt werden die Kostenarten stark zusammengefasst, um nur das Grundsätzliche zu zeigen.

Wie abgerechnet wird, hängt von der Art der Leistung und von der Erfassbarkeit von Einzelkosten ab.

(2) Betriebsabrechnungsbogen

Die Verteilung der Kostenarten auf die Kostenstellen ist bereits durchgeführt.

Kostenarten	Gebäude	Material (Lager)	Halle	Shop	Bespannung	Kantine	Verwalt. u. Vertrieb
Löhne	20.000	30.000	120.000	60.000	40.000	75.000	60.000
Material/Ware				360.000	60.000	40.000	
Abschr. Geb.	45.000						
Abschr. Einr.		3.000	5.000	10.000	2.000	10.000	3.000
Energie	30.000						
Sonstiges	5.000	4.000	5.000	10.000	3.000	5.000	6.000
Zwischens.	100.000	37.000	130.000	440.000	105.000	130.000	69.000
Umlage Geb.		5.000	60.000	10.000	5.000	10.000	10.000
Summen		42.000	190.000	450.000	110.000	140.000	79.000
davon Gemeink.		42.000	190.000	90.000	vgl. Anm.	100.000	79.000
Basis		420.000	(15.000 h)	360.000	vgl. Anm.	40.000	932.000
Kalkulationssätze		**10%**	**12,70 Stunde**	**25%**	**vgl. Anm.**	**250%**	**8,5%**

Kommentar zur Kostenstellenrechnung:

Zwischensumme:

Ergibt die Kostensummen pro Kostenstelle vor Umlage der Hilfskostenstellen.

Umlage der Hilfskostenstelle Gebäude:

Laut Angabe wird die Hilfskostenstelle Gebäude mit einem Prozentschlüssel auf die restlichen Kostenstellen umgelegt. Dadurch erhält man die Kostensummen in den Hauptkostenstellen.

Kalkulationssätze:

Um die Kalkulationssätze zu erhalten, muss man:

- Einzel- und Gemeinkosten trennen
- die Zurechnungsbasis ermitteln

- **Lager**

Materialgemeinkosten werden in der Regel auf den Wert jenes Materials zugeschlagen, das die Materialstelle durchläuft.

In unserem Fall ist das Material für Shop und Bespannungsservice die Basis für die Zuschlagsberechnung. Die Kantine kauft direkt ein und lagert selbst (vgl. Angabe).

Da die Kosten des Materials nicht in der Summe der Lagerkosten enthalten sind, sind alle Kosten Gemeinkosten.

➢ **Tennishalle**

In der Halle wird eine einheitliche Leistung abgegeben, daher reicht eine Divisionskalkulation aus. Eine Trennung in Einzel- und Gemeinkosten ist weder möglich noch sinnvoll.

Basis für den Kalkulationssatz sind die verkauften Stunden (vgl. Angabe).

➢ **Shop**

Im Shop kann nur der Wert der Ware einzeln erfasst werden, nicht jedoch die Bedienungszeit. Basis ist daher der Wert der verkauften Waren. Alle Kosten mit Ausnahme der Waren sind Gemeinkosten.

Der Warenwert ist die Basis für den Gemeinkostenzuschlag.

➢ **Bespannungsservice**

Im Bespannungsservice sollen laut Angabe sowohl die **Arbeitszeit** (wegen der unterschiedlichen Schlägergröße) wie auch der **Wert der Saiten** berücksichtigt werden (Kunststoffsaiten, Darmsaiten, Großschläger, Normalschläger).

Es ergeben sich folgende Kalkulationsmöglichkeiten:

a) Das Material wird als Einzelkosten je nach Saitenpreis berücksichtigt (vgl. Kostenträgerrechnung).

   Aus den verbleibenden Kosten wird ein Stundensatz ermittelt, mit dem die Arbeitszeit abgerechnet wird.

   Nach Abzug der Materialkosten verbleiben € 50.000,–
   : 2.500 Stunden = € 20,– pro Stunde

b) Möglich wäre natürlich auch, die Stunden als Einzelkosten zu verrechnen
   € 40.000,– : 2.500 = € 16,– pro Stunde und
   einen Zuschlagssatz auf das Material zu ermitteln:

   Gemeinkosten (ohne Material und Löhne) € 10.000,–
   Zuschlag auf das Material (€ 60.000,–) = 17%

   Dies ist dann sinnvoll, wenn man der Meinung ist, dass teurere Saiten, z.B. Darmsaiten, stärker belastet werden sollen, obwohl die Bespannung nicht länger dauert (vgl. die Kostenträgerrechnung).

➢ **Kantine**

Da die Zubereitungs- und Bedienungskosten pro Auftrag (pro Schnitzel, pro Cola) nicht erfasst werden können, bleibt nur ein Zuschlag auf das Material als einzige Möglichkeit. Dieser wird in der Praxis aus preispolitischen Gründen oft differenziert nach Speisen und verschiedenen Getränken — vgl. dazu das Beispiel der Sekt- und Imbissstube Christerl in Abschnitt 2.5 (Seite 26).

Der Materialeinsatz stellt die Basis dar, alle restlichen Kosten sind Gemeinkosten.

➢ **Verwaltung**

Die Verwaltungsgemeinkosten werden üblicherweise auf die „Herstellkosten" zugeschlagen.

In diesem Fall stimmt dies nicht ganz, da ja im Shop auch „Vertriebskosten" enthalten sind. Dennoch ist wegen der Uneinheitlichkeit der Leistungen kaum eine andere Rechnung möglich, als die Verwaltungskosten auf die Summe aller anderen Kosten (Einzel- **und** Gemeinkosten) aufzuschlagen.

(3) Kalkulationsbeispiele

(10% Gewinnzuschlag von den Selbstkosten, 10% USt bei Speisen und Sportplatzmieten, sonst 20% USt)

Beachten Sie:

Bei der Kalkulation muss immer geprüft werden, welche Kostenstellen von der abgegebenen Leistung in Anspruch genommen wurden.

- **Shop (Kalkulation eines Jogginganzuges):**

(Ware wird vom Lager eingekauft, gelagert und ausgegeben, im Shop verkauft und alles wird von der Verwaltung „verwaltet".)

Jogginganzug, Einstandspreis	€ 30,–
Materialgemeinkosten 10%	€ 3,–
Shop — Zuschlag 25%	€ 7,50
Basis Verwaltungskosten	€ 40,50
Verwaltungszuschlag 8,5%	€ 3,44
Selbstkosten	€ 43,94
Gewinnzuschlag von 10%	€ 4,39
	€ 48,33
20% USt	€ 9,67
Endverkaufspreis	€ 58,–

D.h., fast das Doppelte des Einkaufspreises.

- **Bespannung (Kalkulation eines Großflächenschlägers auf zwei Arten)**

(Saite wird eingekauft und gelagert, an die Bespannung abgegeben und „verwaltet". Berührt jedoch laut Angabe den Laden nicht. Wäre dies nicht so, wäre die Kalkulation etwas komplizierter.)

Kalkulationsschema a)

(Das Material wird als Einzelkosten verrechnet, die restlichen Kosten werden über einen Stundensatz von € 20,– bzw. einen Minutensatz verrechnet)

Einstandspreis Saite	€ 10,–
Materialgemeinkosten 10%	€ 1,–
Arbeitszeit 25 Minuten (20 : 60 × 25)	€ 8,33
Basis Verwaltungsgemeinkosten	€ 19,33
8,5% Verwaltungsgemeinkosten	€ 1,64
Selbstkosten	€ 20,97
10% Gewinnzuschlag	€ 2,10
Verkaufspreis, ohne USt	€ 23,07
20% Umsatzsteuer	€ 4,61
Verkaufspreis inkl. USt	€ 27,68

Kalkulationsschema b)
(Gemeinkosten werden auf das Material aufgeschlagen)

Saite-Großschläger, Einstandspreis	€	10,–
Materialgemeinkosten 10%	€	1,–
Aufschlag Bespannung 17% auf das Material	€	1,70
Arbeitszeit (16,– : 60 × 25)	€	6,67
Basis Verwaltungsgemeinkosten	€	19,37
Verwaltungskostenzuschlag 8,5%	€	1,65
Selbstkosten	€	21,02
Gewinnzuschlag 10%	€	2,10
20% USt von € 23,12	€	4,62
Verkaufspreis	€	27,74

Sie sehen, dass sich auf Grund des anderen Kalkulationsverfahrens ein anderer Endverkaufspreis ergibt. Schlägt man auf die Ware zu, werden teurere Güter stärker belastet, schlägt man auf den Lohn zu, werden arbeitsintensive Güter stärker belastet.

➢ **Kantine (Kalkulation eines Schnitzels)**
(Einkauf erfolgt direkt, d.h., er berührt das Lager nicht, wird jedoch „verwaltet“)

Einstandspreis Schnitzelfleisch	€	1,50
Zuschlag Kantine 250%	€	3,75
Basis Verwaltungskosten	€	5,25
Verwaltungskostenzuschlag 8,5%	€	0,45
Selbstkosten	€	5,70
Gewinnzuschlag 10%	€	0,57
10% USt von 6,27	€	0,63
Verkaufspreis	€	6,90

➢ **Halle:**

Kosten pro Stunde	€	12,70
Verwaltungszuschlag 8,5%	€	1,08
Selbstkosten	€	13,78
Gewinnzuschlag 10%	€	1,38
10% USt von 15,16	€	1,52
Verkaufspreis	€	16,68

Beachten Sie:

➢ Die Beispiele zeigen, wie unterschiedlich die Kalkulationsschemata sein können.

➢ Die ermittelten Werte sind nur Orientierungsgrößen. Man wird nun versuchen, je nach Marktlage teurer oder billiger anzubieten.
Z.B. wird man die Tennishalle am Abend und Samstag und Sonntag teurer anbieten.
Getränke wird man mit einem höheren Aufschlag kalkulieren als Speisen etc.
Insgesamt muss jedoch danach getrachtet werden, die Vollkosten zu decken.

➢ Für die tägliche Kalkulation würde man für die verschiedenen Leistungen einen Aufschlagsatz verwenden, der direkt vom Einkaufspreis zum Verkaufspreis führt.

Beispiel: Einheitlicher Aufschlagsatz für den Tennisshop

Einstandspreis des Jogginganzuges	€ 30,–
Verkaufspreis lt. Schema	€ 58,–
Aufschlag daher	93%
oder als Faktor (ca. × 2)	1,93

Bei gleichen Warengruppen kann nun sofort der Verkaufspreis ermittelt werden, ohne das gesamte Schema durchrechnen zu müssen.

8.5 Betriebsabrechnung mit mehreren Hilfskostenstellen

Es wurde bereits darauf hingewiesen, dass bei Hilfskostenstellen das Problem auftreten kann, dass mehrere Hilfskostenstellen füreinander leisten. Als Lösungsvorschlag wird das „Stufenleiternverfahren" besprochen. Komplizierte mathematische Methoden bringen meist keinen Gewinn an Genauigkeit.

Für den Monat März plant ein Fertigungsbetrieb folgende Kosten:

Kostenart	Summe	Service	Werksküche	Gebäudeverwaltung	Lager	Fertigung I	Fertigung II	Verwaltung	Vertrieb
Hilfsmaterial	12.000	1.000	9.000	500		500	700	100	200
Fertigungslöhne	120.000					50.000	70.000		
Gehälter		6.000	12.000	2.000	5.000	12.000	15.000	12.000	18.000
Sonst. Kosten		3.000	5.000	10.000	5.000	30.000	40.000	25.000	28.000

Geplanter Materialverbrauch für die Fertigung (ohne Hilfsmaterial): 100.000,– (ist im BAB nicht enthalten). Die Fertigungslöhne sind jedoch im BAB berücksichtigt, da sie als Basis für die Umlage der Gemeinkosten dienen.

Weitere Angaben:

Gesamtfläche:	1.025 m², Mitarbeiter 83, davon
Service:	3 Mitarbeiter, Fläche 25 m²
Werksküche:	6 Mitarbeiter, Fläche 175 m²
Gebäudeverwaltung:	1 Mitarbeiter, Fläche 25 m²
Lager:	2 Mitarbeiter, Fläche 100 m²
Fertigung I:	22 Arbeiter, 4 Meister, Fläche 250 m²
Fertigung II:	30 Arbeiter, 5 Meister, Fläche 350 m²
Verwaltung:	4 Angestellte, Fläche 50 m²
Vertrieb:	6 Angestellte, Fläche 50 m²

a) Hilfskostenstellen

Es werden die Hilfskostenstellen Service, Gebäudeverwaltung und Werksküche geführt. Sie sollen in dieser Reihenfolge im Stufenleiternverfahren umgelegt werden.

Die Umlage der Servicestelle erfolgt im Kostenträgerverfahren. Es werden folgende Leistungen der Servicestelle an die anderen Stellen geplant.

Materialverbrauch (Ersatzteile etc. – lt. Position Hilfsmaterial) für:
Werksküche: 100, für Gebäudestelle: 200, für Materialstelle: 100, für Fertigung I: 400, für Fertigung II: 200

Stunden: Geplante Servicestunden pro Monat: 400, davon für Werksküche 20, für Gebäudestelle 60, für Materialstelle 20, für Fertigung I 200, für Fertigung II 100

Für die Umlage von Gebäudeverwaltung und Werksküche sind aus der Angabe geeignete Schlüssel zu entnehmen.

Beachten Sie:

Als Basis dürfen nur mehr die Werte der noch nicht umgelegten Kostenstellen berücksichtigt werden. Die dadurch entstehenden Unschärfen werden in Kauf genommen.

b) Berechnung der Zuschlagssätze in den Hauptkostenstellen

Bei jedem Auftrag sind als Einzelkosten gegeben: Fertigungsmaterial und Fertigungslöhne in F I und in F II.

Der Materialgemeinkostenzuschlag wird nur auf das Fertigungsmaterial und nicht auf das Hilfsmaterial verrechnet.

c) Kalkulation eines Kostenträgers

Kalkulieren Sie die Selbstkosten eines Kostenträgers von dem gegeben ist:

Fertigungsmaterial: 800, Fertigungslöhne in F I: 500, Fertigungslöhne in F II: 700

Lösung (Kommentar nach dem BAB)

Planzahlen für März

Kostenart	Summe	Service	Werksküche	Gebäudeverwaltung	Lager	Fertigung I	Fertigung II	Verwaltung	Vertrieb
Hilfsmat.	12.000	1.000	9.000	500		500	700	100	200
Fertigungslöhne	120.000					50.000	70.000		
Gehälter		6.000	12.000	2.000	5.000	12.000	15.000	12.000	18.000
Sonst. Kosten		3.000	5.000	10.000	5.000	30.000	40.000	25.000	28.000
GK-Service		**9.000**							
: Std. 400		22,5/Std							
Umlage laut NR			550	1.550	550	4.900	2.450		
GK-Gebäude				**14.050**					
: 975 m²				14,41/m²					
Umlage Gebäude			2.522		1.441	3.603	5.044	720	720

Kostenart	Summe	Service	Werksküche	Gebäudeverwaltung	Lager	Fertigung I	Fertigung II	Verwaltung	Vertrieb
GK-Küche			**29.072**						
: 73 Mitarb.			398,25 /M.						
Umlage Küche					796	10.355	13.939	1.593	2.389
Gemeinkosten					12.787	61.358	77.133	39.413	49.309
Basis					100.000	50.000	70.000	371.278	371.278
GK-Zuschlagssätze					12,8%	122,7%	110,2%	10,6%	13,3%

Kommentar:

a) Umlage der Hilfskostenstellen:

Laut Angabe ist im Stufenleiternverfahren in folgender Reihenfolge umzulegen: Servicestelle, Gebäude, Werksküche

Servicestelle:

Kostenträgerverfahren mit Material als Einzelkosten und Stundensatz.

Gemeinkosten ohne Material: 9.000 / 400 Planstunden = 22,50 pro Stunde

Daraus ergeben sich folgende Leistungen für die anderen Kostenstellen:

	Werksküche	Gebäude	Lager	Fertigung I	Fertigung II	Summe
Std. à 22,50	20 Std.	60 Std.	20 Std.	200 Std.	100 Std.	400 Std.
Std. in Euro Material	450,– 100,–	1.350,– 200,–	450,– 100,–	4.500,– 400,–	2.250,– 200,–	9.000,– 1.000,–
Umlage	550,–	1.550,–	550,–	4.900,–	2.450,–	10.000,–

Die Summenspalte zeigt, dass tatsächlich die gesamte Servicestelle umgelegt wurde.

Gebäudestelle:

Umlage sinnvollerweise nach Quadratmeter.

Da die Servicestelle bereits umgelegt ist und die Gebäudestelle in diesem Arbeitsgang umgelegt wird, dürfen die Flächen dieser beiden Stellen nicht mehr berücksichtigt werden.

Restfläche: 1025 – 25 – 25 = 975 m², daher Kosten pro m²

Summe Gebäudestelle (inkl. Umlage Servicestelle) 14.050 / 975 = 14,41/m²

Leistung der Gebäudestelle für die verbleibenden Stellen:

m² à 14,41	Werksküche 175 m²	Lager 100 m²	Fertigung I 250 m²	Fertigung II 350 m²	Verwaltung 50 m²	Vertrieb 50 m²	Summe 975 m²
Umlage	2.522,–	1.441,–	3.603,–	5.044,–	720,–	720,–	14.050,–

Werksküche:

Umlage der Werksküche sinnvollerweise nach Mitarbeitern.
Da die Servicestelle und die Gebäudeverwaltung bereits umgelegt wurden und die Werksküche selbst in diesem Arbeitsgang umgelegt wird, dürfen die Mitarbeiter dieser drei Hilfskostenstellen bei der Umlage der Werksküche nicht mehr berücksichtigt werden. (Restmitarbeiter: 83 – 3 – 6 – 1 = 73)

Summe Werksküche (inkl. Umlage Service und Gebäudestelle): 29.072 / 73 = 398,25 pro Mitarbeiter

Mitarb. à 398,25	Lager 2 MA	Fert. I 26 MA	Fert. II 35 MA	Verw. 4 MA	Vertr. 6 MA	Summe 73 MA
Umlage	796,–	10.355,–	13.939,–	1.593,–	2.389,–	29.072,–

b) Abrechnung der Hauptkostenstellen:

Nach Umlage aller Hilfskostenstellen können die Gemeinkosten in den Hauptkostenstellen ermittelt werden.

Laut Angabe ist das Fertigungsmaterial nicht im BAB enthalten. In den Planzahlen sind jedoch die Fertigungslöhne in Fertigung I und II ausgewiesen. Da auch die Fertigungslöhne als Einzelkosten direkt auf die Kostenträger zugerechnet werden, sind sie bei den Gemeinkosten nicht mitzuaddieren.

Die Summe der Gemeinkosten ersehen Sie aus dem BAB.
Die Gemeinkosten werden im Lager auf den geplanten Materialverbrauch (lt. Angabe 100.000,–), in Fertigung I und II auf die Fertigungslöhne zugeschlagen.

Verwaltungs- und Vertriebskosten werden wieder, mangels besserer Alternative, auf die Herstellkosten zugeschlagen.

Beachten Sie:

Die Herstellkosten erhalten Sie aus den Gemeinkostensummen der Hauptkostenstellen der Fertigung) nach Umlage der Hilfskostenstellen (d.h. Lager, F I und F II) zuzüglich der Fertigungslöhne in F I und F II und des Fertigungsmaterials.

c) Kalkulation des Kostenträgers

Fertigungsmaterial	800,00
Fertigungsgemeinkosten 12,8 %	102,40
Fertigungslöhne F I	500,00
Fertigungsgemeinkosten 122,7 %	613,50
Fertigungslöhne F II	700,00
Fertigungsgemeinkosten 110,2 %	771,40
Herstellungskosten	3.487,30
Verwaltung 10,7 %	373,14
Vertrieb 13,3 %	463,81
Selbstkosten	4.324,25

Problemstellung:

(1) Wie müsste man vorgehen, wenn auch das Hilfsmaterial einen Gemeinkostenzuschlag erhalten soll? Unter welchen Voraussetzungen könnte dies im vorliegenden Fall sinnvoll sein?

(2) Inwieweit würden sich die Gemeinkostensummen der Hauptkostenstellen ändern, wenn man die Reihenfolge der Umlagen umdreht (d.h., wenn man zuerst die Werksküche, dann die Gebäudeverwaltung und dann erst die Servicestelle umlegt)?

8.6 Die Grenzkosten- und Deckungsbeitragsrechnung mit Kostenstellen

8.6.1 Einführung

Eine der Hauptfehlerquellen in der Vollkostenrechnung ist die Annahme, dass sich alle Kosten bei einer Änderung der Auslastung im gleichen Ausmaß ändern. Der Betriebswirt sagt auch, **„die Kosten werden fälschlich proportionalisiert".**

Zu welchen Fehlern dies führen kann, wurde an den Beispielen „Taxifahrer" und „Tennishalle" gezeigt.

Die erste wesentliche Weiterentwicklung der Vollkostenrechnung war daher die Grenzkostenrechnung.

Am Abrechnungsschema ändert sich bei der Grenzkostenrechnung nichts. Der einzige Unterschied besteht darin, dass **auf die Kostenstellen nur die variablen Kosten** zugerechnet werden.

Die entscheidenden Probleme und damit auch Fehlerquellen der Grenzkostenrechnung sind:

- **Die Kostenauflösung**, d.h. die Zerlegung der Kosten in fixe und in variable Kosten.

  Es wurde bereits gezeigt, dass dies nur näherungsweise möglich ist (vgl. z.B. das Problem der Zerlegung der Abschreibung in einen zeit- und in einen nutzungsproportionalen Anteil).

- **Die Annahme des Kostenverlaufs der variablen Kosten.**

  In der Regel geht man davon aus, dass die variablen Kosten proportional zur Auslastung steigen bzw. fallen. Es ist jedoch durchaus möglich, dass der Anstieg **progressiv** (d.h. stärker als der Leistungsanstieg) oder **degressiv** (d.h. schwächer als der Leistungsanstieg) verläuft.

Beispiele: Progressiver und degressiver Verlauf der variablen Kosten

- Ein degressiver Verlauf kann sich z.B. beim Lohnaufwand durch die so genannte „Lernkurve" ergeben. Durch Übung wird in der Zeiteinheit mehr geleistet, d.h., die Löhne steigen zwar bei Mehrleistung, aber sie steigen nur degressiv.
- Ein progressiver Verlauf ergibt sich an der Kapazitätsgrenze, z.B. durch Überstunden, durch erhöhten Verschleiß der Maschinen etc.

Will man daher den Verlauf der variablen Kosten exakt vorhersagen, muss man jede einzelne Kostenart für jede einzelne Kostenstelle untersuchen. Ausgefeilte Kostenrechnungssysteme zerlegen den Produktionsprozess in möglichst viele Kostenstellen (z.B. je eine Kostenstelle für jede Maschine etc.), um den Kostenverlauf bei Kapazitätsänderungen exakt vorhersagen zu können.

Die verschiedenen Möglichkeiten werden in der weiterführenden Literatur besprochen.

Die Entscheidung, ob ein Auftrag zu einem bestimmten Preis noch ausgeführt werden soll oder nicht, wird dann mit Hilfe des „Deckungsbeitrages" getroffen.

8.6.2 Betriebsabrechnung zu Grenzkosten

(1) Die Grenzkostenkalkulation

Weiterführung des vereinfachten Beispiels aus Abschnitt 8.3 (Seite 160 f.)

Zusatzannahme:

Der zu Vollkosten (ohne Sonderkosten des Vertriebs) von € 2.513,- kalkulierte Kostenträger kann nur um € 1.800,- (ohne USt und Sonderkosten des Vertriebs) abgesetzt werden. Soll der Auftrag trotzdem angenommen werden, wenn Kapazität vorhanden ist?

Entscheidend ist die Auflösung der Kosten in fixe und variable Kosten.

Schon durch logische Überlegung kann man erkennen,

- dass ein Großteil der Lagerkosten fix ist, zumindest wenn das Lager nicht ausgelastet ist;
- dass ein erheblicher Teil der Produktionskosten (wie z.B. Raumkosten, Kosten für den Abteilungsleiter und das Hilfspersonal, für Beleuchtung und Beheizung) ebenfalls von kurzfristigen Kapazitätsschwankungen unabhängig ist.
- Bei vielen Grenzkostenrechnungen werden die Fertigungslöhne als variabel angenommen. Dies ist nur bedingt richtig (vgl. den nächsten Abschnitt). Es wird jedoch zunächst diese Annahme beibehalten.
- Verwaltungs- und Vertriebsgemeinkosten sind ebenfalls weitgehend fix, wenn das Unternehmen nicht voll ausgelastet ist.
- Sonderkosten des Vertriebs, wie Transport, Vertreterprovision, werden gesondert berücksichtigt.
- Als eindeutig variabler Anteil verbleibt somit
  - das Fertigungsmaterial und vermutlich auch
  - das Hilfsmaterial (wie Schrauben, Schmiermittel etc.) sowie
  - die nutzungsproportionale Abschreibung und die Antriebsenergie.

Die Kostenauflösung erfordert jedenfalls eine genaue Kenntnis des Produktionsprozesses.

Annahme: Nach Auflösung der Kosten ergibt sich der folgende Betriebsabrechnungsbogen:

Betriebsabrechnungsbogen zu Grenzkosten – Monat November (in 1.000 Euro, Stundensätze im Service und in F II in Euro)

Kostenart	Kosten	Service	Lager	Fert. I	Fert. II	Verw.	Vertr.
Fertigungslohn	170			150	20		
Gehälter	10	1,50	0	4	0,50	2	2
Fertigungsmat.	100		100				
Hilfsmat.	10			6	4		
Sonst. Kosten	10	0,50	0,50	4	2	1	2
Kosten insges.	300						
Summe Service		2					
Basis Service		400 Std.					
Umlage Service		5/Std.	0,50	1	0,50		
Summe Mat.-GK			1				
Basis Mat.-GK			100				
MGK-Zuschlag			1%				
Summe GK				15	27	3	4
Basis GK-Zuschl.				150	800 St.	293	293
Zuschläge				10%	33,75/St.	1%	1,4%

Auf Grund der Zuschlagssätze ergibt sich folgende Kalkulation zu Grenzkosten und ein positiver Deckungsbeitrag.

– Materialkosten	€	200,–
– Materialgemeinkosten 1%	€	2,–
– Fertigungslöhne, FM I	€	800,–
– Fertigungsgemeinkosten FM I 10%	€	80,–
– Fertigungskosten FM II 12 Stunden zu je € 33,75	€	405,–
Herstellungskosten (variabel)	**€**	**1.487,–**
– 1% Verwaltung	€	14,87
– 1,4% Vertrieb	€	20,82
Variable Kosten, insgesamt	€	1.522,69
Erzielbarer Preis (ohne USt)	€	1.800,–
Deckungsbeitrag	€	277,31

(2) Die stufenweise Ermittlung des Deckungsbeitrags

Wie die obige Berechnung zeigt, ist vor allem die Auflösung der Gemeinkosten in fixe und variable Kosten problematisch.

Dazu kommt, dass auch unklar ist, ob die Fertigungslöhne fix oder variabel sind (vgl. dazu auch Abschnitt 8.6).

In der Praxis hat sich daher ein Schema herausgebildet, bei dem vom erzielbaren Verkaufspreis die variablen Kosten stufenweise abgezogen werden.

Man kann dann im Einzelfall entscheiden, welche Stufe der Berechnung für eine Entscheidung (z.B. Annahme oder Ablehnung eines Auftrags) herangezogen werden soll.

Fortsetzung des Beispiels

	Erzielbarer Verkaufspreis	€	1.800,-	
-	Materialkosten	€	200,-	
	Deckungsbeitrag I	€	1.600,-	
-	Fertigungslöhne in F I	€	800,-	
-	Fertigungslöhne in F II (12 × 25,-)	€	300,-	(vgl. Anm.)
	Deckungsbeitrag II	€	500,-	
-	Variable Gemeinkosten in der Produktion			
-	Materialgemeinkosten	€	2,-	
-	Fertigungsgemeinkosten F I	€	80,-	
-	Fertigungsgemeinkosten F II (12 × 8,75)	€	105,-	(vgl. Anm.)
	Deckungsbeitrag III	€	313,-	
-	variable Vewaltungsgemeinkosten	€	14,87	
-	variable Vertriebsgemeinkosten	€	20,82	
	Deckungsbeitrag IV	€	277,31	

Anmerkung (zu Fertigungslöhnen in F II und Fertigungsgemeinkosten in F II)

Für Zwecke der Gernzkostenrechnung ist es sinnvoll, den Stundensatz in F II in reine Lohnkosten und in Gemeinkosten zu trennen.

Lohnkosten in F II	€ 20.000,—		
Auslastung	800 Std		
Lohnkosten/Stunde daher	€	25,—	
Gesamte Grenzkosten pro Std in F II	€	33,75	(vgl. BAB zu Grenzkosten)
Grenzgemeinkosten pro Std in F II daher	€	8,75	
Für 12 Stunden	€	105,—	

In wie viele Stufen diese Berechnung aufgegliedert wird, ist von Betrieb zu Betrieb verschieden. D.h., was jeweils unter DB I, II, III verstanden wird, müssen Sie im Einzelfall erfragen.

Ob überhaupt variable Materialgemeinkosten bzw. variable Verwaltungs- und Vertriebsgemeinkosten anfallen, wäre zu untersuchen.

Problemstellung:

(1) Ermitteln Sie im Abschnitt 8.4 (S. 167) für die dort kalkulierte Bespannung des Großflächenschlägers stufenweise die Deckungsbeiträge. Welche Deckungsbeiträge sind unter welchen Annahmen sinnvoll?

(2) Ermitteln Sie die Deckungsbeiträge für den Jogginganzug, soweit diese sinnvoll sind. Ist der Lohn fix oder variabel?

(3) Ermittlung von Preisunterlagen mit Plandeckungsbeiträgen

Häufig erfolgt in der Praxis die Ermittlung von Preisvorstellungen sofort mit Hilfe einer Grenzkostenkalkulation auf deren Ergebnis ein Plandeckungsbeitrag aufgeschlagen wird.

Die Kalkulation unter (2) könnte daher folgendermaßen aussehen:

Materialkosten	€	200,00
Fertigungslöhne in F I	€	800,00
Fertigungslöhne in F II	€	300,00
Variable Materialgemeinkosten	€	2,00
Variable Fertigungsgemeinkosten in F I	€	80,00
Variable Fertigungsgemeinkosten in F II	€	105,00
Variable Verwaltungsgemeinkosten	€	14,87
Variable Vertriebsgemeinkosten	€	20,82
Summe der variablen Kosten	€	1.522,69
Plandeckungsbeitrag z.B. 40 % von den variablen Kosten	€	609,08
Angestrebter Verkaufspreis	€	2.131,77

Mit diesen Preisvorstellungen werden die Verkaufsverhandlungen begonnen. Gegebenenfalls wird auf Teile des Deckungsbeitrages verzichtet, wenn es sich um einen wichtigen Kunden handelt oder wenn man schlecht ausgelastet ist.

Selbstverständlich wäre es auch möglich, den Deckungsbeitrag in Prozent des Verkaufspreises anzugeben, man müsste dann „in Hundert" zuschlagen.

40 % auf der Basis von 140 % wären 28,57 % vom angestrebten Verkaufspreis.

Man müsste daher rechnen 1.522,69 : (100 – 28,57) × 100 = € 2.131,77

28,57 % vom angestrebten Verkaufspreis von 2.131,77 wären wieder € 609,08.

Hinweise:

Im Einzelfall wäre zu prüfen, ob die Fertigungsstellen F I und F II voll ausgelastet sind. Andernfalls wären die Fertigungslöhne nicht variabel, sondern fix (vgl. dazu 8.7).

Häufig geht man davon aus, dass die Materialgemeinkosten und die Verwaltungskosten sowie ein Großteil der Vertriebskosten (mit Ausnahme von Verkaufsprovisionen) ebenfalls fix sind. Das Kalkulationsschema reduziert sich dann auf die variablen Fertigungskosten einschließlich Material.

8.7 Ist der Fertigungslohn fix oder variabel?

Es wurde bereits darauf hingewiesen, dass vor allem in der Industrie Fertigungslöhne als variable Kosten verrechnet werden.

Der Hintergrund ist jedoch folgender:

In der industriellen Produktion wird mit Vorgabezeiten laut Arbeits- und Zeitstudium kalkuliert. Nur für die „produktiven Zeiten" werden Fertigungslöhne verbucht.

Die Löhne für die „unproduktiven Zeiten" werden als Hilfslöhne verrechnet.

Beispiel: Fertigungslöhne als variable Kosten?

Drehen einer Welle auf einer Drehbank: 2 Minuten
Im Verlauf der Woche wurden bei unzureichender Auslastung 900 Stück gedreht. Lohnsatz: € 12,– pro Stunde, d.h. € 0,20 pro Minute bzw. € 0,40 pro Welle.
Verrechneter Lohn für 38 Wochenstunden: € 456,–
Auf die Kostenträger werden verrechnet 900 × 0,40 = € 360,–
Nur dieser Teil des Lohnes wird als **Fertigungslohn** verbucht.
Der verbleibende Lohnanteil von € 96,– wird als **Hilfslohn** verbucht.

Dadurch entsteht tatsächlich der Eindruck, die Fertigungslöhne sind variabel. Je mehr produziert wird, desto höher sind die Fertigungslöhne, je weniger produziert wird, desto geringer sind sie.

Die Summe aus Fertigungslohn und Hilfslohn bleibt jedoch gleich, d.h., die Löhne sind zumindest kurzfristig als Fixkosten zu betrachten.

Hinweis:

Die Verhältnisse sind bei unterschiedlichen Betriebsgrößen und verschiedenen Branchen unterschiedlich.

In der **Großindustrie** kann man die Fertigungslöhne eher als variabel annehmen, da die Auftragslage längerfristig absehbar ist und man die Beschäftigung auf Grund der Mitarbeiterfluktuation anpassen kann. Dies stimmt zumindest für geringfügige Auftragsschwankungen. Wie Sie jedoch aus den Medien entnehmen können, ist es bei größeren Umsatzeinbrüchen auch in der Großindustrie nicht möglich, die Beschäftigungslage kurzfristig anzupassen.

Bei **Kleinbetrieben** ist die Fluktuation zu unregelmäßig, um dadurch die Beschäftigungslage der Nachfrage anzupassen. Löhne sind daher kurzfristig weitgehend fix. Allerdings versucht man durch flexible Überstundenregelungen die Fertigungslöhne zu flexibilisieren (vgl. die Diskussion über die Arbeitszeitflexibilisierung).

In **Dienstleistungsbetrieben** (z.B. Friseur, Hotel- und Gastgewerbe) und im **Handel** sind die Löhne weitgehend fix. Sie entstehen, wenn die Leistungbereitschaft aufgenommen wird (z.B. wenn ein Wintersporthotel beschließt, schon zwei Wochen vor Weihnachten aufzusperren oder wenn der Handel die Ladenöffnungszeiten verlängert).

8.8 Der Break-even-Punkt in der Finanz- und in der Kostenrechnung

Wie Sie bereits wissen, kann sowohl in der Finanzplanung als auch in der Kostenrechnung jener Umsatz ermittelt werden, bei dem die Deckungsbeiträge die fixen Auszahlungen bzw. die fixen Kosten gerade decken. Der Break-even-Punkt laut Kostenrechnung liegt meist höher als der Break-even-Punkt laut Finanzrechnung, da in die Finanzrechnung nur die Auszahlungen eingehen.

(1) Anwendungsbeispiel: Kostenrechnerischer und finanzieller Break-even-Punkt, Möbelhandel

Handelswareneinsatz	€ 6.000.000,–
Löhne	€ 1.500.000,–
Provisionen	€ 300.000,–
Abschreibungen	€ 300.000,–
Miete	€ 120.000,–
Energie	€ 80.000,–
Sonstiger (fixer) Aufwand	€ 200.000,–
Fremdkapitalzinsen	€ 80.000,–
Eigenkapitalzinsen	€ 120.000,–
Unternehmerlohn (2 Unternehmer)	€ 70.000,–
Kostensumme	€ 8.770.000,–
Umsatz	€ 9.000.000,–
Variable Kosten:	
Handelswareneinsatz	€ 6.000.000,–
Provisionen	€ 300.000,–
Deckungsbeitrag	€ 2.700.000,–
In Prozent des Umsatzes (€ 9.000.000,–)	30 %
Fixkosten (alle übrigen Kosten)	€ 2.470.000,–
Break-even-Punkt lt. Kostenrechnung:	
2.470.000,– : 0,30 =	€ 8.233.333,–

Zusatzangabe zum finanziellen Break-even-Punkt:

- Die Privatentnahmen betragen € 50.000,–.
- Jährlich sind zusätzlich zu den Zinsen Kreditrückzahlungen von € 120.000,– zu leisten.

Meist ergibt sich kein Unterschied zwischen den finanziellen und den kostenrechnerischen Deckungsbeiträgen. Das heißt, auch der finanzielle Deckungsbeitrag wird 30 % vom Umsatz betragen.

Unterschiede ergeben sich jedoch zwischen Fixkosten und fixen Auszahlungen:

- Abschreibungen sind keine Auszahlungen (vgl. auch Cashflow-Ermittlung)
- Kalkulatorische Kosten sind ebenfalls keine Auszahlungen (Eigenkapitalzinsen, Unternehmerlohn).
- Zu berücksichtigen sind jedoch die Privatentnahmen und die Kreditrückzahlungen, die zwar keine Kosten, jedoch Auszahlungen darstellen.

Überleitung der fixen Kosten in fixe Auszahlungen:

	Fixe Kosten	€ 2.470.000,–
–	Abschreibungen	€ 300.000,–
–	Eigenkapitalzinsen	€ 120.000,–
–	Unternehmerlohn	€ 70.000,–
+	Privatentnahme	€ 50.000,–
+	Kreditrückzahlung	€ 120.000,–
=	Fixe Auszahlungen	€ 2.150.000,–
:	Deckungsquote	0,30
=	Finanzieller Break-even-Punkt	€ 7.166.667,–

Hinweis:

Es ist vor allem bei Unternehmensgründungen sinnvoll, nicht den Umsatz zu prognostizieren, sondern den Break-even-Punkt zu ermitteln und dann zu prüfen, ob Chancen bestehen, diesen Umsatz zu erreichen.

Immer sollte auch der finanzielle Break-even-Punkt ermittelt werden, da finanzielle Schwierigkeiten häufig z.B. dadurch entstehen, dass die Kreditrückzahlungen höher sind als die Abschreibungen.

(2) Folgerungen aus der Ermittlung des Break-even-Points

Haben Unternehmen Schwierigkeiten, den Break-even-Punkt zu erreichen, müssen Sie die Größen der Break-even-Punkt-Ermittlung verändern.

$$\text{Break-even-Punkt} = \frac{\text{Fixe Kosten (bzw. Fixe Auszahlungen)} \times 100}{\text{Deckungsquote}}$$

(Deckungsquote = (Umsatz – variable Kosten bzw. Auszahlungen) : Umsatz)

Man muss daher entweder die Fixkosten verringern oder die Deckungsquote erhöhen.

Wie das Beispiel zeigt, ist die höchste Fixkostenposition in der Regel das Personal. Eine übliche Reaktion ist daher die Verringerung der Personalkosten durch Kündigungen bzw. Lohnverzicht oder Auslagerung der Produktion in Billiglohnländer.

Die Erhöhung der Deckungsquote durch Preiserhöhungen ist meist nicht möglich. Es müssen daher die variablen Kosten (Auszahlungen) gesenkt werden. Die größte variable Kosten-(Auszahlungs-)position ist fast immer das Material. Es wird daher der Druck auf die Lieferanten erhöht, um die Einkaufspreise abzusenken. Dies gilt vor allem für Großunternehmen, wie Lebensmittel- oder Baumarktketten bzw. große Industriebetriebe, die den Preisdruck auf ihre Zulieferer erhöhen.

Eine weitere Möglichkeit wäre es, die Fixkostendeckung durch Umsatzerhöhungen zu erzielen. Dies erfolgt häufig durch Preissenkungen, d.h. durch Reduktion der Deckungsquote. Dadurch steigt zwar der Break-even-Punkt, man hofft dies jedoch durch Marktanteilsgewinne auszugleichen.

Besonders groß ist diese Tendenz dann, wenn die Fixkosten sehr hoch und die variablen Kosten sehr gering sind. Die relativ hohen Deckungsquoten spiegeln einen großen Preisspielraum vor. Der Preiskampf führt jedoch häufig dazu, dass alle Wettbewerber ihre Fixkosten nicht mehr decken können.

Beispiele: Hohe Fixkosten, geringe variable Kosten, hohe Deckungsquoten

- Mobiltelefonbetreiber
- Fluglinien
- Straßenfrächter

8.9 Zur Aufgliederung der Fixkosten

Die Unterscheidung in fixe und variable Kosten ist zwar ein Fortschritt, jedoch stellt sich die Frage, **„wie fix sind die fixen Kosten?"**. In höher entwickelten Kostenrechnungssystemen werden die Fixkosten in unterschiedlicher Weise weiter aufgespaltet.

8.9.1 Aufgliederung der Fixkosten nach der Leistungsbereitschaft des Unternehmens

Diese Aufgliederung ist z.B. wesentlich, wenn zu entscheiden ist, ob ein Unternehmen zeitweise geschlossen werden soll oder ob bei voller Leistungsbereitschaft, aber schlechter Auslastung, Zusatzaufträge zu einem bestimmten Preis hereingenommen werden sollen.

Man unterscheidet:

- **Stillstandskosten („sunk costs")**
  Jene Kosten, die auch anfallen, wenn das Unternehmen einige Zeit stillgelegt wird. Sie können nur abgebaut werden, wenn das Unternehmen oder ein Unternehmensteil endgültig aufgegeben wird.
- **Bereitschaftskosten**
  Kosten, die anfallen, wenn Betriebsbereitschaft besteht, jedoch noch keine Leistung erbracht wird. Selbstverständlich sind mehrere Stufen der Leistungsbereitschaft denkbar. Die Bereitschaftskosten sind sprungfix. Mit der Aufnahme der Leistungsbereitschaft bzw. mit der Erhöhung der Leistungsbereitschaft kommt es zu einem „Fixkostensprung".
- **Leistungskosten**
  Jene Kosten, die erst entstehen, wenn die Leistung erbracht wird.

Beispiel: Stillstands-, Bereitschafts- und Leistungskosten in einem Restaurant

- **Stillstandskosten:**
  - Abschreibungen auf Einrichtung und Geräte wegen technischer, wirtschaftlicher oder modischer Entwertung
  - Zinsen auf das Anlagevermögen
  - Lohnkosten des Stammpersonals, das kurzfristig nicht gekündigt werden kann
  - Wartungskosten für das stillgelegte Restaurant
  - Lokalmiete, Versicherung
- **Bereitschaftskosten**
  - Personalkosten für das zusätzliche Personal
  - Heizung und Beleuchtung

- Reinigungskosten für die Tischwäsche, die auf jeden Fall täglich gewechselt wird
- Kosten für verderbliche Lebensmittel

- **Leistungskosten**
  - Kosten für Getränke und nicht verderbliche Lebensmittel
  - Energiekosten für Zubereitung und Reinigung
  - Verschleiß (z.B. zerbrochene Gläser, gestohlene Bestecke, abgenutzte Sitze)

Anwendungsbeispiel:

Ein Hotel mit 150 Betten ist durchgehend geöffnet und hat folgende Kostenstruktur (Werte pro Jahr):

Abschreibungen Gebäude	€	120.000,–
Abschreibung Einrichtung	€	36.000,–
Zinsen Eigenkapital	€	100.000,–
Zinsen Fremdkapital	€	260.000,–
Personalkosten	€	420.000,–
Unternehmerlohn	€	36.000,–
Beleuchtung, Heizung	€	24.000,–
Warmwasser	€	24.000,–
Mietwäsche	€	120.000,–
Lebensmittel für Frühstück	€	48.000,–
Sonstiges	€	30.000,–
Kostensumme pro Jahr	€	1,218.000,–

Übernachtungen im Vorjahr insgesamt	30.000
Davon in der Hauptsaison	24.000
In der Nebensaison, Oktober, November, Jänner und Februar	6.000

Erlöse pro Übernachtung (nach Abgaben und USt)	
in der Hauptsaison	50,–
In der Nebensaison	30,–

Monatliche Personalkosten (inkl. Hausmeister)

- Hauptsaison € 40.000,–
- Nebensaison € 25.000,–

Die Einrichtung wird jeweils alle 10 Jahre erneuert.
Von den „Sonstigen Kosten“ ist die Hälfte fix, die Hälfte variabel.

Problemstellung 1:

Soll das Unternehmen in den umsatzschwachen vier Monaten schließen?
An Personalkosten würde nur der Hausmeister mit ca. € 2.000,– pro Monat anfallen. Dieser Betrag ist in den ausgewiesenen Personalkosten enthalten.

Problemstellung 2:

Ein Reisebüro fragt an, ob das Unternehmen in der Nebensaison bereit wäre, Pensionistengruppen aufzunehmen. Angeboten werden € 20,– (nach USt und Abgaben) pro Nacht.

Würde man das Angebot annehmen, müsste man zusätzliches Personal in der Nebensaison aufnehmen. Die Kosten würden ca. € 10.000,– pro Monat betragen.

Bei wie vielen zusätzlichen Übernachtungen pro Monat wäre das Angebot interessant?

Zusatzfrage:

Unter welchen Voraussetzungen wäre dieses Angebot auch in der Hauptsaison interessant? Was wäre zusätzlich zu bedenken?

Problemstellung 3:

Welche Kosteneinsparungspotentiale sehen Sie auf Grund der vorliegenden Angaben? Welche Analyseschritte regen Sie an?

Kostenauflösung:

Kostenart	Summe	Fixkosten pro Jahr	Bereitsch. Nebensaison ohne Pens. pro Monat	Bereitsch. Nebensaison mit Pens. pro Monat	Variable Kosten
Abschr. Geb.	120.000	120.000			
Abschr. Einr.	36.000	36.000			
Zinsen EK	100.000	100.000			
Zinsen FK	260.000	260.000			
Personal	420.000	24.000	23.000	(10.000)	
Untern.lohn	36.000	36.000			
Beleucht-Heiz.	24.000		2.000		
Warmwasser	24.000				24.000
Mietwäsche	120.000				120.000
Lebensmittel	48.000				48.000
Sonstiges	30.000	15.000			15.000
Summen	1,218.000	591.000	25.000	(10.000)	207.000

Kommentar zur Kostenauflösung:

Stillstandskosten („sunk costs"):

Gebäudeabschreibungen und Zinsen fallen in der Regel auch an, wenn der Betrieb geschlossen ist.

(Möglich wäre eine Verringerung der Fremdkapitalzinsen, wenn auch ein laufender Betriebsmittelkredit für Löhne bzw. Wareneinkauf benötigt wird, der bei Stillstand eventuell wegfiele.)

Da die Einrichtung laut Angabe in einem fixen zeitlichen Abstand erneuert wird, ist auch die Abschreibung der Einrichtung fix. Wäre dies nicht der Fall, könnte man die Abschreibung der Einrichtung in einen fixen und in einen variablen Anteil zerlegen. Dies ist jedoch in der Praxis nicht üblich.

Von den Personalkosten sind nur der Unternehmerlohn und die Kosten für den Hausmeister fix.

Sprungfixe Kosten der Leistungsbereitschaft für die Nebensaison (ohne Annahme des Pensionistenauftrags)

Gerechnet werden muss pro Monat, da der Entscheidungszeitraum jeweils ein Monat ist. Selbstverständlich könnte man in der Praxis auch pro Woche rechnen.

Als zusätzliche Fixkosten für die Aufnahme der Leistungsbereitschaft fallen die Personalkosten und Beleuchtung und Beheizung an.

(Selbstverständlich wäre zu prüfen, ob nicht auch bei Schließen des Betriebes im Winter bestimmte Heizkosten notwendig wären.)

Zusätzliche sprungfixe Kosten der Leistungsbereitschaft für die Nebensaison (wenn der Auftrag mit den Pensionistengruppen angenommen wird)

Zusätzliche Personalkosten. Diese wurden in Klammer gesetzt, da sie in den bisherigen Kosten nicht enthalten waren.

Sprungfixe Bereitschaftskosten in der Hauptsaison

Da für die Hauptsaison keine Entscheidungen getroffen werden sollen, ist diese Berechnungen unwesentlich. Sprungfix wäre vor allem das Personal mit weiteren € 15.000,–/Monat.

Variable Kosten

Variabel sind die Kosten für Warmwasser, Mietwäsche, Lebensmittel und, laut Angabe, die halben sonstigen Kosten.

Die variablen Kosten beziehen sich auf 30.000 Übernachtungen (vgl. Angabe).

Pro Nacht ergeben sich daher variable Kosten von 207.000,– : 30.000 = ca. € 6,90.

Lösungsvorschläge:

Problemstellung 1:

Soll in der Nebensaison geöffnet oder geschlossen werden, wenn pro Übernachtung nur € 30,– erzielt werden können und insgesamt in vier Monaten nur 6.000 Übernachtungen anfallen?

Deckungsbeitrag pro Nacht in der Nebensaison:

Variable Kosten („Leistungskosten")	€	6,90
Erlöse (netto)	€	30,–
Deckungsbeitrag	€	23,10
Für 6.000 Übernachtungen	€	138.600,–
Bereitschaftskosten für 4 Monate		
4 × 25.000,–	€	100.000,–
Positiver Deckungsbeitrag	€	38.600,–

Würde man mit Vollkosten rechnen, müsste man in der Nebensaison schließen, da die Vollkosten pro Nacht betragen

Vollkosten	€	1,218.000,–
für Nächte		30.000
Vollkosten pro Nacht (ohne Abgaben)	€	40,60

Problemstellung 2:

Wie viele Nächte pro Monat müsste das Reisebüro vermitteln, damit das Angebot von € 20,– pro Nacht und Bett rentabel ist, wenn zusätzliche Personalkosten von € 10.000,– pro Monat anfallen?

Zusätzliche Fixkosten für die Leistungsbereitschaft	€	10.000,–
Deckungsbeitrag pro Nacht	€	13,10
Nächte pro Monat für Break-even ca.		763

D.h., ab ca. 800 zusätzlichen Nächten pro Monat könnte man die zusätzlichen Kosten der Leistungsbereitschaft decken. Alle übrigen Kosten würden ja gleich bleiben, da das Hotel laut Problemstellung 1 auf jeden Fall geöffnet haben wird.

Zusatzfrage:

In der Hauptsaison wäre das Angebot des Reisebüros kostenrechnerisch immer dann von Vorteil, wenn das Hotel nicht voll ausgelastet ist. Dies ist offenbar der Fall, da für die 8 Monate der Hauptsaison insgesamt nur 24.000 Übernachtungen, also ca. 3.000 Nächte pro Monat, anfallen. Die Kapazität beträgt jedoch 150 × 30 = 4.500 Nächte pro Monat.

Der Deckungsbeitrag ist auch bei einem Nettopreis von € 20,– noch positiv.

Allerdings ist zu beachten, ob nicht die anderen Gäste von den billigen Pauschalarrangements erfahren, verärgert sind oder ebenfalls günstigere Preise verlangen etc.

Das Beispiel zeigt, dass vor allem bei Dienstleistungsunternehmen der größte Teil der Kosten aus Fixkosten und aus Kosten der Leistungsbereitschaft besteht. Die reinen Leistungskosten sind gering.

Schlecht ausgelastete Unternehmen drücken daher die Marktpreise erheblich, da sie zu Grenzkosten anbieten (vgl. z.B. Fluggesellschaften, Telekomgesellschaften, Internetbetreiber).

Problemstellung 3:

Sinnvoll schiene es, die Auslastung nach Monaten oder Wochen aufzuschlüsseln.

Anzunehmen ist, dass auch in der Hauptsaison die Auslastung sehr unterschiedlich ist. Es ist daher zu fragen, ob während der gesamten Sommerhauptsaison (März bis September) die volle personelle Leistungsbereitschaft notwendig ist.

Das Beispiel zeigt Folgendes:

Solange man innerhalb der Kapazität Aufträge ausführt, bleibt ein Teil der Kosten fix und der andere Teil ist variabel.

Wird die Kapazität erweitert, so treten zusätzlich sprungfixe Kosten auf. Erst bei der Nutzung der neuen Kapazität kommt es wieder zu variablen Kosten.

Ein typisches Beispiel war das Öffnen des Hotels (sprungfixe Kosten der Leistungsbereitschaft) oder der Übergang von der Neben- zur Hauptsaison.

Weitere Beispiele für Kapazitätserweiterungen wären:

- Verlängerung der Ladenöffnungszeiten im Handel
- Errichtung einer neuen Filiale eines Kreditinstituts
- Übergang zum Mehrschichtbetrieb in der Industrie
- Anschaffung von weiteren Flugzeugen bei einer Fluggesellschaft

In allen Fällen werden Teile der Kosten fix bleiben, andere werden jedoch springen („sprungfixe Kosten“).

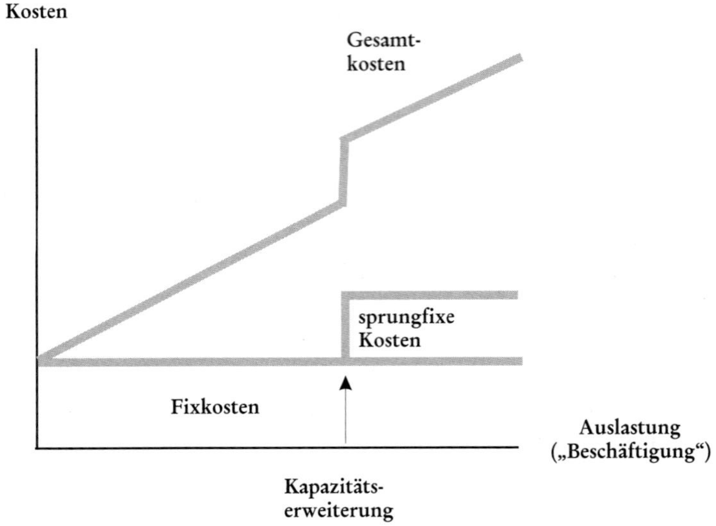

Abb. 8.1: Gesamtkostenverlauf bei Kapazitätserweiterungen

Beachten Sie:

Wie die Problemstellung 2 zeigt, kann eine Break-even-Analyse für jede Stufe der Leistungserweiterung vorgenommen werden. Zu decken sind immer nur die **sprungfixen** Kosten.

8.9.2 Aufgliederung der Fixkosten nach der Abbaubarkeit

Für betriebswirtschaftliche Entscheidungen kann es z.B. sinnvoll sein, die Fixkosten nach den Fristen zu gliedern, in denen sie abbaubar sind, z.B.:

- kurzfristig abbaubare Kosten (innerhalb von einem bis 3 Monaten)
- mittelfristig abbaubare Kosten (innerhalb von einem Jahr)
- langfristig abbaubare Kosten (länger als ein Jahr)

Beispiele: Aufgliederung der Fixkosten nach ihrer Abbaubarkeit

- **Fertigungslöhne sind kurzfristig fix.**
  Üblicherweise werden die Fertigungslöhne als variabel betrachtet. Jeder Praktiker weiß jedoch, dass Lohnkosten bestenfalls mittelfristig abbaubar sind. Bei Unterbeschäftigung sind daher nur jene Löhne variabel, die zusätzlich anfallen, wenn ein Auftrag angenommen wird (z.B.: Überstundenentgelte, Akkordzuschläge etc.).
- **Fixe Abschreibungen oder Zinsen sind langfristig abbaubar.**
  Fixe Abschreibungen oder Zinsen sind mittel- und langfristig durch Verkauf der Anlagegüter („Desinvestition“) abbaubar.

Das heißt, geht es darum, Aufträge für die nächsten drei Monate zu Grenzkosten hereinzunehmen, um das Unternehmen auszulasten, sind die Lohnkosten der unterbeschäftigten Arbeitnehmer fix und erhöhen die Grenzkosten nicht. Ist der Planungszeitraum ein Jahr, so ist vermutlich ein Teil der Lohnkosten abbaubar, er zählt daher zu den Grenzkosten.

8.9.3 Aufgliederung der Fixkosten nach Leistungsgruppen (mehrstufiges Direct-costing)

Beim mehrstufigen **„Direct-costing"** wird der Fixkostenblock nach den verschiedenen Leistungsgruppen und Leistungsstufen des Unternehmens zerlegt, um den Deckungsbeitrag von Produkten, Produktgruppen und schließlich des Gesamtunternehmens zu ermitteln. Das Verfahren wird an einem vereinfachten Beispiel verdeutlicht.

Ein Zweiraderzeuger produziert Fahrräder (vereinfacht nur 2 Typen — ein Citybike und ein Mountainbike) und Mopeds (vereinfacht einen Mopedroller und ein geländegängiges Moped). Um die Deckungsbeiträge der einzelnen Produkte und Bereiche zu ermitteln, unterscheidet er:

➢ **Variable Kosten, z.B.:**
  Fertigungsmaterial, Antriebsenergie, diverse Hilfs- und Betriebsstoffe.

➢ **Erzeugnisfixkosten, z.B.:**
  - die Kosten der getrennten Arbeitsvorbereitung für jede Type;
  - bestimmte Raumkosten, wenn die Fertigung der Typen räumlich getrennt erfolgt;
  - zeitproportionale Abschreibungen auf Gebäude und Maschinen, die nur für die Fertigung einer Type eingesetzt werden;
  - Löhne und Gehälter für Meister, Produktmanager etc., die nur eine Type betreuen.

➢ **Bereichsfixkosten, z.B.:**
  - Kosten des Materiallagers, wenn für die Fahrrad- und die Mopedproduktion räumlich getrennte Lager vorhanden sind;
  - Kosten für die Qualitätsprüfung, wenn sie ebenfalls für Fahrräder und Mopeds getrennt erfolgt;
  - Kosten für Entwicklung, soweit sie eindeutig den beiden Produktgruppen zurechenbar sind;
  - gesondert erfassbare fixe Vertriebskosten der beiden Produktgruppen (z.B. Entwurf und Druck von Prospektmaterial, gesonderte Vertreterschulungen für die beiden Bereiche).

➢ **Unternehmensfixkosten, z.B.:**
  - Kosten des Top-Managements;
  - Kosten der Vertriebsorganisation (soweit sie nicht den Bereichskosten zuzurechnen sind);
  - große Teile der Verwaltungskosten (z.B. Kosten des Rechenzentrums, Raumkosten der Verwaltung etc.).

Variable Kosten sind nur jene, die sich proportional zur erzeugten Menge erhöhen und vermindern.

Zu welchem Fixkostenblock eine Kostenposition zugerechnet wird, entscheidet die Frage, „fällt die Position weg, wenn ich das Erzeugnis auflasse (‚Erzeugnisfixkosten'), wenn ich die Produktgruppe auflasse (‚Bereichsfixkosten') oder erst, wenn ich das gesamte Unternehmen stilllege (‚Unternehmensfixkosten')?".

Selbstverständlich kann eine beliebige Anzahl von Fixkostenstufen in das Schema eingebaut werden.

Stufenweise Fixkostendeckungsrechnung („Mehrstufiges Direct-costing")

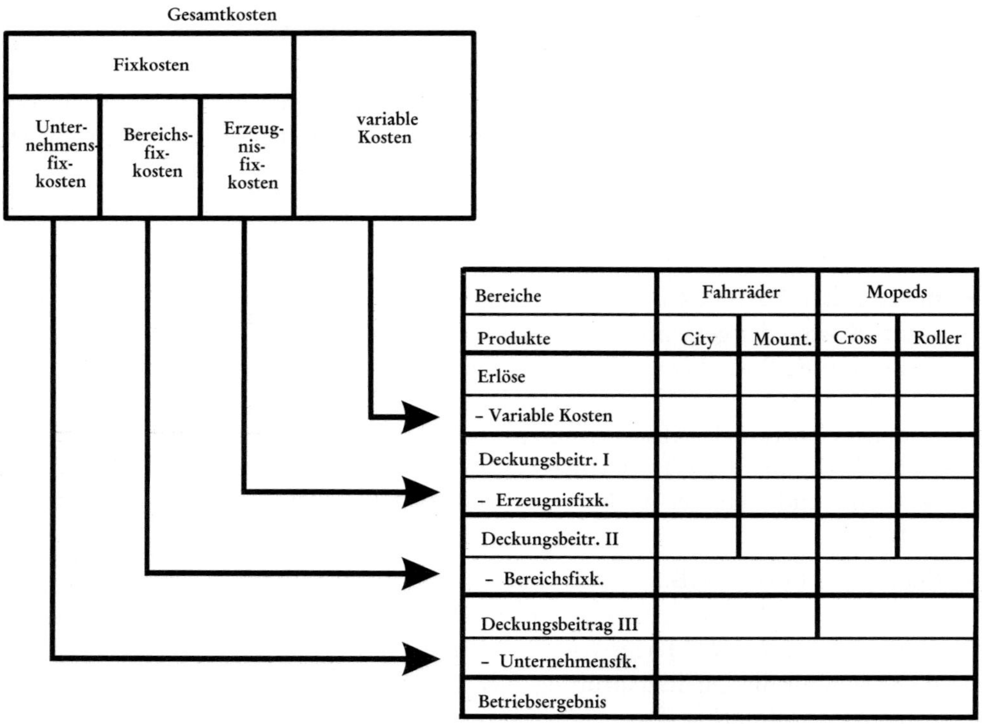

Die Grundprobleme der Grenzkostenrechnung, nämlich

- „Wurden die Kosten ‚richtig' in fixe und variable aufgespalten?"
- „Ist der Verlauf der variablen Kosten tatsächlich proportional?"

bleiben selbstverständlich erhalten.

Beachten Sie:

Für Preis- und Sortimentsentscheidungen sind die Daten der Kostenrechnung zwar ein wichtiger Anhaltspunkt, aber nicht die einzige Entscheidungsgrundlage.

Zu beachten sind vor allem die „Verbundeffekte" innerhalb eines Sortiments.

Beispiele: „Verbundeffekte“ im Sortiment

- Einzelne Abteilungen in Warenhäusern (z.B. Kaffeehaus, Teile des Lebensmittelsupermarktes) sind häufig nicht „kostendeckend“. Dennoch müssen sie aufrechterhalten werden, da sie Kunden bringen, die auch Artikel aus Produktgruppen mit höheren Deckungsbeiträgen kaufen.
- Einsteigergeräte bei Kopiergeräten oder Druckern bringen oft unzureichende Deckungsbeiträge, sie führen jedoch zu markentreuen Kunden, die später größere Geräte erwerben etc.

8.9.4 Problemstellungen: Kostenaufgliederung in fixe, sprungfixe und variable Kosten

(1) Sprungfixe Kosten einer zweiten Schicht

Die Kostenstelle Lackiererei eines Kfz-Reparaturbetriebs weist folgende Kostenstruktur auf (Zahlen pro Monat, vier Spritzboxen, 600 auf Aufträge verrechnete Stunden).

Kostenart	Lackiererei
Lacke	3.000
Löhne	12.000
Unternehmerlohn	3.000
Antriebsenergie	1.200
Heizung, Beleuchtung	1.000
Gebäudemiete	1.000
Abschr. Maschinen	2.000
Kalk. Zinsen	3.000

Die Lackiererei ist ein Engpass, d.h., es könnten mehr Aufträge hereingenommen werden, wenn die Lackiererei leistungsfähiger wäre. Eine räumliche Erweiterung ist jedoch nicht möglich.

Es wird daher überlegt, eine zweite Schicht einzuführen. Würde man von 6–14 Uhr und von 14–22 Uhr arbeiten, müsste man für die Abendschicht einen Schichtzuschlag von etwa 20% bezahlen.

Die Lacke stellen Einzelkosten dar und werden auf die Aufträge gesondert verrechnet.

Der in der Kostenstelle Lackiererei ausgewiesene Unternehmerlohn betrifft den Sohn des Unternehmers. In einer zweiten Schicht müsste er durch einen Meister ersetzt werden, dessen Kosten (inklusive Nebenkosten) ca. € 4.000,– pro Monat betragen.

Eine Alternative wäre es, die Lackierarbeiten außer Haus zu vergeben. Es liegt ein Angebot einer schlecht ausgelasteten Lackiererei vor, diese Arbeiten um € 42,– pro Stunde zu übernehmen.

Teilaufgabe 1:

Nehmen Sie an, Sie können derzeit € 45,– pro Lackierstunde auf die Aufträge verrechnen. Mit wie vielen Stunden müsste die zweite Schicht ausgelastet sein, damit sich die Einführung der zweiten Schicht rechnet?

Teilaufgabe 2:

Bis zu welcher Auslastung ist es günstiger, die Arbeiten außer Haus zu vergeben, als eine zweite Schicht einzurichten, wenn ein Angebot vorliegt, die Lackierarbeiten um € 42,– zu übernehmen?

Selbstverständlich müssen Sie bei der Kostenauflösung Zusatzannahmen treffen, über die man diskutieren kann.

(2) Verlängerung der Ladenöffnungszeiten

Ein Teppichhändler hat die folgende Kostenstruktur (Monatszahlen): Öffnungszeiten etwa 240 Stunden — 24 Tage, 4 Verkäufer, die jeweils 160 Stunden pro Monat anwesend sind.

Derzeit beträgt der Monatsumsatz ca. € 60.000,–. Im Rahmen einer Liberalisierung der Ladenöffnungszeiten überlegt er, sonntags für 6 Stunden (11–17 Uhr) offen zu halten. Er will zwei Verkäufer einsetzen und selbst anwesend sein. Sonntagszuschlag auf die Löhne 100%. Als besonderen Anreiz will er am Sonntag die Provision für die Verkäufer verdoppeln (auf 4% des Umsatzes).

Ab welchem Umsatz erreicht er mit der Sonntagsöffnung den Break-even-Punkt?

Zusatzfrage:

Welchen Cashflow erzielt der Teppichhändler näherungsweise derzeit, wenn die Bankzinsen ca. € 2.000,— pro Monat betragen?

Kostenart	Monat
Wareneinsatz	30.000
Gehälter, Verkäufer	10.000
Provision, Verkäufer	1.200
Gehalt, Buchhaltung	3.000
Unternehmerlohn	4.000
Reinigung, extern, täglich	1.200
Heizung, Beleuchtung	1.000
Miete	2.000
Abschr. Einrichtung	1.000
Kalk. Zinsen	6.000
Summe	59.400

Anmerkung:

Die kalkulatorischen Zinsen sind vor allem wegen des großen Lagerbestandes und der geringen Umschlagshäufigkeit im Teppichhandel sehr hoch. Sie werden bei diesem Fall vom gesamten Vermögen berechnet (d.h., die Bankzinsen werden ausgeschieden und durch die kalkulatorischen Zinsen ersetzt).

8.10 Zusammenfassung (Weiterführende Probleme der Kostenrechnung)

Kostenstellenrechnung

Kostenarten werden auf **Kostenstellen** zugerechnet, um:

- Kosten besser kontrollieren zu können,
- Kosten bei mehrstufigen Produktionsprozessen genauer auf Kostenträger zurechnen zu können.

Kostenstelleneinzelkosten sind Kosten, die direkt auf die Kostenstellen zugerechnet werden können.

Kostenstellengemeinkosten werden mit Schlüsseln (z.B. pro m^2) zugerechnet.

Hilfskostenstellen

geben ihre Leistungen an Hauptkostenstellen bzw. zunächst auch an andere Hilfskostenstellen ab.

Die Umlage erfolgt im

- **Kostenträgerverfahren** (jede innerbetriebliche Leistung wird wie ein Kostenträger kalkuliert) oder im
- **Umlageverfahren** (die Kosten der Hilfskostenstelle werden mit Schlüsseln auf andere Kostenstellen zugerechnet).

Hauptkostenstellen

dienen direkt der Erstellung der Marktleistung (Materialstellen, Fertigungsstellen, Verwaltungs- und Vertriebsstellen).

Probleme der Kostenstellenrechnung

Welche Kostenstellen sollen gebildet werden (je mehr, je genauer, jedoch umso aufwendiger)?

Wie genau sind die Schlüssel für die Zurechnung der Kostenstellengemeinkosten?

Was soll zugerechnet werden (Vollkosten oder Teilkosten)?

Welche Basen sollen für die Errechnung der Zuschlagssätze verwendet werden (Materialkosten, Löhne, Maschinenstunden)?

Kostenträgerrechnung

Es wird versucht, die in den Kostenstellen gesammelten Kosten „verursachungsgerecht“ auf die Kostenträger zuzurechnen.

Divisionskalkulation

Gibt die Kostenstelle eine einheitliche Leistung ab (z.B. wird nur ein bestimmter Bauteil erzeugt), kann die Kostensumme durch die Zahl der Leistungseinheiten dividiert werden.

Hinweis:

In Sonderfällen können auch die Kosten des Gesamtunternehmens auf die Menge der einheitlichen Leistungen durch Division umgerechnet werden (z.B. Kosten pro Kilometer des Taxifahrers).

Stundensatzrechnung

Wird in der Zeiteinheit eine einheitliche Leistung erstellt (z.B. Beratungsstunde, Maschinenstunde), kann die Zurechnung auf den Kostenträger (Beratungsauftrag, Bauteil etc.) mit einem Stunden- oder Minutenfaktor erfolgen.

Stundensatzrechnung, Material als Einzelkosten

Diese Berechnung findet sich vor allem im installierenden und reparierenden Gewerbe. Die Materialkosten werden einzeln erfasst, alle restlichen Kosten durch den Stundensatz.

Zuschlagskalkulation

Materialgemeinkosten werden in der Regel auf das verbrauchte Fertigungsmaterial bezogen.

Fertigungsgemeinkosten meist auf die Summe der Fertigungslöhne in der jeweiligen Kostenstelle.

Verwaltungs- und Vertriebsgemeinkosten auf die Herstellungskosten.

Herstellungskosten ergeben sich aus der Summe aller Kosten ohne Verwaltungs- und Vertriebskosten (Fertigungsmaterialkosten, Materialgemeinkosten, Fertigungslöhne, Fertigungsgemeinkosten).

Probleme der Kostenträgerrechnung

In der Kostenträgerrechnung sind folgende Ungenauigkeiten enthalten:

- **Ungenauigkeit bei der Erfassung und Bewertung der Kostenarten** (vgl. z.B. kalkulatorische Abschreibungen, kalkulatorische Zinsen)
- **Ungenauigkeiten bei der Zurechnung auf die Kostenstellen** (wie genau sind die Schlüssel?)
- **Ungenauigkeiten bei der Ermittlung der Zuschlagssätze** (entwickeln sich die Gemeinkosten tatsächlich parallel zur gewählten Basis — vgl. z.B. die Verwaltungs- und Vertriebsgemeinkostenzuschläge)

Deckungsbeitragsrechnung

Grenzkosten- und Deckungsbeitragsrechnung
Es werden nur die variablen Kosten auf Kostenstellen und damit auch auf die Kostenträger weiterverrechnet.

Preis- und Produktentscheidungen werden auf Grund des Deckungsbeitrages getroffen.

Deckungsbeitrag: Differenz zwischen den Mehrerlösen eines Auftrags und den Mehrkosten (vereinfacht: Erlöse minus variable Kosten)

Wird die Deckungsbeitragsrechnung verfeinert, können die Fixkosten mehrfach aufgespalten werden:

- **in Stillstandskosten und Kosten der Leistungsbereitschaft**
- **nach Abbaubarkeit**
- **nach Produktgruppen**

Häufig werden die Deckungsbeiträge in mehreren Stufen ermittelt:

	Erlöse (ohne USt.)
–	Material
=	DB I
–	Fertigungslöhne
=	DB II
–	Fertigungsgemeinkosten
=	DB III

Die Hauptprobleme dieser Ansätze sind

- **die Kostenauflösung,** in fixe und variable Kosten,
- **die Prognose der Entwicklung der variablen Kosten** bei Änderungen der Auslastung (degressiv, proportional oder progressiv).

Ermittlung des Break-even-Punktes

Unter Break-even-Punkt versteht man jenen Umsatz, bei dem die Gesamtkosten (bzw. die gesamten Auszahlungen) gedeckt sind.

Man erhält den Break-even-Punkt aus

$$\frac{(\text{Fixkosten bzw. Fixauszahlungen}) \times 100}{\text{Deckungsquote}}$$

Ob der finanzielle oder der kostenrechnerische Break-even-Punkt höher ist, hängt vor allem vom Verhältnis der Abschreibungen (nur Kosten) zu den Kreditrückzahlungen (nur Auszahlungen) und den kalkulatorischen Zusatzkosten (z.B. kalkulatorische Zinsen, kalkulatorischer Unternehmerlohn – keine Auszahlungen) ab.

Hat das Unternehmen Schwierigkeiten, den Break-even-Punkt zu erreichen, werden entweder Fixkosten abgebaut (meist Personalkosten) oder die Deckungsquote durch Druck auf die Lieferanten erhöht.

Treten bei Erweiterung der Leistungsbereitschaft (Verlängerung der Saison, Verlängerung der täglichen Öffnungszeiten, 2. Schicht, Eröffnung weiterer Filialen etc.) sprungfixe Kosten auf, so kann man den Break-even-Punkt auch nur für diese Erweiterung der Leistungsbereitschaft berechnen.

Beachten Sie:

Bei Preis- und Produktentscheidungen auf der Basis der Kostenrechnung sind stets die „Verbundeffekte", d.h. die Auswirkung der Entscheidungen über ein Produkt bzw. eine Produktgruppe auf andere Produkte und Produktgruppen und daher auf den Erfolg des gesamten Unternehmens, zu berücksichtigen.

9 Exkurs: Die G+V-Rechnung nach dem Umsatzkostenverfahren

Im § 231 HGB finden Sie für die G + V-Rechnung zwei unterschiedliche Giederungsvorschriften, das **„Gesamtkostenverfahren“** und das **„Umsatzkostenverfahren“**.

Bisher wurde nur das Gesamtkostenverfahren dargestellt, wie sie es bei vielen österreichischen Unternehmen, insbesondere bei Klein- und Mittelbetrieben, finden.

Internationale Unternehmungen verwenden hingegen überwiegend das Umsatzkostenverfahren. Zu dessen Verständnis werden jedoch Kostenrechnungskenntnisse benötigt. Die Erläuterungen sind daher erst nach der Besprechung der Kostenrechnung sinnvoll.

Verkürzt lautet die staffelförmige G + V-Rechnung nach dem Umsatzkostenverfahren wie folgt (das detaillierte Schema finden Sie in § 231 HGB im Anhang I):

	Umsatzerlöse
–	Herstellungskosten der zur Erzielung der Umsatzerlöse erbrachten Leistungen
=	**Bruttoergebnis vom Umsatz**
+	Sonstige betriebliche Erträge (z.B. aus Anlagenabgang, Rückstellungsauflösung)
–	Vertriebskosten
–	Verwaltungskosten
–	Sonstige betriebliche Aufwendungen
=	**Ordentliches Betriebsergebnis** (im Gesetz nur Zwischensumme)
±	**Finanzerfolg** (im Gesetz nur Zwischensumme)
=	**EGT** (im Gesetz nur Zwischensumme)

Die weitere Staffel entspricht dem Gesamtkostenverfahren.

Der wesentliche Unterschied besteht somit darin, dass die Aufwendungen nicht nach Aufwandarten getrennt publiziert werden. Vielmehr werden sie mit Hilfe der Kostenrechnung, die selbstverständlich nur die Aufwandzahlen der Buchhaltung verrechnet, sofort nach Herstellungskosten für die verkauften Erzeugnisse und nicht verkauften Erzeugnisse („Bestandserhöhung“), sowie nach Verwaltungs- und Vertriebsaufwand gegliedert.

Mit Hilfe des Fallbeispiels zur doppelten Gewinnermittlung (Abschnitt 3.5, Seite 63 ff.) wird die Vorgehensweise gezeigt.

Nach Durchführung der laufenden Buchungen und Verbuchung von Wareneinsatz und Abschreibungen zeigten die Aufwandkonten von Goldi folgendes Bild.

Die Weiterverrechnung ersehen Sie aus den Pfeilen. Die Erklärung finden Sie im Kommentar.

Umsatzkostenverfahren Firma Goldi (lt. Abschnitt 3.5) in Tsd. Euro

Material-(Gold-)Verbrauch

Verarbeitet	47	Herstellk.	48
Schwund	1		

Fertigungslöhne

Geselle	30	Herstellk.	30

Abschreibungen

Werkzeug	6	Herstellk.	6
Laden	8	Verw./Vertrieb	8

Mietaufwand

Miete	15	Verw./Vertrieb	15

Sonstiger Aufwand

Sonst. Aufw.	12	Verw./Vertrieb	12

Zinsaufwand

Zinsen	5	G+V	5

Herstellungskosten ingesamt

Material	48	Auf Lager	28
Fert.-Löhne	30	Verkauft	56
Abschr.	6		

Fertigerzeugnisse

Auf Lager	28	SBK	28

Herstellungskosten der zur Erzielung der Umsatzerlöse erbrachten Leistungen

Verkauft	56	G+V	56

Verwaltungs- u. Vertriebskosten

Abschr.	8	G+V	35
Miete	15		
Sonst. Aufw.	12		

Erlöse

G+V	130	Schmuck	130

G+V-Rechnung – Umsatzkostenverfahren (in Euro)

Umsatzerlöse	130.000,–
Herstellungskosten (vgl. Anm.)	56.000,–
Bruttoergebnis v. Umsatz	+ 74.000,–
Verwaltungs- und Vertriebskosten	35.000,–
Betriebliches Ergebnis	+ 39.000,–
Finanzergebnis	– 5.000,–
Jahresüberschuss (vor Steuern)	+ 34.000,–

Anmerkung:

Das HGB (vgl. § 230 [3]) verwendet nicht den in der Kostenrechnungsliteratur üblichen Begriff der Herstellkosten, sondern „Herstellungskosten der zur Erzielung der Umsatzerlöse erbrachten Leistungen".

Kommentar:

Lt. Kostenrechnung (mit den Zahlen der Buchhaltung) wurde der gesamte erzeugte Schmuck wie folgt kalkuliert:

Fertigungsmaterial (Gold)	48.000,–	(inkl. üblichem Schwund)
Fertigungslöhne (Geselle)	30.000,–	
Abschreibung Werkzeuge	6.000,–	
Herstellungskosten insgesamt	84.000,–	
Davon verkauft 2/3	56.000,–	
Davon auf Lager 1/3	28.000,–	

Wie die grafische Darstellung auf der vorhergehenden Seite zeigt, werden die Herstellungskosten von den Konten der Aufwandarten zunächst auf das Konto „Herstellungskosten" umgebucht und die Verwaltungs- und Vertriebskosten auf ein Konto „Verwaltungs- und Vertriebskosten". Dann werden mittels Kostenrechnung (die nur die Zahlen der Buchhaltung verwendet) jene Herstellungskosten ermittelt, die auf die verkauften Erzeugnisse entfallen. Diese werden auf das Konto „Herstellungskosten der zur Erzielung der Umsatzerlöse erbrachten Leistungen" weitergewälzt.

Die restlichen Kosten entfallen auf die Lagererhöhung und werden daher auf das Konto „Fertigerzeugnisse" umgebucht.

Die Salden der Konten ergeben dann die dargestellte staffelförmige G + V-Rechnung nach dem Umsatzkostenverfahren. Die Zinskosten werden im Rahmen des „Finanzergebnisses" gesondert ausgewiesen.

Hinweise:

Wie bereits in Abschnitt 3.5 wurde vereinfacht angenommen, dass nur das Fertigungsmaterial, die Löhne des Gesellen und die Abschreibungen auf die Werkzeuge als Herstellungskosten verrechnet werden.

In der Praxis müsste man auch anteilige Miete und Anteile des sonstigen Aufwands nach Schlüsseln auf die Werkstätte und dann auf den erzeugten Schmuck verrechnen.

Ferner wurden Verwaltungs- und Vertriebskosten in einer Position ausgewiesen. Beim Juwelier wird es sich vermutlich überwiegend um Vertriebskosten handeln.

Wie sie sehen, ist das Umsatzkostenverfahren nur bei einer ausgebauten Kostenrechnung anwendbar. Das Umsatzkostenverfahren ist mit eine Ursache, warum in der Praxis meist nur mit den Aufwandzahlen aus der Buchhaltung und nicht mit „umgewerteten Kosten" gerechnet wird, da die Bewertung der Halb- und Fertigerzeugnisse und der nicht abgerechneten Aufträge in der Bilanz nur mit den buchhalterischen Ansätzen vorgenommen werden darf.

Man müsste daher mindestens zwei Kostenrechnungen führen. Da steuerlich teilweise andere Ansätze als nach HGB gelten, müsste noch ein drittes Mal gerechnet werden.

10 Kostenplanung und Kostenkontrolle

In den bisherigen Abschnitten wurde vor allem die Verrechnung der Kosten besprochen. Ein Hauptproblem, nämlich die Planung und Kontrolle der Kosten, wurde vernachlässigt. Kostenrechnung, die nur im Nachhinein durchgeführt wird, ist jedoch wenig sinnvoll.

Die gesamte Kostenrechnung (Kostenarten, Kostenstellen und Kostenträger) wird daher zumindest zweimal durchgeführt. Einmal bei der Kostenplanung (mit geplanten Kosten) und einmal bei der Kostenkontrolle (mit den tatsächlichen Kosten, den Istkosten).

10.1 Grundlagen der Kostenplanung

10.1.1 Das Mengengerüst der Kosten

Kosten ergeben sich grundsätzlich aus Menge × Preis. Grundlage der Kostenplanung ist daher zunächst die Planung der einzusetzenden Mengen. Der Betriebswirt spricht auch vom **Mengengerüst der Kosten**.

In großen Industriebetrieben wird dieses Mengengerüst sehr detailliert geplant.

Beispiel: Stückliste für die Erstellung einer Schreibtischplatte

STRUKTUR-STUECKLISTE — VOM 080793 BLATT 1 SEITE 1

UA	UNTERLAGE	BEZEICHNUNG	VERSION	MENGE ME	EINDAT
75	H322838C03	SCHREIBTISCH 180×84/73,5 OHNE KORPUS	01	1.000 ST	300791

STUFE	UA	POST	UNTERLAGE	BENENNUNG – NORM – NENNMASSE	WERKSTOFF	D	MENGE/EH	ME	GES.-MENGE	AP-NR. 1/3	AP-NR. 2/4 V
1--------	77	20	BPRN180B	PLATTE 1800×800/25 FÜR 2 ANL. BUCHE	SPFURNBU25	7	1.000	ST	1.000	H30263	
-2--------	77	20	XEHR0028	SPANPLATTE EUROSPAN 2800/2050/25 E1		2	1.584	M2	1.584	BPRM570B	
-2--------	77	30	XEHD0005	FURNIERE, BUCHE A		2	1.519	M2	1.519	BPRM570B	
-2--------	77	40	XEHD0011	FURNIERE, BUCHE C		2	1.519	M2	1.519	BPRM570B	
-2--------	77	50	XFKK0009	W-LEIM FLUESSIG 70 NEU		2	240.250	G	240.250	BPRM570B	
-2--------	77	60	XFKK0010	HAERTER S, 15%		2	3.298	G	3.298	BPRM570B	
-2--------	77	70	XBDA0001	KLEISTERMEHL		2	110.866	G	110.866	BPRM570B	
-2--------	77	80	XFKL0062	WIPOLIN SCHNELLSCHLEIFGRUND L 167		2	320.200	ML	320.200	BPRM570B	
-2--------	77	90	XFKL0055	NITRO-VERDUENNUNG, AROMATENFREI		2	55.730	G	55.730	BPRM570B	
-2--------	77	100	XFKL0063	EWIDUR PURLACK E 1480/20		2	384.300	ML	384.300	BPRM570B	
-2--------	77	110	XFKL0064	EWIDUR S VERDUENNUNG		2	76.900	ML	76.900	BPRM570B	
-2--------	77	120	XFKL0076	PUR-HAERTER E 1433/H		2	38.400	ML	38.400	BPRM570B	
-2--------	77	130	XFKB0003	FARBSTOFFKONZENTRAT 90437, ROSE		2	1.540	ML	1.540	BPRM570B	
-2--------	77	140	XFKK0003	LEIFA SM/HK 51W		2	18.240	G	18.240	BPRM570B	
-2--------	77	150	XZHL0011	MASSIVKANTE BUCHE, 31×3,5MM		2	1.720	LM	1.720	BPRM570B	
1--------	77	21	BZHN010B	PLATTENANLEIMER (TR) 1800MM, BUCHE	MASSIVBU	7	2.000	ST	2.000	H30263	
-2--------	77	20	XEHD0021	MASSIVHOLZ BUCHE		2	2.500	D3	5.000	BZHN010B	
-2--------	77	30	XFKL0062	WIPOLIN SCHNELLSCHLEIFGRUND L 167		2	30.400	ML	60.800	BZHN010B	
-2--------	77	40	XFKL0055	NITROVERDUENNUNG, AROMATENFREI		2	2.700	G	5.400	BZHN010B	
-2--------	77	50	XFKL0063	EWIDUR PURLACK E 1480/20		2	36.500	ML	73.000	BZHN010B	
-2--------	77	60	XFKL0064	EWIDUR S VERDUENNUNG		2	3.700	ML	7.400	BZHN010B	
-2--------	77	70	XFKL0076	PUR-HAERTER E 1433/H		2	3.700	ML	7.400	BZHN010B	
-2--------	77	80	XFKB0003	FARBSTOFFKONZENTRAT 90437, ROSE		2	0.100	ML	0.200	BZHN010B	
1--------	77	30	BEGG01CO	SEITENGESTELL H30 695×710 LI. CHROM	MEVERCHR	2	1.000	ST	1.000	H30263	
1--------	77	40	BEGG02CO	SEITENGESTELL H30 695×710 RE. CHROM	MEVERCHR	2	1.000	ST	1.000	H30263	
1--------	77	50	BGVF07CO	KONSOLE H30 355MM LI. CHROM	MEVERCHR	2	1.000	ST	1.000	H30263	
1--------	77	60	BGVF08CO	KONSOLE H30 355MM RE. CHROM	MEVERCHR	2	1.000	ST	1.000	H30263	
1--------	77	70	BAGG020B	GESTELLABDECKUNG H30 660MM BUCHE		2	2.000	ST	2.000	H30263	
1--------	77	80	BTKM02AO	KABELKANAL H30 1722MM ANTHRAZIT	MEPULANT	2	1.000	ST	1.000	H30263	
1--------	77	90	BTVM02AO	VERSTEIFUNGSROHR H30 1737MM ANTHR.	MEPULANT	2	1.000	ST	1.000	H30263	

In der Stückliste ist sogar die Menge der Lacke, Verdünnungen etc. in Milliliter und die Menge des Leims in Gramm enthalten. Diese Angaben dienen allerdings eher der Produktionsplanung und weniger der Kostenrechnung.

10.1.2 Ist-, Normal- und Plankosten

Die Kosten können auf Basis von Istkosten, Normalkosten oder Plankosten geplant werden.

- **Istkosten**

Istkosten sind die tatsächlich angefallenen Kosten (**Istmenge × Istpreis**).

Istkostenrechnungssysteme sind daher vor allem für die Nachkalkulation geeignet, wenn die tatsächlichen Werte der eingesetzten Mengen ermittelt werden sollen.

Kontrollen sind bei der Istkostenrechnung möglich durch

- Zeitvergleich und
- Betriebsvergleich.

Beachten Sie:

Eine „reine" Istkostenrechnung gibt es nicht, da

- in der Kostenrechnung eine Anzahl von Positionen stecken, die nicht tatsächlich anfallen (z.B. alle Zusatzkosten, wie kalkulatorische Zinsen, Unternehmerlöhne etc.);
- Kosten immer auch im Vorhinein berechnet werden müssen (Vorkalkulation) und daher nicht mit Istkosten gerechnet werden kann. Würde man daher eine reine Istkostenrechnung betreiben, wäre jede Kostenplanung unmöglich.

  Der Übergang von der Istkostenrechnung zur Normalkostenrechnung ist daher fließend.

- **Normalkosten**

Normalkosten („normalisierte" Kosten) werden aus den durchschnittlichen Kosten vergangener Perioden gebildet.

Für die Planung rechnet man mit

„durchschnittlicher Menge" × „durchschnittlichem Preis".

Bei der Kontrolle kann nun festgestellt werden, ob die Kosten wegen Mengenänderungen oder wegen Preisänderungen unter oder über den angesetzten Normalkosten geblieben sind.

- **Plankosten**

Setzt man Plankosten an, so wird versucht, sich nicht an der Vergangenheit zu orientieren (wie bei der Istkosten- oder Normalkostenrechnung), sondern man versucht, die **zukünftigen** Kosten in den Griff zu bekommen.

Aus der Analyse der betrieblichen Abläufe, aus Zeitstudien, mit Hilfe der Konstruktionszeichnungen etc. wird versucht, das „Mengengerüst" der Kosten genau zu erfassen.

Das Produkt aus **„Planmengen" × „Planpreisen"** geht dann in die Kostenplanung ein.

Bei den Plankosten unterscheidet man ferner zwischen:

- **Prognosekosten** (die Kosten werden vorhergesagt)

Beispiele: Prognosekosten

- Man berücksichtigt einen durchschnittlichen Preisanstieg der Rohstoffe um 5%.
- Man nimmt an, dass die neue Maschine nur mehr 1,5% Ausschuss produziert.
- Man rechnet mit durchschnittlichen Überstunden von 3% der Normalarbeitszeit

etc.

➢ **Standardkosten** (Plankosten im engeren Sinn)

Es werden Plankosten vorgegeben, um den Kostenverlauf aktiv zu beeinflussen.

Beispiele: Plankosten

- Die Planpreise für Rohstoffe werden nur um 3% erhöht, um die Einkäufer zur Verbesserung ihrer Einkaufsstrategien zu veranlassen.
- Der Ausschuss wird nur mit 0,5% angesetzt, um eine sorgfältigere Bearbeitung zu erzielen.
- Bei den Lohnkosten werden keine Überstunden berücksichtigt, da die notwendigen Arbeiten in der Normalarbeitszeit erledigt werden sollen.

Prognosekosten sind somit **Kosten, die** bei üblicher Entwicklung **anfallen werden.**

Standardkosten sind **Kosten, die anfallen sollen**. Sie werden als betriebliche Steuerungsgrößen formuliert.

Selbstverständlich ist die Unterscheidung in der betrieblichen Praxis nicht immer eindeutig, da allen „geplanten“ Kosten (auch auf Basis der Normalkostenrechnung) eine Steuerungsfunktion zukommt.

10.1.3 Der Umfang der Kostenzurechnung auf die Kostenträger

Je nachdem, ob man alle Kosten den Kostenträgern zurechnet oder nur einen Teil der Kosten, spricht man von **Voll-** oder **Teilkostenrechnungssystem.**

Bei Systemen mit **Vollkostenrechnung** kommt es bei der Kostenträgerrechnung zu einer „künstlichen Proportionalisierung der fixen Gemeinkosten“.

Beispiel: Gemeinkostenzuschlag bei unterschiedlicher Auslastung

In einer Dreherei wird mit Vollkosten kalkuliert. Es wird mit einem Gemeinkostenzuschlag von 55% auf die Fertigungslöhne geplant.

Dieser Gemeinkostenzuschlag basiert auf einer Auslastung von 80% und einer Fertigungslohnsumme von € 400.000,–.

Verbessert sich nun die Auftragslage, so wird weiterhin mit dem Gemeinkostenzuschlag von 55% kalkuliert, obwohl selbstverständlich nur die variablen Gemeinkosten und nicht auch die fixen Gemeinkosten steigen. D.h., es wird so gerechnet, als ob alle Kosten variabel wären („die Fixkosten werden proportionalisiert“).

Die nachstehende Tabelle zeigt Ihnen sowohl die Berechnung als auch die Richtigstellung.

Kosten bei 80% Auslastung:

Kostenart	Vollkosten	davon fix	davon variabel
Abschreibungen	140.000	80.000	60.000
Energiekosten	20.000		20.000
Verbrauchsmaterial	10.000		10.000
Hilfslöhne (Wartung etc.)	20.000	10.000	10.000
Kalk. Zinsen	30.000	30.000	
Gemeinkostensumme	220.000	120.000	100.000
Fertigungslöhne (var.)	400.000		
Gemeinkostenzuschlag	55%		

Erhöht sich die Auslastung von 80 auf 100%, so würden selbstverständlich nur die variablen Kosten im gleichen Ausmaß (also um ¼ steigen).

Kosten bei 100% Auslastung:

Kostenart	insgesamt	fix	variabel
Abschreibung	155.000	80.000	75.000
Energiekosten	25.000		25.000
Verbrauchsmaterial	12.500		12.500
Hilfslöhne	22.500	10.000	12.500
Kalk. Zinsen	30.000	30.000	
Gemeinkostensumme	245.000	120.000	125.000
Fertigungslöhne	500.000		
Gemeinkostenzuschlag	49%		

Bei herkömmlicher Vollkostenrechnung wird jedoch auch bei der verbesserten Auftragslage mit dem Gemeinkostensatz von 55% kalkuliert. Es werden daher den Kostenträgern zu hohe Gemeinkosten zugerechnet:

Gemeinkostenrechnung bei 100% Auslastung:	55% von € 500.000 =	€ 275.000,–
Tatsächliche Gemeinkosten	49% von € 500.000 =	€ 245.000,–
Differenz („Kostenüberdeckung")		€ 30.000,–

Das heißt, in der Kostenträgerrechnung von **Vollkostenrechnungssystemen** werden **alle Gemeinkosten** so abgerechnet, als handle es sich um **variable** („beschäftigungsabhängige") Kosten.

Steigt die Beschäftigung (die Auslastung) werden daher den Kostenträgern zu hohe Kosten zugerechnet.

Sinkt die Beschäftigung, kommt es zu einer zu niedrigen Kostenzurechnung.

Beispiel: Gemeinkostenzuschlag bei sinkender Auslastung

Nehmen Sie an, die Auslastung sinkt in unserem vorhergehenden Beispiel von 80 auf 60%, d.h., es fallen auch nur Fertigungslöhne von € 300.000,– an.

Wie Sie leicht nachrechnen können, fallen die gesamten Gemeinkosten auf:

Fixe Kosten	120.000,–
Variable Kosten	75.000,–
Insgesamt	195.000,–
Fertigungslöhne	300.000,–
„richtiger Gemeinkostenzuschlag"	65%

Rechnet man weiterhin mit einem Zuschlag von 55%, so werden zuwenig Gemeinkosten verrechnet:

300.000 × 65%	=	€	195.000,–
300.000 × 55%	=	€	165.000,–
Differenz („Kostenunterdeckung")		€	30.000,–

Bei der **Teilkostenrechnung** wird dieser Fehler vermieden. Die Kosten werden sofort in fixe und variable Kosten geteilt. Nur die variablen Gemeinkosten werden dem Kostenträger zugerechnet. Die Rechnung ist daher für jede Auslastung richtig.

Beispiel: Gemeinkostenzuschlag bei Grenzkostenrechnung

Wie Sie leicht kontrollieren können, ergibt sich in unserem Beispiel für alle drei Auslastungsgrade ein variabler Gemeinkostenzuschlag von 25%:

80% Auslastung:	100.000 : 400.000 = 25%
100% Auslastung:	125.000 : 500.000 = 25%
60% Auslastung:	75.000 : 300.000 = 25%

Die **fixen Gemeinkosten** werden pro Kostenstelle kontrolliert und erst in der Ergebnisrechnung den „Deckungsbeiträgen" gegenübergestellt.

10.1.4 Starre und flexible Kostenrechnungssysteme

Starre Systeme

Werden bei der Kostenkontrolle Änderungen in der Auslastung gegenüber der Kostenplanung nicht berücksichtigt, spricht man von **starren Systemen.**

Sie sind für die Kostenkontrolle daher nur dann geeignet, wenn die Istauslastung von der Planauslastung nur geringfügig abweicht.

Flexible Systeme

Flexible Systeme berücksichtigen die Auslastungsänderung bei der Kostenkontrolle. Sie haben sich in der Praxis durchgesetzt und werden daher in den folgenden Abschnitten näher besprochen.

Beachten Sie:

Die Unterscheidung ist nur bei Vollkostenrechnungssystemen sinnvoll. Teilkostenrechnungssysteme sind immer „flexibel", da ja nur die variablen Kosten den Kostenträgern zugerechnet werden (vgl. dazu das Beispiel im Abschnitt 10.1.3).

Problemstellungen:

In einer Werkzeugmacherei wird mit folgenden Plandaten gearbeitet:

- Planbeschäftigung pro Monat: 3.000 Stunden
- Lohnsatz pro Stunde € 15,–
- Geplante Gemeinkosten bei Planbeschäftigung € 67.500,–
  (davon 60% fix und 40% variabel)

Nehmen Sie an, die tatsächliche Beschäftigung (Istbeschäftigung) in der Planperiode betrug

a) 2.550 Stunden

b) 3.300 Stunden

Aufgabe 1:

Gehen Sie zunächst davon aus, dass die Fertigungslöhne vollständig variabel sind, und ermitteln Sie

- den Gemeinkostenzuschlag auf die Fertigungslöhne bei Planbeschäftigung sowie im
- Fall a) und im Fall b).

Aufgabe 2:

Welche Gemeinkostensätze würden sich in allen drei Fällen ergeben, wenn man nur die variablen Gemeinkosten auf die Fertigungslöhne aufschlagen würde.

Aufgabe 3:

Gehen Sie vom realistischen Fall aus, dass die Fertigungslöhne nicht variabel sind und dass auf jeden Fall 3.000 Stunden bezahlt werden müssen.

Wie hoch wäre jetzt der Fertigungsgemeinkostenzuschlag auf die Fertigungslöhne im Fall a). In der Praxis werden die nicht ausgenützten Stunden (in unserem Fall also 450 Stunden) als Hilfslöhne den Gemeinkosten zugeschlagen.

Aufgabe 4:

Über welche Informationen muss man jedoch verfügen, um bei der Kostenkontrolle flexibel vorgehen zu können?

10.2 Die Abweichungsanalyse bei der Kostenkontrolle

Eine genaue Analyse der Abweichungsursachen ist vor allem deswegen erforderlich, um die Fehlerquelle zu identifizieren und die Verantwortung eindeutig zuzuordnen.

10.2.1 Abweichungsursachen (Übersicht)

Abweichungen der geplanten Kosten von den tatsächlichen Kosten können auf mehrere Ursachen zurückzuführen sein.

➢ **Preisabweichungen**

Der Istpreis der verbrauchten Mengen weicht vom Planpreis ab. Dies hat der Einkaufsleiter zu verantworten. Selbstverständlich kann dies auch für Lohnkosten zutreffen, wenn die Tarife auf Grund von Kollektivvertragsverhandlungen oder Betriebsvereinbarungen geändert wurden („Tarifabweichung").

➢ **Mengenabweichungen**

Es wurde mehr oder weniger verbraucht als geplant (Rohstoffe, Ersatzteile, Energie, Arbeitszeit etc.)

Diese Mengenabweichung kann wieder verschiedene Ursachen haben:

– **Beschäftigungsabweichung**

  Von einer Beschäftigungsabweichung spricht man, wenn die tatsächliche Auslastung nicht der geplanten Auslastung entsprach und sich aus diesem Grund die Kosten veränderten (z.B., wenn statt der geplanten 8.000 m Stoff nur 6.000 m bedruckt wurden). Verantwortlich sind entweder die vorgelagerten Abteilungen (die z.B. nicht für ausreichende Zulieferungen sorgten) oder der Vertrieb (weil die Produktion wegen des zurückgehenden Absatzes gedrosselt werden musste).

  Selbstverständlich können die Gründe auch in der Kostenstelle selbst liegen, wenn z.B. die Produktion wegen Maschinenausfalls etc. verringert wurde.

  Beachten Sie:

  Wie in den einführenden Beispielen gezeigt wurde, kann es nur dann zu einer Beschäftigungsabweichung kommen, wenn mit einem einheitlichen Vollkostensatz, ohne Aufspaltung in fixe und variable Gemeinkosten, geplant wurde.

– **Verbrauchsabweichung**

  Eine Verbrauchsabweichung liegt vor, wenn für die produzierte Mengeneinheit geringere oder größere Mengen verbraucht wurden. Es wurde z.B. weniger oder mehr Energie, weniger oder mehr Verschnitt benötigt.

– **Intensitätsabweichung**

  Intensitätsabweichungen sind Abweichungen, die auf eine geringere oder höhere Arbeitsintensität pro Zeiteinheit zurückzuführen sind (wenn z.B. pro Stunde mehr oder weniger Werkstücke gedreht wurden als geplant. Die Intensitätsabweichung ist nur zu erfassen, wenn an einer Kostenstelle eine einheitliche Leistung abgegeben wird (z. B. es werden nur Ein-Liter-Flaschen abgefüllt, es wird nur Stoff in einer einheitlichen Breite und mit einem einheitlichen Muster bedruckt etc.).

10.2.2 Die Abweichungsanalyse bei der Planung zu Vollkosten (Einführung)

Plant man zu Vollkosten, ist der wichtigste Grund für die Abweichung zwischen Plan- und Istkosten eine Veränderung der Auslastung, die so genannte „Beschäftigungsabweichung“.

Wird zu Vollkosten geplant, jedoch bei der Abweichungsanalyse die Beschäftigungsabweichung berücksichtigt, spricht man von der „flexiblen Plankostenrechnung (zu Vollkosten)“.

Anwendungsbeispiel:

Die Kostenstelle Lackiererei einer großen Kfz-Werkstätte rechnet nach in Anspruch genommenen Lackierstunden ab.

Geplant wird auf Basis einer Auslastung von 1.200 Lackierstunden mit einem Vollkostensatz von € 56,–.

Erst bei der Kostenkontrolle wird in einen fixen und in einen variablen Anteil aufgespalten. Zunächst wird daher nur die erste Betragsspalte verwendet.

Bei der Kostenkontrolle stellt man fest, dass nur 1.000 Lackierstunden auf Aufträge verrechnet werden konnten und dass die Istvollkosten € 63.300,– betrugen (vgl. die vierte Betragsspalte).

Kostenart	Plankosten gesamt	Plankosten fix	Plankosten variabel	Istkosten gesamt
Fertigungslöhne	40.000		40.000	38.000
Meister	12.000	12.000		11.000
Energie	10.000	8.000	2.000	9.000
Maschinen-Abschreib.	3.000	2.500	500	3.000
Gebäude	1.000	1.000		1.100
Kalk. Zinsen	1.200	1.200		1.200
Summen	67.200	24.700	42.500	63.300
Leistung in Stunden (Plan/Ist)	1.200		1.200	1.000
Plansatz, voll (variabel)	56		35,40	

Würde man die Plankosten ohne Berücksichtigung der Beschäftigungsabweichung mit den Istkosten vergleichen, erhielte man eine positive Abweichung von

	Planvollkosten	67.200
-	Istvollkosten	63.300
	Kostenabweichung (positiv)	+ 3.900

Es entsteht der Eindruck eines gelungenen Kostenmanagements.

Ein Teil der Abweichung ist jedoch auf die unterschiedliche Auslastung (die unterschiedliche „Beschäftigung“) zurückzuführen. Diese **„Beschäftigungsabweichung“** ist zu neutralisieren.

Ermittlung der Beschäftigungsabweichung

Man ermittelt zunächst jene Plankosten, die sich bei der tatsächlichen Auslastung ergeben hätten. Man spricht von den so genannten **„verrechneten Plankosten“**, weil diese Plankosten tatsächlich auf die Kostenträger verrechnet wurden. Nun stellt man diese „verrechneten Plankosten“ den Istkosten gegenüber und erhält die Gesamtabweichung.

Verrechnete Plankosten der Istbeschäftigung

	1.000 Stunden × 56,-	56.000,-
-	**Istkosten**	63.300,-
=	**Gesamtabweichung (negativ)**	- 7.300,-

Dann wird die **Beschäftigungsabweichung** wie folgt ermittelt:

Den verrechneten Plankosten der Istbeschäftigung werden jene Plankosten gegenübergestellt, die man bei einer Aufspaltung in fixe und variable Kosten erhalten hätte. Man spricht von den Sollkosten.

Verrechnete Planvollkosten der Istbeschäftigung		**56.000,-**
Sollkosten der Istbeschäftigung		
Planfixkosten:	24.700,-	
Iststunden mal (variablem) Plankostensatz		
1.000 × 35,40	35.400,-	60.100,-
Beschäftigungsabweichung		- 4.100,-
Gesamtabweichung		- 7.300,-
Restabweichung (negativ)		- 3.200,-

Interpretation:

Auch unter Berücksichtigung der Tatsache, dass wegen einer „Unterbeschäftigung“ die Kosten pro Stunde zwangsläufig steigen mussten, war das Kostenmanagement negativ (vgl. die negative Restabweichung).

Diese Restabweichung könnte man nun weiter aufspalten, in **Preis-, Verbrauchs-** und **Intensitätsabweichung**, wenn der Detaillierungsgrad der Kostenrechnung dies zulässt (vgl. die weiterführende Literatur).

Hinweis:

Das Beispiel zeigt, dass immer von den geplanten Kosten die Istkosten abgezogen werden. Eine negative Abweichung bedeutet daher, dass die geplanten Kosten überschritten wurden.

Variatoren:

Um die Beschäftigungsabweichung zu ermitteln, müssen die Planvollkostensätze in fixe und variable Anteile aufgespalten werden. Diese Trennung ist meist nur näherungsweise möglich. Man verwendet so genannte **Variatoren.**

Ein Variator gibt an, wie viele Zehntel der Gesamtkosten variabel sind.

Beispiel: Variatoren

- Variator 10: Alle Kosten sind variabel.
- Variator 6: 60% der Kosten sind variabel.
- Variator 0: Alle Kosten sind fix.

Leerkosten:

Unter Leerkosten versteht man jenen Anteil der Fixkosten, der ungedeckt bleibt, wenn die Auslastung geringer als 100% ist. Werden die Planvollkosten auf der Basis einer Auslastung von 100% geplant, so entsprechen die Leerkosten genau der (negativen) Beschäftigungsabweichung.

Beispiel: Leerkosten

Beträgt die maximale Auslastung in unserem Beispiel genau 1.200 Stunden und werden nur 1.000 Stunden ausgelastet, so bleibt $^1/_6$ der Kapazität ungenutzt.

$^1/_6$ der Fixkosten von € 24.700,– = € 4.100,–

Das entspricht genau der ermittelten Beschäftigungsabweichung.

Problemstellung:

a) Nehmen Sie an, im Beispiel zu 10.2.2 betragen die Istauslastung 1.300 Stunden und die Istkosten € 72.000,–. Ermitteln Sie die Beschäftigungsabweichung und die Restabweichung (selbstverständlich setzt dies die Annahme voraus, dass die Planauslastung von 1.200 Stunden nicht 100%, sondern weniger beträgt).

Welchen Schluss ziehen Sie aus dem Ergebnis der Abweichungsanalyse?

Auf welche Einflussgrößen kann die Restabweichung zurückzuführen sein?

b) Welche Variatoren ergeben sich für die im Beispiel angegebenen Kostenarten (runden Sie entsprechend auf oder ab)?

10.2.3 Die Abweichungsanalyse bei der Planung zu Grenzkosten (Hinweise)

Bei der **Grenzplankostenrechnung** erfolgt die Kostenplanung pro Kostenstelle getrennt in

- fixe Gemeinkosten,
- variable Gemeinkosten.

Ziehen wir das Beispiel aus dem Abschnitt 10.2.3 heran, so plant die Stelle Lackiererei wie folgt:

Kostenart	Plankosten fix	Plankosten variabel, Plan	Plankosten variabel, Ist	Istkosten variabel
Fertigungslöhne		40.000		
Meister	12.000			
Energie	8.000	2.000		
Maschinen-Abschreib.	2.500	500		
Gebäude	1.000			
Kalk. Zinsen	1.200			
Summen	24.700	42.500	35.400	37.000
Leistung in Stunden Plan/Ist		1.200	1.000	1.000
Plansatz, variabel		35,40		

Die Plankosten werden in fixe und variable aufgespalten.

Der Stundensatz bei der Planauslastung von 1.200 Stunden bezieht nur die variablen Kosten ein. Er beträgt € 35,40.

Weicht nun die Istauslastung von der Planauslastung ab, so kann man sofort die variablen Plankosten für die Istauslastung ermitteln (1.000 × 35,40 = 35.400).

Da auch die Istkosten in variable und fixe getrennt werden, erkennt man ohne weitere Analyse die negative Abweichung. Diese kann nur eine Preis-, Verbrauchs- oder Intensitätsabweichung sein, da es ja durch die flexible Kostenplanung keine Beschäftigungsabweichung gibt.

Nun kann man die einzelnen Kostenpositionen kontrollieren und feststellen, wie es zu der Abweichung gekommen ist.

Hinweis:

Das Beispiel zeigt auch, warum in der Praxis die Abschreibung häufig als fix angenommen wird. In unserem Beispiel wurde ein Teil der Abschreibung als variabel angesetzt. Bei der Istrechnung müsste man nun die Istabschreibung berücksichtigen. Dies ist bei monatlicher oder vierteljährlicher Kostenkontrolle kaum möglich. Ob ein Abschreibungssatz stimmt, kann erst am Ende der Nutzungsdauer kontrolliert werden.

Selbstverständlich ist es sinnvoll, auch bei der Grenzplankostenrechnung die Fixkosten gesondert zu kontrollieren.

Die Grenzplankosten werden auf den Kostenträger weiterverrechnet.

Durch die Gegenüberstellung von Planerlösen mit den Plangrenzkosten ergeben sich die Plandeckungsbeiträge pro Produkt.

  Planerlöse
– **Plangrenzkosten**
= **Plandeckungsbeiträge**

Nun kann ermittelt werden, ob mit den Plandeckungsbeiträgen die Fixkosten gedeckt werden können. Dies kann wieder mit dem System des Direct-Costing (vgl. Abschnitt 8.8.3) verbunden werden.

Problemstellung:

Nehmen Sie an, dass die Istauslastung im obigen Beispiel 1.300 Stunden und die variablen Istkosten € 44.500,– betragen. Beurteilen Sie das Kostenmanagement positiv oder negativ?

10.3 Zusammenfassung (Kostenplanung)

Geplant wird mit **Planmenge × Planpreis.**

Geplant werden kann zu **Vollkosten** oder zu **Grenzkosten.**

- **Planung zu Vollkosten (flexible Plankostenrechnung):**

Aus **Planvollkosten** minus **Istkosten** erhält man die **Gesamtabweichung.**

Weicht die Istauslastung von der Planauslastung ab, so muss bei einer sinnvollen Kostenkontrolle die **Beschäftigungsabweichung** berücksichtigt werden.

Die Beschäftigungsabweichung erhält man aus:

Plankosten der Istbeschäftigung
– Sollkosten der Istbeschäftigung
= Beschäftigungsabweichung

Wobei gilt:

Plankosten der Istbeschäftigung = Planvollkosten × Istleistung
Sollkosten der Istbeschäftigung = Planfixkosten + variabler Plankostensatz × Istleistung

Steigt die Auslastung gegenüber der Planauslastung, ist die Beschäftigungsabweichung positiv, da die Sollkosten pro Einheit infolge der „Fixkostendegression" durch die bessere Auslastung sinken.

Sinkt die Auslastung gegenüber der Planauslastung, ist die Beschäftigungsauslastung daher negativ, da die Fixkosten auf eine geringere Zahl von Einheiten aufgeteilt werden.

Der **Unterschied** zwischen **Beschäftigungsabweichung** und **Gesamtabweichung** ergibt die Restabweichung. Bei der Berechnung ist auf die Vorzeichen zu achten. Addiert man Beschäftigungsabweichung und Restabweichung unter Berücksichtigung der Vorzeichen, muss dies immer die Gesamtabweichung ergeben.

Diese Restabweichung kann durch Differenzen in den Bereichen

- Preis (Preisabweichung),
- Menge (Mengenabweichung),
- Intensität (Intensitätsabweichung)

erklärt werden.

- **Planung zu Grenzkosten (Grenzkostenrechnung)**

Plant man zu Grenzkosten, gibt es keine Beschäftigungsabweichung. Differenzen können daher nur auf Preis-, Mengen- oder Intensitätsabweichungen zurückzuführen sein.

11 Aktuelle Entwicklungen in der Kostenrechnung

11.1 Prozesskostenrechnung („Activity Based Costing“)

Wie schon mehrfach besprochen, werden die Gemeinkosten bei den herkömmlichen Kostenrechnungsverfahren nach einfachen Schlüsseln auf die Kostenträger umgelegt, die oft nicht der tatsächlichen Kostenverursachung entsprechen.

Beispiel: Materialeinzelkosten und Materialgemeinkosten

- Eine Spezialfirma verlegt Bodenplatten. Werden lediglich Waschbetonplatten verlegt, kostet das Material rund € 5,– pro Quadratmeter, wählt man Marmor, betragen die Materialkosten etwa € 50,– pro Quadratmeter.

  Werden die Materialgemeinkosten wertmäßig verrechnet, so wird der Marmor mit der zehnfachen Summe an Materialgemeinkosten wie der Waschbeton belastet. Werden die Verwaltungs- und Vertriebskosten auf der Basis der Herstellungskosten zugeschlagen, wird der Marmorboden auch mit den zehnfachen Verwaltungs- und Vertriebskosten belastet.

Bei der Prozesskostenrechnung wird nun versucht, die Dauer der Einzelprozesse zu erfassen und zu bewerten.

Beispiel: Prozesskostenrechnung bei der Baustoffbeschaffung

- Die Prozesse bei der Baustoffbeschaffung werden nun über einen längeren Zeitraum (z.B. ein Quartal) analysiert:

  Auftragsabhängige Prozesse:

— Angebotsanalyse im Internet:	240	Stunden
— Nachverhandlung per Telefon und Fax	160	Stunden
— Bestellung via Internet	80	Stunden
— Buchhalterische Verarbeitung	80	Stunden
— Zahlung	40	Stunden
Summe pro Quartal	600	Stunden
Beschaffungsakte	200	
Stunden pro Beschaffung	3	

  Mengenabhängige Prozesse:

— Mengen- und Qualitätskontrolle bei Lieferung frei Baustelle	80	Stunden
— Materialausgabe und Kontrolle in den Baustellen	160	Stunden
Summe pro Quartal	240	Stunden
Quadratmeter verlegt	10.000	
Verwaltung pro m² (240 × 60 : 10.000)	1,44	Minuten

Wird mit einem Verwaltungskostensatz von € 30,– pro Stunde gerechnet, ergibt sich folgende Belastung:

500 m² Waschbeton à € 5,–		€ 2.500,–
Bestellung und Abwicklung	€ 90,–	
Mengen- und Qualitätskontrolle für 500 m²	€ 360,–	
Materialgemeinkosten		€ 450,–
Materialkosten insgesamt		€ 2.950,–
Materialgemeinkosten in Prozent der Materialeinzelkosten		18%

Hätte man 500 m² Marmor zu je € 50,– verlegt, wären praktisch die gleichen Materialgemeinkosten aufgelaufen, d.h., diese hätten nur 1,8 % betragen.

Das Beispiel zeigt die Vorteile und die Probleme der Prozesskostenrechnung:

Die Vorteile sind:

- Die verursachungsgerechte Kostenzurechnung wird genauer.
- Es können jene Prozesse identifiziert werden, die die Kosten tatsächlich verursachen (so genannte **Kostentreiber**).

Probleme sind:

- Es ist eine aufwendige Analyse der Prozesse über längere Zeit erforderlich, da Durchschnittswerte ermittelt werden müssen.
- Es ist zu überlegen, ob alle Kosten nur mengen- und zeitabhängig sind. Zum Beispiel könnte die Internetrecherche, die Nachverhandlung, die Mengen- und Qualitätskontrolle beim Marmor pro Quadratmeter weitaus länger dauern als bei Waschbeton, d.h., man müsste auch noch eine Wertkomponente berücksichtigen.
- Für eine genaue Entscheidungsunterlage wäre noch eine Trennung in fixe und in variable Kosten notwendig.

Obwohl die Prozesskostenrechnung als neue aus den USA stammende Entwicklung von den Unternehmensberatern propagiert wird, ist sie eigentlich nichts anderes, als die Anwendung der Grundsätze des Arbeits- und Zeitstudiums aus der Produktion auf die Verwaltungsprozesse.

Wertvoll ist die Prozesskostenrechnung vor allem für Rationalisierungsprozesse. Diese werden bei den größten Kostentreibern ansetzen.

Hat man z.B. festgestellt, dass die Angebotseinholung und Auswahl per Brief, Telefon und Fax pro Quartal bisher 720 Stunden benötigte und damit den größten Kostentreiber darstellt, wird man versuchen, diesen Prozess zu rationalisieren (Angebotsrecherche per Internet, Nachverhandlung per E-Mail oder Telefon, Bestellung per Internet).

Eine wesentliche Auswirkung der Prozesskostenrechnung in Großbetrieben führt zu

- Sortimentseinschränkungen oder Preisumstrukturierungen, da viele kleine Sortimentsbereiche auf Grund der Prozesskostenrechnung viel stärker mit Kosten belastet werden als bei wertmäßigen Aufschlägen.

- Kundenbereinigungen oder stärkere Preisunterschiede nach Absatzmenge bzw. Auftragsgröße, da viele kleine Kunden unverhältnismäßig hohen Zeitaufwand pro Auftrag verursachen.

Hinweis:

Eine Auswirkung der Prozessbetrachtung kann auch zu einer **Umlage der Verwaltungsstellen** führen.

Zum Beispiel könnten die Kosten der Lohnverrechnung je nach Mitarbeiterzahlen auf die Materialstelle, die Fertigungsstellen umgelegt werden. Die Abrechnung pauschal bezahlter Mitarbeiter, z. B. von Ingenieuren mit Überstundenpauschale, könnte zu einer geringeren Belastung führen als die Abrechnung von Mitarbeitern mit Überstunden, Akkordlöhnen etc.

Auf die gleiche Art könnten auch die Vertriebsstellen mit Verwaltungskosten belastet werden, sodass schließlich alle Verwaltungskosten mehr oder minder verursachungsgerecht auf Hauptkostenstellen zugerechnet werden.

11.2 Targetcosting

Targetcosting geht vom Markt aus. Vereinfacht dargestellt, ergibt sich folgendes Vorgehen:

	Erzielbarer Marktpreis
–	Plandeckungsbeitrag
=	Kostenziel

Jetzt werden die Einzel- und Gemeinkostenpositionen im Hinblick auf das Kostenziel untersucht. Da die Einzelkosten der Fertigung (Material und zeitabhängige Lohnkosten) ständig durch das Einkaufsmanagement und das Arbeits- und Zeitstudium kontrolliert werden, liegt der Schwerpunkt auch beim Targetcosting auf den Gemeinkosten (Auftragsplanung, -abwicklung, -abrechnung, -kontrolle etc.).

Targetcosting bedient sich daher der Ergebnisse der Prozesskostenrechnung.

11.3 Benchmarking in der Kostenrechnung

Benchmarks sind Zielgrößen, die durch Vergleich mit anderen Unternehmen der Branche (vor allem mit den „Kostenführern“, **also den besten Unternehmen**) oder durch Vergleich mit Teilbetrieben des eigenen Unternehmens festgelegt werden.

In der Kostenrechnung versucht man daher, Kostenstrukturen der Branche oder Kostenstrukturen unterschiedlicher Zweigwerke mit gleichem Produktionsprogramm zu vergleichen, um dann gezielt Kostensenkungsmaßnahmen einleiten zu können. Meist wird die Kostenstruktur in Prozent des Verkaufspreises analysiert.

Beispiel:

- Ein internationaler Möbelerzeuger hat in seiner österreichischen Niederlassung folgende Kostenstrukturen (bezogen auf den Verkaufspreis an die Großunternehmen des Einzelhandels):

Materialkosten	20%
Materialgemeinkosten	2%
Fertigungslöhne	15%
Fertigungsgemeinkosten	10%
Forschung und Entwicklung	4%
Verwaltungskosten	6%
Vertriebskosten, kaufm.	10%
Logistik	8%
Insgesamt	85%

Vergleiche mit einer Fabrik in Schweden zeigen, dass dort die Fertigungsgemeinkosten nur 8%, die Verwaltungskosten nur 4% und die Fertigungslöhne nur 12% betragen. Andererseits sind Material, Logistik und Vertriebskosten in Schweden höher.

Als Benchmark werden daher Fertigungsgemeinkosten von 8%, Fertigungslöhne von 12% und Verwaltungskosten von 4% in Österreich vorgegeben.

Um die „Benchmarks“ zu erreichen, müssen verschiedene Maßnahmen gesetzt werden:

- Längere Durchrechnungszeiträume für Überstunden
- Erhöhung der Teilzeitarbeit oder der Zahl der Leiharbeitskräfte
- Gegebenenfalls völlige Neuverhandlung der Betriebsvereinbarungen über Lohngruppen, Akkordgrundlöhne
- Rationalisierung von Verwaltungsabläufen über Internet oder firmeninterne Netze

12 Zusammenfassende Beispiele zur Kostenrechnung

12.1 Münzwäscherei und Trockenputzerei Kaltenecker

Frau Kaltenecker betreibt eine Münzwäscherei und Münztrockenputzerei.

Die Gewinn- und Verlustrechnung des Vorjahres wies (vereinfacht) folgende Zahlen auf:

Personalaufwand	€	24.000,–
Waschmittel (Wäscherei)	€	3.600,–
Chemikalien (Putzerei)	€	1.800,–
Antriebsenergie	€	9.300,–
Beleuchtung, Beheizung, Grundgebühr	€	4.000,–
Wasser, Abwasser, Kanal etc.	€	2.000,–
Instandhaltung — Gebäude	€	10.000,–
Instandhaltung — Maschinen	€	9.000,–
Buchführung und Steuerberatung	€	3.000,–
Abschreibung — Gebäude	€	1.200,–
Abschreibung — Maschinen	€	7.000,–
Abschreibung — Einrichtung	€	1.000,–
Summe — Aufwand	€	75.900,–
Summe — Ertrag	€	104.400,–
Gewinn vor Steuern lt. Finanzbuchhaltung	€	28.500,–

Zusatzangaben: (soweit Bestände betroffen sind, beziehen sich die Angaben auf das Jahresende)

- Frau Kaltenecker hat eine Angestellte.
- Das Unternehmen verfügt über 10 Waschmaschinen (Anschaffungswert je € 2.000,–) und 3 Trockenputzmaschinen (Anschaffungswert je € 5.000,–).
  Der Anschaffungswert der Einrichtung betrug € 10.000,–.
- Einrichtung und Maschinen wurden vor 4 Jahren angeschafft. In der Buchhaltung werden die Maschinen auf der Basis einer Nutzungsdauer von 5 Jahren, die Einrichtung auf 10 Jahre abgeschrieben.
- Die tatsächliche Nutzungsdauer aller Anlagegegenstände beträgt rund 10 Jahre.
- Das Geschäft hat 60 m^2 und befindet sich im eigenen Haus. Buchhalterisch wurde der gewerblich genutzte Hausanteil zu Beginn der Nutzung mit € 60.000,– bewertet. Die Abschreibung erfolgt auf 50 Jahre. Das Haus ist 30 Jahre alt. Die tatsächliche Nutzungsdauer kann mit 80 Jahren angesetzt werden.
- Die Fassade wurde heuer neu geputzt, ferner wurden Teile des Kachelbodens neu verlegt und die Wände neu tapeziert. Verbucht wurde der Rechnungsbetrag unter „Instandhaltung Gebäude“. Derartige Renovierungen erfolgen ca. in jedem 10. Jahr.
- Die Instandhaltung der Maschinen erfolgt mit einem pauschalen Wartungsvertrag, der auch die Kosten der Ersatzteile einschließt (pro Putzmaschine € 1.000,– und pro Waschmaschine € 600,– pro Jahr, ohne Umsatzsteuer).
- Abgerechnet wurden :
  - 18.000 Läufe der Waschmaschinen zu je € 4,– (nach Abzug der Umsatzsteuer); Stromverbrauch pro Lauf ca. € 0,40 , Waschmittelverbrauch ca. € 0,20.
  - 3.600 Läufe der Putzmaschinen zu je € 9,– (nach Abzug der Umsatzsteuer); Stromverbrauch je Lauf ca. € 0,60, Chemikalienverbrauch ca. € 0,50.
  - Jede Maschine benötigt pro Lauf einschließlich Füllen und Entleeren ca. 1 Stunde.

Die Putzerei öffnet täglich um 9 Uhr und hat bis 18 Uhr (Samstag bis 12 Uhr) geöffnet. Ca. 6 Wochen im Jahr (Weihnachten und August) ist geschlossen.

Aufgabe 1:

Ermitteln Sie das Betriebsergebnis der lt. Kostenrechnung.

Aufgabe 2:

Versuchen Sie, die „Vollkosten" pro Lauf der Waschmaschinen und der Trockenputzmaschinen zu ermitteln. Welche Probleme ergeben sich dabei?

Versuchen Sie danach, den Beitrag der Waschmaschinen und der Putzmaschinen zum Betriebsergebnis auf Vollkostenbasis zu ermitteln, und zeigen Sie die Problematik dieser Zurechnung.

Aufgabe 3:

Versuchen Sie, den Beitrag der beiden Bereiche (Waschmaschinen und Putzmaschinen) zur Deckung der Unternehmensfixkosten mit Hilfe einer stufenweisen Fixkostendeckungsrechnung zu ermitteln.

Aufgabe 4:

Frau Kaltenecker überlegt, ob sie weiterhin im August geschlossen halten soll. Die Schwester ihrer Angestellten wäre bereit, zwei Monate auszuhelfen. Damit wären Personalkosten von etwa € 3.000,– verbunden. Die Angestellte könnte dann im Juli oder im September auf Urlaub gehen, und es wäre eine durchgehende Öffnung möglich. Frau Kaltenecker schätzt, dass im August etwa 1.000 Läufe der Waschmaschinen und 200 Läufe der Trockenputzmaschinen zu verkaufen wären.

a) Wäre eine derartige Entscheidung sinnvoll?
b) Bei wie vielen Läufen wäre sie nicht mehr sinnvoll, wenn das Verhältnis Waschmaschinenläufe zu Trockenputzmaschinenläufe im August etwa 5:1 ist?

Aufgabe 5:

Eine nahe liegende Wäscherei und Putzerei hat Kapazitätsprobleme. Sie fragt an, ob Wäsche und Kleidung im Umfang von jährlich rund 2.000 Waschmaschinenläufen und 300 Läufen der Trockenputzmaschinen gereinigt werden könnten. Allerdings wäre die schrankfertige Lieferung notwendig. Dazu müssten 2 Arbeiterinnen aufgenommen werden.

Um Wartezeiten für die Stammkunden zu vermeiden, müsste eine weitere Waschmaschine angekauft werden. Raum und Anschlüsse wären vorhanden.

Zu welchem Mindestpreis, ohne Umsatzsteuer, könnte man den Gesamtauftrag anbieten?

Aufgabe 6:

Von der oben angeführten Wäscherei und Putzerei wird Frau Kaltenecker angeboten, ihr Unternehmen gegen eine einmalige Ablöse von € 20.000,– und einen monatlichen Mietzins für das Lokal von € 800,– zu übernehmen. Frau Kaltenecker könnte als Filialleiterin pro Jahr vor Steuer etwa € 21.000,– verdienen.

Soll Frau Kaltenecker dieses Angebot unter kostenrechnerischen Aspekten annehmen?

Welche weiteren Überlegungen könnte man anstellen?

12.2 Goldi, der Goldschmied

Goldi hat expandiert. Seine letzte Gewinn- und Verlustrechnung (Ende des 4. Jahres) zeigt folgende Zahlen:

➢ Erlöse, Verkauf (davon Handelsware 220.000)	€ 470.000,–	
➢ Erlöse Reparaturen	€ 25.000,–	€ 495.000,–
➢ Personalaufwand (2 Gesellen, 1 Verkäufer)	€ 90.000,–	
➢ Handelswareneinsatz	€ 100.000,–	
➢ Materialeinsatz (Gold)	€ 60.000,–	
➢ Lokalmiete	€ 7.200,–	
➢ Heizung, Beleuchtung, Reinigung	€ 2.400,–	
➢ Abschreibung Ladeneinrichtung	€ 8.000,–	
➢ Abschreibung Werkzeuge, Werkstatt	€ 10.000,–	
➢ Abschreibung PKW	€ 6.000,–	
➢ PKW — Kosten laufend	€ 9.000,–	
➢ Bankzinsen	€ 12.000,–	
➢ Sonstiger Aufwand (Reisekosten, Bewirtung von Großabnehmern)	€ 12.000,–	
➢ Aufwand für Einkaufsfahrten	€ 4.000,–	€ 320.600,–
➢ Gewinn laut Finanzbuchhaltung		€ 174.400,–

Aus der Bilanz und den Beilagen sind folgende Daten zu entnehmen:

➢ Ladeneinrichtung (Anschaffungswert 80.000,–)	€ 48.000,–
➢ Werkzeuge und Werkstatteinrichtung (AW 50.000,–)	€ 20.000,–
➢ PKW (AW 30.000,–)	€ 18.000,–
➢ Lagerbestand, Schmuck (davon 60% aus eigener Erzeugung)	€ 100.000,–
➢ Lagerbestand, Gold	€ 20.000,–
➢ Bankguthaben	€ 11.000,–
➢ Bankkredit	€ 120.000,–

Weitere Angaben:

- Der Laden hat 30 m², die Werkstätte 50 m².
- Die Löhne für Verkäufer und Gesellen sind in etwa gleich.
- Der Verkäufer hat den Ladenverkauf weitgehend selbständig übernommen.
- Im Laden werden die gesamte Handelsware und ca. 40% des selbst erzeugten Schmucks abgesetzt (Erlöse Handelsware € 220.000,–, Erlöse selbst erzeugter Schmuck € 100.000,–).
- Beide Gesellen sind voll ausgelastet. Sie leisteten pro Mann und Jahr je 1.500 produktive Stunden. Für Reparaturen wurden laut Aufzeichnungen 750 Stunden aufgewendet. Die restliche Zeit entfiel auf die Produktion von Goldis Entwürfen.
- Goldi vertreibt eigenen Schmuck an Großabnehmer, die er mit dem Firmenauto besucht (ca. 40% der Zeit). Er setzte etwa 60% des selbst erzeugten Schmucks um € 150.000,– ab. Ca. 20% seiner restlichen Zeit verwendet er für Entwürfe, weitere 20% für den Ladenverkauf und 20% für den Einkauf.
- Mit dem Firmenauto wurden im Vorjahr 30.000 km gefahren, davon etwa 80% für Verkaufsfahrten und 20% für Einkaufsfahrten.
  Von den laufenden Kosten entfallen € 3.000,– auf Steuer, Garage und Versicherung.

- Der Lagerbestand an eigenem Schmuck hat sich wertmäßig während des Jahres nicht verändert.

Zur Vereinfachung wird angenommen, dass alle Aufwanddaten der G+V-Rechnung mit Ausnahme der Zinsen und der Abschreibungen unverändert in die Kostenrechnung übernommen werden (dies ist bei einem Kleinbetrieb auch eine realistische Annahme).

- Kalkulatorische Zinsen 8%
- Kalkulatorische Nutzungsdauer der Werkzeuge, Werkstatt und Ladeneinrichtung doppelt so lang wie in der Finanzbuchhaltung.
- Autoabschreibung auf 6 Jahre.

Goldi möchte für folgende Probleme brauchbare Daten aus der Kostenrechnung:

Problem 1:

Goldi sucht nach einem „Kalkulationsschema" auf der Basis von Vollkosten und möchte dann den Beitrag der einzelnen Bereiche (Handelswaren im Laden, eigener Schmuck im Laden, Reparaturen im Laden, eigener Schmuck im Direktvertrieb) zum Betriebsergebnis analysieren.

Wie könnte ein derartiger Betriebsabrechnungsbogen aussehen?

Welchen Stellenwert hat diese Analyse?

Zusatzfrage:

Überlegen Sie, wie ein Zusatzauftrag für einen Hochzeitsschmuck (Goldwert € 1.000,–, 30 Arbeitsstunden, Überstunden erforderlich, zusätzliche Kosten pro Überstunde mit allen Lasten ca. € 20,–) für einen Freund kalkuliert werden muss, damit alle Kosten gedeckt werden. Überlegen Sie zunächst nur logisch. Gerechnet wird bei der nächsten Problemstellung.

Problem 2:

Versuchen Sie, einen BAB auf Grenzkostenbasis aufzustellen und die Deckungsbeiträge der einzelnen Produkte (Schmuck im Laden, Handelsware im Laden, Reparaturen, Schmuck im Direktvertrieb) zu ermitteln.

Achten Sie auf die zahlreichen notwendigen Zusatzannahmen.

Problem 3:

Soll er weiterhin Reparaturen annehmen? Der Geselle könnte sonst Schmuck mit einem Goldwert von € 20.000,– erzeugen. Goldi könnte damit im Direktvertrieb den Umsatz um etwa € 80.000,– steigern.

Problem 4:

Goldi überlegt, ob er einen weiteren Verkäufer für den Direktvertrieb und einen weiteren Gesellen einstellen soll. Er könnte dann Gold im Wert von € 30.000,– zusätzlich verarbeiten und etwa um € 120.000,– verkaufen.

Erforderlich wären:

- Investitionen in die Werkstatt von € 10.000,–
- Ein weiterer PKW um € 24.000,–,
  laufende Jahreskosten dieses PKW von € 9.000,–
- Sonstige Vertriebskosten etwa wie bisher

Lösungsvorschläge finden Sie wieder im Anhang I.

Anhang I:

Lösungen zu den Problemstellungen

Abschnitt 1 (Grundfragen des betrieblichen Rechnungswesens)

Lösungen zu den Kontrollfragen und Problemstellungen

1.3 Kontrollfragen

Kontrollfrage 1:

Bitte verwenden Sie die Zusammenfassung des Abschnitts.

Kontrollfrage 2:

Gesetzliche Vorschriften bestehen nur für die Finanzbuchhaltung. Allerdings erfordern manche Probleme der Finanzbuchhaltung auch eine gut funktionierende Kostenrechnung (dieser Zusammenhang wird noch besprochen werden).

1.4 Problemstellungen

Problemstellung 1:

Planen Sie sämtliche Einzahlungen. Neben Ihrem Gehalt gehören dazu auch Erlöse aus dem Verkauf von Gegenständen (z.B. Altauto, Flohmarkt) oder Beträge, die Ihnen andere schuldig sind und innerhalb der Planungsperiode zurückgezahlt werden.

Addieren Sie Ihren Zahlungsmittelbestand (Bankguthaben — hoffentlich haben Sie eines, etc.), und Sie kommen zu den verfügbaren Zahlungsmitteln.

Stellen Sie diesen Einzahlungen die Auszahlungen gegenüber, und zwar für laufende Aufwendungen (Miete, Essen, Energie, Reinigung, Erholung etc.), für Anschaffungen (Einrichtung, Auto), für Kreditrückzahlungen einschließlich Zinsen, und überlegen Sie, ob etwas übrig bleibt.

Problemstellung 2:

Vermutlich bekommen Sie schon Probleme, alle Gegenstände in Ihrem Eigentum zu erfassen (Sie müssen Inventur machen, vgl. Abschnitt 3). Dann müssen Sie jeden einzelnen Gegenstand bewerten. Dies ist schon bei einer alten Kücheneinrichtung schwierig. Exakt müssten Sie jedoch jedes Wäschestück gesondert erfassen und bewerten.

Am wenigsten Probleme werden Sie wahrscheinlich mit Ihren Schulden haben.

Problemstellung 3:

Die Kosten des Rohmaterials sind relativ einfach zu erfassen. Jedoch wie viel Energie verbrauchen Sie für das Kochen, wird Ihr Herd und das Geschirr durch das Kochen abgenutzt und können Sie den Wertverlust schätzen? Müsste man eigentlich die anteilige Miete pro m^2 und die Heizungskosten der Wohnung auch berücksichtigen? Wieviel ist Ihre aufgewendete Zeit wert etc.?

Problemstellung 4:

Die Kosten aus dem Vorjahr und der Anschaffungswert des PKW sind in den Aufzeichnungen **„dokumentiert"** – sie zeigen, wie es in der Vergangenheit war.

Wollen Sie für die Zukunft **planen**, müssten Sie eigentlich die Kosten vorausschätzen (Benzinpreisentwicklung, Reparaturanfälligkeit Ihres älter werdenden Autos, Entwicklung der Versicherungs- und Garagierungskosten). Stellen Sie am Ende des nächsten Jahres die Planung den Istkosten gegenüber, erfüllen Ihre Aufzeichnungen die **Kontrollfunktion.** Schließlich können Sie sich für oder gegen die öffentlichen Verkehrsmittel auf Grund des Kostenvergleichs **entscheiden,** d.h. eine **Verfahrensentscheidung** treffen.

Abschnitt 2 (Die Finanzrechnung)

Lösungen zu den Problemstellungen

(1) Weiterführende Problemstellungen zum Fallbeispiel Goldi (Finanzstatus, Finanzplan)

Problemstellung 1

Finanzrechnung Peter Goldi, per Geschäftseröffnung

Position	Ist
A. Auszahlungen	
a) Laufend	
Goldeinkauf	40.000,–
b) Investitionen	
Ladeneinrichtung	80.000,–
Werkzeuge	30.000,–
Summe Auszahlungen	150.000,–
B. Einzahlungen	0,–
C. Zahlungsmittel	60.000,–
Unterdeckung (= Bankkredit zu Jahresbeginn)	90.000,–

Problemstellung 2

Finanzrechnung Peter Goldi, erstes Quartal

Position	Ist
A. Auszahlungen	
a) Laufend	
Löhne	6.000,–
Lokalmiete	3.750,–
Goldeinkauf	40.000,–
Sonstiges	3.000,–
b) Investitionen	
Ladeneinrichtung	80.000,–
Werkzeuge	30.000,–
c) Privatentnahmen	3.000,–
Summe Auszahlungen	165.750,–
B. Einzahlungen	
Schmuck bar	10.000,–
C. Zahlungsmittel	60.000,–
Unterdeckung (= Bankkredit Ende 1. Quartal)	95.750,–

Problemstellung 3

Finanzgrundplan für 20 . . (nur Sollzahlen)

+	Einzahlungen aus laufender Geschäftstätigkeit	€	120.000,–
–	Auszahlungen aus laufender Tätigkeit	€	89.000,–
–	Auszahlungen für Investitionen	€	90.000,–
+	Einzahlungen aus Anlagenverkäufen	€	0,–
	Saldo I	– €	59.000,–

Finanzmitteldeckungsplan für 20 . . (nur Sollzahlen)

	Einzahlung von Eigenmitteln	€	60.000,–
+	Kreditaufnahme	€	17.000,–
–	Tilgung von Krediten einschließlich Verzinsung		0,–
–	Privatentnahmen	€	18.000,–
	Saldo II	+ €	59.000,–

Anmerkungen:

- Selbstverständlich hätte man die € 60.000,– auch in den Finanzgrundplan als Anfangsbestand an Zahlungsmitteln einsetzen können.
- Wie bereits erwähnt, sollten bei einem Kleinbetrieb die Privatentnahmen eher im Finanzgrundplan aufscheinen.
- Die Höhe der Kreditaufnahme könnte sich auch erst aus der negativen Differenz zwischen Saldo I und Saldo II ergeben („offene Kreditlinie").

(2) Problemstellung zur Konfektionsschneiderei Müller (Finanzstatus, Finanzplan)

a) **Finanzgrundplan von Frau Müller**

+	Einzahlungen aus laufender Geschäftstätigkeit	€	480.000,–
–	Auszahlungen aus laufender Tätigkeit (Löhne, Miete, Materialeinkauf, Sonstiges)	€	360.000,–
–	Auszahlungen für Investitionen	€	100.000,–
=	Saldo I	+ €	20.000,–

b) **im Finanzplan sind nicht enthalten:**

- die Zinsen für den Kredit (ca. 6% für 100.000,– ergeben ca. € 6.000,–); natürlich fallen zusätzliche Zinsen an, wenn der Kredit aufgestockt wird (z.B. weil Frau Müller mit den Investitionen nicht warten möchte, bis sie diese aus den Einzahlungsüberschüssen bezahlen kann — vgl. dazu auch c)
- Kreditrückzahlungen (da der Kreditrahmen erhöht werden kann, sind offensichtlich keine Kreditrückzahlungen erforderlich);
- die Privatentnahmen (bei € 2.500,– pro Monat wären das € 30.000,–);
- in der Praxis wären noch Steuern aus dem Privatbereich zu berücksichtigen. Die Aufstockung des Kredits um € 20.000,– könnte daher knapp reichen.

c) Die finanzielle Situation könnte sich dann zu Ende des ersten Vierteljahres verschlechtern, wenn die Investitionen bereits zu Beginn des Jahres gegen Barzahlung getätigt werden sollen und wenn zusätzlich die Umsätze zu Jahresbeginn eher schlechter sind als im Jahresdurchschnitt.

d) Auch wenn die Umsatzprognosen eintreffen ist nicht gesagt, dass alle Abnehmer sofort bar bezahlen. Verlangen die Abnehmer längere Kreditfristen, könnte dies ebenfalls zu einer Verschlechterung der finanziellen Situation führen.

(3) Problemstellung zur Sekt- und Snackbar „Christerl" (Finanzielle Deckungsbeiträge, Cashflow-Point)

(a) und (b)

Wareneinsatz in Prozent vom Umsatz:

Alkoholische Getränke: Aufschlag 300%, daher Endpreis 400% vom Wareneinsatz. Wareneinsatz bezogen auf den Umsatz daher ein Viertel = 25%

Nichtalkoholische Getränke: Aufschlag 500%, Endpreis daher 600% vom Wareneinsatz. Wareneinsatz bezogen auf den Umsatz daher ein Sechstel = 17%

Speisen: Aufschlag 200%, Endpreis daher 300%. Wareneinsatz 33%

Finanzieller Deckungsbeitrag pro Umsatzgruppe:

Vom Erlös abzüglich der Umsatzsteuer werden die variablen Auszahlungen für den Wareneinsatz abgezogen (Sätze auf ganze Prozente gerundet).

Deckungsbeitrag für Alkoholika	83% – 25%	=	58%
Deckungsbeitrag für alkoholfreie Getränke	83% – 17%	=	66%
Deckungsbeitrag für Speisen	91% – 33%	=	58%

20% auf Hundert sind ca. 17% (20 : 120 × 100 = 16,67)
10% auf Hundert sind ca. 9% (10 : 110 × 100 = 9,09)

Durchschnittlicher finanzieller Deckungsbeitrag für den Gesamtumsatz:

Die Deckungsbeiträge pro Leistungsgruppe werden mit dem Umsatzanteil gewichtet. Aus der Summe ergibt sich der Mittelwert.

Alkoholika	58% × 0,4	=	23,2%
Alkoholfreie Getränke	66% × 0,3	=	19,8%
Speisen	58% × 0,3	=	17,4%
Durchschnittlicher finanzieller Deckungsbeitrag			60,4%

Cashflow-Point: 8.700 : 0,604 = ca. € 14.400,–
: 22 = € 655,– / Tag
: 25 = € 26,– / Platz und Tag

D.h., sie müsste etwa 5 bis 8 Getränke oder kleine Speisen pro Abend und pro Platz verkaufen. Bei ungenügender Frequenz könnte das knapp werden.

(c)

Finanzieller Deckungsbeitrag pro Kaffee	3,50 × 0,66	=	€ 2,31
Finanzieller Deckungsbeitrag pro Sekt	5,– × 0,58	=	€ 2,90
Finanzieller Deckungsbeitrag pro Toast	4,– × 0,58	=	€ 2,32

Die Deckungsbeiträge können wichtige Unterlagen für die Sortiments- und für die Preisentscheidung sein (was will ich um welchen Preis verkaufen).

Näheres erfahren Sie in den Abschnitten zur Kostenrechnung.

(4) Problemstellungen zur Boutique Clarissa

(a) **Kredit für die Unternehmensgründung**

Kaution	€	7.500,–
Miete bis zur Eröffnung	€	7.500,–
Adaptierungsarbeiten	€	20.000,–
Einrichtung	€	30.000,–
Erstausstattung Lager	€	20.000,–
Werbung etc.	€	5.000,–
Lebensunterhalt	€	5.000,–
Finanzbedarf	€	95.000,–
10% Reserve	€	9.500,–
Gesamtbedarf	€	104.500,–
Gerundet	€	105.000,–
Eigenmittel	€	30.000,–
Kredit	€	75.000,–
(Kreditrate inklusive Zinsen daher		
pro Quartal 7,5 × 575,–	€	4.312,50
pro Jahr daher	€	17.250,–)

Hinweis:

In der Regel wird geraten, etwa 1/3 der benötigten Mittel als Eigenmittel aufzubringen. Karla wäre daher an der äußersten Grenze der Finanzierbarkeit.

b) **Ausgabenplan für das 1. Jahr**

Personal	€	60.000,–
Laufende Betriebsausgaben	€	12.000,–
Miete	€	30.000,–
Kreditrückzahlung	€	17.250,–
Privatentnahme	€	24.000,–
Auszahlungen pro Jahr	€	143.250,–
Reserve 10%	€	14.325,–
Finanzbedarf im 1. Jahr	€	157.575,–
lt. Angabe gerundet ca.	€	160.000,–

Dieser Finanzbedarf enthält keine Auszahlungen für das Sortiment, da die Erstausstattung bereits bei den Eröffnungskosten berücksichtigt wurde und laufende Sortimentserhöhungen durch die Lieferanten finanziert werden sollen.

Hinweis:

Das Beispiel zeigt, dass derartige Pläne einerseits aus genau ermittelbaren Auszahlungen bestehen (z.B. Miete, Kreditrate) und aus Schätzgrößen (laufende Ausgaben, Privatentnahmen). Ein Planungsergebnis auf Euro und Cent bedeutet daher nicht, dass der Plan sehr genau ist.

c) Ermittlung des durchschnittlichen Deckungsbeitrags

Designermode:

Aufschlag 200%, d.h., verkauft wird um den dreifachen Einstandspreis.

Variabel sind die Umsatzsteuer, die ja laut Angabe im Aufschlag enthalten ist, und der Wareneinsatz.

DB: 100% - Wareneinsatz 33% - Umsatzsteuer (a.H.) 17% = 50%

Hinweis:

Exakt müsste man bei der Umsatzsteuer mit 16,67% (bzw. gerundet mit 16,7%) rechnen (vgl. dazu auch die Lösung zu d).

Konfektion:

Aufschlag 100%, d.h., verkauft wird um den doppelten Einstandspreis.

DB: 100% - Wareneinsatz 50% - Umsatzsteuer (a.H.) 17% = 33%

Lockartikel:

Aufschlag 50%, d.h., verkauft wird um den 1½fachen Einstandspreis.

DB: 100% - Wareneinsatz 67% - Umsatzsteuer (a.H.) 17% = 16%

Gewogener Durchschnitt der Deckungsbeiträge

(vgl. Sektbar Christl)

Designermode	Anteil 50% x DB 50%	=	25%
Konfektionsware	Anteil 30% x DB 33%	=	10%
Lockartikel	Anteil 20% x DB 16%	=	3%
Durchschnittlicher DB vom Umsatz daher	ca.	=	38%

Alle geplanten Auszahlungen stellen Fixauszahlungen dar, daher

finanzieller Break-even-Punkt = 157.575 : 0,38 = € 414.700,-

Karla könnte nun mit Branchenkennzahlen vergleichen und prüfen, ob derartige Umsätze erzielbar sind.

Hinweis:

Der durchschnittliche Umsatz pro Verkäufer lag im österreichischen Textileinzelhandel inklusive 20% USt ungefähr bei 160.000,– Euro pro Verkäufer und Jahr. Auch wenn Clarissa neben ihrer Managementtätigkeit halbtags als Verkäuferin mitarbeitet, ist dieser Umsatz kaum zu erreichen (2 × 160.000 = 320.000,–).

d) Veränderte Preis- und Absatzstruktur

Die Preise sind um 10% niedriger anzusetzen. Die Deckungsbeiträge sind daher neu zu ermitteln. Zu beachten ist, dass auch der Deckungsbeitrag in Prozent auf den neuen Verkaufspreis, also auf 90% des alten Preises, bezogen werden muss.

Designermode:

Verkaufspreis nur mehr 90% – Wareneinsatz 33% – USt (1/6 von 90% = 15%) = 42%; bezogen auf 90% = 47%.

Kontrolle:

Bezogen auf den neuen Verkaufspreis von 90 beträgt der Wareneinsatz nun (33 : 0,9 = 36,7%).

Die Umsatzsteuer beträgt 16,7% vom Verkaufspreis, d.h., der DB beträgt 46,6%, gerundet 47%, vom Verkaufspreis (statt 50%).

Konfektion:

Bezogen auf den neuen Umsatz beträgt (vgl. Kontrolle)

Wareneinsatz: (50 : 0,9) 55,6% + USt 16,7% = 72,3%

DB daher ca. 28% (statt 33%)

Lockartikel:

Wareneinsatz (67 : 0,9) 74,4% + USt 16,7% = 91,1%

DB daher ca. 9% statt 16%

Hinweis:

Das Beispiel zeigt, dass bei knappen Spannen, wie bei den Lockartikeln, der DB schon bei geringen Preiseinbrüchen dramatisch sinkt. Bei hohen Spannen ist dies nicht so bedeutsam.

Gewogener Durchschnitt der Deckungsbeiträge

Designermode	Anteil 20% x DB 47%	=	9,4%
Konfektionsware	Anteil 50% x DB 28%	=	14,0%
Lockartikel	Anteil 30% x DB 9%	=	2,7%
Durchschnittlicher DB vom Umsatz daher	ca.	=	26,1%

Finanzieller Break-even-Punkt = 157.575 : 0,26 = € 606.000,-

Das heißt, hat man sich bei Preisen und Umsatzanteilen nur ein wenig verschätzt, ist der finanzielle Break-even-Punkt kaum mehr zu erreichen.

Beachten Sie ferner:

Wir haben den Mindestumsatz in Euro ermittelt. Dieser muss jedoch mit den um 10% verminderten Verkaufspreisen erzielt werden. D.h., es müssen mengenmäßig Waren verkauft werden, die früher 606.000 : 0,9 = € 673.333 gekostet haben.

e) **Wie das Beispiel zeigt, ist die Einnahmenplanung höchst unsicher.**

Dies gilt vor allem für Neugründungen. Die gewählte Vorgangsweise ermöglicht eine Plausibilitätsschätzung. Rechnen Sie mit Tabellenkalkulation, können Sie jetzt verschiedene Varianten simulieren.

(5) Problemstellungen zu einem Drogeriefilialbetrieb

a)

Umsatzerlöse ohne USt	€ 8,000.000,–
Wareneinsatz	€ 6,000.000,–
Verkäuferprovision	€ 160.000,–
Deckungsbeitrag	€ 1,840.000,–
in Prozent vom Umsatz	23%

Fixe Auszahlungen: 1,2 Mio. + 0,15 Mio. + 0,2 Mio. + 0,65 Mio. = 2,2 Mio.

Finanzieller Break-even-Punkt = 2,200.000 : 0,23 = € 9,600.000,–

b) Da Preiserhöhungen nicht möglich sind, werden in der Regel drei Maßnahmen gesetzt:
- Rationalisierungen beim Personal (z.B. mehr Teilzeitbeschäftigte), um die Fixkosten zu reduzieren.
- Druck auf die Lieferanten, um den Deckungsbeitrag zu erhöhen,
- Versuch der Umsatzausweitung durch Sortimentsveränderungen, Werbemaßnahmen, Aktionen aller Art.

Abschnitt 3 (Die Finanzbuchhaltung)

Lösungen zu den Problemstellungen

3.9.1 Problemstellung 1: Eröffnung, laufende Buchungen, Abschluss

EBK

Lieferverb.	15.000	Einrichtung	50.000
Bankverb.	25.000	Fuhrpark	30.000
Eigenkap.	110.000	Kassa	20.000
		Lieferford.	20.000
		Warenb.	30.000
	150.000		150.000

Einrichtung

EBK	50.000	d)	5.000
		SBK	45.000
	50.000		50.000

Fuhrpark

EBK	30.000	d)	10.000
		SBK	20.000
	30.000		30.000

Kassa

EBK	20.000	(4)	40.000
(2)	40.000	(5)	5.000
(3)	10.000	(6)	15.000
		SBK	10.000
	70.000		70.000

Lieferforderungen

EBK	20.000	(3)	10.000
(8)	70.000	SBK	80.000
	90.000		90.000

Warenbestand

EBK	30.000	WES	60.000
(1)	50.000	SBK	20.000
	80.000		80.000

Lieferverbindlichkeiten

(6)	15.000	EBK	15.000
SBK	50.000	(1)	50.000
	65.000		65.000

Bankkredit

SBK	27.000	EBK	25.000
		(7)	2.000
	27.000		27.000

Eigenkapital

Verlust	12.000	EBK	110.000
SBK	98.000		
	110.000		110.000

Verkaufserlöse

G+V	110.000	(2)	40.000
		(8)	70.000
	110.000		110.000

Löhne

(4)	40.000	G+V	40.000
	40.000		40.000

Wareneinsatz

c)	60.000	G+V	60.000
	60.000		60.000

Reparaturen

(5)	5.000	G+V	5.000
	5.000		5.000

Abschreibungen

d)	5.000	G+V	15.000
d)	10.000		
	15.000		15.000

Zinsaufwand

(7)	2.000	G+V	2.000
	2.000		2.000

SBK

Einrichtung	45.000	Lieferverb.	50.000
Fuhrpark	20.000	Bankverb.	27.000
Kassa	10.000	Eigenkap.	98.000
Lieferford.	80.000		
Warenb.	20.000		
	175.000		175.000

G+V

WES	60.000	Verk.Erl.	110.000
Löhne	40.000	Verlust	12.000
Reparat.	5.000		
Zinsaufw.	2.000		
Abschr.	15.000		
	122.000		122.000

3.9.2 Problemstellung 2: Konfektionsschneiderei Müller

Anlagevermögen

EBK	150.000	Abschr.	40.000
Invest.	100.000	SBK	210.000
	250.000		250.000

Bankkredit

Verkauf	460.000	EBK	100.000
SBK	130.000	Löhne	200.000
		Miete	20.000
		Material	110.000
		Sonst.	20.000
		Invest.	100.000
		Privat	30.000
		Zinsen	10.000
	590.000		590.000

Materialvorrat

EBK	10.000	Einsatz	110.000
Zukäufe	120.000	SBK	20.000
	130.000		130.000

Eigenkapital

Privat	30.000	EBK	90.000
SBK	120.000	G+V	60.000
	150.000		150.000

Fertigerzeugnisse

EBK	30.000	Abgang	20.000
		SBK	10.000
	30.000		30.000

Lieferantenverbindlichkeiten

SBK	10.000	Material	10.000
	10.000		10.000

Kundenforderungen

Verkauf	20.000	SBK	20.000
	20.000		20.000

Privat

Entn.	30.000	Eigenk.	30.000
	30.000		30.000

Lohnaufwand

Löhne	200.000	G+V	200.000
	200.000		200.000

Sonstiger Aufwand

Divers.	20.000	G+V	20.000
	20.000		20.000

Mietaufwand

Miete	20.000	G+V	20.000
	20.000		20.000

Zinsaufwand

Bankz.	10.000	G+V	10.000
	10.000		10.000

Abschreibungen

Anl.ver.	40.000	G+V	40.000
	40.000		40.000

Erlöse

G+V	480.000	Bank	460.000
		Ziel	20.000
	480.000		480.000

Materialeinsatz

Vorrat	110.000	G+V	110.000
	110.000		110.000

Bestandsveränderungen

Einsatz	20.000	G+V	20.000
	20.000		20.000

Schlussbilanz, Firma Müller per 31.12.20 . .

Aktiva		Passiva	
Anlagevermögen	210.000	Bankkredit	130.000
Materialvorrat	20.000	Verbindlichkeiten	10.000
Fertigerzeugnisse	10.000	Eigenkapital	120.000
Forderungen	20.000		
	260.000		260.000

Anmerkungen:

Anlagevermögen:

	Anfangsbestand	150.000,–
+	Zugänge (Investition)	100.000,–
–	Abschreibungen	40.000,–
=	Endbestand	210.000,– („fortgeschriebener Anschaffungswert")

Die Endbestände an Materialien, Fertigerzeugnissen und die Forderungen können direkt aus der Angabe entnommen werden. Ebenso der Stand des Bankkredites.

Betriebsvermögensvergleich:

	Endeigenkapital	120.000,–
	Anfangseigenkapital	90.000,–
	Eigenkapitalzuwachs	30.000,–
+	Privatentnahme	30.000,–
=	Gewinn	60.000,–

Gewinn- und Verlustrechnung, Kontoform

Aufwand	**Gewinn- und Verlustrechnung, Firma Müller, für 20 . .**		**Ertrag**
Löhne	200.000	Erträge	480.000
Materialverbrauch	110.000		
Miete	20.000		
Abschreibungen	40.000		
Zinsen	10.000		
Sonstiger Aufwand	20.000		
Bestandsveränd.	20.000		
Gewinn	60.000		
	480.000		480.000

Anmerkungen:

Materialverbrauch:

	Anfangsbestand	10.000,–
+	Zukäufe	120.000,–
–	Endbestand lt. Inventur	20.000,–
=	Materialverbrauch	110.000,–

Wird der Materialverbrauch nicht direkt erfasst, kann er nur „indirekt" ermittelt werden.

Die Berechnung ist logisch. Anfangsbestand und Zukäufe müssten vorhanden sein.

Ist weniger vorhanden, so ist die Differenz der Verbrauch.

Selbstverständlich kann man mit dieser indirekten Methode Diebstähle etc. nicht aufdecken, da alles, was nicht mehr vorhanden ist, dem Materialeinsatz zugerechnet wird.

Bestandsveränderungen:

Dass der Bestand an Fertigerzeugnissen abgenommen hat, bedeutet, dass mehr verkauft als erzeugt wurde, d.h., das Lager wurde um € 20.000,– abgebaut. Diese € 20.000,– stellen einen zusätzlichen Aufwand dar.

Buchung:

Bestandsveränderungen Soll an Fertigerzeugnisbestand Haben € 20.000,–

Gewinn- und Verlustrechnung, Staffelform

1. Umsatzerlöse		€	480.000,–	
2. Bestandsminderung	–	€	20.000,–	
3. Materialaufwand	–	€	110.000,–	
4 Personalaufwand	–	€	200.000,–	
5. Abschreibungen	–	€	40.000,–	
6. Sonstige betr. Aufwend.	–	€	40.000,–	(Anm.: Miete und sonst. Aufwand)
Zwischensumme		€	70.000,–	
7. Zinsaufwand	–	€	10.000,–	
Jahresüberschuss		€	60.000,–	

Stand des Bankkredites:

Anfangsbestand		100.000,-
Auszahlungen:		
Investition	100.000,-	
Löhne	200.000,-	
Materialeinkäufe	110.000,-	
Miete	20.000,-	
Sonstiges	20.000,-	
Zinsen	10.000,-	
Privatentnahme	30.000,-	490.000,-
Einzahlungen:		
Barerlöse		460.000,-
Kredit zu Jahresende		130.000,-

Anmerkungen:

Wenn Sie den Stand des Bankkredites richtig nachrechnen konnten, haben Sie den Unterschied zwischen der Finanzrechnung und der Gewinn- und Verlustrechnung in der doppelten Buchhaltung begriffen.

Die Finanzrechnung rechnet mit Aus- und Einzahlungen, ohne Rücksicht darauf, ob es sich um Bestandsgrößen oder um Aufwendungen und Erträge handelt.

Die Gewinn- und Verlustrechnung rechnet mit Aufwand und Ertrag. Diese Größen haben zwar mit vorhergegangenen oder nachfolgenden Zahlungen zu tun, sind aber innerhalb einer Periode nicht ident.

Typische Beispiele für den Unterschied sind:

- Abschreibungen sind Aufwand.
  In der Finanzrechnung stehen jedoch die gesamten bar bezahlten Investitionen als Auszahlung, Abschreibungen sind hingegen keine Auszahlungen.
- Der Wert des verbrauchten Materials ist Aufwand.
  In der Finanzrechnung stehen nur die bar bezahlten Einkaufsrechnungen, ohne Rücksicht darauf, ob das Material verbraucht wurde oder noch auf Lager liegt.
- Verkaufserlöse sind Erträge, ohne Rücksicht darauf, ob die Rechnungen schon bezahlt wurden oder nicht.
  In der Finanzrechnung stehen nur die bezahlten Rechnungen als Einzahlungen.
- Privatentnahmen sind Auszahlungen, aber kein Aufwand.

Zusatzfragen:

Genauer werden wir den Verbleib der Mittel im Abschnitt 5 klären.

Näherungsweise können Sie erkennen, dass ein Teil des Geldes in den Investitionen steckt, ferner wurden € 20.000,- der Verkäufe noch nicht bezahlt.

Die Privatentnahmen verändern den Gewinn selbstverständlich nicht. Hätte Frau Müller mehr entnommen, wäre das Eigenkapital kleiner gewesen und die Schulden höher. Beim Betriebsvermögensvergleich werden jedoch die Privatentnahmen wieder hinzugezählt.

Abschnitt 4 (Grundzüge der Bilanzpolitik)

Lösungen zu den Problemstellungen

1. Offen ausgewiesenes Eigenkapital: 11,500.000,– + 1,700.000,– + 800.000,– (auch der Bilanzgewinn gehört zum Eigenkapital).

   Anmerkung:
   In den Gliederungsvorschriften des Rechnungslegungsgesetzes (vgl. § 224 HGB) steht der Gewinn daher auch im Abschnitt „A Eigenkapital".

2. Stille Reserven sind vermutlich enthalten in den Positionen:

   Grundstücke und Gebäude, vor allem dann, wenn die Anschaffung schon längere Zeit zurückliegt (durch „vorsichtige", d.h. zu schnelle Abschreibung, durch Einhaltung des Anschaffungswertprinzips).

   Geschäftsausstattung (auch die Geschäftsausstattung wird in der Regel schneller abgeschrieben, als es der betriebsgewöhnlichen Nutzungsdauer entspricht).

   Fertigerzeugnisse könnten durch vorsichtige Kalkulationsverfahren (vgl. Bewertung von selbst erstellten Fertigerzeugnissen) ebenfalls unterbewertet sein.

   Forderungen könnten vorsichtig, d.h. zu niedrig bewertet sein.

   Prozessrückstellung könnte zu hoch sein.

   Anmerkung:
   Bildet der Bilanzierende die Abfertigungsrückstellungen nur nach den steuerlichen Vorschriften, sind sie in der Regel nicht zu hoch (gebildet werden dürfen sie maximal in der Höhe von 50% – ab 2003 mit 45% – aller Abfertigungsansprüche am Bilanzstichtag bzw. von 60% für Arbeitnehmer über 50 Jahre).

3. Abschreibungen können im laufenden Jahr dann zu niedrig sein, wenn
   - bestimmte Wirtschaftsgüter bereits vollständig abgeschrieben, aber noch gebrauchsfähig sind,
   - wenn die Inflation hoch ist, da die Abschreibung in der Finanzbuchhaltung nur auf der Basis des Anschaffungswertes berechnet wird (z.B. bei Gebäuden).

4. Wäre die Prozessrückstellung zu hoch, so ist der übersteigende Teil „Eigenkapital". Es handelt sich um eine „stille Reserve", also um eine „stille Rücklage".

Abschnitt 5 (Auswertung des Jahresabschlusses)

Lösungen zu den Problemstellungen

5.2.3 Problemstellung zum Cashflow nach der Praktikermethode

Aufgabe 1:

Die Gewinn- und Verlustrechnung ist nach den Vorschriften des Rechnungslegungsgesetzes gegliedert. Anhand dieses Beispiels können Sie erkennen, dass es bei der Cashflow-Berechnung darauf ankommt, von welchem Zwischenergebnis des Jahresabschlusses Sie ausgehen. Üblich ist die folgende Vorgangsweise:

	Jahresüberschuss	45,000.000,-	
+	Abschreibungen	30,000.000,-	
+	Zuweisung zu langfr. Rückstell.	1,000.000,-	(vgl. Anmerkung)
=	Cashflow	76,000.000,-	

Anmerkung:

- Pensionsrückstellungen zählen zu den langfristigen, Garantierückstellungen eher zu den kurzfristigen Rückstellungen. Im Anhang zum Jahresabschluss finden Sie eine genaue Aufgliederung.

Aufgabe 2:

Der Cashflow geht von der Annahme aus, dass alle Erträge Barerträge und alle Aufwendungen, mit Ausnahme der Abschreibungen und der Zuweisungen zu langfristigen Rückstellungen, Baraufwendungen sind.

Aufgabe 3:

Investiert der Unternehmer nicht, und muss er nicht mehr Kredite zurückzahlen als er aufnimmt, kann er den gesamten Cashflow entnehmen, ohne zusätzliche Schulden zu machen. Der Cashflow nach der Praktikerformel ist fast immer größer als der Jahresüberschuss (Ausnahmen sind möglich, wenn der Gewinn aus der Auflösung von überhöhten Rückstellungen, also aus „unbaren" Erträgen, stammt).

Entnimmt jedoch der Unternehmer regelmäßig den Cashflow, so stehen keine Mittel zur Selbstfinanzierung von Investitionen zur Verfügung. Langfristig können daher Investitionen nur unterlassen oder mit Fremdkapital finanziert werden. Beides führt zu einer erheblichen Verschlechterung der betrieblichen Situation.

Man sagt auch, Unternehmer, die Entnahmen über den Gewinn hinaus tätigen, „leben von der Substanz".

5.2.5 Problemstellung zum EBITDA

	Betriebsergebnis	50
+	Erträge aus Beteiligungen	10
+	Zinserträge aus Wertpapieren	5
=	EBIT	65
+	Abschreibungen	30
=	EBITDA	95

Anmerkung:

Zu den Zinsen gehört nur der Saldo aus den Aufwandzinsen und etwaige Guthabenzinsen aus sofort verfügbaren Bankguthaben.

Erträge bzw. Verluste aus Beteiligungen und aus Wertpapieren werden jedoch zum ordentlichen Betriebsergebnis hinzugezählt bzw. davon abgezogen.

Man könnte auch rechnen:

	Jahresüberschuss	45
+	Steuern	12
+	Aufwandzinsen	8
+	Abschreibungen	30
=	EBITDA	95

5.2.6 Problemstellung: Geldflussrechnung

Nebenrechnungen:

Ermittlung der Privatentnahmen

Eigenkapital 2005 (inkl. Bilanzgewinn)	€ 11,400.000,–
Eigenkapital 2004 (inkl. Bilanzgewinn)	€ 13,400.000,–
Eigenkapitalverminderung	€ 2,000.000,–
Bilanzgewinn	€ 100.000,–
Privatentnahme daher	€ 2,100.000,–

Einzahlungen aus Anlagenverkauf

Verlust aus Anlagenverkauf	€ 400.000,–
Buchwert abgegangener Anlagen	€ 600.000,–
Einzahlung daher	€ 200.000,–

Um bei einem Buchwert von € 600.000,– einen Verlust von € 400.000,– zu erzielen, kann man nur € 200.000,– erhalten haben. Der Verlust von € 400.000,– hat den Gewinn gemindert. Er gehört jedoch in den Investitionsbereich und muss daher zunächst „neutralisiert“, d.h. dazugezählt werden.

Geldfluss aus der Betriebstätigkeit (mit Cashflow als Zwischensumme)

	Jahresüberschuss	€ 300.000		
+	Abschreibungen	€ 2,500.000		
+	Dotation langfr. Rückstellungen (Pensionen)	€ 800.000	Anmerkung	
=	**Cashflow nach der Praktikermethode**	€ 3,600.000		
+	Abbau Kundenforderungen	€ 1,800.000		
–	Aufbau Materiallager	€ 100.000		
–	Aufbau Fertigerzeugnislager	€ 1,000.000		
+	Abbau Handelswarenlager	€ 500.000		
–	Abbau Lieferantenverbindlichkeiten	€ 700.000		
+	Aufbau kurzfristige Rückstellungen (Prozess)	€ 400.000		
+	Verlust aus Anlagenverkauf	€ 400.000		+ € 4,900.000
Geldfluss aus dem Finanzierungsbereich				
+	Erhöhung des Bankdarlehens	€ 2,000.000		
–	Privatentnahmen	€ 2,100.000		– € 100.000
Geldfluss aus dem Investitionsbereich				
–	Anlagenzugang	€ 5,100.000		
+	Einzahlungen aus Anlagenverkauf	€ 200.000		– € 4,900.000
Geldfluss insgesamt				– € 100.000

Dieser negative Geldfluss von € 100.000,– entspricht genau der Abnahme des Kassen- und Bankbestandes um € 100.000,–.

Anmerkung:

Die Pensionsrückstellungen betrugen 2004: € 5,2 Mio. und 2005: € 6 Mio. Es sind daher € 0,8 Mio. dotiert worden.

Hinweis:

Exakt müsste man auch beim Geldfluss aus den Finanzierungsbereich prüfen, ob nicht ein Darlehen zurückgezahlt und ein anderes aufgenommen wurde. In diesem Fall müssten die Bruttogeldflüsse (– Rückzahlung, + Aufnahme) ausgewiesen werden. Das Ergebnis ist jedoch ident.

5.2.7 Problemstellung: Entschuldungsdauer und Selbstfinanzierungsgrad

(1) Entschuldungsdauer

	Eigenkapital: 11,300.000 + 100.000 + 2,600.000 =		€ 14,000.000
	Rest ist Fremdkapital		€ 16,700.000
–	Kassa, Bank	€ 100.000	
–	Forderungen (kurzfristig)	€ 5,000.000	€ 5,100.000
=	Nettoverschuldung		€ 11,600.000
	Cashflow aus operative activities (vgl. Lösung zu 5.2.6)		€ 4,900.000
=	Entschuldungsdauer in Jahren		2,4

(2) Selbstfinanzierungsgrad

Anlagenzugang	€	5,100.000
Cashflow, wie oben	€	4,900.000
Selbstfinanzierungsgrad = 4,9 Mio. : 5,1 Mio.		96%

5.3.5 Problemstellung: Kennzahlen der Bilanzstruktur

- **Anlagenintensität:**

  22 Mio. × 100 / 30,7 Mio. = 72%

- **Eigenkapitalanteil:**

  14 Mio. × 100 / 30,7 Mio. = 46%

- **Anlagendeckung:**

  14 Mio. × 100 / 22 Mio. = 64%

  Erweiterte Variante:

  27 Mio. × 100 / 22 Mio. = 123%

  (Bankdarlehen als langfristig angenommen; Pensionsrückstellung ebenfalls langfristig)

- **Working Capital:**

  8,7 Mio. minus 3,7 Mio. = 5 Mio.

- **Statische Liquidität 1. Grades:**

  100.000,– × 100 / 3,7 Mio. = 3%

  (Eine derart geringe Liquidität 1. Grades ist durchaus üblich, da der Bedarf an Zahlungsmitteln häufig über einen Kontokorrentkredit [laufenden Kredit] gedeckt wird und zum Bilanzstichtag fast alle Barmittel bei der Bank eingezahlt werden. Es gibt daher nur kurzfristige Bankschulden, aber kein Bankguthaben und kein Bargeld.)

- **Acid-Test:**

  5,1 Mio. × 100 / 3,7 Mio. = 138%

- **Statische Liquidität 3. Grades:**

  8,7 Mio. × 100 / 3,7 Mio. = 235%

5.4.4 Problemstellung: Rentabilitätskennzahlen

- **Eigenkapitalrentabilität:**

  Die Rücklagendotation betrug € 200.000,– (lt. Zunahme der Position unversteuerte Rücklage). Der Jahresüberschuss beträgt daher € 300.000,–

  Eigenkapitalrentabilität: € 300.000,– × 100 / 14,9 Mio = 2%

  (Durchschnittliches Eigenkapital = [15,8 Mio. + 14 Mio.] / 2 = 14,9 Mio.)

➢ **Gesamtkapitalrentabilität:**

860.000 × 100 / 30,35 Mio. = 2,8%

(Durchschnittliches Gesamtkapital = [30,7 Mio. + 30 Mio.] / 2 = 30,35 Mio.)

Basis für Gesamtkapitalrentabilität:

	Jahresüberschuss	€	300.000,–
–	Steuer vom Ertrag	€	40.000,–
+	Zinsen	€	600.000,–
		€	860.000,–

➢ **Verzerrungsmöglichkeiten:**

Vgl. Hinweise im Text.

5.7 Problemstellungen: Verzerrung von Kennzahlen

(1) Schnelltest für das Unternehmen Sandler für 2004

Eigenkapitalanteil: 15,800.000,– × 100 : 30,000.000,– = 52,7% (sehr gut)

Cashflow in Prozenten des Umsatzes:

a) Cashflow (für 2001):

	Bilanzgewinn	€	2,000.000,–
+	Rücklagendotation	€	400.000,–
=	Jahresüberschuss	€	2,400.000,–
+	Dotation langfrist. Rückstellungen	€	600.000,–
+	Abschreibungen	€	2,500.000,–
=	Cashflow (Praktikermethode)	€	5,500.000,–

b) in Prozenten des Umsatzes: 5,500.000,– × 100 : 70,000.000,– = 7,9% (mittel)

Gesamtkapitalrentabilität

(Jahresüberschuss + Zinsen) × 100 : Gesamtkapital =

(2,400.000,– + 600.000,–) × 100 : 30,000.000,– = 10% (mittel)

Schuldtilgungsdauer (inklusive Rückstellungen)

a) Nettoverschuldung
14,200.000,– – 7,000.000,– = € 7,200.000,–

b) Schuldtilgungsdauer
7,200.000,– : 5,500.000,– 1,31 Jahre (hervorragend)

Insgesamt handelt es sich somit um ein Unternehmen mit hohem Eigenkapital und guter Liquidität und mit mittlerer Ertragssituation.

(2)

a) Unter Berücksichtigung der stillen Reserven von € 10 Millionen erhöht sich das Vermögen auf € 26 Millionen (das Anlagevermögen auf € 22,5 Millionen). Da die Schulden gleich bleiben, würde sich auch das Eigenkapital um € 10 Millionen auf € 16,5 Millionen erhöhen (stille Reserven gehören wie alle Rücklagen zum Eigenkapital).

Eigenkapitalrentabilität:

statt 700.000 : 6,500.000 = 10,8% nur mehr 700.000 : 16,500.000 = 4,2%

Gesamtkapitalrentabilität:

statt 1,200.000 : 16,000.000 = 7,5% nur mehr 1,200.000 : 26,000.000 = 4,6%

Anlagendeckung:

statt 6,500.000 : 12,500.000 = 52% jetzt 16,500.000 : 22,500.000 = 73,3%

Eigenkapitalanteil:

statt 6,500.000 : 16,000.000 = 40,6% jetzt 16,500.000 : 26,000.000 = 63,5%

b)

Bilanz (in € 1.000) mit Leasingfinanzierung

Gebäude	4.500	Eigenkap.	6.500
Vorräte	2.000	Lieferverb.	1.500
Forderungen	1.500		
	8.000		8.000

G+V mit Leasingfinanzierung

Erlöse	13,000.000
Personalaufwand	4,000.000
Materialaufwand	6,000.000
Abschreibungen	200.000
Sonstiger Aufwand	2,300.000
Jahresüberschuss	500.000

Anmerkung zur Bilanz:

Da die Maschinen nun geleast werden, scheinen sie in der Bilanz nicht mehr auf.

Gleiches gilt für die Leasingschulden, die zwar im Anhang vermerkt werden, jedoch nicht als Fremdkapital aufscheinen.

Anmerkungen zur G+V-Rechnung:

Die Leasingrate von 1,500.000 steckt nun im sonstigen Aufwand.

Die Maschinenabschreibungen scheinen nicht mehr am Abschreibungskonto auf.

Die Darlehenszinsen fallen weg.

Da die Leasingzahlung etwas höher ist als Abschreibungen und Darlehenszinsen, verringert sich der Jahresüberschuss.

Beachten Sie:

Ob die Leasingzahlungen handelsrechtlich bzw. steuerrechtlich voll als Aufwand absetzbar sind, hängt von der rechtlichen Gestaltung des Leasingvertrags ab (vgl. die weiterführende Literatur).

Cashflow:

statt 700.000 + 1,000.000 = 1,700.000 jetzt 500.000 + 200.000 = 700.000

Das heißt, obwohl der Aufwand nur um € 200.000,– zunahm, sank der Cashflow um € 700.000,–, da die Abschreibungen auf die Maschinen zwar in der Leasingzahlung enthalten, jedoch nicht mehr gesondert ersichtlich sind.

Gesamtkapitalrentabilität:

statt 1,200.000 : 16,000.000 = 7,5% jetzt 500.000 : 8,000.000 = 6,3%

Der Gewinn hat abgenommen, die Zinsen sind nicht mehr ersichtlich (stecken in der Leasingzahlung), gleichzeitig ist das Gesamtkapital laut Bilanz gesunken, da die Maschinen nicht mehr aufscheinen.

Anlagendeckung:

statt 6,500.000 : 12,500.000 = 52% jetzt 6,500.000 : 4,500.000 = 144%

Abschnitt 6 (Einführung in die Kostenrechnung)

Lösungen zu den Problemstellungen

Zu 6.5.1: Tennishalle

Aufgabe 1: Betriebsüberleitungsbogen, Betriebsergebnis

Aufwand-/Kostenart	Zahlen der BH	Abgrenzung	Kosten
Personalaufwand	120.000,-		120.000,-
Abschreibung Halle	40.000,-	+ 10.000,-	50.000,-
Abschr. Umkleideräume	4.000,-		4.000,-
Instandhaltung	20.000,-	- 3.000,-	17.000,-
Heizung, Halle	30.000,-	- 4.000,-	26.000,-
Beleuchtung, Halle	25.000,-		25.000,-
Zinsen Darlehen	20.000,-	- 20.000,-	0
Buchw. verk. Grundstücke	40.000,-	- 40.000,-	0
Sonstiger laufender Aufw.	10.000,-		10.000,-
kalkulatorische Zinsen		+ 177.000,-	177.000,-
Unternehmerlohn		+ 60.000,-	60.000,-
Summen	309.000,-	+ 180.000,-	489.000,-
Summe Erlöse	440.000,-	- 140.000,-	300.000,-
Ergebnis	+ 131.000,-		- 189.000,-

Kommentar:

- **Abschreibung Halle:**
  Aufwertung erforderlich. Eine Verdopplung in 15 Jahren scheint gerechtfertigt (in der Praxis würde man vermutlich den Baukostenindex verwenden).
  Neuwert: € 2,000.000,- : 40 Jahre = € 50.000,-

- **Abschreibung Umkleidegebäude:**
  Etwa wie oben.
  320.000,- : 80 = € 4.000,-
  Wegen Verdopplung der Basis und Verdopplung der Nutzungsdauer ergibt sich keine Veränderung der Abschreibung.
  Hinweis:
  Häufig werden die buchhalterischen Abschreibungen vollständig ausgeschieden und die neu berechneten kalkulatorischen Abschreibungen als eigene Position eingesetzt werden. In diesem Beispiel verwenden wir dieselbe Zeile.

- **Instandhaltung:**

Vorsorge für Generalreparatur der Gebäude: 300.000,– : 20 =	15.000,–
Abgrenzung Sanitärbereich 20.000,– : 10 =	+ 2.000,–
Insgesamt daher anzusetzen	17.000,–

- **Heizung** Halle, heuer 120%, daher minus 1/6 von 30.000,– = 5.000,–
  auf 5 Jahre verteilen, daher – 4.000,–

  Hinweis:
  Risiken aller Art werden häufig vollständig ausgeschieden („normalisiert") und als eigene Position „kalkulatorisches Risiko" wieder eingesetzt.

- **Buchwert verkaufter Grundstücke:**
  Ist nicht betriebsbedingt und wird daher ausgeschieden.

- **kalkulatorische Zinsen**
  Das im Unternehmen gebundene Vermögen ist zu ermitteln und mit einem kalkulatorischen Zinssatz zu verzinsen. Buchhalterische Zinsen werden ausgeschieden.

  Grundsätzlich sind zwei Ansätze möglich:

  – **Fortgeschriebener Anschaffungswert auf Neuwertbasis**
  D.h., es werden von den Neuwerten laut Kostenrechnung die bisherigen kalkulatorischen Abschreibungen abgezogen. (Einfacher ist es, wenn Sie die kalkulatorische Abschreibungsquote mit der kalkulatorischen Restnutzungsdauer multiplizieren.)

  Halle:

Restnutzungsd. (25 Jahre) × kalk. Abschr.quote (50.000) =	1,250.000,–
Gebäude: 65 × 4.000,– =	260.000,–
Grundstück: betriebsnotwendig 5.000 m² × 140,– (vgl. Verkaufserlös)	700.000,–
Basis für die Zinsenberechnung	2,210.000,–
8% kalkulatorische Zinsen (Annahme), gerundet	177.000,–

  – **Verzinsung des für den Gesamtbetrieb erzielbaren Verkaufserlöses**
  Durch den Verkauf eines Teiles des Grundstückes wurde der Tageswert für das Grundstück realistisch erfasst. Ob die Restwerte für Tennishalle und Umkleidegebäude bei einem Verkauf erzielbar wären, müsste geprüft werden.
  Die Verzinsung auf der Basis eines möglichen Verkaufserlöses ist vor allem dann sinnvoll, wenn entschieden werden soll, ob der Betrieb aufgegeben oder weitergeführt werden soll.

- **Unternehmerlohn**
  Jeder Mitarbeiter kostet etwa € 24.000,– pro Jahr. Mit Unternehmerzuschlag sind daher pro Person ca. € 30.000,– anzusetzen.

Durchschnittsvollkosten pro Stunde daher 489.000,– : 25.000 = € 19,60

Die Durchschnittskosten pro Stunde sagen nur aus, dass im Durchschnitt bei gleich bleibender Auslastung € 19,60 zuzüglich Umsatzsteuer erlöst werden müssten, um die „Kosten" zu decken. Derzeit beträgt der Erlös € 12,– pro Stunde.

- **Erlöse:**
  Der Erlös für das verkaufte Grundstück ist nicht betriebsbedingt, er wird daher ausgeschieden.

Zusammenfassung zu Aufgabe 1:

Der betriebswirtschaftliche Verlust zeigt an, dass vor allem die Zinsen auf das im Unternehmen gebundene Vermögen nicht verdient werden. Eine Situation, die für Unternehmen mit alten Grundstücksbeständen (z.B. alte Hotels, Campingplätze, Gärtnereien in stadtnahen Lagen etc.) typisch ist. Der ordentliche buchhalterische Gewinn (ohne den ausserordentlichen Ertrag des Grundstücksverkaufs) deckt in etwa die Hälfte des Unternehmerlohnes.

Beachten Sie:

Das Betriebsergebnis gibt genauso wenig Aufschluss über die finanzielle Situation, wie der Gewinn laut Finanzbuchhaltung.

Wollte man die finanzielle Situation kontrollieren, müsste man etwa folgende Rechnung durchführen:

Ordentliches Ergebnis laut Finanzbuchhaltung (ohne Grundstück)	€	31.000,–
zuzüglich Abschreibungen	€	44.000,–
abzüglich Steuern vom Einkommen und Sozialversicherung bei Gewinnteilung Mann/Frau ca.	€	8.000,–
abzüglich Tilgungsquote des Darlehens (da ja in der G+V-Rechnung nur die Zinsen, nicht jedoch die Rückzahlung gewinnmindernd verrechnet wird), z.B.	€	15.000,–
abzüglich erforderliche Investitionen, die nicht fremdfinanziert werden	€	0,–
Für die private Lebensführung stehen dann zur Verfügung ca.	€	52.000,–

Für die Preispolitik ist dies vor allem in der vorliegenden Situation kaum ein Anhaltspunkt. Vgl. dazu Aufgabe 2.

Aufgabe 2:

Es sind die Grenzerlöse den Grenzkosten gegenüberzustellen.

a) Sommerbetrieb — 2 Abendstunden (21 Uhr–23 Uhr)

Beleuchtung	€	20,–
Platzwart	€	26,–
Grenzkosten	€	46,–
Grenzerlöse	€	40,–
Grenzverlust	€	6,–

daher erhöht das Offenhalten den Verlust.

b) Sommerbetrieb — 4 Morgenstunden

Beleuchtung (6 Uhr–8 Uhr)	€	20,–
Platzwart (6 Uhr–10 Uhr)	€	52,–
Grenzkosten	€	72,–

Grenzerträge		
6 Uhr–8 Uhr: 16 × 14,–	€	224,–
8 Uhr–10 Uhr: 4 × 10,–	€	40,–
Grenzertrag insgesamt	€	264,–
Positiver Deckungsbeitrag pro Tag von	€	192,–

c) Im Winterbetrieb erhöhen die Heizkosten die Grenzkosten

Kosten pro Heiztag 26.000,– : 150	€	173,30
Ersparnis bei Schließen entspricht Mehrkosten bei Offenhalten:		
15% für 6 Stunden	€	26,–
Pro Stunde daher ca.	€	4,30

- Abendstunden im Winter:
  Um 2 × 4,30 teurer als im Sommer. Da bereits im Sommer ein Grenzverlust anfällt, erübrigt sich die Berechnung.
- Morgenstunden im Winter:
  Grenzkosten erhöhen sich um 4 × 4,30 = € 17,20.
  Der Deckungsbeitrag bleibt jedoch positiv:

Sommer DB	€	192,–
– Heizkosten	€	17,20
DB pro Morgen/Winter	€	174,80

Aufgabe 3:

Eine Berechnung ist nur für die Abendstunden notwendig.

Ist am Morgen offen, entstehen durch das Bespielen der sonst leeren Plätze kaum zusätzliche Kosten, d.h., jede Einnahme ergibt einen zusätzlichen Deckungsbeitrag.

Dies ist für viele Dienstleistungsbetriebe typisch.

Die Grenzkosten in den Abendstunden betrugen:

- **Im Sommer**

Grenzkosten lt. Berechnung (vgl. 2 a)	€	46,–
Die Grenzerlöse würden um € 40,– steigen, also auf	€	80,–
daher ist das Angebot günstig.		
Es ergibt sich ein Deckungsbeitrag pro Abend von	€	34,–

- **Im Winter** (zuzüglich Heizung)

Grenzkosten lt. 2 a) zuzüglich Heizung 2 × 4,30	€	54,60
Grenzerlöse (wie oben)	€	80,–
Positiver Deckungsbeitrag pro Abend im Winter	€	25,40

Unter Berücksichtigung des studentischen Angebots ist daher das Offenhalten im Sommer und im Winter rentabel. D.h., auch bei Durchschnittskosten von € 19,60 pro Platzstunde ergibt das Angebot von € 5,– noch positive Deckungsbeiträge.

Sie können sich nun überlegen was geschieht, wenn in der Umgebung mehrere Tennishallen schlecht ausgelastet sind.

Zu 6.5.2 Tischlerei

Aufgabe 1:

Einzelkosten sind alle Kosten, die dem Kostenträger direkt zurechenbar sind.

Laut Angabe weiß der Tischler, dass der Auftrag € 4.000,– an Lohnkosten und € 2.000,– an Materialkosten verursacht, d.h., nur diese beiden Kostenarten werden als Einzelkosten erfasst.

Von den Gesamtkosten müssen daher jene Kostenpositionen abgezogen werden, die als Einzelkosten erfasst werden.

Schwieriger ist die Entscheidung, auf welche Basis der Gemeinkostenzuschlag bezogen wird. In unserem Fall könnten wir nur auf die Löhne, nur auf das Material oder auf die Summe beider zuschlagen. Sie werden sehen, dass es zu unterschiedlichen Ergebnissen je nach Rechenvorgang kommt.

In der Praxis wird in der Regel auf die Löhne zugeschlagen.

Löhne	140.000,–	(Einzelkosten)
Material	60.000,–	(Einzelkosten)
Maschinenabschreibung	20.000,–	
Gebäudemiete	40.000,–	
Energiekosten	6.000,–	
Versicherungen	4.000,–	
Unternehmerlohn	40.000,–	
Kalkulatorische Zinsen	10.000,–	
Kostensumme	320.000,–	
davon Einzelkosten	200.000,–	
Gemeinkosten daher	120.000,–	
in Prozenten der Löhne	86%	(üblich)
in Prozenten des Materials	200%	} bei Tischlereien
in Prozenten aller Einzelkosten	60%	} unüblich

Kalkulationsmöglichkeiten daher:

	Zuschlag auf Löhne		Zuschlag auf Material		Zuschlag auf Löhne u. Mat.	
Löhne		4.000		4.000		4.000
Material		2.000		2.000		2.000
Gemeinkosten	86%	3.440	200%	4.000	60%	3.600
Kostensumme		9.400		10.000		9.600
Gewinn	20%	1.880	20%	2.000	20%	1.920
Angebot vor USt		11.280		12.000		11.520

Sie sehen, je nach Wahl der Zuschlagsbasis erhält man ein unterschiedliches Kalkulationsergebnis.

Hinweis:

Da bei diesem Auftrag der Materialanteil größer ist als im Jahresdurchschnitt der Aufträge, werden beim Zuschlag auf das Material auch mehr Gemeinkosten verrechnet. Der Zuschlag auf das Material ergibt daher in diesem Fall die höchsten Selbstkosten. Sie sehen wieder, wie ungenau derartige Zuschlagskalkulationen sind.

Aufgabe 2:

Um den Deckungsbeitrag zu ermitteln, muss man die Kosten in fixe und variable trennen.

Sicher variabel sind die Materialkosten (wird nicht gefertigt, wird auch kein Material verbraucht).

Ist der Tischlereibetrieb voll ausgelastet, zählen auch die Löhne zu den variablen Kosten (führt man den Auftrag nicht durch, kann man die Arbeiter für einen anderen Auftrag einsetzen).

Ist der Tischlereibetrieb schlecht ausgelastet, sind die Löhne eher fix, da die Arbeiter nicht kurzfristig abgebaut werden können.

Von den restlichen Kosten ist die Antriebsenergie variabel.

Eventuell könnte man noch die halbe Maschinenabschreibung als variabel annehmen. Alle anderen Kosten sind fix.

Gemeinkostenzuschlag für die variablen Gemeinkosten:
(Basis Löhne, Vollauslastung)

Zunächst müsste man den Gemeinkostenzuschlag nur für die variablen Gemeinkosten neu berechnen:

Antriebsenergie	2.000,–	
Halbe Maschinenabschreibung	10.000,–	(in der Praxis unüblich)
Variable Gemeinkosten insgesamt	12.000,–	
Basis Löhne	140.000,–	
Variabler Gemeinkostenzuschlag	8,6%	

Deckungsbeitrag bei Vollauslastung und Zuschlag auf die Löhne

Erlöse, lt. Aufgabe 1	11.280,–
– Löhne	4.000,–
– Material	2.000,–
– Variable Gemeink. (8,6% der Löhne)	344,–
Deckungsbeitrag	4.936,–
in % vom Erlös (ohne USt)	44%

Deckungsbeitrag bei mangelnder Auslastung

In diesem Fall zählen die Löhne zu den Fixkosten. Dennoch ist anzunehmen, dass die variablen Gemeinkosten eher vom Arbeitsaufwand als vom Materialaufwand abhängen.

Die variablen Gemeinkosten werden daher sinnvollerweise wieder mit dem obigen Zuschlagssatz von 8,6% der Löhne berechnet.

Erlöse laut Aufgabe 1	€	11.280,–
– Material	€	2.000,–
– Variable Gemeinkosten, wie oben	€	344,–
= Deckungsbeitrag	€	8.936,–
In Prozent vom Umsatz		79%

Natürlich könnte man bei dieser Rechnung auch von den Erlösen gemäß den anderen Kalkulationsarten ausgehen.

Die Ermittlung der Deckungsbeiträge zeigt Folgendes:
Sind Betriebe schlecht ausgelastet, haben sie hohe fixe und nur sehr geringe variable Kosten. Es besteht daher die Gefahr der Preisschleuderei. Für unseren Tischler würde bei schlechter Auslastung jeder Preis einen Deckungsbeitrag bringen, der höher als € 2.344,– wäre.

Abschnitt 8 (Weiterführende Probleme der Kostenrechnung)

Lösungen zu den Problemstellungen

Zu 8.5 Umlage von Hilfskostenstellen im Stufenleiternverfahren

Legt man die Hilfskostenstellen in der Reihenfolge Werksküche, Gebäudeverwaltung, Service um, ergibt sich folgende Rechnung. Die Regeln sind die Gleichen wie im Lehrbeispiel.

Es ergibt sich der folgende Betriebsabrechnungsbogen:

Kostenart	Summe	Service	Werksküche	Gebäudeverwaltung	Lager	Fertigung I	Fertigung II	Verwaltung	Vertrieb
Hilfsmaterial	12.000	1.000	9.000	500		500	700	100	200
Fertigungslöhne	120.000					50.000	70.000		
Gehälter		6.000	12.000	2.000	5.000	12.000	15.000	12.000	18.000
Sonst. Kosten		3.000	5.000	10.000	5.000	30.000	40.000	25.000	28.000
GK-Küche			**26.000**						
337,66 /M.		1.013		338	675	8.779	11.818	1.351	2.026
GK-Gebäude				**12.838**					
15,56 /m²		389			1.556	3.890	5.447	778	778
GK-Service		**10.702**							
33,44 /Std.					769	7.089	3.544		
Gemeinkosten					**13.000**	**62.258**	**76.509**	**39.229**	**49.004**
Basis					100.000	50.000	70.000	371.767	371.767
GK-Zuschlagssätze					13,0%	124,5%	109,3%	10,6%	13,2%

Kommentar:

a) Umlage der Hilfskostenstellen (neue Reihenfolge):

Werksküche:

Umlage der Werksküche wie oben nach Mitarbeitern.

Da die Werksküche selbst in diesem Arbeitsgang umgelegt wird, dürfen die Mitarbeiter der Werksküche nicht mehr berücksichtigt werden. (83 – 6 = 77 Mitarbeiter)

Summe Werksküche: 26.000/77 = 337,66/Mitarbeiter

Mitarb. à 337,66	Service 3 MA	Gebäude 1 MA	Lager 2 MA	Fertigung I 26 MA	Fertigung II 35 MA	Verwaltung 4 MA	Vertrieb 6 MA
Umlage	1.013,–	338,–	675,–	8.779,–	11.818,–	1.351,–	2.026,–

Gebäudestelle:

Umlage sinnvollerweise nach m².

Da die Werksküche bereits umgelegt ist und die Gebäudestelle in diesem Arbeitsgang umgelegt wird, dürfen die Flächen dieser beiden Stellen nicht mehr berücksichtigt werden. (1025 – 175 – 25 = 825 m²)

Summe Gebäudestelle (inkl. Umlage Werksküche) 12.838/825m² = 15,56

m² à 15,56	Service 25 m²	Lager 100 m²	Fertigung I 250 m²	Fertigung II 350 m²	Verwaltung 50 m²	Vertrieb 50 m²	Summe 825 m²
Umlage	389,–	1.556,–	3.890,–	5.447,–[1]	778,–	778,–	12.838,–

Servicestelle:

Kostenträgerverfahren mit Material als Einzelkosten und Stundensatz.

Da die Gebäudestelle und die Werksküche schon umgelegt wurden, müssen die Materialkosten, die für diese Stellen aufgewendet wurden, als Gemeinkosten berücksichtigt werden, da eine Rückumlage beim gewählten Verfahren nicht möglich ist.

Ebenso dürfen die Arbeitsstunden für Gebäude und Werksküche nicht berücksichtigt werden.

Gemeinkosten nach Umlage von Gebäude und Material, einschließlich der Materialkosten, die für diese Hilfskostenstelle aufgewendet wurde: 300 + 9.000 + 1.013 + 389 = 10.702 Planstunden ohne die bereits umgelegten Hilfkostenstellen Werksküche und Gebäude.

10.702/320 Planstunden = 33,44 pro Stunde

Std. á 33,44	Lager 20 Std.	Fertigung I 200 Std.	Fertigung II 100 Std.	Summe 320 Std.
Std. in Euro Material	669,– 100,–	6.689,– 400,–	3.344,– 200,–	10.702,– 700,–
Umlage	769,–	7.089,–	3.544,–	11.402,–

Abrechnung der Hauptkostenstellen:

Die Abrechnung der Hauptkostenstellen erfolgt wie im ersten Fall, d.h., die Lagerkosten werden auf den geplanten Fertigungsmaterialeinsatz (100.000,–) bezogen, die Fertigungsgemeinkosten in F I und F II werden ohne Fertigungslöhne berechnet und dann auf diese zugeschlagen.

Die Verwaltungs- und Vertriebskosten werden auf die Herstellungskosten zugeschlagen, also auf die Gemeinkostensummen der Hauptkostenstellen Lager, F I und F II zuzüglich Fertigungslöhne und Fertigungsmaterial.

Der Vergleich zeigt, dass sich die Zuschlagsätze nur geringfügig ändern, d.h., es wird die Aussage belegt, dass durch komplexe mathematische Verfahren der Umlage von Hilfskostenstellen kaum ein Zuwachs an Genauigkeit eintritt. Außerdem handelt es sich um Plangrößen, die Ungenauigkeiten beinhalten.

Zu 8.6 Beispiel Tennishalle, Deckungsbeiträge

(1) DB – Großschläger

Gegeben ist die Kalkulation inklusive Gewinnzuschlag und Umsatzsteuer.

Da die Umsatzsteuer immer variabel ist, geht man bei der Berechnung vom Preis ohne Umsatzsteuer aus:

Lt. Kalkulation a)

	Preis ohne Ust	€ 23,07	
-	Einstandspreis der Saite	€ 10,–	
	DB I	€ 13,07	(in Prozent vom Umsatz 57%)
-	Lohnanteil (vgl. Kalk. b)	€ 6,67	
	DB II	€ 6,40	(in Prozent vom Umsatz 28%)

Sinnvoll ist bei der gegebenen Kostenstruktur maximal der DB II. Alle Gemeinkosten sind bei geringeren Auslastungsschwankungen in diesem Unternehmen Fixkosten.

Ob die Löhne variabel sind, hängt von der Auslastung ab. Ist die Auslastung schlecht, bringt die Bespannung einen Deckungsbeitrag von € 13,07.

(2) DB – Jogginganzug

Im Handel wird zur Ermittlung des Deckungsbeitrags in der Regel nur der Einstandspreis der Ware abgezogen. Erhalten die Verkäufer eine Provision, wäre auch diese als variable Kostenposition abzuziehen.

	Verkaufspreis ohne Ust	€ 48,33
-	Einstandspreis	€ 30,—
	DB	€ 18,33
	In Prozent des Umsatzes	38%

8.9.4 Problemstellungen: Kostenaufgliederung in fixe, sprungfixe und variable Kosten

Zu (1) Sprungfixe Kosten einer zweiten Schicht

Kostenart	Lackiererei 1. Schicht	davon fix	davon variabel	Sprungfix 2. Schicht	Kommentar
Lacke	3.000				Einzelkosten
Löhne	12.000	12.000		14.400	+ 20%
Unternehmerlohn	3.000	3.000		4.000	Meister
Antriebsenergie	1.200		1.200		variabel
Heizung, Beleucht.	1.000	1.000		800	vgl. Anm.
Gebäudemiete	1.000	1.000			fix
Abschr. Maschinen	2.000	1.400	600		vgl. Anm.
Kalk. Zinsen	3.000	3.000			fix
Summen (ohne Lack)	23.200	21.400	1.800	19.200	
			600 St.		
			3/St.		

Anmerkungen zur Kostenauflösung:

Heizung/Beleuchtung:

Es wurde angenommen, dass durch das Durchheizen zwar Mehrkosten entstehen, dass diese jedoch degressiv sind. Ferner wurde angenommen, dass immer mit Licht gearbeitet werden muss. Natürlich wäre es möglich, dass durch die Abendschicht (dunkel, kälter) sogar progressive Kosten entstehen.

Abschreibung Maschinen:

Wie immer ist die Aufteilung der Abschreibung ein Problem. In der Regel werden bei einem Zweischichtbetrieb erhöhte Abschreibungen angenommen. Diese könnte man natürlich auch unter den sprungfixen Kosten berücksichtigen. Diese Lösung würde man wahrscheinlich in der Praxis wählen. Unter einem technischen Aspekt ist es sicher exakter, die Abschreibungen in fixe und variable aufzuteilen. Wie diese Aufteilung erfolgen soll, ist natürlich zu diskutieren.

Löhne zweite Schicht:

Da vier Spritzboxen vorhanden sind, wäre natürlich auch zu überlegen, ob man nicht die zweite Schicht auf weniger Spritzboxen beschränken könnte. Allerdings wäre der aufsichtsführende Meister voll zu berücksichtigen. Eventuell könnte der Meister bei geringerer Auslastung an einer Spritzbox mitarbeiten etc.

Teilaufgabe 1:

- Deckungsbeitrag pro Lackierstunde: 45 – 3 = € 42,–
- Sprungfixe Kosten zweite Schicht : DB pro Stunde = 19.200 : 42,– = 457 Stunden

Die zweite Schicht müsste daher im Durchschnitt zu etwa $^3/_4$ ausgelastet sein.

Beachten Sie:

Der Break-even-Punkt der zweiten Schicht ist niedriger als der der ersten Schicht, da einige Kosten absolut fix sind (21.400 : 42 = 509 Stunden). Dies ist auch der Grund, warum sich der Mehrschichtbetrieb selbst bei höheren Personalkosten häufig rechnet.

Teilaufgabe 2:

Bei welcher Auslastung gilt:

Sprungfixe Kosten der zweiten Schicht + variable Kosten bei der kritischen Auslastung = Vollkosten außer Haus:

$$19.200 + 3\,x = 42\,x \quad (x = \text{Stunden bei der kritischen Auslastung})$$
$$19.200 = 39\,x$$
$$x = 492 \text{ Stunden}$$

Kontrolle:

492 Stunden kosten im Haus: 19.200 + 3 × 492 = 20.676

außer Haus: 42 × 492 = 20.664 (Rundungsdifferenz)

Wenn man die Auslastung der 2. Schicht nicht genau abschätzen kann, ist es wahrscheinlich besser, die Arbeiten außer Haus zu vergeben, als zu riskieren, dass die Auslastung der zweiten Schicht zu gering ist. Selbstverständlich ist zu prüfen, ob man immer die gewünschte Qualität in der gewünschten Zeit erhält.

Zu (2) Sonntagsöffnung im Handel

Kostenauflösung

Kostenart	Monat	davon fix	davon variabel	Sprungfix sonntags	Kommentar
Wareneinsatz	30.000		30.000		Einzelkosten
Gehälter, Verkäufer	10.000	10.000		375	Anmerk.
Provision, Verkäufer	1.200		1.200		4%
Gehalt, Buchhaltung	3.000	3.000			fix
Unternehmerlohn	4.000	4.000		300	vgl. Anm.
Reinigung extern, täglich	1.200	1.200		75	vgl. Anm.
Heizung, Beleuchtung	1.000	1.000		25	vgl. Anm.
Miete	2.000				fix
Abschr. Einrichtung	1.000	1.000			fix
Kalk. Zinsen	6.000	6.000			fix
Summen	59.400			775	

Ermittlung der sprungfixen Kosten für die Sonntagsöffnung:

- **Gehälter Verkäufer:**

10.000 : 640 Stunden =	15,625 (inkl. aller Nebenkosten)
Sonntagszuschlag 100%	15,625
pro Stunde ca.	31,250
× 12	375,–

- **Unternehmerlohn**

  Sie wissen, dass der Unternehmerlohn normalerweise als fix angenommen wird.

  Hier geht es jedoch tatsächlich um eine größere zeitliche Belastung des Unternehmers. Wir haben daher angenommen, dass auch der Unternehmer einen sprungfixen Betrag einsetzt. Selbstverständlich kann man in diesem Fall diskutieren.

- **Reinigung**

  1.200 : 24 Tage = € 50,– pro Tag

  Die zusätzliche externe Reinigung muss entweder am Samstagabend oder am Sonntagvormittag erfolgen. Es wird daher auch ein Zuschlag von 50% angenommen. Selbstverständlich würde man in der Praxis Angebote einholen.

- **Heizung, Beleuchtung**

  Ist sicher sprungfix und von den Öffnungszeiten abhängig.

1.000 : 240	=	4,167
× 6	=	25,–

  Natürlich wäre eine genaue Analyse möglich (z.B. brennt das Licht auch, wenn geschlossen ist; wie lange vor der Öffnung springt die Heizung an etc.). Bei derart kleinen Beträgen ist eine solche Analyse jedoch zu aufwendig.

Deckungsbeitrag:

Wochentags: 60.000 – 30.000 – 1.200 = 28.800 = 48% vom Umsatz

Sonntags sollen jedoch 4% statt 2% Provision gezahlt werden, daher 46% vom Umsatz

Break-even-Punkt: 775,– : 0,46 = ca. € 1.700,–
Da der durchschnittliche Tagesumsatz 60.000 : 24 = € 2.500,– beträgt, sollte dieser Umsatz am Sonntag leicht erreicht werden.

Beachten Sie jedoch:

Die Gefahr besteht darin, dass sich der Umsatz von den Wochentagen auf den Sonntag verlagert und insgesamt kein Mehrumsatz erzielt wird. Andererseits könnte die Konkurrenz am Sonntag öffnen und Kunden abziehen. Sie sehen, das Problem ist komplex.

Zusatzfrage:

Laut Kostenrechnung bleiben dem Teppichhändler derzeit nur 60.000 – 59.400 = € 600,– als Betriebsergebnis laut Kostenrechnung.

In den Kosten stecken jedoch unbare Größen, die zu keinen Auszahlungen führen.

Unternehmerlohn	4.000,–
Abschreibungen	1.000,–
Kalk. Zinsen (abzüglich Bankzinsen)	4.000,–
+ Überschuss laut Kostenrechnung	600,–
Cashflow (vereinfacht)	**9.600,–**

Das heißt, wenn man von den Zahlen der Kostenrechnung auf den Geldfluss schließen möchte, muss man auch die kalkulatorischen Kosten, die ja unbar sind, hinzuzählen, wenn sie die buchhalterischen Ansätze (vgl. z.B. die Bankzinsen) übersteigen. Unserem Teppichhändler geht es also gar nicht so schlecht.

Abschnitt 10: (Kostenplanung und Kostenkontrolle)

Zu 10.1 Grundlagen der Kostenplanung

Aufgabe 1:

Gemeinkostenzuschlag bei Planbeschäftigung: 67.500 : 45.000 = 150%

Für die weiteren Aufgaben ist zunächst ein Plansatz für die variablen Kosten zu ermitteln:

40% variabel von 67.500	€ 27.000,–
: 3.000 = variable Gemeinkosten pro Stunde	€ 9,–
Die Fixkosten betragen 60% von 67.500 =	€ 40.500,–
Istbeschäftigung 2.550 Stunden:	
Fixkosten	€ 40.500,–
variable Gemeinkosten 2.550 × 9,–	€ 22.950,–
Summe	€ 63.450,–
Fertigungslöhne 2.550 × 15	€ 38.250,–
richtiger Zuschlagsatz daher	166%

Durch die geringere Auslastung steigen natürlich die Kosten pro Stunde an (166% statt 150%).

Istbeschäftigung 3.300 Stunden:

Fixkosten	€ 40.500,–
variable Gemeinkosten 3.300 × 9	€ 29.700,–
Summe	€ 70.200,–
Fertigungslöhne 3.300 × 15	€ 49.500,–
richtiger Zuschlagsatz daher	142%

Durch die bessere Auslastung sanken die Kosten pro Stunde (142% statt 150%).

Aufgabe 2:

Der variable Gemeinkostensatz würde mit € 9,– (60%) immer gleich bleiben.

Aufgabe 3:

Da die nichtausgenützten Fertigungslöhne den Hilfslöhnen zugerechnet würden, erhielte man erhöhte Gemeinkosten.

Fixkosten (wie unter 1a)	€ 40.500,–
variable Gemeinkosten 2.550 × 9	€ 22.950,–
nichtausgenützte Fertigungslöhne 450 × 15	€ 6.750,–
Summe der Gemeinkosten	€ 70.200,–
Fertigungslöhne 2.550 × 15	€ 38.250,–
richtiger Zuschlagsatz daher	184%

Das bedeutet, nichtausgenützte Fertigungslöhne treiben den richtigen Gemeinkostenzuschlag noch weiter hinauf.

Aufgabe 4:

Flexible Kostenkontrolle ist nur möglich, wenn die Kosten in fixe und variable aufgespaltet werden können.

Zu 10.2.2: Abweichungsanalyse bei der Planung zu Vollkosten

a) Beschäftigungsabweichung und Restabweichung

Planvollkosten bei Istauslastung 56 × 1.300		€ 72.800,–
Istkosten		€ 72.000,–
Gesamtabweichung (positiv)		€ 800,–

Zunächst ist daher ein positives Kostenmanagement zu vermuten.

verrechnete Plankosten der Istbeschäftigung 1.300 × 56,–		€ 72.800,–
Sollkosten der Istbeschäftigung		
Planfixkosten	24.700,–	
variable Kosten 1.300 × 35,40	46.020,–	€ 70.720,–
Beschäftigungsabweichung (positiv)		€ 2.100,–
Gesamtabweichung (positiv)		€ 800,–
Restabweichung (negativ)		€ 1.300,–

D.h., durch die gegenüber der Planauslastung von 1.200 Stunden höhere Auslastung von 1.300 Stunden hätte es nur zu einer geringeren Kostensteigerung kommen dürfen.

Allein durch die bessere Auslastung hätten sich die Kosten um € 2.100,– verringern müssen. Da die tatsächliche Verringerung nur € 800,– betrug, müssen im Bereich von Preis, Menge oder Intensität negative Abweichungen auftreten.

b) Variatoren laut Kostenauflösung

Wie Sie erkennen können, werden Variatoren auf volle 10% gerundet. Dies zeigt auch an, dass eine genaue Auflösung in fixe und variable Kosten kaum möglich ist.

Kostenart	Plankosten fix	Plankosten variabel, Plan	Plankosten gesamt	Variator (Anteil der variablen Kosten)
Fertigungslöhne		40.000	40.000	10
Meister	12.000		12.000	0
Energie	8.000	2.000	10.000	2
Maschinen-Abschreibung	2.500	500	3.000	2
Gebäude	1.000		1.000	0
Kalk. Zinsen	1.200		1.200	0
Summen	24.700	42.500	67.200	6

Zu 10.2.3: Abweichungsanalyse bei der Grenzplankostenrechnung

variable Sollkosten 1.300 × 35,40	€ 46.020,–
variable Istkosten	€ 44.500,–
Abweichung (positiv)	€ 1.500,–

Das heißt, dass der Verbrauch von € 44.500,– statt der geplanten € 42.500,– nicht auf schlechtes Kostenmanagement, sondern auf den Beschäftigungsanstieg von 1.200 auf 1.300 Stunden zurückzuführen ist. Berücksichtigt man diesen Beschäftigungsanstieg, so wurden weniger Kosten verbraucht, als es dem variablen Plankostensatz entsprochen hätte.

Abschnitt 12 (Zusammenfassende Beispiele zur Kostenrechnung)

Lösungen zu den Problemstellungen

12.1 Münzwäscherei und -putzerei Kaltenecker

Aufgabe 1 (Betriebsüberleitungsbogen und Kostenzurechnung)

Aufwand-/Kostenart	Aufwand	Abgrenz.	Kosten
Personalaufwand	24.000		24.000
Waschmittel (Wäscherei)	3.600		3.600
Chemikalien (Putzerei)	1.800		1.800
Antriebsenergie	9.300		9.300
Beleucht., Beh., Grundgeb.	4.000		4.000
Wasser, Abwasser, Kanal	2.000		2.000
Instandhaltung — Gebäude	10.000	- 9.000	1.000
Instandhaltung — Maschinen	9.000		9.000
Buchführung — Steuerberat.	3.000		3.000
Abschreibung — Gebäude	1.200	+ 300	1.500
Abschreibung — Maschinen	7.000	- 3.500	3.500
Abschreibung — Einrichtung	1.000		1.000
Kalkulatorische Zinsen		+ 10.200	10.200
Unternehmerlohn		+ 30.000	30.000
Summe — Aufwand/Kosten	75.900	+ 28.000	103.900
Summe — Ertrag	104.400		104.400
Gewinn/Betriebsergebnis	28.500		500

Kommentar:

- **Instandhaltung Gebäude:** verteilen auf 10 Jahre.
- **Abschreibung Gebäude:** Eine Neubewertung wäre erforderlich.
  Neuwerte liegen heute etwa zwischen € 2.000,– und € 3.000,– pro m². Eventuell könnte man für die Aufwertung den Baukostenindex verwenden.
  Annahme: Neubewertung mit € 2.000,– pro Quadratmeter, daher Neuwert ca. € 120.000,–
  Kalkulatorische Abschreibung Gebäude daher 120.000,– : 80 = 1.500,–

  Hinweise:

  — Sie erinnern sich, dass oft die buchhalterische Abschreibung vollständig ausgeschieden und unter einer eigenen Position „kalkulatorische Abschreibung" wieder eingesetzt wird.

– Das Beispiel zeigt, wie stark kostenrechnerische Positionen von Annahmen abhängig sind.

➢ **Abschreibung — Maschinen:** Die kalkulatorische Nutzungsdauer ist doppelt so lang wie die buchhalterische. Daher ist die halbe Abschreibungsquote auszuscheiden.
Ein erheblicher Wertanstieg bei Maschinen ist eher unwahrscheinlich.

➢ **Abschreibung — Einrichtung:** Kalkulatorische Nutzungsdauer entspricht etwa der buchhalterischen Nutzungsdauer, daher keine Veränderung.

➢ **Kalkulatorische Zinsen:**

Es ist das im Unternehmen gebundene Vermögen zu ermitteln.

Häufig geht man von der Basis der Neuwerte aus und ermittelt den „Fortgeschriebenen Anschaffungswert", d.h. Neuwert minus bisheriger Abschreibung laut Kostenrechnung.

Rechnet man genauer, könnte man jeweils auf die Jahresmitte abstellen (vgl. Taxifahrerbeispiel). Bei der Ungenauigkeit der Bewertung einerseits und der Schätzung der Nutzungsdauer andererseits erhöht dies die Aussagekraft der Rechnung nicht wesentlich. Es wird daher mit den Werten zu Jahresende gerechnet.

Gebäude: Neuwert € 120.000,–		
$^{30}/_{80}$ abgeschrieben, daher Restwert	€	75.000,–
Maschinen: Neuwert € 35.000,–		
$^{4}/_{10}$ abgeschrieben, daher	€	21.000,–
Einrichtung, wie Maschinen	€	6.000,–
Gebundenes Vermögen	€	102.000,–
kalk. Zinsen, z.B. 10%	€	10.200,–

Beachten Sie bitte die Ausführungen zum Problem der kalkulatorischen Zinsen in Abschnitt 7.

➢ **Betriebsergebnis:**

Stellt man nun den Kosten die Erträge gegenüber, ergibt sich ein Betriebsergebnis von nur € 500,–. D.h. jedoch, dass die Inhaberin jährlich etwa den „Unternehmerlohn" und die „kalkulatorischen Zinsen" erwirtschaftet.

Wie „genau" derartige Größen sein können, erkennen Sie aus den Kommentaren zur Berechnung.

Aufgabe 2:

Die Aufgabe 2 zeigt die Grundproblematik der Zurechnung auf Kostenträger. Kostenträger wären in diesem Fall je ein Lauf der Wasch- bzw. Putzmaschinen.

Eine einfache Möglichkeit wäre, die direkt zurechenbaren Kosten für die beiden Maschinengruppen auf zwei Kostenstellen zu erfassen und die restlichen Kosten mit irgendwelchen Schlüsseln aufzuteilen.

Z.B. könnte man die Gebäudekosten laut Fläche verteilen, die Arbeitskosten nach einer genauen Analyse der zeitlichen Belastung etc.

Wir haben folgenden Lösungsweg gewählt:

- Zunächst wurden die eindeutig den beiden Maschinengruppen zurechenbaren Kosten ermittelt:
  - Waschmittel und Chemikalien laut Angabe
  - Antriebsenergie ergibt sich aus der Angabe (gerundet)
  - Instandhaltung Maschinen, vgl. Angabe
  - Abschreibung Maschinen, vgl. Angabe und kalk. Abschreibung
  - Zinsen auf Maschinen laut Restwert (60% des Anschaffungswertes)
- Die restlichen Kosten wurden auf einer Kostenstelle „Allgemeine Kosten" gesammelt. Die Umlage erfolgte im Verhältnis der Maschinenläufe, also unter der Annahme, dass die Belastung pro Lauf etwa gleich ist.

  Selbstverständlich sind Ihrer Kreativität beim Erfinden von Schlüsseln keine Grenzen gesetzt.

  Wir rechneten:

  74.600 : 21.600 = 3,453 und legten diese „Regien" pro Lauf auf 18.000 bzw. 3.600 Läufe (gerundet) um. Selbstverständlich wären viele andere Möglichkeiten denkbar gewesen.

Kostenart	**Kosten**	**Allgemein**	**Waschm.**	**Putzmasch.**
Personalaufwand	24.000	24.000		
Waschmittel (Wäscherei)	3.600		3.600	
Chemikalien (Putzerei)	1.800			1.800
Antriebsenergie	9.300		7.200	2.100
Beleucht., Beh., Grundgeb.	4.000	4.000		
Wasser, Abwasser, Kanal	2.000	2.000		
Instandhaltung — Gebäude	1.000	1.000		
Instandhaltung — Maschinen	9.000		6.000	3.000
Buchführung — Steuerberat.	3.000	3.000		
Abschreibung — Gebäude	1.500	1.500		
Abschreibung — Maschinen	3.500		2.000	1.500
Abschreibung — Einrichtung	1.000	1.000		
Kalkulatorische Zinsen	10.200	8.100	1.200	900
Unternehmerlohn	30.000	30.000		
Zwischensumme	103.900	74.600	20.000	9.300
Umlage „allg. Kosten"			62.200	12.400
Kostensummen			82.200	21.700
Kosten pro Lauf			4,57	6,03
Summe — Ertrag	104.400		72.000	32.400
Betriebsergebnis	500		– 10.200	+ 10.700

Das Beispiel zeigt, dass ein Großteil der Kosten (hier rund 75%) nur näherungsweise dem Kostenträger zugerechnet werden können. Es ist daher zu fragen, ob eine derartige Umlage sinnvoll ist.
Ändert sich die Auslastung, werden sich nicht alle Kosten im gleichen Ausmaß verändern. D.h., die Höhe der Vollkosten pro Kostenträger kann immer nur im Nachhinein bzw. für eine bekannte Auslastung ermittelt werden.
Wir haben auch versucht, den Beitrag zum Betriebsergebnis pro Maschinengruppe zu ermitteln. Das Beispiel zeigt, dass den umsatzstärkeren Waschmaschinen viel mehr Kosten aufgehalst wurden, wodurch der Eindruck entsteht, die Waschmaschinen seien „Verlustbringer".
Den „umsatzschwächeren" Putzmaschinen wurden wesentlich weniger Kosten zugerechnet. Sie erwecken daher den Eindruck, „gewinnbringend" zu sein.
Auch dies ist ein häufiger Fehler der Kostenrechnung in der Praxis.
(Ein ähnliches Ergebnis hätten Sie übrigens bekommen, wenn Sie die „allgemeinen Kosten" z.B. nach dem Umsatz aufgeteilt hätten.)

Insgesamt zeigt die Teilaufgabe, dass für die meisten Aufgaben der Kostenrechnung eine vollständige Zurechnung aller Kosten auf die Kostenträger sinnlos ist.

Aufgabe 3: Stufenweise Deckungsbeitragsrechnung

	Waschmaschinen	Putzmaschinen
Erlöse	72.000	32.400
Variable Kosten		
Waschmittel	3.600	
Chemikalien		1.800
Antriebsenergie	7.200	2.100
Summe variable Kosten	10.800	3.900
Deckungsbeitrag I	61.200	28.500
Bereichsfixkosten		
Instandhaltung Maschinen	6.000	3.000
Abschreibung Maschinen	2.000	1.500
Kalk. Zinsen, Maschinen	1.200	900
Summe Bereichsfixkosten	9.200	5.400
Deckungsbeitrag II	52.000	23.100
Unternehmensfixkosten		
Personalaufwand	24.000	
Beleuchtung, Beheizung	4.000	
Wasser, Abwasser, Kanal	2.000	
Instandhaltung Gebäude	1.000	
Buchführung, Steuerber.	3.000	
Abschreibung Gebäude	1.500	
Abschreibung Einrichtung	1.000	
Kalk. Zinsen, Geb., Einr.	8.100	
Unternehmerlohn	30.000	
Summe Unternehmensfixkosten	74.600	
Betriebsergebnis	500	

Kommentar:

- Eventuell könnte ein Teil der Maschinenabschreibung nutzungsproportional und daher variabel sein.
- Bei der Zuordnung zu den einzelnen Bereichen geht man von der Überlegung aus, ob die Kosten wegfallen würden, wenn der Bereich (bzw. das Produkt) wegfiele. Dies ist bei den Unternehmensfixkosten nur der Fall, wenn geschlossen würde.

Das Ergebnis zeigt deutlich, dass der Bereich Waschmaschinen wesentlich mehr zur Deckung der Unternehmensfixkosten beiträgt als der Bereich Putzmaschinen (auf der Basis der Vollkostenrechnung entstand der gegenteilige Eindruck).

Aufgabe 4:

Zu ermitteln sind die zusätzlichen Kosten und die zusätzlichen Erlöse.

Geht man von der Annahme aus, dass die Abschreibungen zeitproportional, d.h. von der Nutzung unabhängig, sind, ergibt sich folgende Rechnung:

Lt. Aufgabe 3 ergeben sich folgende variable Kosten pro Lauf

- Waschmaschinen 10.800 : 18.000 = 0,60
- Putzmaschinen 2.100 : 3.600 = 1,08

	Waschmaschinen	Putzmaschinen
Variable Kosten		
Waschm. 1000 × 0,6	600,–	
Putzm. 200 × 1,08		216,–
Erlöse		
Waschm. 1000 × 4	4.000,–	
Putzm. 200 × 9		1.800,–
Deckungsbeitrag	3.400,–	1.584,–

Summe der Deckungsbeiträge daher	€	4.984,–
Summe der zusätzlichen Fixkosten	€	3.000,–
Verbesserung des Betriebsergebnisses	€	1.984,–

Selbstverständlich wäre zu prüfen, ob nicht andere zeitproportionale Kosten zusätzlich anfallen (z.B. Beleuchtung).

Hätte man mit den Vollkosten von € 4,57 bzw. € 6,03 pro Lauf gerechnet, wäre die Entscheidung gegen das Offenhalten ausgefallen.

Zusatzfrage:

Laut Angabe beträgt das Verhältnis der Läufe der Waschmaschinen zu den Putzmaschinen etwa 5:1. Der Deckungsbeitrag einer derartigen „Einheit" wäre daher:

Erlöse (5 × 4,– + 1 × 9,–)	€	29,–
Variable Kosten (5 × 0,60 + 1 × 1,08)	€	4,08
Deckungsbeitrag pro „Einheit"	€	24,92

Zusätzliche Fixkosten (€ 3.000) : Deckungsbeitrag pro „Einheit" (€ 24,92) = 120

Das heißt, bei 600 Waschmaschinenläufen und 120 Putzmaschinenläufen liegt der so genannte „Break-even-Punkt", d.h. jener Punkt, wo die Deckungsbeiträge die Fixkosten decken.

Aufgabe 5:

Zunächst ist zu klären, ob Kapazität frei ist.

Öffnungszeit pro Jahr ca. 45 Wochen zu je 48 Stunden = 2.160 Stunden

Das heißt, es stehen zur Verfügung:

➢ Waschmaschinenläufe	21.600
➢ Putzmaschinenläufe	6.480

Da derzeit etwa 18.000 Waschmaschinenläufe und 3.600 Putzmaschinenläufe verkauft werden, wäre es möglich, den Auftrag ohne Erweiterung der Kapazität anzunehmen. Um Wartezeiten für die regulären Kunden zu vermeiden, soll eine weitere Waschmaschine angekauft werden, deren Kosten zu berücksichtigen wären.

An zusätzlichen Kosten entstehen daher:

Variable Kosten Waschen 2.000 × 0,60	€	1.200,–
Variable Kosten Putzen 300 × 1,08	€	329,–
Kosten der zusätzlichen Waschmaschine pro Jahr:		
Abschreibung	€	200,–
Wartung	€	600,–
Zinsen auf den Neuwert	€	200,–
2 Arbeiterinnen	€	48.000,–
Summe der zusätzlichen Kosten	€	50.529,–

Das heißt, die Preisuntergrenze liegt für den Gesamtauftrag etwa bei € 50.000,–.

Aufgabe 6:

Zunächst wäre zu prüfen, ob ein alternatives Angebot vorliegt.

Ist dies nicht der Fall, müsste man die Erträge vergleichen.

Laut Kostenrechnung deckt Frau Kaltenecker derzeit

— den Unternehmerlohn	€	30.000,–
— die kalkulatorischen Zinsen	€	10.200,–
— und zusätzlich	€	500,–
Insgesamt	€	40.700,–

Dem stünden gegenüber:

— Zinsertrag der Ablöse (ca. 5%)	€	1.000,–
— Lokalmiete	€	9.600,–
— Gehalt als Filialleiterin	€	21.000,–
Insgesamt	€	31.600,–

Lt. Kostenrechnung wäre das Angebot ungünstig. Laut Finanzbuchhaltung entspricht es etwa dem Gewinn von € 28.500,–. Steuerlich wäre noch zu berücksichtigen, dass Frau Kaltenecker als Angestellte die Begünstigungen für das 13. und 14. Monatsgehalt erhält, während sie als Gewerbetreibende Einkommensteuer ohne Begünstigungen zahlen muss.

Unter Cashflow-Aspekten wäre es wahrscheinlich günstig, noch ein Jahr im Gewerbe zu verbleiben, da die Maschinen im nächsten Jahr noch einmal abgeschrieben werden können (Buchhalterische Abschreibung € 9.200,–) und der Cashflow entnommen werden kann, und dann zu übergeben.

Sie sehen, im Einzelfall sind derartige Überlegungen sehr schwierig. Dazu kommt, dass mittelfristige Prognosen der Umsatzentwicklung ebenfalls sehr unsicher sind.

12.2 Goldi, der Goldschmied

Problem 1:

Es sind unterschiedliche Rechenansätze möglich.

Mit Hilfe der Kostenstellenrechnung zu Vollkosten oder zu Teilkosten.
Mit einer einstufigen oder mit einer mehrstufigen Deckungsbeitragsrechnung.

In jedem Fall müssen berücksichtigt werden:

- **kalkulatorische Abschreibungen:**
  für Laden, Werkzeuge und Werkstatt die Hälfte der Werte laut Finanzbuchhaltung, für den PKW $^1/_6$ des Anschaffungswertes (= € 5.000,–).
- **kalkulatorische Zinsen**
  Da die kalkulatorischen Abschreibungen auf den Laden, auf die Werkzeuge und die Werkstatteinrichtung halb so groß sind wie in der Finanzbuchhaltung, ist auch der Wertverlust insgesamt etwa halb so groß.

Sind keine Aufwertungen erforderlich, ergeben sich folgende Wertansätze:

➢ Laden (Wertverlust statt 32.000,– nur 16.000,–)	€	64.000,–
➢ Werkstatt (Wertverlust nur 15.000,–)	€	35.000,–
➢ PKW (2 Jahre abgeschrieben, also Restwert $^2/_3$)	€	20.000,–
➢ Lagerbestand Schmuck	€	100.000,–
➢ Lagerbestand Gold	€	20.000,–
➢ Bankguthaben	€	11.000,–
Summe, Vermögen	€	250.000,–
Kalk. Zinsen 8%	€	20.000,–
➢ **Unternehmerlohn:** Verkäufer plus 20%	€	36.000,–

- **Kostenstellenbildung**

Auf Grund der Angabe könnten sich folgende Kostenstellen ergeben:

Einkauf, Werkstätte, Laden, Direktvertrieb

Soll der **PKW** genau abgerechnet werden, ist eine **Hilfskostenstelle** einzurichten, die dann auf Einkauf und Vertrieb außer Haus je nach Kilometer umgelegt wird.

Im nachfolgenden BAB ist die Umwertung der kalkulatorischen Abschreibungen sowie die Ergänzung der kalkulatorischen Zinsen und des Unternehmerlohnes bereits enthalten.

Die kalkulatorischen Zinsen sind nach dem in den Kostenstellen gebundenen Vermögen zuzurechnen.

Hilfsrechnung – kalkulatorische Zinsen (gerundet auf 1.000 Euro):

Position	Wertansatz	PKW	Einkauf	Werkstätte	Laden	Direktv.
Ladeneinr.	64.000				64.000	
Werkstatt	35.000			35.000		
PKW	20.000	20.000				
Schmuck	100.000		40.000		60.000	
Gold	20.000		20.000			
Bank	11.000		11.000			
Summen	250.000	20.000	71.000	35.000	124.000	
8% Zinsen	20.000	1.600	5.700	2.800	9.900	

Sollen die kalkulatorischen Zinsen auf Kostenstellen verteilt werden, sind einige Entscheidungen zu treffen.

- Lagerbestände an Handelswaren und Material werden meist dem Lager, hier dem Einkauf, zugerechnet.
- Lagerbestände an selbst erzeugten Gütern werden meist in anderen Bereichen gelagert. Wir haben sie hier dem Laden zugerechnet.
- Die Bankguthaben wurden dem Einkauf zugerechnet, da man annehmen kann, dass sie überwiegend dem Einkauf dienen. Andere Entscheidungen wären möglich.

Selbstverständlich sind teilweise auch andere Zuordnungen möglich.

Betriebsabrechnungsbogen Goldi, zu Vollkosten

Kostenart	Kosten	PKW	Einkauf	Werkstätte	Laden	Kunden
Personal	90.000			60.000	30.000	
Handelsw.	100.000		100.000			
Material	60.000		60.000			
Lokalmiete	7.200			4.500	2.700	
Heizung	2.400			1.500	900	
Abschr. La.	4.000				4.000	
Abschr. W.St	5.000			5.000		
Abschr. PKW	5.000	5.000				
Aufw. PKW	9.000	9.000				
Aufw. Vertr.	12.000					12.000
Aufw. Eink.	4.000		4.000			
Kalk. Zinsen	20.000	1.600	5.700	2.800	9.900	
Untern.lohn	36.000		7.200	7.200	7.200	14.400
Summen	354.600	15.600	16.900	81.000	54.700	26.400
Uml. PKW			3.100			12.500
Gemeink.			20.000	81.000	54.700	38.900
Basis			160.000	3.000 Std.	184.050	76.950
Zuschlags.			12,5%	27,–/Std.	29,72%	50,55%
Erlöse	495.000					
Betriebserg.	140.400					

Kommentare:

Sollen die Summen der Gemeinkosten in den Kostenstellen ermittelt werden, so muss vorher entschieden werden, was als Gemeinkosten und was als Einzelkosten verrechnet werden soll bzw. auf welcher Basis die Gemeinkosten zugeschlagen werden sollen.

Dies ist im vorliegenden Fall besonders schwierig, da

- ein Teil des selbst erzeugten Schmucks im Laden und ein weiterer Teil im Direktvertrieb verkauft wird. Als Basis könnte man die Herstellungskosten des selbst erzeugten Schmucks verwenden. Im Laden wird allerdings auch Handelsware verkauft.
- Eingekauft wird Gold und Handelsware. Man könnte daher einen „Einkaufszuschlag" auf den Wert der eingekauften Güter (Gold plus Handelsware) berechnen. Ob nicht der Einkauf der Handelsware weitaus aufwendiger ist als der Einkauf des Goldes, wäre zu überprüfen.
- In der Werkstätte könnte man einen Stundensatz verrechnen, da offensichtlich Zeitaufzeichnungen gemacht werden (lt. Angabe wurden 3.000 produktive Stunden geleistet).
- Im Laden werden selbst erzeugter Schmuck, die Handelsware und die Reparaturen verkauft; im Direktvertrieb nur selbst erzeugter Schmuck.

Um Zuschlagsbasen für den Laden und den Direktvertrieb ermitteln zu können, muss der Wert der verkauften Schmuckstücke und der Reparaturen festgestellt werden.

Eine Möglichkeit wäre:

➢ Handelswaren, Einstandspreis	€	100.000,–		
+ 12,5% Einkaufszuschlag	€	12.500,–	€	112.500,–
➢ Selbst erstellter Schmuck				
Gold	€	60.000,–		
Einkaufszuschlag 12,5%	€	7.500,–		
Fertigungskosten 2.250 Std. à € 27,–	€	60.750,–		
Herstellungskosten	€	128.250,–		
Davon 40% im Laden verkauft	€	51.300,–	€	513.000,–
➢ Reparaturen				
750 Stunden à € 27,–	€	20.250,–	€	20.250,–
Kosten der im Laden abgesetzten Leistungen			€	184.050,–
Vertriebszuschlag, Laden daher				29,72%
Im Direktvertrieb werden abgesetzt			€	76.950,–
Direktvertriebszuschlag daher				50,55%

Kontrolle:

Ermittelt man die Selbstkosten aller Leistungen, müsste sich die Kostensumme ergeben.

➢ Handelswaren	€	112.500,-		
+ 29,72 Vertrieb	€	33.435,-	€	145.935,-
➢ Eigener Schmuck, Laden	€	51.300,-		
+ 29,72 Vertrieb	€	15.246,40	€	66.546,40
➢ Reparaturen	€	20.250,-		
+ 29,72 Vertrieb	€	6.018,30	€	26.268,30
➢ Schmuck im Direktvertrieb	€	76.950,-		
+ 50,55 Vertrieb	€	38.898,20	€	115.848,20
Gesamtkosten (Rundungsdifferenz € 2,10!)			€	354.597,90

Beachten Sie:

Damit derartige Kontrollrechnungen stimmen, müssen die Zuschlagssätze auf mehrere Dezimalstellen berechnet werden. Will man mit derartigen Zuschlagssätzen kalkulieren, genügen natürlich gerundete Sätze (wie Vertriebszuschlag — Laden 30%, Vertriebszuschlag im Direktvertrieb 50%). Wie „genau" derartige Sätze wirklich sein können, geht aus den zahlreichen Annahmen der Rechnung hervor.

Zuschlagssätze mit zwei Dezimalstellen dienen daher der **Summenkontrolle** und **nicht** einer genaueren **Kalkulation.**

Auf der Basis der Vollkostenrechnung ergeben sich daher folgende Gewinnbeiträge:

Erlöse Handelswaren, Laden	€	220.000,-		
Kosten	€	145.935,-	€	74.065,-
Erlöse Schmuck, Laden	€	100.000,-		
Kosten	€	66.546,40	€	33.453,60
Erlöse Reparaturen, Laden	€	25.000,-		
Kosten	€	26.268,30	– €	1.268,30
Erlöse Direktvertrieb	€	150.000,-		
Kosten	€	115.848,20	€	34.151,80
Betriebsergebnis (mit Rundungsfehler - € 2,10)			€	140.402,10

Interpretation:

Da alle Bereiche (mit Ausnahme der Reparaturen) bereits zu Vollkosten gewinnbringend sind, gibt es im Augenblick keine Probleme.

Die Grenzkostenrechnung wird vermutlich zeigen, dass auch die Reparaturen einen Beitrag zum Gewinn bringen (vgl. jedoch Aufgabe 2).

Zusatzfrage:

Grenzkosten für zusätzliche Umsätze fallen vermutlich nur für Material und Handelswaren sowie für Fertigungslöhne an, da die Gesellen voll ausgelastet sind. Wären Kapazitäten frei, würden auch die Fertigungslöhne (zumindest kurzfristig) zu den fixen Kosten zählen.

Zusätzlich könnte man berücksichtigen:

- Geringfügige Kosten für den Einkauf.
- Geringfügige Beheizungs- und Beleuchtungskosten bei Überstunden in der Werkstätte.
- Im Laden sind die Grenzkosten praktisch Null, wenn Betriebsbereitschaft besteht.

Das heißt, der Schmuck könnte zu Grenzkosten nur mit den Löhnen und Material und einem geringfügigen Zuschlag kalkuliert werden.

Problem 2:

Versucht man den BAB generell auf Grenzkosten umzustellen, so ist das Problem der Auslastung wesentlich.

- Löhne
  Bei voller Auslastung in der Werkstätte sind Löhne Grenzkosten (Überstunden bei Einzelaufträgen können als Sonderkosten verrechnet werden).
  Im Laden sind die Löhne Fixkosten.
- Abschreibung:
  Werkzeuge — eventuell 50% nutzungsproportional
  Laden — fix
  PKW — ebenfalls 50/50
- Laufender Aufwand PKW — lt. Angabe € 3.000,– fix, Rest (€ 6.000,–) variabel.
- Zinsen und Unternehmerlohn — meist fix. Selbstverständlich könnte der Unternehmer den alternativen Nutzen des zeitlichen Mehraufwandes auch als Grenzkosten ansetzen.
- Im Direktvertrieb werden sich die Kosten für Bewirtung und Reisen möglicherweise proportional erhöhen, da mehr Kunden besucht werden müssen, um einen höheren Absatz zu erzielen.
- Der Aufwand im Einkauf wird sicher nicht proportional steigen. Annahme 25% variabel.

Das heißt, die Kostenauflösung müsste für jede Kostenart in jeder Kostenstelle gesondert erfolgen. Die Summe der Grenzkosten ergibt sich daher aus der Summe der Grenzkosten der Kostenstellen.

Betriebsabrechnungsbogen Goldi, zu Grenzkosten

(In der Spalte Kosten wurden zur Kontrolle die Gesamtkosten angegeben. Erst bei der Aufteilung auf die Kostenstellen wurde mit Grenzkosten laut obigem Kommentar gearbeitet, in der letzten Spalte finden Sie die Summe der Grenzkosten.)

Kostenart	Kosten	PKW	Einkauf	Werkst.	Laden	Direktv.	Grenzk.
Personal	90.000			60.000			60.000
Handelsw.	100.000		100.000				100.000
Material	60.000		60.000				60.000
Lokalmiete	7.200						
Heizung	2.400			300			300
Abschr. La.	4.000						
Abschr. W.St	5.000			2.500			2.500
Abschr. PKW	5.000	2.500					2.500
Aufw. PKW	9.000	6.000					6.000
Aufw. Vertr.	12.000					12.000	12.000
Aufw. Eink.	4.000		1.000				1.000
Kalk. Zinsen	20.000						
Untern.lohn	36.000						
Summen	354.600	8.500	1.000	62.800		12.000	244.300
Uml. PKW			1.700			6.800	
Gemeink.			2.700	62.800		18.800	
Basis			160.000	3.000 St.		64.823,40	
Zuschlags.			1,69%	20,90/St.	0%	29%	
Erlöse	495.000						
Betriebserg.	140.400						

Deckungsbeiträge im Laden:

Der Laden weist nur fixe Gemeinkosten auf.

Die Deckungsbeiträge der im Laden verkauften Leistungen (Handelsware, Schmuck, Reparaturen) ergeben sich daher aus „Erlöse – Grenzkosten" dieser Leistungen

➢ **Handelswaren**				
Einstandspreis	€	100.000,–		
+ 1,69% Einkaufszuschlag	€	1.690,–		
	€	101.690,–		
➢ Erlöse Handelswaren	€	220.000,–		
➢ **Deckungsbeitrag Handelswaren**	€	118.310,–	€	118.310,–

Übertrag Deckungsbeitrag Handelswaren			€	118.310,-
➢ **Selbst erstellter Schmuck**				
Gold	€	60.000,-		
Einkaufszuschlag 1,69%	€	1.014,-		
Fertigungskosten 2.250 Std. à € 20,90	€	47.025,-		
Herstellkosten	€	108.039,-		
Davon 40% im Laden verkauft	€	43.215,60		
➢ Erlöse Schmuck im Laden	€	100.000,-		
➢ **Deckungsbeitrag, Schmuck im Laden**	€	56.784,40	€	56.784,40
➢ **Reparaturen**				
750 Stunden à € 20,90	€	15.675,-		
Erlöse Reparaturen	€	25.000,-		
➢ **Deckungsbeitrag Reparaturen**	€	9.325,-	€	9.325,-
➢ **Deckungsbeitrag Laden, insgesamt**			€	184.419,40
Deckungsbeiträge im Direktvertrieb				
➢ **Herstellkosten des selbst erstellten Schmuckes zu Grenzkosten**				
60% von € 108.039,-	€	64.823,40		
+ variabler Vertriebszuschlag lt. BAB, 29%	€	18.800,-		
Variable Kosten	€	83.623,40		
➢ Erlöse Direktvertrieb	€	150.000,-		
➢ **Deckungsbeitrag Direktvertrieb**	€	66.376,60	€	66.376,60
➢ **Deckungsbeiträge insgesamt**			**€**	**250.796,-**
- Fixe Kosten			€	110.300,-
➢ **Betriebsergebnis** (mit Rundungsdifferenz)			**€**	**140.522,-**

Problem 3:

Zusätzlicher Deckungsbeitrag, bei Steigerung der Schmuckerzeugung um $^1/_3$

Gold	€	20.000,-
Einkaufszuschlag 1,69%	€	338,-
Fertigungskosten 750 Stunden à € 20,90	€	15.675,-
Herstellkosten	€	36.013,-
Variabler Vertriebszuschlag 29%	€	10.443,80
Variable Kosten des zusätzlichen Umsatzes	€	46.456,80
Zusätzliche Erlöse	€	80.000,-
Zusätzlicher Deckungsbeitrag	€	33.543,20
Deckungsbeitrag Reparaturen	€	9.325,-
Differenz	€	24.218,20

D.h., auf Grund der Kostenrechnung wäre es sinnvoll, Reparaturen abzulehnen und stattdessen mehr Schmuck zu erzeugen.

Zu beachten ist jedoch der „Verbundeffekt" auf das Ladengeschäft. Es ist anzunehmen, dass ein Teil der Kunden, die Reparaturen durchführen lassen, auch Käufer von Handelsware und selbst erzeugtem Schmuck sind.

Problem 4:

Es kommt zu sprungfixen Kosten:

Es wird Schmuck mit einem Goldwert von € 30.000,– zusätzlich erzeugt und um € 100.000,– abgesetzt, so ergibt sich etwa folgende Rechnung:

Zusätzliche Kosten pro Jahr:				
Einkauf zu Grenzkosten				
Gold	€	30.000,–		
Einkaufszuschlag 1,69%	€	507,–	€	30.507,–
Zusatzkosten Produktion				
Werkstatt, Abschreibung ($^1/_{10}$)	€	1.000,–		
Zinsen auf Investition	€	800,–		
Geselle	€	30.000,–	€	31.800,–
Zusatzkosten Direktvertrieb				
Abschreibung PKW	€	4.000,–		
Verzinsung PKW	€	1.920,–		
Betriebskosten PKW	€	9.000,–		
Sonstige Vertriebskosten (Reise, Bewirtung)	€	12.000,–		
Verkäufer	€	30.000,–	€	56.900,–
Zusätzliche Kosten insgesamt			€	119.200,–
Zusätzliche Erlöse			€	120.000,–

Das heißt, die zusätzliche Investition ist knapp rentabel. Erreicht der neue Verkäufer die Umsatzziele nicht, entstehen Verluste.

In diesem Fall ist das Rechnen mit Grenzkosten nicht sinnvoll, da sprungfixe Kosten entstehen.

Zusammenfassend ist daher zu sagen, dass schematisches Vorgehen bei der Kostenrechnung meist zu falschen Entscheidungen führt.

Kostenrechnung ist nur zum geringen Teil ein „Rechensystem" und zum überwiegenden Teil ein „Denksystem", in dem zusätzliche Kosten zusätzlichen Erträgen oder eingesparte Kosten Ertragsverringerungen gegenübergestellt werden.

Anhang II:

Auszug aus dem Handelsgesetzbuch

(Stand Juli 2005)

Hinweis:

Zum Zeitpunkt der Drucklegung wurde dem Justizausschuss des Parlaments vom Ministerrat der Entwurf zu einem Handelsrechtsänderungsgesetz zugeleitet, das am 1. 1. 2007 in Kraft treten soll.

Das HGB soll in „Unternehmergesetz“ (UG) umbenannt werden. Der Begriff „Kaufmann“ wird daher durch den Begriff „Unternehmer“ ersetzt. Der Unternehmerbegriff ist weiter gefasst als der bisherige Begriff „Kaufmann“.

Die wesentlichen Buchführungsbestimmungen bleiben unverändert. Jedoch soll die Grenze für die Pflicht eine doppelte Buchhaltung zu führen mit einem Jahresumsatz von € 400.000,– eindeutig fixiert werden. Wie bisher sind Freiberufler und Landwirte von dieser Bestimmung ausgenommen und können weiterhin eine Einnahmen-Ausgaben-Rechnung führen. Selbstverständlich dürfen sie freiwillig auf eine doppelte Buchhaltung übergehen.

INHALTSÜBERSICHT

Drittes Buch: Rechnungslegung

Erster Abschnitt

Für Vollkaufleute geltende Vorschriften

Erster Titel

Buchführung, Inventar

Zweiter Titel

Eröffnungsbilanz, Jahresabschluß

Dritter Titel

Bewertungsvorschriften

Vierter Titel

Aufbewahrung und Vorlage von Unterlagen

Zweiter Abschnitt

Ergänzende Vorschriften für Kapitalgesellschaften (Aktiengesellschaften und Gesellschaften mit beschränkter Haftung)

Erster Titel

Größenklassen

Zweiter Titel

Allgemeine Vorschriften über den Jahresabschluß und den Lagebericht

Dritter Titel

Bilanz

Vierter Titel

Gewinn- und Verlustrechnung

Fünfter Titel

Anhang und Lagebericht

DRITTES BUCH: RECHNUNGSLEGUNG

ERSTER ABSCHNITT

Für Vollkaufleute geltende Vorschriften

ERSTER TITEL

Buchführung, Inventar

Buchführungspflicht

§ 189. (1) Der Kaufmann hat Bücher zu führen und in diesen seine Handelsgeschäfte und die Lage seines Vermögens nach den Grundsätzen ordnungsmäßiger Buchführung ersichtlich zu machen. Die Buchführung muß so beschaffen sein, daß sie einem sachverständigen Dritten innerhalb angemessener Zeit einen Überblick über die Geschäftsvorfälle und über die Lage des Unternehmens vermitteln kann. Die Geschäftsvorfälle müssen sich in ihrer Entstehung und Abwicklung verfolgen lassen.

(2) Der Kaufmann hat eine Abschrift (Ablichtung oder Abdruck) der abgesendeten Handelsbriefe zurückzubehalten und diese Abschriften sowie die empfangenen Handelsbriefe geordnet aufzubewahren. Werden die Daten auf elektronischem Weg übertragen, so muß ihre Lesbarkeit in geeigneter Form gesichert sein.

(3) Der Kaufmann kann zur ordnungsmäßigen Buchführung und zur Aufbewahrung der im Abs. 2 genannten Schriftstücke Datenträger benützen. Hiebei muß die inhaltsgleiche, vollständige und geordnete, hinsichtlich der im Abs. 2 genannten Schriftstücke auch die urschriftgetreue Wiedergabe bis zum Ablauf der gesetzlichen Aufbewahrungsfristen (§ 212) jederzeit gewährleistet sein. Soweit solche Unterlagen nur auf Datenträgern vorliegen, entfällt das Erfordernis der urschriftgetreuen Wiedergabe.

(4) Für Unternehmen, die gemäß § 2 zur Eintragung ihres Unternehmens in das Firmenbuch verpflichtet sind, gelten die Vorschriften dieses Abschnittes schon von dem Zeitpunkt an, in dem diese Verpflichtung entstanden ist.

Führung der Handelsbücher

§ 190. (1) Bei der Führung der Handelsbücher und bei den sonst erforderlichen Aufzeichnungen hat sich der Kaufmann einer lebenden Sprache zu bedienen. Werden Abkürzungen, Zahlen, Buchstaben oder Symbole verwendet, muß im Einzelfall deren Bedeutung eindeutig festliegen.

(2) Die Eintragungen in Büchern und die sonst erforderlichen Aufzeichnungen müssen vollständig, richtig, zeitgerecht und geordnet vorgenommen werden.

(3) Eine Eintragung oder eine Aufzeichnung darf nicht in einer Weise verändert werden, daß der ursprüngliche Inhalt nicht mehr feststellbar ist. Auch solche Veränderungen dürfen nicht vorgenommen werden, deren Beschaffenheit es ungewiß läßt, ob sie ursprünglich oder erst später gemacht worden sind.

Inventar

§ 191. (1) Der Kaufmann hat zu Beginn seines Handelsgewerbes die diesem gewidmeten Vermögensgegenstände und Schulden genau zu verzeichnen und deren Wert anzugeben (Inventar).

(2) Er hat für den Schluß eines jeden Geschäftsjahrs ein solches Inventar aufzustellen.

Inventurverfahren

§ 192. (1) Die Vermögensgegenstände sind im Regelfall im Weg einer körperlichen Bestandsaufnahme zu erfassen.

(2) Bei der Inventur für den Schluß eines Geschäftsjahrs bedarf es einer körperlichen Bestandsaufnahme der Vermögensgegenstände für diesen Zeitpunkt nicht, soweit durch Anwendung eines den Grundsätzen ordnungsmäßiger Buchführung entsprechenden anderen Verfahrens gesichert ist, daß der Bestand der Vermögensgegenstände nach Art, Menge und Wert auch ohne die körperliche Bestandsaufnahme für diesen Zeitpunkt festgestellt werden kann.

(3) In dem Inventar für den Schluß eines Geschäftsjahrs müssen Vermögensgegenstände nicht verzeichnet werden, wenn

1. der Kaufmann ihren Bestand auf Grund einer körperlichen Bestandsaufnahme oder auf Grund eines gemäß Abs. 2 zulässigen anderen Verfahrens nach Art, Menge und Wert in einem besonderen Inventar verzeichnet hat, das für einen Tag innerhalb der letzten drei Monate vor oder der beiden ersten Monate nach dem Schluß des Geschäftsjahrs aufgestellt ist, und
2. auf Grund des besonderen Inventars durch Anwendung eines den Grundsätzen ordnungsmäßiger Buchführung entsprechenden Fortschreibungs- oder Rückrechnungsverfahrens gesichert ist, daß der am Schluß des Geschäftsjahrs vorhandene Bestand der Vermögensgegenstände für diesen Zeitpunkt ordnungsgemäß bewertet werden kann.

(4) Bei der Inventur darf der Bestand von Vermögensgegenständen nach Art, Menge und Wert auch mit Hilfe anerkannter mathematisch-statistischer Methoden auf Grund von Stichproben ermittelt werden. Das Verfahren muß den Grundsätzen ordnungsmäßiger Buchführung entsprechen. Der Aussagewert des auf diese Weise aufgestellten Inventars muß dem Aussagewert eines auf Grund einer körperlichen Bestandsaufnahme aufgestellten Inventars gleichkommen.

ZWEITER TITEL

Eröffnungsbilanz, Jahresabschluß

Pflicht zur Aufstellung

§ 193. (1) Der Kaufmann hat zu Beginn seines Handelsgewerbes eine Eröffnungsbilanz nach den Grundsätzen ordnungsmäßiger Buchführung aufzustellen.

(2) Er hat sodann für den Schluß eines jeden Geschäftsjahrs in den ersten neun Monaten des Geschäftsjahrs für das vorangegangene Geschäftsjahr einen Jahresabschluß aufzustellen.

(3) Die Dauer des Geschäftsjahrs darf zwölf Monate nicht überschreiten.

(4) Der Jahresabschluß besteht aus der Bilanz und der Gewinn- und Verlustrechnung; er ist in Euro und in deutscher Sprache unbeschadet der volksgruppenrechtlichen Bestimmungen in der jeweils geltenden Fassung aufzustellen.

Unterzeichnung

§ 194. Der Jahresabschluß ist vom Kaufmann unter Beisetzung des Datums zu unterzeichnen. Sind mehrere persönlich haftende Gesellschafter vorhanden, so haben sie alle zu unterzeichnen.

Inhalt des Jahresabschlusses

§ 195. Der Jahresabschluß hat den Grundsätzen ordnungsmäßiger Buchführung zu entsprechen. Er ist klar und übersichtlich aufzustellen. Er hat dem Kaufmann ein möglichst getreues Bild der Vermögens- und Ertragslage des Unternehmens zu vermitteln.

Vollständigkeit, Verrechnungsverbot

§ 196. (1) Der Jahresabschluß hat sämtliche Vermögensgegenstände, Rückstellungen, Verbindlichkeiten, Rechnungsabgrenzungsposten, Aufwendungen und Erträge zu enthalten, soweit gesetzlich nichts anderes bestimmt ist.

(2) Posten der Aktivseite dürfen nicht mit Posten der Passivseite, Aufwendungen dürfen nicht mit Erträgen, Grundstücksrechte nicht mit Grundstückslasten verrechnet werden.

Bilanzierungsverbote

§ 197. (1) Aufwendungen für die Gründung des Unternehmens und für die Beschaffung des Eigenkapitals dürfen nicht als Aktivposten in die Bilanz eingestellt werden.

(2) Für immaterielle Gegenstände des Anlagevermögens, die nicht entgeltlich erworben wurden, darf ein Aktivposten nicht angesetzt werden.

Inhalt der Bilanz

§ 198. (1) In der Bilanz sind das Anlage- und das Umlaufvermögen, das Eigenkapital, die unversteuerten Rücklagen, die Rückstellungen, die Verbindlichkeiten sowie die Rechnungsabgrenzungsposten gesondert auszuweisen und unter Bedachtnahme auf die Grundsätze des § 195 aufzugliedern.

(2) Als Anlagevermögen sind die Gegenstände auszuweisen, die bestimmt sind, dauernd dem Geschäftsbetrieb zu dienen.

(3) Die Aufwendungen für das Ingangsetzen und Erweitern eines Betriebes dürfen als Aktivposten ausgewiesen werden. Der Posten ist in der Bilanz vor dem Posten „Anlagevermögen“ unter der Bezeichnung „Aufwendungen für das Ingangsetzen und Erweitern eines Betriebes“ auszuweisen.

(4) Als Umlaufvermögen sind die Gegenstände auszuweisen, die nicht bestimmt sind, dauernd dem Geschäftsbetrieb zu dienen.

(5) Als Rechnungsabgrenzungsposten sind auf der Aktivseite Ausgaben vor dem Abschlußstichtag auszuweisen, soweit sie Aufwand für eine bestimmte Zeit nach diesem Tag sind.

(6) Als Rechnungsabgrenzungsposten sind auf der Passivseite Einnahmen vor dem Abschlußstichtag auszuweisen, soweit sie Ertrag für eine bestimmte Zeit nach diesem Tag sind.

(7) Ist der Rückzahlungsbetrag einer Verbindlichkeit zum Zeitpunkt ihrer Begründung höher als der Ausgabebetrag, so darf der Unterschiedsbetrag in den Rechnungsabgrenzungsposten auf der Aktivseite aufgenommen und muß dann gesondert ausgewiesen werden. Der eingesetzte Betrag ist durch planmäßige jährliche Abschreibung zu tilgen.

(8) Für Rückstellungen gilt folgendes:

1. Rückstellungen sind für ungewisse Verbindlichkeiten und für drohende Verluste aus schwebenden Geschäften zu bilden, die am Abschlußstichtag wahrscheinlich oder sicher, aber hinsichtlich ihrer Höhe oder dem Zeitpunkt ihres Eintritts unbestimmt sind.
2. Rückstellungen dürfen außerdem für ihrer Eigenart nach genau umschriebene, dem Geschäftsjahr oder einem früheren Geschäftsjahr zuzuordnende Aufwendungen gebildet werden, die am Abschlußstichtag wahrscheinlich oder sicher, aber hinsichtlich ihrer Höhe oder dem Zeitpunkt ihres Eintritts unbestimmt sind. Derartige Rückstellungen sind zu bilden, soweit dies den Grundsätzen ordnungsmäßiger Buchführung entspricht.
3. Andere Rückstellungen als die gesetzlich vorgesehenen dürfen nicht gebildet werden. Eine Verpflichtung zur Rückstellungsbildung besteht nicht, soweit es sich um Beträge von untergeordneter Bedeutung handelt.
4. Rückstellungen sind insbesondere zu bilden für
   a) Anwartschaften auf Abfertigungen,
   b) laufende Pensionen und Anwartschaften auf Pensionen,
   c) Kulanzen, nicht konsumierten Urlaub, Jubiläumsgelder, Heimfallasten und Produkthaftungsrisken,

d) auf Gesetz oder Verordnung beruhende Verpflichtungen zur Rücknahme und Verwertung von Erzeugnissen.

(9) Ist der dem Geschäftsjahr und früheren Geschäftsjahren zuzurechnende Steueraufwand zu niedrig, weil der nach den steuerrechtlichen Vorschriften zu versteuernde Gewinn niedriger als das handelsrechtliche Ergebnis ist, und gleicht sich der zu niedrige Steueraufwand in späteren Geschäftsjahren voraussichtlich aus, so ist in Höhe der voraussichtlichen Steuerbelastung nachfolgender Geschäftsjahre eine Rückstellung zu bilden und in der Bilanz gesondert auszuweisen oder im Anhang gesondert anzugeben. Soweit eine unversteuerte Rücklage (§ 205) ausgewiesen ist, bedarf es einer solchen Rückstellung nicht. Die Rückstellung ist aufzulösen, sobald die höhere Steuerbelastung eintritt oder mit ihr voraussichtlich nicht mehr zu rechnen ist.

(10) Ist der dem Geschäftsjahr und früheren Geschäftsjahren zuzurechnende Steueraufwand zu hoch, weil der nach den steuerrechtlichen Vorschriften zu versteuernde Gewinn höher als das handelsrechtliche Ergebnis ist, und gleicht sich der zu hohe Steueraufwand in späteren Geschäftsjahren voraussichtlich aus, so darf in Höhe der voraussichtlichen Steuerentlastung nachfolgender Geschäftsjahre ein Abgrenzungsposten auf der Aktivseite der Bilanz gebildet werden, der gesondert auszuweisen ist. Der Betrag ist aufzulösen, sobald die Steuerentlastung eintritt oder mit ihr voraussichtlich nicht mehr zu rechnen ist.

Haftungsverhältnisse

§ 199. Unter der Bilanz sind Verbindlichkeiten aus der Begebung und Übertragung von Wechseln, Bürgschaften, Garantien sowie sonstigen vertraglichen Haftungsverhältnissen, soweit sie nicht auf der Passivseite auszuweisen sind, zu vermerken, auch wenn ihnen gleichwertige Rückgriffsforderungen gegenüberstehen.

Inhalt der Gewinn- und Verlustrechnung

§ 200. In der Gewinn- und Verlustrechnung sind die Erträge und Aufwendungen unter Bedachtnahme auf die Grundsätze des § 195 aufzugliedern. Der Jahresüberschuß (Jahresfehlbetrag) und der Bilanzgewinn (Bilanzverlust) sind gesondert auszuweisen.

DRITTER TITEL

Bewertungsvorschriften

Allgemeine Grundsätze der Bewertung

§ 201. (1) Die Bewertung hat den Grundsätzen ordnungsmäßiger Buchführung zu entsprechen.

(2) Insbesondere gilt folgendes:

1. Die auf den vorhergehenden Jahresabschluß angewendeten Bewertungsmethoden sind beizubehalten.

2. Bei der Bewertung ist von der Fortführung des Unternehmens auszugehen, solange dem nicht tatsächliche oder rechtliche Gründe entgegenstehen.
3. Die Vermögensgegenstände und Schulden sind zum Abschlußstichtag einzeln zu bewerten.
4. Der Grundsatz der Vorsicht ist einzuhalten, insbesondere sind
   a) nur die am Abschlußstichtag verwirklichten Gewinne auszuweisen,
   b) erkennbare Risken und drohende Verluste, die in dem Geschäftsjahr oder einem früheren Geschäftsjahr entstanden sind, zu berücksichtigen, selbst wenn die Umstände erst zwischen dem Abschlußstichtag und dem Tag der Aufstellung des Jahresabschlusses bekannt geworden sind,
   c) Wertminderungen unabhängig davon zu berücksichtigen, ob das Geschäftsjahr mit einem Gewinn oder einem Verlust abschließt.
5. Aufwendungen und Erträge des Geschäftsjahrs sind unabhängig vom Zeitpunkt der entsprechenden Zahlungen im Jahresabschluß zu berücksichtigen.
6. Die Eröffnungsbilanz des Geschäftsjahrs muß mit der Schlußbilanz des vorhergehenden Geschäftsjahrs übereinstimmen.

Ein Abweichen von diesen Grundsätzen ist nur bei Vorliegen besonderer Umstände zulässig.

Bewertung von Einlagen und Zuwendungen sowie Entnahmen

§ 202. (1) Einlagen und Zuwendungen sowie Entnahmen sind mit dem Wert anzusetzen, der ihnen im Zeitpunkt ihrer Leistung beizulegen ist, soweit sich nicht aus der Nutzungsmöglichkeit im Unternehmen ein geringerer Wert ergibt. Werden Betriebe oder Teilbetriebe eingelegt oder zugewendet, so gilt § 203 Abs. 5 sinngemäß.

(2) Bei Umgründungen (Verschmelzungen, Umwandlungen, Einbringungen, Zusammenschlüssen, Realteilungen und Spaltungen) gilt folgendes:

1. Abweichend von Abs. 1 dürfen die Buchwerte aus dem letzten Jahresabschluß oder einer Zwischenbilanz, die nach den auf den letzten Jahresabschluß angewandten Bilanzierungs- und Bewertungsmethoden zu erstellen ist, fortgeführt werden. Der Stichtag der zugrundegelegten Bilanz darf höchstens neun Monate vor der Anmeldung zum Firmenbuch liegen; ist eine Anmeldung zum Firmenbuch nicht vorgesehen, so ist der Tag des Abschlusses der zugrundeliegenden Vereinbarung maßgeblich. War der Rechtsvorgänger (der Übertragende) zur Führung von Büchern nicht verpflichtet, dürfen die steuerrechtlichen Werte angesetzt werden.
2. Übersteigt der Gesamtwert der Gegenleistung die fortgeführten Werte nach Z 1, so darf der Unterschiedsbetrag unter die Posten des Anlagevermögens aufgenommen werden; der Gesamtbetrag der Gegenleistung ergibt sich aus dem Gesamtausgabebetrag der neuen Anteile, dem Buchwert eigener oder untergehender Anteile und den baren Zuzahlungen.
3. Jener Teil des Unterschiedsbetrags, der den Aktiven und Passiven des übertragenen Vermögens zugeordnet werden kann, ist als Umgründungsmehrwert gesondert auszuweisen; auf diesen Wert sind die für Vermögensgegenstände

und Schulden geltenden Bestimmungen anzuwenden. Ein danach verbleibender Restbetrag darf als Firmenmehrwert angesetzt werden.

Wertansätze für Gegenstände des Anlagevermögens; Anschaffungs- und Herstellungskosten

§ 203. (1) Gegenstände des Anlagevermögens sind mit den Anschaffungs- oder Herstellungskosten, vermindert um Abschreibungen gemäß § 204, anzusetzen.

(2) Anschaffungskosten sind die Aufwendungen, die geleistet werden, um einen Vermögensgegenstand zu erwerben und ihn in einen betriebsbereiten Zustand zu versetzen, soweit sie dem Vermögensgegenstand einzeln zugeordnet werden können. Zu den Anschaffungskosten gehören auch die Nebenkosten sowie die nachträglichen Anschaffungskosten. Anschaffungspreisminderungen sind abzusetzen.

(3) Herstellungskosten sind die Aufwendungen, die für die Herstellung eines Vermögensgegenstandes, seine Erweiterung oder für eine über seinen ursprünglichen Zustand hinausgehende wesentliche Verbesserung entstehen. Bei der Berechnung der Herstellungskosten dürfen auch angemessene Teile der Materialgemeinkosten und der Fertigungsgemeinkosten eingerechnet werden. Sind die Gemeinkosten durch offenbare Unterbeschäftigung überhöht, so dürfen nur die einer durchschnittlichen Beschäftigung entsprechenden Teile dieser Kosten eingerechnet werden. Aufwendungen für Sozialeinrichtungen des Betriebes, für freiwillige Sozialleistungen, für betriebliche Altersversorgung und Abfertigungen dürfen eingerechnet werden. Kosten der allgemeinen Verwaltung und des Vertriebes dürfen nicht in die Herstellungskosten einbezogen werden.

(4) Zinsen für Fremdkapital, das zur Finanzierung der Herstellung eines Vermögensgegenstands verwendet wird, dürfen im Rahmen der Herstellungskosten angesetzt werden, soweit sie auf den Zeitraum der Herstellung entfallen.

(5) Als Geschäfts(Firmen)wert darf der Unterschiedsbetrag angesetzt werden, um den die Gegenleistung für die Übernahme eines Betriebes die Werte der einzelnen Vermögensgegenstände abzüglich der Schulden im Zeitpunkt der Übernahme übersteigt. Die Abschreibung des Geschäfts(Firmen)werts ist planmäßig längstens auf die Geschäftsjahre, in denen er voraussichtlich genutzt wird, zu verteilen.

Abschreibungen im Anlagevermögen

§ 204. (1) Die Anschaffungs- oder Herstellungskosten sind bei den Gegenständen des Anlagevermögens, deren Nutzung zeitlich begrenzt ist, um planmäßige Abschreibungen zu vermindern. Der Plan muß die Anschaffungs- oder Herstellungskosten auf die Geschäftsjahre verteilen, in denen der Vermögensgegenstand voraussichtlich wirtschaftlich genutzt werden kann.

(2) Gegenstände des Anlagevermögens sind bei voraussichtlich dauernder Wertminderung ohne Rücksicht darauf, ob ihre Nutzung zeitlich begrenzt ist, außerplanmäßig auf den niedrigeren Wert abzuschreiben, der ihnen am Abschlußstichtag unter Bedachtnahme auf die Nutzungsmöglichkeit im Unternehmen bei-

zulegen ist. Bei Finanzanlagen dürfen solche Abschreibungen auch vorgenommen werden, wenn die Wertminderung voraussichtlich nicht von Dauer ist.

(3) (aufgehoben)

Unversteuerte Rücklagen

§ 205. (1) Sonderabschreibungen von Vermögensgegenständen des Anlagevermögens, die auf Grund steuerlicher Vorschriften vorgenommen worden sind (Bewertungsreserve), und sonstige unversteuerte Rücklagen sind unter Angabe der Vorschriften, nach denen sie gebildet sind, auf der Passivseite auszuweisen. Bei Vollabschreibung geringwertiger Vermögensgegenstände des Anlagevermögens ist nur dann entsprechend diesen Bestimmungen eine Rücklage zu bilden, wenn die Abschreibung betragsmäßig von wesentlichem Umfang ist.

(2) Die Bewertungsreserve ist insoweit aufzulösen, als die Vermögensgegenstände, für die sie gebildet wurde, aus dem Vermögen ausscheiden oder die steuerliche Wertminderung durch handelsrechtliche Abschreibungen zu ersetzen ist.

Wertansätze für Gegenstände des Umlaufvermögens

§ 206. (1) Gegenstände des Umlaufvermögens sind mit den Anschaffungs- oder Herstellungskosten, vermindert um Abschreibungen gemäß § 207, anzusetzen.

(2) Auf die Feststellung der Anschaffungs- und Herstellungskosten ist § 203 Abs. 2 bis 4 sinngemäß anzuwenden.

(3) Bei Aufträgen, deren Ausführung sich über mehr als zwölf Monate erstreckt, dürfen angemessene Teile der Verwaltungs- und Vertriebskosten angesetzt werden, falls eine verläßliche Kostenrechnung vorliegt und soweit aus der weiteren Auftragsabwicklung keine Verluste drohen.

Abschreibungen auf Gegenstände des Umlaufvermögens

§ 207. (1) Bei Gegenständen des Umlaufvermögens sind Abschreibungen vorzunehmen, um diese mit dem Wert anzusetzen, der sich aus einem niedrigeren Börsenkurs oder Marktpreis am Abschlußstichtag ergibt. Ist ein Börsenkurs oder Marktpreis nicht festzustellen und übersteigen die Anschaffungs- oder Herstellungskosten den Wert, der dem Vermögensgegenstand am Abschlußstichtag beizulegen ist, so ist der Vermögensgegenstand auf diesen Wert abzuschreiben.

(2) Außerdem dürfen Gegenstände des Umlaufvermögens abgeschrieben werden, soweit dies nach vernünftiger kaufmännischer Beurteilung notwendig ist, um zu verhindern, daß in der nächsten Zukunft der Wertansatz dieses Vermögensgegenstands auf Grund von Wertschwankungen geändert werden muß. Der Betrag dieser Abschreibungen ist in der Gewinn- und Verlustrechnung gesondert auszuweisen.

(3) (aufgehoben)

Wertaufholung

§ 208. (1) Wird bei einem Vermögensgegenstand eine Abschreibung gemäß § 204 Abs. 2 oder § 207 vorgenommen und stellt sich in einem späteren Geschäftsjahr heraus, daß die Gründe dafür nicht mehr bestehen, so ist der Betrag dieser Abschreibung im Umfang der Werterhöhung unter Berücksichtigung der Abschreibungen, die inzwischen vorzunehmen gewesen wären, zuzuschreiben.

(2) Von der Zuschreibung gemäß Abs. 1 darf abgesehen werden, wenn ein niedrigerer Wertansatz bei der steuerrechtlichen Gewinnermittlung unter der Voraussetzung beibehalten werden kann, daß er auch im Jahresabschluß beibehalten wird.

(3) Im Anhang ist der Betrag der im Geschäftsjahr aus steuerrechtlichen Gründen unterlassenen Zuschreibungen anzugeben und hinreichend zu begründen. Ferner ist das Ausmaß erheblicher künftiger steuerlicher Belastungen, die sich aus einer solchen Bewertung ergeben, anzuführen.

Bewertungsvereinfachungsverfahren

§ 209. (1) Gegenstände des Sachanlagevermögens sowie Roh-, Hilfs- und Betriebsstoffe können, wenn sie regelmäßig ersetzt werden und ihr Gesamtwert von untergeordneter Bedeutung ist, mit einem gleichbleibenden Wert angesetzt werden, sofern ihr Bestand voraussichtlich in seiner Größe, seinem Wert und seiner Zusammensetzung nur geringen Veränderungen unterliegt. Jedoch ist mindestens alle fünf Jahre eine Bestandsaufnahme durchzuführen. Ergibt sich dabei eine wesentliche Änderung des mengenmäßigen Bestandes, so ist insoweit der Wert anzupassen.

(2) Gleichartige Gegenstände des Finanzanlage- und des Vorratsvermögens, Wertpapiere (Wertrechte) sowie andere gleichartige oder annähernd gleichwertige bewegliche Vermögensgegenstände können jeweils zu einer Gruppe zusammengefaßt und mit dem gewogenen Durchschnittswert angesetzt werden. Soweit es den Grundsätzen ordnungsmäßiger Buchführung entspricht, kann für den Wertansatz gleichartiger Vermögensgegenstände des Vorratsvermögens unterstellt werden, daß die zuerst oder zuletzt angeschafften oder hergestellten Vermögensgegenstände zuerst oder in einer sonstigen bestimmten Folge verbraucht oder veräußert worden sind.

Abschreibung der Aufwendungen für das Ingangsetzen und Erweitern eines Betriebes

§ 210. Die für das Ingangsetzen und Erweitern eines Betriebes aktivierten Beträge sind für jedes Geschäftsjahr zu mindestens einem Fünftel abzuschreiben. Bei der Bemessung des Abschreibungszeitraums ist auf den Grundsatz der Vorsicht (§ 201 Abs. 2 Z 4) Bedacht zu nehmen.

Wertansätze von Passivposten

§ 211. (1) Verbindlichkeiten sind zu ihrem Rückzahlungsbetrag, Rentenverpflichtungen zum Barwert der zukünftigen Auszahlungen anzusetzen. Rückstellungen sind in der Höhe anzusetzen, die nach vernünftiger kaufmännischer Beurteilung notwendig ist. Im Rahmen der Bewertung ist auf den Grundsatz der Vorsicht (§ 201 Abs. 2 Z 4) Bedacht zu nehmen.

(2) Rückstellungen für laufende Pensionen und Anwartschaften auf Pensionen sowie ähnliche Verpflichtungen sind mit dem sich nach versicherungsmathematischen Grundsätzen ergebenden Betrag anzusetzen. Anwartschaften auf Abfertigungen sind entsprechend zu bewerten, wobei jedoch vereinfachend auch ein bestimmter Prozentsatz der fiktiven Ansprüche zum jeweiligen Bilanzstichtag angesetzt werden darf, sofern dagegen im Einzelfall keine erheblichen Bedenken bestehen.

VIERTER TITEL

Aufbewahrung und Vorlage von Unterlagen

Aufbewahrungspflicht, Aufbewahrungsfrist

§ 212. (1) Der Kaufmann hat seine Handelsbücher, Inventare, Eröffnungsbilanzen, Jahresabschlüsse samt den Lageberichten, Konzernabschlüsse samt den Konzernlageberichten, empfangene Handelsbriefe, Abschriften der abgesendeten Handelsbriefe und Belege für Buchungen in den von ihm gemäß § 189 Abs. 1 zu führenden Büchern (Buchungsbelege) sieben Jahre lang geordnet aufzubewahren; darüber hinaus noch solange, als sie für ein anhängiges gerichtliches oder behördliches Verfahren, in dem der Kaufmann Parteistellung hat, von Bedeutung sind.

(2) Die Frist läuft vom Schluß des Kalenderjahrs an, für das die letzte Eintragung in das Handelsbuch vorgenommen, das Inventar aufgestellt, die Eröffnungsbilanz und der Jahresabschluß festgestellt, der Konzernabschluß aufgestellt oder der Handelsbrief empfangen oder abgesendet worden ist.

Vorlage im Rechtsstreit

§ 213. (1) Im Laufe eines Rechtsstreits kann das Gericht auf Antrag oder von Amts wegen die Vorlage der Handelsbücher einer Partei anordnen.

(2) Die Vorschriften der Zivilprozeßordnung über die Verpflichtung des Prozeßgegners zur Vorlage von Urkunden bleiben unberührt.

Auszug bei Vorlage im Rechtsstreit

§ 214. Werden in einem Rechtsstreit Handelsbücher vorgelegt, so ist in sie, soweit sie den Streitpunkt betreffen, unter Zuziehung der Parteien Einsicht zu nehmen und geeignetenfalls ein Auszug davon anzufertigen. Der übrige Inhalt der Bücher ist dem Gericht insoweit offenzulegen, als es zur Prüfung ihrer ordnungsmäßigen Führung notwendig ist.

Vorlage bei Vermögensauseinandersetzungen

§ 215. Bei Vermögensauseinandersetzungen, insbesondere in Erbschafts-, Gütergemeinschafts- und Gesellschaftsteilungssachen, darf das Gericht die Vorlage der Handelsbücher zur Kenntnisnahme von ihrem ganzen Inhalt anordnen.

Vorlage von Unterlagen auf Datenträgern

§ 216. Wer Eintragungen oder Aufbewahrungen in der Form des § 189 Abs. 3 vorgenommen hat, muß, soweit er zur Einsichtgewährung verpflichtet ist, auf seine Kosten innerhalb angemessener Frist diejenigen Hilfsmittel zur Verfügung stellen, die notwendig sind, um die Unterlagen lesbar zu machen, und, soweit erforderlich, die benötigte Anzahl ohne Hilfsmittel lesbarer, dauerhafter Wiedergaben beibringen.

ZWEITER ABSCHNITT

Ergänzende Vorschriften für Kapitalgesellschaften (Aktiengesellschaften und Gesellschaften mit beschränkter Haftung)

ERSTER TITEL

Größenklassen

Umschreibung

§ 221. (1) Kleine Kapitalgesellschaften sind solche, die mindestens zwei der drei nachstehenden Merkmale nicht überschreiten:

1. 3,65 Millionen Euro Bilanzsumme;
2. 7,3 Millionen Euro Umsatzerlöse in den zwölf Monaten vor dem Abschlußstichtag;
3. im Jahresdurchschnitt 50 Arbeitnehmer.

(2) Mittelgroße Kapitalgesellschaften sind solche, die mindestens zwei der drei in Abs. 1 bezeichneten Merkmale überschreiten und mindestens zwei der drei nachstehenden Merkmale nicht überschreiten:

1. 14,6 Millionen Euro Bilanzsumme;
2. 29,2 Millionen Euro Umsatzerlöse in den zwölf Monaten vor dem Abschlußstichtag;
3. im Jahresdurchschnitt 250 Arbeitnehmer.

(3) Große Kapitalgesellschaften sind solche, die mindestens zwei der drei in Abs. 2 bezeichneten Merkmale überschreiten. Eine Kapitalgesellschaft gilt stets als groß, wenn Aktien oder andere von ihr ausgegebene Wertpapiere an einem geregelten Markt im Sinne des § 2 Z 37 BWG oder an einem anerkannten, für das Publikum offenen, ordnungsgemäß funktionierenden Wertpapiermarkt in einem Vollmitgliedstaat der OECD zum Handel zugelassen sind.

(4) Die Rechtsfolgen der Größenmerkmale (Abs. 1 bis Abs. 3 erster Satz) treten ab dem folgenden Geschäftsjahr ein, wenn diese Merkmale

1. an den Abschlußstichtagen von zwei aufeinanderfolgenden Geschäftsjahren überschritten beziehungsweise nicht mehr überschritten werden;
2. bei Umgründungen (Verschmelzung, Umwandlung, Einbringung, Zusammenschluß, Realteilung oder Spaltung) und Neugründungen am ersten Abschlußstichtag nach der Umgründung oder Neugründung vorliegen; dies gilt auch bei der Aufgabe eines Betriebes oder eines Teilbetriebes, wenn die Größenmerkmale um mindestens die Hälfte unterschritten werden.

(5) Ist bei einer Personengesellschaft des Handelsrechts kein persönlich haftender Gesellschafter mit Vertretungsbefugnis eine natürliche Person, so unterliegt die Personengesellschaft hinsichtlich der in den §§ 222 bis 243 und §§ 268 bis 283 geregelten Tatbestände den der Rechtsform ihres vertretungsbefugten Gesellschafters entsprechenden Rechtsvorschriften; ist dieser keine Kapitalgesellschaft, so gelten die Vorschriften für Gesellschaften mit beschränkter Haftung.

(6) Der Durchschnitt der Arbeitnehmeranzahl bestimmt sich nach der Arbeitnehmeranzahl an den jeweiligen Monatsletzten innerhalb des Geschäftsjahrs.

(7) Der Bundesminister für Justiz wird ermächtigt, zur Erfüllung der die Republik Österreich nach den Rechtsvorschriften der Europäischen Union treffenden Verpflichtungen durch Verordnung an Stelle der in Abs. 1 und 2 angeführten Merkmale andere Zahlen festzusetzen.

ZWEITER TITEL

Allgemeine Vorschriften über den Jahresabschluß und den Lagebericht

Inhalt des Jahresabschlusses

§ 222. (1) Die gesetzlichen Vertreter einer Kapitalgesellschaft haben in den ersten fünf Monaten des Geschäftsjahrs für das vorangegangene Geschäftsjahr den um den Anhang erweiterten Jahresabschluß sowie einen Lagebericht aufzustellen und den Mitgliedern des Aufsichtsrats vorzulegen.

(2) Der Jahresabschluß hat ein möglichst getreues Bild der Vermögens-, Finanz- und Ertragslage des Unternehmens zu vermitteln. Wenn dies aus besonderen Umständen nicht gelingt, sind im Anhang die erforderlichen zusätzlichen Angaben zu machen.

Allgemeine Grundsätze für die Gliederung

§ 223. (1) Die einmal gewählte Form der Darstellung, insbesondere die Gliederung der aufeinanderfolgenden Bilanzen und Gewinn- und Verlustrechnungen, ist beizubehalten. Ein Abweichen von diesem Grundsatz ist nur unter Beachtung der im § 222 Abs. 2 umschriebenen Zielsetzung zulässig. Die Abweichungen sind im Anhang anzugeben und zu begründen.

(2) Im Jahresabschluß ist zu jedem Posten der entsprechende Betrag des vorangegangenen Geschäftsjahrs zumindest in vollen 1.000 Euro anzugeben; dies gilt auch für die gesondert anzumerkenden Posten. Sind die Beträge nicht vergleichbar, so ist dies im Anhang anzugeben und zu erläutern. Wird der Vorjahresbetrag angepaßt, so ist auch dies im Anhang anzugeben und zu erläutern.

(3) Betreibt eine Gesellschaft mehrere Geschäftszweige und bedingt dies die Gliederung des Jahresabschlusses nach verschiedenen Gliederungsvorschriften, so hat die Gesellschaft den Jahresabschluß nach der für den wirtschaftlich bedeutendsten Geschäftszweig vorgeschriebenen Gliederung aufzustellen und nach der für seine anderen Geschäftszweige jeweils vorgeschriebenen Gliederung zu ergänzen; dies ist zu begründen. Die Abweichung ist im Anhang anzugeben und zu begründen.

(4) Eine weitere Untergliederung der Posten ist zulässig; dabei ist jedoch die vorgeschriebene Gliederung zu beachten. Zusätzliche Posten dürfen hinzugefügt werden, wenn ihr Inhalt nicht von einem vorgeschriebenen Posten gedeckt wird. Die Aufnahme weiterer zusätzlicher Posten ist geboten, soweit es zur Erreichung der im § 222 Abs. 2 umschriebenen Zielsetzung erforderlich ist. Die Postenbezeichnungen sind auf die tatsächlichen Inhalte zu verkürzen.

(5) Fällt ein Vermögensgegenstand oder eine Verbindlichkeit unter mehrere Posten der Bilanz, so ist die Zugehörigkeit auch zu anderen Posten bei dem Posten, unter dem der Ausweis erfolgt ist, zu vermerken oder im Anhang anzugeben, wenn dies zur Aufstellung eines klaren und übersichtlichen Jahresabschlusses erforderlich ist.

(6) Die mit arabischen Zahlen versehenen Posten der Bilanz und die mit Buchstaben gekennzeichneten Posten der Gewinn- und Verlustrechnung können zusammengefaßt werden, wenn

1. sie einen Betrag enthalten, der für die Vermittlung eines möglichst getreuen Bildes der Vermögens-, Finanz- und Ertragslage der Gesellschaft nicht wesentlich ist, oder
2. dadurch die Klarheit der Darstellung verbessert wird; in diesem Fall müssen die zusammengefaßten Posten jedoch im Anhang ausgewiesen werden.

(7) Ein Posten der Bilanz oder der Gewinn- und Verlustrechnung, der keinen Betrag ausweist, braucht nicht angeführt zu werden, es sei denn, daß im vorangegangenen Geschäftsjahr unter diesem Posten ein Betrag ausgewiesen wurde.

(8) Gliederung und Bezeichnung der mit arabischen Zahlen versehenen Posten der Bilanz und der Gewinn- und Verlustrechnung sind zu ändern, wenn dies wegen Besonderheiten der Kapitalgesellschaft zur Aufstellung eines klaren und

übersichtlichen Jahresabschlusses erforderlich ist. Der Bundesminister für Justiz kann im Einvernehmen mit dem in seinem Wirkungsbereich berührten Bundesminister verbindliche Formblätter durch Verordnung festlegen.

DRITTER TITEL

Bilanz

Gliederung

§ 224. (1) In der Bilanz sind, unbeschadet einer weiteren Gliederung, die in den Abs. 2 und 3 angeführten Posten gesondert und in der vorgeschriebenen Reihenfolge auszuweisen.

(2) Aktivseite:

A. Anlagevermögen:

I. Immaterielle Vermögensgegenstände:

1. Konzessionen, gewerbliche Schutzrechte und ähnliche Rechte und Vorteile sowie daraus abgeleitete Lizenzen;
2. Geschäfts(Firmen)wert;
3. geleistete Anzahlungen;

II. Sachanlagen:

1. Grundstücke, grundstücksgleiche Rechte und Bauten, einschließlich der Bauten auf fremdem Grund;
2. technische Anlagen und Maschinen;
3. andere Anlagen, Betriebs- und Geschäftsausstattung;
4. geleistete Anzahlungen und Anlagen in Bau;

III. Finanzanlagen:

1. Anteile an verbundenen Unternehmen;
2. Ausleihungen an verbundene Unternehmen;
3. Beteiligungen;
4. Ausleihungen an Unternehmen, mit denen ein Beteiligungsverhältnis besteht;
5. Wertpapiere (Wertrechte) des Anlagevermögens;
6. sonstige Ausleihungen.

B. Umlaufvermögen:

I. Vorräte:

1. Roh-, Hilfs- und Betriebsstoffe;
2. unfertige Erzeugnisse;
3. fertige Erzeugnisse und Waren;
4. noch nicht abrechenbare Leistungen;
5. geleistete Anzahlungen;

II. Forderungen und sonstige Vermögensgegenstände:
   1. Forderungen aus Lieferungen und Leistungen;
   2. Forderungen gegenüber verbundenen Unternehmen;
   3. Forderungen gegenüber Unternehmen, mit denen ein Beteiligungsverhältnis besteht;
   4. sonstige Forderungen und Vermögensgegenstände;

III. Wertpapiere und Anteile:
   1. Anteile an verbundenen Unternehmen;
   2. sonstige Wertpapiere und Anteile;

IV. Kassenbestand, Schecks, Guthaben bei Kreditinstituten.

C. Rechnungsabgrenzungsposten.

(3) Passivseite:

A. Eigenkapital:

I. Nennkapital (Grund-, Stammkapital);

II. Kapitalrücklagen:
   1. gebundene;
   2. nicht gebundene;

III. Gewinnrücklagen:
   1. gesetzliche Rücklage;
   2. satzungsmäßige Rücklagen;
   3. andere Rücklagen (freie Rücklagen);

IV. Bilanzgewinn (Bilanzverlust),
davon Gewinnvortrag/Verlustvortrag.

B. Unversteuerte Rücklagen:
   1. Bewertungsreserve auf Grund von Sonderabschreibungen;
   2. sonstige unversteuerte Rücklagen.

C. Rückstellungen:
   1. Rückstellungen für Abfertigungen;
   2. Rückstellungen für Pensionen;
   3. Steuerrückstellungen;
   4. sonstige Rückstellungen.

D. Verbindlichkeiten:
   1. Anleihen, davon konvertibel;
   2. Verbindlichkeiten gegenüber Kreditinstituten;
   3. erhaltene Anzahlungen auf Bestellungen;
   4. Verbindlichkeiten aus Lieferungen und Leistungen;
   5. Verbindlichkeiten aus der Annahme gezogener Wechsel und der Ausstellung eigener Wechsel;

6. Verbindlichkeiten gegenüber verbundenen Unternehmen;
7. Verbindlichkeiten gegenüber Unternehmen, mit denen ein Beteiligungsverhältnis besteht;
8. sonstige Verbindlichkeiten,
davon aus Steuern,
davon im Rahmen der sozialen Sicherheit.

E. Rechnungsabgrenzungsposten.

Vorschriften zu einzelnen Posten der Bilanz

§ 225. (1) Ist das Eigenkapital durch Verluste aufgebraucht, so lautet dieser Posten „negatives Eigenkapital". Im Anhang ist zu erläutern, ob eine Überschuldung im Sinne des Insolvenzrechts vorliegt.

(2) Forderungen und Verbindlichkeiten gegenüber verbundenen Unternehmen und gegenüber Unternehmen, mit denen ein Beteiligungsverhältnis besteht, sind in der Regel als solche jeweils gesondert auszuweisen. Werden sie unter anderen Posten ausgewiesen, so ist dies zu vermerken.

(3) Der Betrag der Forderungen mit einer Restlaufzeit von mehr als einem Jahr ist bei jedem gesondert ausgewiesenen Posten in der Bilanz anzumerken oder im Anhang anzugeben. Sind unter dem Posten „sonstige Forderungen und Vermögensgegenstände" Erträge enthalten, die erst nach dem Abschlußstichtag zahlungswirksam werden, so müssen diese Beträge, soweit sie wesentlich sind, im Anhang erläutert werden.

(4) Wechsel dürfen als Wertpapiere nur ausgewiesen werden, wenn dem Unternehmen nicht die der Ausstellung zugrunde liegende Forderung zusteht; anderenfalls ist bei Forderungen die wechselmäßige Verbriefung im Anhang anzugeben.

(5) Eigene Anteile, Anteile an herrschenden oder mit Mehrheit beteiligten Unternehmen sind je nach ihrer Zweckbestimmung im Anlagevermögen oder im Umlaufvermögen in einem gesonderten Posten „eigene Anteile, Anteile an herrschenden oder mit Mehrheit beteiligten Unternehmen" auszuweisen. In gleicher Höhe ist auf der Passivseite eine Rücklage gesondert auszuweisen. Diese Rücklage darf durch Umwidmung frei verfügbarer Kapital- und Gewinnrücklagen gebildet werden, soweit diese einen Verlustvortrag übersteigen. Sie ist insoweit aufzulösen, als diese Anteile aus dem Vermögen ausgeschieden oder für sie ein niedrigerer Betrag angesetzt wird.

(6) Der Betrag der Verbindlichkeiten mit einer Restlaufzeit bis zu einem Jahr ist bei jedem gesondert ausgewiesenen Posten in der Bilanz anzumerken oder im Anhang anzugeben. Erhaltene Anzahlungen auf Bestellungen sind, soweit Anzahlungen auf Vorräte nicht von einzelnen Posten der „Vorräte" offen abgesetzt werden, unter den Verbindlichkeiten gesondert auszuweisen. Sind unter dem Posten „sonstige Verbindlichkeiten" Aufwendungen enthalten, die erst nach dem Abschlußstichtag zahlungswirksam werden, so sind sie, wenn sie wesentlich sind, im Anhang zu erläutern.

(7) Bei Grundstücken ist der Grundwert in der Bilanz anzumerken oder im Anhang anzugeben.

Entwicklung des Anlagevermögens, Pauschalwertberichtigung

§ 226. (1) In der Bilanz oder im Anhang ist die Entwicklung der einzelnen Posten des Anlagevermögens und des Postens „Aufwendungen für das Ingangsetzen und Erweitern eines Betriebes" (§ 210) darzustellen. Dabei sind, ausgehend von den gesamten Anschaffungs- und Herstellungskosten, die Zugänge, Abgänge, Umbuchungen und Zuschreibungen des Geschäftsjahrs sowie die Abschreibungen in ihrer gesamten Höhe gesondert aufzuführen. Die Abschreibungen des Geschäftsjahrs sind entweder in der Bilanz bei dem betreffenden Posten zu vermerken oder im Anhang in einer der Gliederung des Anlagevermögens entsprechenden Aufgliederung anzugeben.

(2) Werden Aufwendungen für das Ingangsetzen und Erweitern eines Betriebes in der Bilanz ausgewiesen, so sind diese im Anhang zu erläutern. Gewinne dürfen im Fall der Aktivierung von Aufwendungen für das Ingangsetzen und Erweitern eines Betriebs oder eines Abgrenzungspostens gemäß § 198 Abs. 10 nur ausgeschüttet werden, soweit die danach verbleibenden jederzeit auflösbaren Rücklagen zuzüglich eines Gewinnvortrags und abzüglich eines Verlustvortrags dem ausgewiesenen Betrag mindestens entsprechen.

(3) Werden Vermögensgegenstände des Anlagevermögens im Hinblick auf ihre Geringwertigkeit im Jahre ihrer Anschaffung oder Herstellung vollständig abgeschrieben und ist gemäß § 205 Abs. 1 diesbezüglich kein Ausweis einer unversteuerten Rücklage notwendig, dann dürfen diese Vermögensgegenstände als Abgang behandelt werden.

(4) Ein Geschäfts(Firmen)wert ist in die Darstellung der Entwicklung des Anlagevermögens aufzunehmen. Ein voll abgeschriebener Geschäfts(Firmen)-wert ist als Abgang zu behandeln.

(5) Der Betrag einer Pauschalwertberichtigung zu Forderungen ist für den entsprechenden Posten der Bilanz im Anhang anzugeben. Einzelwertberichtigungen zum Umlaufvermögen sind vom entsprechenden Aktivposten abzusetzen.

Ausleihungen

§ 227. Forderungen mit einer Laufzeit von mindestens fünf Jahren sind jedenfalls als Ausleihungen auszuweisen. Ausleihungen mit einer Restlaufzeit bis zu einem Jahr sind im Anhang anzugeben.

Beteiligungen, verbundene Unternehmen

§ 228. (1) Beteiligungen sind Anteile an anderen Unternehmen, die bestimmt sind, dem eigenen Geschäftsbetrieb durch eine dauernde Verbindung zu diesen Unternehmen zu dienen. Dabei ist es unerheblich, ob die Anteile in Wertpapieren verbrieft sind oder nicht. Als Beteiligungen gelten im Zweifel Anteile an einer Kapitalgesellschaft oder an einer Genossenschaft, die insgesamt den fünften Teil des Nennkapitals dieser Gesellschaft erreichen.

(2) Die Beteiligung als persönlich haftender Gesellschafter an einer Personengesellschaft des Handelsrechts gilt stets als Beteiligung; für andere Beteiligungen an Personengesellschaften des Handelsrechts gilt Abs. 1 sinngemäß.

(3) Verbundene Unternehmen im Sinne dieser Vorschriften sind solche Unternehmen, die nach den Vorschriften über die vollständige Zusammenfassung der Jahresabschlüsse verbundener Unternehmen (Vollkonsolidierung) in den Konzernabschluß eines Mutterunternehmens gemäß § 244 einzubeziehen sind, das als oberstes Mutterunternehmen den am weitestgehenden Konzernabschluß gemäß §§ 244 bis 267 aufzustellen hat, auch wenn die Aufstellung unterbleibt. Dies gilt sinngemäß, wenn das oberste Mutterunternehmen seinen Sitz im Ausland hat. Tochterunternehmen, die gemäß § 249 nicht einbezogen werden, sind ebenfalls verbundene Unternehmen.

Eigenkapital

§ 229. (1) Das Nennkapital ist auf der Passivseite mit dem Betrag der übernommenen Einlagen anzusetzen. Die nicht eingeforderten ausstehenden Einlagen sind von diesem Posten offen abzusetzen. Der eingeforderte, aber noch nicht eingezahlte Betrag ist unter den Forderungen gesondert auszuweisen und entsprechend zu bezeichnen. Werden Aktien zur Einziehung gemäß § 65 Abs. 1 Z 7 oder 9 AktG erworben, so kann der Nennbetrag oder, falls ein solcher nicht vorhanden ist, der rechnerische Wert dieser Aktien in der Vorspalte offen von dem Posten Nennkapital abgesetzt werden. Dies gilt auch dann, wenn der Erwerb nicht zur Einziehung erfolgt ist, aber in dem Beschluß über den Rückkauf die spätere Veräußerung von einem Beschluß der Hauptversammlung abhängig gemacht worden ist. Im Fall der Absetzung des Nennbetrags oder des rechnerischen Wertes vom Nennkapital ist der Unterschiedsbetrag zwischen dem Nennbetrag oder dem rechnerischen Wert dieser Aktien und ihren Anschaffungskosten mit den nicht gebundenen Kapitalrücklagen und den freien Gewinnrücklagen (§ 224 Abs. 3 A. II Z 2 und III Z 3) zu verrechnen. § 192 Abs. 5 AktG ist anzuwenden.

(2) Als Kapitalrücklage sind auszuweisen:

1. der Betrag, der bei der ersten oder einer späteren Ausgabe von Anteilen für einen höheren Betrag als den Nennbetrag oder den dem anteiligen Betrag des Grundkapitals entsprechenden Betrag über diesen hinaus erzielt wird;
2. der Betrag, der bei der Ausgabe von Schuldverschreibungen für Wandlungsrechte und Optionsrechte zum Erwerb von Anteilen erzielt wird;
3. der Betrag von Zuzahlungen, die Gesellschafter gegen Gewährung eines Vorzugs für ihre Anteile leisten;
4. die Beträge, die bei der Kapitalherabsetzung gemäß den §§ 185, 192 Abs. 5 AktG und § 59 GmbHG zu binden sind;
5. der Betrag von sonstigen Zuzahlungen, die durch gesellschaftsrechtliche Verbindungen veranlaßt sind.

(3) Als Gewinnrücklagen dürfen nur Beträge ausgewiesen werden, die im Geschäftsjahr oder in einem früheren Geschäftsjahr aus dem Jahresüberschuß nach Berücksichtigung der Veränderung unversteuerter Rücklagen gebildet worden sind.

Ausweis unversteuerter Rücklagen

§ 230. (1) Die Bewertungsreserve auf Grund steuerlicher Sonderabschreibungen ist entsprechend den Posten des Anlagevermögens aufzugliedern.

(2) In der Bilanz oder im Anhang sind die Zuweisung und die Auflösung entsprechend den Posten des Anlagevermögens gesondert anzuführen.

VIERTER TITEL

Gewinn- und Verlustrechnung

Gliederung

§ 231. (1) Die Gewinn- und Verlustrechnung ist in Staffelform nach dem Gesamtkostenverfahren oder dem Umsatzkostenverfahren aufzustellen. In ihr sind unbeschadet einer weiteren Gliederung die nachstehend bezeichneten Posten in der angegebenen Reihenfolge gesondert auszuweisen, sofern nicht eine abweichende Gliederung vorgeschrieben ist.

(2) Bei Anwendung des Gesamtkostenverfahrens sind auszuweisen:

1. Umsatzerlöse;
2. Veränderung des Bestands an fertigen und unfertigen Erzeugnissen sowie an noch nicht abrechenbaren Leistungen;
3. andere aktivierte Eigenleistungen;
4. sonstige betriebliche Erträge:
   a) Erträge aus dem Abgang vom und der Zuschreibung zum Anlagevermögen mit Ausnahme der Finanzanlagen;
   b) Erträge aus der Auflösung von Rückstellungen,
   c) übrige;
5. Aufwendungen für Material und sonstige bezogene Herstellungsleistungen:
   a) Materialaufwand,
   b) Aufwendungen für bezogene Leistungen;
6. Personalaufwand:
   a) Löhne,
   b) Gehälter,
   c) Aufwendungen für Abfertigungen und Leistungen an betriebliche Mitarbeitervorsorgekassen,
   d) Aufwendungen für Altersversorgung,
   e) Aufwendungen für gesetzlich vorgeschriebene Sozialabgaben sowie vom Entgelt abhängige Abgaben und Pflichtbeiträge,

f) sonstige Sozialaufwendungen;

7. Abschreibungen:
   a) auf immaterielle Gegenstände des Anlagevermögens und Sachanlagen sowie auf aktivierte Aufwendungen für das Ingangsetzen und Erweitern eines Betriebes,
   b) auf Gegenstände des Umlaufvermögens, soweit diese die im Unternehmen üblichen Abschreibungen überschreiten;
8. sonstige betriebliche Aufwendungen:
   a) Steuern, soweit sie nicht unter Z 21 fallen,
   b) übrige;
9. Zwischensumme aus Z 1 bis 8;
10. Erträge aus Beteiligungen,
    davon aus verbundenen Unternehmen;
11. Erträge aus anderen Wertpapieren und Ausleihungen des Finanzanlagevermögens,
    davon aus verbundenen Unternehmen;
12. sonstige Zinsen und ähnliche Erträge,
    davon aus verbundenen Unternehmen;
13. Erträge aus dem Abgang von und der Zuschreibung zu Finanzanlagen und Wertpapieren des Umlaufvermögens;
14. Aufwendungen aus Finanzanlagen und aus Wertpapieren des Umlaufvermögens,
    davon sind gesondert auszuweisen:
    a) Abschreibungen
    b) Aufwendungen aus verbundenen Unternehmen;
15. Zinsen und ähnliche Aufwendungen, davon betreffend verbundene Unternehmen;
16. Zwischensumme aus Z 10 bis 15;
17. Ergebnis der gewöhnlichen Geschäftstätigkeit;
18. außerordentliche Erträge;
19. außerordentliche Aufwendungen;
20. außerordentliches Ergebnis;
21. Steuern vom Einkommen und vom Ertrag;
22. Jahresüberschuß/Jahresfehlbetrag;
23. Auflösung unversteuerter Rücklagen;
24. Auflösung von Kapitalrücklagen;
25. Auflösung von Gewinnrücklagen;
26. Zuweisung zu unversteuerten Rücklagen;

27. Zuweisung zu Gewinnrücklagen. Die Auflösungen und Zuweisungen gemäß Z 23 bis 27 sind entsprechend den in der Bilanz ausgewiesenen Unterposten aufzugliedern;
28. Gewinnvortrag/Verlustvortrag aus dem Vorjahr;
29. Bilanzgewinn/Bilanzverlust.

(3) Bei Anwendung des Umsatzkostenverfahrens sind auszuweisen:

1. Umsatzerlöse;
2. Herstellungskosten der zur Erzielung der Umsatzerlöse erbrachten Leistungen;
3. Bruttoergebnis vom Umsatz;
4. sonstige betriebliche Erträge:
   a) Erträge aus dem Abgang vom und der Zuschreibung zum Anlagevermögen mit Ausnahme der Finanzanlagen,
   b) Erträge aus der Auflösung von Rückstellungen,
   c) übrige;
5. Vertriebskosten;
6. Verwaltungskosten;
7. sonstige betriebliche Aufwendungen;
8. Zwischensumme aus Z 1 bis 7;
9. Erträge aus Beteiligungen,
   davon aus verbundenen Unternehmen;
10. Erträge aus anderen Wertpapieren und Ausleihungen des Finanzanlagevermögens,
    davon aus verbundenen Unternehmen;
11. sonstige Zinsen und ähnliche Erträge,
    davon aus verbundenen Unternehmen;
12. Erträge aus dem Abgang von und der Zuschreibung zu Finanzanlagen und Wertpapieren des Umlaufvermögens;
13. Aufwendungen aus Finanzanlagen und aus Wertpapieren des Umlaufvermögens,
    davon sind gesondert auszuweisen:
    a) Abschreibungen
    b) Aufwendungen aus verbundenen Unternehmen;
14. Zinsen und ähnliche Aufwendungen, davon betreffend verbundene Unternehmen;
15. Zwischensumme aus Z 9 bis 14;
16. Ergebnis der gewöhnlichen Geschäftstätigkeit;
17. außerordentliche Erträge;
18. außerordentliche Aufwendungen;
19. außerordentliches Ergebnis;
20. Steuern vom Einkommen und vom Ertrag;
21. Jahresüberschuß/Jahresfehlbetrag;

22. Auflösung unversteuerter Rücklagen;
23. Auflösung von Kapitalrücklagen;
24. Auflösung von Gewinnrücklagen;
25. Zuweisung zu unversteuerten Rücklagen;
26. Zuweisung zu Gewinnrücklagen. Die Auflösungen und Zuweisungen gemäß Z 22 bis 26 sind entsprechend den in der Bilanz ausgewiesenen Unterposten aufzugliedern;
27. Gewinnvortrag/Verlustvortrag aus dem Vorjahr;
28. Bilanzgewinn/Bilanzverlust.

Vorschriften zu einzelnen Posten der Gewinn- und Verlustrechnung

§ 232. (1) Als Umsatzerlöse sind die für die gewöhnliche Geschäftstätigkeit des Unternehmens typischen Erlöse aus dem Verkauf und der Nutzungsüberlassung von Erzeugnissen und Waren sowie aus Dienstleistungen nach Abzug von Erlösschmälerungen und Umsatzsteuer auszuweisen.

(2) Als Bestandsveränderungen sind außer Änderungen der Menge auch solche des Wertes zu berücksichtigen; letztere jedoch nur, soweit sie nicht unter § 233 fallen.

(3) Ist die Gesellschaft vertraglich verpflichtet, ihren Gewinn oder Verlust ganz oder teilweise an andere Personen zu überrechnen, so ist der überrechnete Betrag unter entsprechender Bezeichnung vor dem Posten gemäß § 231 Abs. 2 Z 28 oder § 231 Abs. 3 Z 27 gesondert auszuweisen.

(4) In der Gewinn- und Verlustrechnung oder im Anhang sind die gemäß § 205 Abs. 1 notwendigen Zuführungen zu unversteuerten Rücklagen sowie die Erträge aus deren Auflösung unter Hinweis auf die maßgebliche steuerliche Rechtsgrundlage gesondert anzuführen. Umgliederungen innerhalb der unversteuerten Rücklagen dürfen verrechnet werden.

(5) Außerplanmäßige Abschreibungen gemäß § 204 Abs. 2 sind gesondert auszuweisen.

Außerordentliche Erträge und Aufwendungen

§ 233. Unter den Posten „außerordentliche Erträge" (§ 231 Abs. 2 Z 18 und Abs. 3 Z 17) und „außerordentliche Aufwendungen" (§ 231 Abs. 2 Z 19 und Abs. 3 Z 18) sind Erträge und Aufwendungen auszuweisen, die außerhalb der gewöhnlichen Geschäftstätigkeit des Unternehmens anfallen. Sind diese Beträge für die Beurteilung der Ertragslage nicht von untergeordneter Bedeutung, so sind sie hinsichtlich ihres Betrages und ihrer Art im Anhang zu erläutern. Dies gilt auch für Erträge und Aufwendungen, die einem anderen Geschäftsjahr zuzurechnen sind.

Steuern

§ 234. Im Posten „Steuern vom Einkommen und vom Ertrag" sind die Beträge auszuweisen, die das Unternehmen als Steuerschuldner vom Einkommen und Ertrag zu entrichten hat. Dabei sind Erträge aus Steuergutschriften sowie aus der Auflösung von nicht bestimmungsgemäß verwendeten Rückstellungen gesondert auszuweisen, soweit sie für die Beurteilung der Ertragslage nicht von untergeordneter Bedeutung sind.

Beschränkung der Ausschüttung

§ 235. Der ausschüttbare Gewinn eines Geschäftsjahres darf nicht vermehrt werden:

1. um einen Zuschreibungsbetrag auf Grund einer im Geschäftsjahr vorgenommenen Zuschreibung gemäß § 208 Abs. 1 in Verbindung mit § 204 Abs. 2,
2. um Erträge auf Grund einer im Geschäftsjahr vorgenommenen Auflösung der Bewertungsreserve aus anderen als den im § 205 Abs. 2 genannten Gründen,
3. um Erträge auf Grund der Auflösung von Kapitalrücklagen, die durch Umgründungen unter Ansatz des beizulegenden Wertes gemäß § 202 Abs. 2 Z 1 in Höhe des Unterschiedsbetrags zwischen dem Buchwert und dem höheren beizulegenden Wert entstanden sind.

FÜNFTER TITEL

Anhang und Lagebericht

Erläuterung der Bilanz und der Gewinn- und Verlustrechnung

§ 236. Im Anhang sind die Bilanz und die Gewinn- und Verlustrechnung sowie die darauf angewandten Bilanzierungs- und Bewertungsmethoden so zu erläutern, daß ein möglichst getreues Bild der Vermögens-, Finanz- und Ertragslage des Unternehmens vermittelt wird.

Insbesondere sind anzugeben:

1. Abweichungen von Bilanzierungs- und Bewertungsmethoden; diese sind zu begründen und ihr Einfluß auf die Vermögens-, Finanz- und Ertragslage ist gesondert darzustellen;
2. bei Inanspruchnahme von § 203 Abs. 4 der insgesamt nach dieser Bestimmung aktivierte Betrag;
3. die Gründe für die gewählte Abschreibungsdauer und Abschreibungsmethode gemäß § 203 Abs. 5 letzter Satz;
4. bei Inanspruchnahme von § 206 Abs. 3 der im Geschäftsjahr und der insgesamt über die Herstellungskosten hinaus angesetzte Betrag.

Ergänzende Angaben zur Erläuterung der Bilanz und der Gewinn- und Verlustrechnung

§ 237. Im Anhang sind ferner anzugeben:

1. zu den in der Bilanz ausgewiesenen Verbindlichkeiten
   a) der Gesamtbetrag der Verbindlichkeiten mit einer Restlaufzeit von mehr als fünf Jahren,
   b) der Gesamtbetrag der Verbindlichkeiten mit einer Restlaufzeit von mehr als einem Jahr,
   c) der Gesamtbetrag der Verbindlichkeiten, für die dingliche Sicherheiten bestellt sind, unter Angabe von Art und Form der Sicherheiten;

   die in lit. a bis c verlangten Angaben sind jeweils für jeden Posten der Verbindlichkeiten nach dem vorgeschriebenen Gliederungsschema zu machen, sofern sich diese Angaben nicht aus der Bilanz ergeben;
2. die Grundlagen für die Umrechnung in Euro, sofern der Jahresabschluß Posten enthält, denen Beträge zugrunde liegen, die auf fremde Währung lauten oder ursprünglich auf fremde Währung gelautet haben;
3. die gemäß § 199 ausgewiesenen Haftungsverhältnisse unter Angabe der Pfandrechte und sonstigen dinglichen Sicherheiten; diese Haftungsverhältnisse sind aufzugliedern und zu erläutern; Haftungen gegenüber verbundenen Unternehmen sind jeweils gesondert anzugeben;
4. bei Anwendung des Umsatzkostenverfahrens (§ 231 Abs. 3)
   a) der Materialaufwand und Aufwendungen für bezogene Leistungen des Geschäftsjahrs gemäß § 231 Abs. 2 Z 5,
   b) der Personalaufwand des Geschäftsjahrs, gegliedert gemäß § 231 Abs. 2 Z 6;
5. wesentliche Verluste aus dem Abgang von Vermögensgegenständen des Anlagevermögens;
6. zum in der Gewinn- und Verlustrechnung ausgewiesenen Posten „Steuern vom Einkommen und vom Ertrag"
   a) die Auswirkung der Veränderung der unversteuerten Rücklagen auf den Posten „Steuern vom Einkommen und vom Ertrag" des Geschäftsjahrs,
   b) in welchem Umfang die Steuern vom Einkommen und vom Ertrag das Ergebnis der gewöhnlichen Geschäftstätigkeit und das außerordentliche Ergebnis belasten,
   c) der gemäß § 198 Abs. 10 aktivierbare Betrag, wenn er in der Bilanz nicht gesondert ausgewiesen wird;
7. Rückstellungen, die in der Bilanz nicht gesondert ausgewiesen werden, wenn sie einen erheblichen Umfang haben; diese Rückstellungen sind zu erläutern;
8. der Gesamtbetrag der sonstigen finanziellen Verpflichtungen, die nicht in der Bilanz ausgewiesen und auch nicht gemäß § 199 anzugeben sind, sofern diese Angabe für die Beurteilung der Finanzlage von Bedeutung ist, davon sind gesondert auszuweisen
   a) Verpflichtungen gegenüber verbundenen Unternehmen,

b) Verpflichtungen aus der Nutzung von in der Bilanz nicht ausgewiesenen Sachanlagen (§ 224 Abs. 2 A II), wobei der Betrag der Verpflichtungen des folgenden Geschäftsjahrs und der Gesamtbetrag der folgenden fünf Jahre anzugeben ist;

9. die Aufgliederung der Umsatzerlöse nach Tätigkeitsbereichen sowie nach geographisch bestimmten Märkten, soweit sich, unter Berücksichtigung der Organisation des Verkaufs von für die gewöhnliche Geschäftstätigkeit des Unternehmens typischen Erzeugnissen und der für die gewöhnliche Geschäftstätigkeit des Unternehmens typischen Dienstleistungen, die Tätigkeitsbereiche und geographisch bestimmten Märkte untereinander erheblich unterscheiden; die Umsatzerlöse brauchen jedoch nicht aufgegliedert zu werden, soweit die Aufgliederung nach vernünftiger kaufmännischer Beurteilung geeignet ist, dem Unternehmen oder einem Unternehmen, von dem das Unternehmen mindestens den fünften Teil der Anteile besitzt einen erheblichen Nachteil zuzufügen; die Anwendung dieser Ausnahme ist im Anhang anzugeben;

10. der in der Bilanz nicht gesondert ausgewiesene Betrag der Einlagen von stillen Gesellschaftern;

11. bei der Anwendung einer Bewertungsmethode gemäß § 209 Abs. 2 die Unterschiedsbeträge für die jeweilige Gruppe, wenn die Bewertung im Vergleich zu einer Bewertung auf der Grundlage des letzten vor dem Abschlußstichtag bekannten Börsenkurses oder Marktpreises einen erheblichen Unterschied aufweist;

12. Name und Sitz des Mutterunternehmens der Gesellschaft, das den Konzernabschluß für den größten Kreis von Unternehmen aufstellt, und ihres Mutterunternehmens, das den Konzernabschluß für den kleinsten Kreis von Unternehmen aufstellt, sowie im Fall der Offenlegung der von diesen Mutterunternehmen aufgestellten Konzernabschlüsse der Ort, wo diese erhältlich sind;

13. die im Posten § 231 Abs. 2 Z 6 lit. c enthaltenen Aufwendungen für Abfertigungen oder ein Hinweis, dass der Posten nur mehr aus Leistungen an betriebliche Mitarbeitervorsorgekassen besteht.

Anhangangaben zu Finanzinstrumenten

§ 237a. (1) Im Anhang sind weiters anzugeben:

1. für jede Kategorie derivativer Finanzinstrumente:

a) Art und Umfang der Finanzinstrumente,

b) der beizulegende Zeitwert der betreffenden Finanzinstrumente, soweit sich dieser gemäß Abs. 3 verlässlich ermitteln lässt, unter Angabe der angewandten Bewertungsmethode sowie eines gegebenenfalls vorhandenen Buchwertes und des Bilanzpostens, in welchem der Buchwert erfasst ist;

2. für zum Finanzanlagevermögen gehörende Finanzinstrumente, die über ihrem beizulegenden Zeitwert ausgewiesen werden, wenn eine außerplanmäßige Abschreibung gemäß § 204 Abs. 2 zweiter Satz unterblieben ist:

a) der Buchwert und der beizulegende Zeitwert der einzelnen Vermögensgegenstände oder angemessener Gruppierungen sowie
b) die Gründe für das Unterlassen einer Abschreibung gemäß § 204 Abs. 2 und jene Anhaltspunkte, die darauf hindeuten, dass die Wertminderung voraussichtlich nicht von Dauer ist.

(2) Als derivative Finanzinstrumente gelten auch Verträge über den Erwerb oder die Veräußerung von Waren, bei denen jede der Vertragsparteien zur Abgeltung in bar oder durch ein anderes Finanzinstrument berechtigt ist, es sei denn, der Vertrag wurde geschlossen, um einen für den Erwerb, die Veräußerung oder den eigenen Gebrauch erwarteten Bedarf abzusichern, sofern diese Zweckwidmung von Anfang an bestand und nach wie vor besteht und der Vertrag mit der Lieferung der Ware als erfüllt gilt.

(3) Der beizulegende Zeitwert entspricht dem Marktwert, sofern ein solcher feststellbar ist. Hat ein Finanzinstrument keinen Marktwert, so ist der beizulegende Zeitwert, sofern dies möglich ist, aus den Marktwerten der einzelnen Bestandteile des Finanzinstruments oder aus dem Marktwert eines gleichartigen Finanzinstruments abzuleiten, anderenfalls mit Hilfe allgemein anerkannter Bewertungsmodelle und -methoden zu bestimmen, sofern diese eine angemessene Annäherung an den Marktwert gewährleisten. Bei der Anwendung allgemein anerkannter Bewertungsmodelle und -methoden sind die zentralen Annahmen anzugeben, die jeweils der Bestimmung des beizulegenden Zeitwertes zugrunde gelegt wurden.

Weitere Angaben im Anhang

§ 238. Im Anhang sind auch anzugeben:

1. in der Bilanz ausgewiesene immaterielle Vermögensgegenstände, die von einem verbundenen Unternehmen oder von einem Gesellschafter, dessen Anteil den zehnten Teil des Nennkapitals erreicht, erworben wurden;
2. Namen und Sitz anderer Unternehmen, von denen das Unternehmen oder für dessen Rechnung eine andere Person mindestens den fünften Teil der Anteile besitzt; außerdem sind die Höhe des Anteils am Kapital, das Eigenkapital und das Ergebnis des letzten Geschäftsjahrs dieser Unternehmen anzugeben, für das ein Jahresabschluß vorliegt; § 244 Abs. 4 und 5 über die Berechnung der Anteile ist entsprechend anzuwenden, gleichgültig unter welchem Posten diese ausgewiesen sind; ferner Name, Sitz und Rechtsform der Unternehmen, deren unbeschränkt haftender Gesellschafter die Gesellschaft ist;
3. die Beziehungen zu verbundenen Unternehmen; hiebei ist auch über Verträge zu berichten, die die Gesellschaft verpflichten, ihren Gewinn oder Verlust ganz oder teilweise an andere Personen zu überrechnen oder einen solchen von anderen Personen zu übernehmen;
4. die im § 231 Abs. 2 Z 10 und Abs. 3 Z 9 enthaltenen Erträge sowie die im § 231 Abs. 2 Z 14 und Abs. 3 Z 13 enthaltenen Aufwendungen aus Gewinngemeinschaften.

Pflichtangaben über Organe und Arbeitnehmer

§ 239. (1) Der Anhang hat über Organe und Arbeitnehmer insbesondere anzuführen:

1. die durchschnittliche Zahl der Arbeitnehmer während des Geschäftsjahrs und die Aufgliederung der durchschnittlichen Zahl der Arbeitnehmer getrennt nach Arbeitern und Angestellten;
2. die Beträge der den Mitgliedern des Vorstands und des Aufsichtsrats unter Bezeichnung der der einzelnen Einrichtung gewährten Vorschüsse und Kredite unter Angabe der Zinsen, der wesentlichen Bedingungen und der gegebenenfalls im Geschäftsjahr zurückgezahlten Beträge sowie die zugunsten dieser Personen eingegangenen Haftungsverhältnisse;
3. die Aufwendungen für Abfertigungen und Pensionen, getrennt nach solchen für Vorstandsmitglieder und leitende Angestellte gemäß § 80 Abs. 1 AktG 1965 und für andere Arbeitnehmer;
4. die Bezüge der Mitglieder des Vorstands, des Aufsichtsrats oder ähnlicher Einrichtungen gesondert für jede Personengruppe, und zwar:
   a) die für die Tätigkeit im Geschäftsjahr gewährten Gesamtbezüge (Gehälter, Gewinnbeteiligungen, Aufwandsentschädigungen, Versicherungsentgelte, Provisionen und Nebenleistungen jeder Art). In die Gesamtbezüge sind auch Bezüge einzurechnen, die nicht ausgezahlt, sondern in Ansprüche anderer Art umgewandelt oder zur Erhöhung anderer Ansprüche verwendet werden. Erhalten Mitglieder des Vorstands von verbundenen Unternehmen für ihre Tätigkeit für das Unternehmen oder für ihre Tätigkeit als gesetzliche Vertreter oder Angestellte des verbundenen Unternehmens Bezüge, so sind diese Bezüge gesondert anzugeben;
   b) die Gesamtbezüge (Abfindungen, Ruhegehälter, Hinterbliebenenbezüge und Leistungen verwandter Art) der früheren Mitglieder der bezeichneten Organe und ihrer Hinterbliebenen; lit. a ist entsprechend anzuwenden.
5. a) Anzahl und Aufteilung der insgesamt und der im Geschäftsjahr eingeräumten Optionen auf Arbeitnehmer und leitende Angestellte sowie auf die namentlich anzuführenden Organmitglieder; anzugeben sind die jeweils beziehbare Anzahl an Aktien sowie der Ausübungspreis oder die Grundlagen oder die Formel seiner Berechnung, die Laufzeit sowie zeitliche Ausübungsfenster, die Übertragbarkeit der Optionen, eine allfällige Behaltefrist für bezogene Aktien und die Art der Bedienung der Optionen;
   b) Anzahl, Aufteilung und Ausübungspreis der im Geschäftsjahr ausgeübten Optionen auf Arbeitnehmer und leitende Angestellte sowie auf die namentlich anzuführenden Organmitglieder;
   c) bei börsenotierten Gesellschaften überdies den jeweiligen Schätzwert (allenfalls Bandbreite des Schätzwerts) der eingeräumten Optionen zum Bilanzstichtag sowie den Wert der im Geschäftsjahr ausgeübten Optionen zum Zeitpunkt der Ausübung.

(2) Im Anhang sind alle im Geschäftsjahr tätigen Mitglieder des Vorstands und des Aufsichtsrats, auch wenn sie im Geschäftsjahr oder später ausgeschie-

den sind, mit dem Familiennamen und mindestens einem ausgeschriebenen Vornamen anzugeben. Der Vorsitzende des Aufsichtsrats, seine Stellvertreter und ein etwaiger Vorsitzender des Vorstands sind als solche zu bezeichnen.

Pflichtangaben bei Aktiengesellschaften

§ 240. Im Anhang sind von Aktiengesellschaften auch Angaben zu machen über

1. den auf jede Aktiengattung entfallenden Betrag des Grundkapitals, bei Nennbetragsaktien die Nennbeträge und die Zahl der Aktien jeden Nennbetrags, bei Stückaktien deren Zahl sowie, wenn mehrere Gattungen bestehen, die Zahl der Aktien jeder Gattung;
2. den Bestand und den Zugang an Aktien, die ein Aktionär für Rechnung der Gesellschaft oder eines abhängigen oder eines im Mehrheitsbesitz der Gesellschaft stehenden Unternehmens oder ein abhängiges oder im Mehrheitsbesitz der Gesellschaft stehendes Unternehmen als Gründer oder Zeichner oder in Ausübung eines bei einer bedingten Kapitalerhöhung eingeräumten Umtausch- oder Bezugsrechts übernommen hat; sind solche Aktien im Geschäftsjahr verwertet worden, so ist auch über die Verwertung unter Angabe des Erlöses und der Verwendung des Erlöses zu berichten;
3. den Bestand an eigenen Aktien der Gesellschaft, die sie, ein abhängiges oder im Mehrheitsbesitz der Gesellschaft stehendes Unternehmen oder eine andere Person für Rechnung der Gesellschaft oder eines abhängigen oder eines im Mehrheitsbesitz der Gesellschaft stehenden Unternehmens erworben oder als Pfand genommen hat; dabei sind die Zahl dieser Aktien, der auf sie entfallende Betrag des Grundkapitals sowie ihr Anteil am Grundkapital, für erworbene Aktien ferner der Zeitpunkt des Erwerbs und die Gründe für den Erwerb anzugeben. Sind solche Aktien im Geschäftsjahr erworben oder veräußert worden, so ist auch über den Erwerb oder die Veräußerung unter Angabe der Zahl dieser Aktien, des auf sie entfallenden Betrags des Grundkapitals, des Anteils am Grundkapital und des Erwerbs- oder Veräußerungspreises sowie über die Verwendung des Erlöses zu berichten;
4. Aktien, die aus einer bedingten Kapitalerhöhung oder einem genehmigten Kapital im Geschäftsjahr gezeichnet wurden;
5. das genehmigte Kapital;
6. die Zahl der Wandelschuldverschreibungen und vergleichbaren Wertpapiere unter Angabe der Rechte, die sie verbriefen;
7. Genußrechte, Rechte aus Besserungsscheinen und ähnliche Rechte unter Angabe der Art und Zahl der jeweiligen Rechte sowie der im Geschäftsjahr neu entstandenen Rechte;
8. den Betrag des unter den Verbindlichkeiten ausgewiesenen nachrangigen Kapitals;
9. das Bestehen einer wechselseitigen Beteiligung (§ 228 Abs. 1) unter Angabe des beteiligten Unternehmens.

Unterlassen von Angaben

§ 241. (1) Die Berichterstattung kann ausnahmsweise unterbleiben, soweit es die nationale Sicherheit des Bundes oder das wirtschaftliche Wohl des Bundes, der Länder, der Gemeinden oder Gemeindeverbände erfordert.

(2) Die Angaben gemäß § 238 Z 2 können unterbleiben, soweit sie

1. für die Darstellung der Vermögens-, Finanz- und Ertragslage des Unternehmens von untergeordneter Bedeutung sind oder
2. nach vernünftiger kaufmännischer Beurteilung geeignet sind, dem Unternehmen oder dem anderen Unternehmen einen erheblichen Nachteil zuzufügen.

Die Angabe des Eigenkapitals und des Jahresergebnisses kann unterbleiben, wenn das Unternehmen, über das gemäß § 238 Z 2 zu berichten ist, seinen Jahresabschluß nicht offenzulegen hat und das berichtende Unternehmen weniger als die Hälfte der Anteile besitzt. Die Anwendung der Ausnahmeregelung gemäß Z 2 ist im Anhang anzugeben.

(3) Bei der Berichterstattung gemäß § 238 Z 3 brauchen Einzelheiten nicht angegeben zu werden, soweit die Angaben nach vernünftiger kaufmännischer Beurteilung geeignet sind, dem Unternehmen oder einem verbundenen Unternehmen einen erheblichen Nachteil zuzufügen. Die Anwendung der Ausnahmeregelung ist im Anhang anzugeben.

(4) Betrifft die Aufschlüsselung gemäß § 239 Abs. 1 Z 3 und 4 weniger als drei Personen, so kann sie unterbleiben.

Größenabhängige Erleichterung

§ 242. (1) § 237 Z 9 braucht von kleinen Aktiengesellschaften (§ 221 Abs. 1) und mittelgroßen Gesellschaften mit beschränkter Haftung (§ 221 Abs. 2) nicht angewendet zu werden.

(2) Kleine Gesellschaften mit beschränkter Haftung (§ 221 Abs. 1) brauchen in ihrem Anhang nur die Angaben gemäß § 222 Abs. 2, § 223 Abs. 1 bis 3 sowie Abs. 5, § 225 Abs. 1, § 226 Abs. 1, § 230 Abs. 2, § 236, § 237 Z 2 bis 4, 10 und 12, § 238 Z 2, § 239 Abs. 1 Z 1 und 2 und Abs. 2 sowie § 241 Abs. 2 letzter Satz aufzunehmen; die Angaben gemäß § 237 Z 1 sind zusammengefaßt für alle betroffenen Posten zu machen. Auf schriftliches Verlangen einer Minderheit, deren Anteile den zehnten Teil des Nennkapitals oder den anteiligen Betrag von 1 400 000 Euro erreichen, ist ein vollständiger Anhang zu erstellen. Dieses Verlangen muß vor Ablauf des Geschäftsjahrs bei der Gesellschaft einlangen.

Lagebericht

§ 243. (1) Im Lagebericht sind der Geschäftsverlauf, einschließlich des Geschäftsergebnisses, und die Lage des Unternehmens so darzustellen, dass ein möglichst getreues Bild der Vermögens-, Finanz- und Ertragslage vermittelt wird, und die wesentlichen Risiken und Ungewissheiten, denen das Unternehmen ausgesetzt ist, zu beschreiben.

(2) Der Lagebericht hat eine ausgewogene und umfassende, dem Umfang und der Komplexität der Geschäftstätigkeit angemessene Analyse des Geschäftsverlaufs, einschließlich des Geschäftsergebnisses, und der Lage des Unternehmens zu enthalten.

Abhängig von der Größe des Unternehmens und von der Komplexität des Geschäftsbetriebs hat die Analyse auf die für die jeweilige Geschäftstätigkeit wichtigsten finanziellen Leistungsindikatoren einzugehen und sie unter Bezugnahme auf die im Jahresabschluss ausgewiesenen Beträge und Angaben zu erläutern.

(3) Der Lagebericht hat auch einzugehen auf

1. Vorgänge von besonderer Bedeutung, die nach dem Schluss des Geschäftsjahrs eingetreten sind;
2. die voraussichtliche Entwicklung des Unternehmens;
3. den Bereich Forschung und Entwicklung;
4. bestehende Zweigniederlassungen der Gesellschaft;
5. die Verwendung von Finanzinstrumenten, sofern dies für die Beurteilung der Vermögens-, Finanz- und Ertragslage von Bedeutung ist; diesfalls sind anzugeben

a) die Risikomanagementziele und -methoden, einschließlich der Methoden zur Absicherung aller wichtigen Arten geplanter Transaktionen, die im Rahmen der Bilanzierung von Sicherungsgeschäften angewandt werden, und

b) bestehende Preisänderungs-, Ausfall-, Liquiditäts- und Cashflow-Risiken.

(4) Kleine Gesellschaften mit beschränkter Haftung (§ 221 Abs. 1) brauchen den Lagebericht nicht aufzustellen.

(5) Für große Kapitalgesellschaften umfasst die Analyse nach Abs. 2 letzter Satz auch die wichtigsten nichtfinanziellen Leistungsindikatoren, einschließlich Informationen über Umwelt- und Arbeitnehmerbelange. Abs. 3 bleibt unberührt.

Anhang III: Originaljahresabschlüsse

Jahresabschluss Manner 2004

— Bilanz
— G+V-Rechnung (Gesamtkostenverfahren)
— Anlagenspiegel

Jahresabschluss OMV 2004

— Bilanz
— G+V-Rechnung (Umsatzkostenverfahren)
— Cashflow-Rechnung
— Anlagenspiegel

Bilanz der Josef Manner & Comp. Aktiengesellschaft, Wien per 31.12.2004

Jahresabschluss nach öHGB

Aktiva

				31.12.2003 T€
A. Anlagevermögen				
I. Immaterielle Vermögensgegenstände				
1. gewerbliche Schutzrechte und ähnliche Rechte und Vorteile sowie daraus abgeleitete Lizenzen	916.462,02			2.401
2. Firmenwert	0,00			71
3. geleistete Anzahlungen	537.649,86			27
		1.454.111,88		2.499
II. Sachanlagen				
1. Grundstücke und Bauten	17.568.211,99			15.935
2. technische Anlagen und Maschinen	21.399.974,15			18.974
3. andere Anlagen, Betriebs- und Geschäftsausstattung	3.319.668,73			2.435
4. geleistete Anzahlungen und Anlagen in Bau	2.842.136,19			2.562
		45.129.991,06		39.906
III. Finanzanlagen				
1. Anteile an verbundenen Unternehmen	96.342,20			36
2. Wertpapiere des Anlagevermögens	3.098.260,40			3.098
		3.194.602,60		3.134
			49.778.705,54	45.539
B. Umlaufvermögen				
I. Vorräte				
1. Roh-, Hilfs- und Betriebsstoffe	8.116.455,43			6.103
2. unfertige Erzeugnisse	1.933.546,58			1.550
3. fertige Erzeugnisse und Waren	5.829.918,16			5.986
		15.879.920,17		13.639
II. Forderungen und sonstige Vermögensgegenstände				
1. Forderungen aus Lieferungen und Leistungen	18.085.403,30			17.321
2. Forderungen gegenüber verbundenen Unternehmen	280.704,80			0
3. sonstige Forderungen und Vermögensgegenstände	1.719.061,47			1.450
		20.085.169,57		18.771
III. Kassenbestand, Guthaben bei Kreditinstituten		546.606,64		2.832
			36.511.696,38	35.242
C. Rechnungsabgrenzungsposten			279.067,97	164
			86.569.469,89	80.945
Eventualforderungen			1.570.850,12	1.751

Passiva

				31.12.2003 T€
A. Eigenkapital				
I. Grundkapital		13.740.300,00		13.249
II. gebundene Kapitalrücklagen		675,00		1
III. Gewinnrücklagen				
1. gesetzliche Rücklage	1.374.030,00			1.325
2. freie Rücklagen	15.330.000,00			13.583
		16.704.030,00		14.908
IV. Bilanzgewinn		1.139.293,50		1.826
davon Gewinnvortrag 3.695,96 (Vorjahr T€ 3)				
			31.584.298,50	29.984
B. Unversteuerte Rücklagen				
1. Bewertungsreserve auf Grund von Sonderabschreibungen		2.037.334,85		2.145
2. sonstige unversteuerte Rücklagen		0,00		1.074
			2.037.334,85	3.219
C. Rückstellungen				
1. Rückstellungen für Abfertigungen		5.172.483,00		5.195
2. Rückstellungen für Pensionen		6.309.741,50		6.225
3. Steuerrückstellungen		315.000,00		245
4. sonstige Rückstellungen		4.854.332,13		4.326
			16.651.556,63	15.991
D. Verbindlichkeiten				
1. Verbindlichkeiten gegenüber Kreditinstituten		17.159.592,45		16.662
2. Verbindlichkeiten aus Lieferungen und Leistungen		9.724.921,24		4.769
3. Verbindlichkeiten gegenüber verbundenen Unternehmen		28.108,42		0
4. sonstige Verbindlichkeiten		9.383.657,80		10.320
davon aus Steuern 57.895,54 (Vorjahr T€ 892)				
davon im Rahmen der sozialen Sicherheit 634.229,29 (Vorjahr T€ 605)				
			36.296.279,91	31.751
			86.569.469,89	80.945
Eventualverbindlichkeiten			1.570.850,12	1.751

Gewinn- und Verlustrechnung 2004

(Gesamtkostenverfahren)

			2003 T€
1. Umsatzerlöse		129.380.340,37	121.601
2. Veränderung des Bestandes an fertigen und unfertigen Erzeugnissen		227.386,69	510
3. andere aktivierte Eigenleistungen		421.761,12	311
4. sonstige betriebliche Erträge			
a) Erträge aus dem Abgang vom Anlagevermögen mit Ausnahme der Finanzanlagen	54.982,24		30
b) Erträge aus der Auflösung von Rückstellungen	387.637,25		244
c) übrige	1.140.886,08		1.254
		1.583.505,57	1.528
5. Aufwendungen für Material und sonstige bezogene Herstellungsleistungen			
a) Materialaufwand	(59.665.003,31)		(54.968)
b) Aufwendungen für bezogene Leistungen	(13.232.420,59)		(9.942)
		(72.897.423,90)	(64.910)
6. Personalaufwand			
a) Löhne	(10.658.535,11)		(10.392)
b) Gehälter	(12.345.798,95)		(11.944)
c) Aufwendungen für Abfertigungen und Leistungen an betriebliche Mitarbeitervorsorgekassen	(856.208,59)		(123)
d) Aufwendungen für Altersversorgung	(692.002,49)		(895)
e) Aufwendungen für gesetzlich vorgeschriebene Sozialabgaben sowie vom Entgelt abhängige Abgaben und Pflichtbeiträge	(6.334.449,46)		(6.162)
f) sonstige Sozialaufwendungen	(718.034,08)		(933)
		(31.605.028,68)	(30.449)
7. Abschreibungen auf immaterielle Gegenstände des Anlagevermögens und Sachanlagen		(7.307.719,85)	(7.241)
8. sonstige betriebliche Aufwendungen			
a) Steuern, soweit sie nicht unter Z 16 fallen	(78.305,51)		(100)
b) übrige	(17.739.681,94)		(17.924)
		(17.817.987,45)	(18.024)
9. Zwischensumme aus Z 1 bis 8 (Betriebsergebnis)		**1.984.833,87**	**3.326**
10. Erträge aus anderen Wertpapieren des Finanzanlagevermögens		148.026,75	164
11. sonstige Zinsen und ähnliche Erträge		50.788,95	52
12. Aufwendungen aus Finanzanlagen		0,00	0
13. Zinsen und ähnliche Aufwendungen davon aus verbundenen Unternehmen 14.353,34 (Vorjahr T€ 10)		(667.302,83)	(782)
14. Zwischensumme aus Z 10 bis 13 (Finanzergebnis)		**(468.487,13)**	**(566)**
15. Ergebnis der gewöhnlichen Geschäftstätigkeit		**1.516.346,74**	**2.760**
16. Steuern vom Einkommen und vom Ertrag		233.501,58	(149)
17. Jahresüberschuß		**1.749.848,32**	**2.611**
18. Auflösung unversteuerter Rücklagen		1.201.121,72	1.317
19. Zuweisung zu unversteuerten Rücklagen		(19.300,00)	(20)
20. Zuweisung zu Gewinnrücklagen			
a) gesetzliche Rücklage	(49.072,50)		(49)
b) freie Rücklagen	(1.747.000,00)		(2.036)
		(1.796.072,50)	(2.085)
21. Gewinnvortrag		3.695,96	3
22. Bilanzgewinn		**1.139.293,50**	**1.826**

Anlagenspiegel 2004

II. Erläuterungen zur Bilanz

Anlagevermögen (Beträge in €)

Entwicklung der Anschaffungskosten

	Stand am 1.1.2004	Zugänge	Abgänge	Umbuchungen	Stand am 31.12.2004
I. Immaterielle Vermögensgegenstände					
1. gewerbliche Schutzrechte und ähnliche Rechte und Vorteile sowie daraus abgeleitete Lizenzen	5.629.330,33	114.743,23	666.066,53	(1.150.880,19)	3.927.126,84
2. Firmenwert	1.721.612,11	0,00	0,00	0,00	1.721.612,11
3. geleistete Anzahlungen	27.142,31	510.507,55	0,00	0,00	537.649,86
	7.378.084,75	625.250,78	666.066,53	(1.150.880,19)	6.186.388,81
II. Sachanlagen					
1. Grundstücke und Bauten	28.940.350,19	1.448.086,98	64.239,55	1.272.135,38	31.596.333,00
2. unbebaute Grundstücke	2.707.416,27	0,00	0,00	0,00	2.707.416,27
3. technische Anlagen und Maschinen	92.949.279,52	4.742.694,71	502.523,66	2.181.097,98	99.370.548,55
4. andere Anlagen, Betriebs- und Geschäftsausstattung	10.566.509,79	1.743.604,20	726.772,74	62.158,99	11.645.500,24
Geringwertige Wirtschaftsgüter	1.252.268,81	410.358,66	293.644,27	0,00	1.368.983,20
5. geleistete Anzahlungen und Anlagen in Bau	2.561.773,20	2.644.875,15	0,00	(2.364.512,16)	2.842.136,19
	138.977.597,78	10.989.619,70	1.587.180,22	1.150.880,19	149.530.917,45
III. Finanzanlagen					
1. Anteile an verbundenen Unternehmen	36.336,42	60.005,78	0,00	0,00	96.342,20
2. Wertpapiere des Anlagevermögens	3.496.802,51	0,00	0,00	0,00	3.496.802,51
	3.533.138,93	60.005,78	0,00	0,00	3.593.144,71
	149.888.821,46	11.674.876,26	2.253.246,75	0,00	159.310.450,97

Anlagenspiegel 2004

Entwicklung der kumulierten Abschreibungen

	Stand am 1.1.2004	Jahresabschreibung	Abgänge	Stand am 31.12.2004
I. Immaterielle Vermögensgegenstände				
1. gewerbliche Schutzrechte und ähnliche Rechte und Vorteile sowie daraus abgeleitete Lizenzen	3.228.495,46	394.077,60	611.908,24	3.010.664,82
2. Firmenwert	1.650.808,44	70.803,67	0,00	1.721.612,11
3. geleistete Anzahlungen	0,00	0,00	0,00	0,00
	4.879.303,90	464.881,27	611.908,24	4.732.276,93
II. Sachanlagen				
1. Grundstücke und Bauten	15.712.493,58	1.087.283,25	64.239,55	16.735.537,28
2. unbebaute Grundstücke	0,00	0,00	0,00	0,00
3. technische Anlagen und Maschinen	73.975.747,46	4.494.643,57	499.816,63	77.970.574,40
4. andere Anlagen, Betriebs- und Geschäftsausstattung	8.131.243,26	850.553,10	655.964,85	8.325.831,51
Geringwertige Wirtschaftsgüter	1.252.268,81	410.358,66	293.644,27	1.368.983,20
5. geleistete Anzahlungen und Anlagen in Bau	0,00	0,00	0,00	0,00
	99.071.753,11	6.842.838,58	1.513.665,30	104.400.926,39
III. Finanzanlagen				
1. Anteile an verbundenen Unternehmen	0,00	0,00	0,00	0,00
2. Wertpapiere des Anlagevermögens	398.542,11	0,00	0,00	398.542,11
	398.542,11	0,00	0,00	398.542,11
	104.349.599,12	7.307.719,85	2.125.573,54	109.531.745,43

Anlagenspiegel 2004

Buchwerte zum 31.12.2004

	Anschaffungs-kosten	kumulierte Abschreibungen	Buchwerte
I. Immaterielle Vermögensgegenstände			
1. gewerbliche Schutzrechte und ähnliche Rechte und Vorteile sowie daraus abgeleitete Lizenzen	3.927.126,84	3.010.664,82	916.462,02
2. Firmenwert	1.721.612,11	1.721.612,11	0,00
3. geleistete Anzahlungen	537.649,86	0,00	537.649,86
	6.186.388,81	4.732.276,93	1.454.111,88
II. Sachanlagen			
1. Grundstücke und Bauten	31.596.333,00	16.735.537,28	14.860.795,72
2. unbebaute Grundstücke	2.707.416,27	0,00	2.707.416,27
3. technische Anlagen und Maschinen	99.370.548,55	77.970.574,40	21.399.974,15
4. andere Anlagen, Betriebs- und Geschäftsausstattung	11.645.500,24	8.325.831,51	3.319.668,73
Geringwertige Wirtschaftsgüter	1.368.983,20	1.368.983,20	0,00
5. geleistete Anzahlungen und Anlagen in Bau	2.842.136,19	0,00	2.842.136,19
	149.530.917,45	104.400.926,39	45.129.991,06
III. Finanzanlagen			
1. Anteile an verbundenen Unternehmen	96.342,20	0,00	96.342,20
2. Wertpapiere des Anlagevermögens	3.496.802,51	398.542,11	3.098.260,40
	3.593.144,71	398.542,11	3.194.602,60
	159.310.450,97	109.531.745,43	49.778.705,54

Konzernbilanz der OMV per 31.12.2004

Jahresabschluss nach öHGB

Anhang-angabe	Aktiva in EUR 1.000	2004	2003
5	**A. Anlagevermögen**		
	I. Immaterielle Vermögensgegenstände	209.305	160.284
	II. Sachanlagen	6.718.484	3.858.141
	III. Finanzanlagen	1.241.879	1.185.468
		8.169.668	**5.203.893**
	B. Umlaufvermögen		
6	I. Vorräte		
	1. Roh-, Hilfs- und Betriebsstoffe	364.606	181.351
	2. Unfertige Erzeugnisse und noch nicht abrechenbare Leistungen	206.940	160.833
	3. Fertige Erzeugnisse und Waren	571.909	361.987
	4. Geleistete Anzahlungen	6.810	3.066
		1.150.265	707.237
7	II. Forderungen und sonstige Vermögensgegenstände		
	1. Forderungen aus Lieferungen und Leistungen	1.308.939	840.967
	2. Forderungen gegenüber verbundenen Unternehmen	32.498	39.943
	3. Forderungen gegenüber Unternehmen, mit denen ein Beteiligungsverhältnis besteht	166.519	157.199
	4. Sonstige Forderungen und Vermögensgegenstände	561.231	199.073
		2.069.187	1.237.182
	III. Wertpapiere und Anteile davon eigene Anteile 2004: 14.761 (2003: 12.171)	15.782	44.192
	IV. Kassenbestand, Schecks, Guthaben bei Kreditinstituten	1.466.166	297.362
		4.701.400	**2.285.973**
	C. Rechnungsabgrenzungsposten	**78.879**	**26.820**
		12.949.947	**7.516.686**

Passiva in EUR 1.000	**2004**	2003	Anhang-angabe
A. Eigenkapital			8
I. Grundkapital	218.100	196.290	
II. Kapitalrücklagen	1.088.774	417.663	
III. Gewinnrücklagen	2.436.162	1.925.480	
IV. Rücklage für eigene Anteile	14.761	12.171	8
V. Ausgleichsposten für Anteile anderer Gesellschafter	1.491.621	26.144	
VI. Bilanzgewinn davon Gewinnvortrag 2004: 67 (2003: 312)	131.414	107.588	
	5.380.832	**2.685.336**	
B. Rückstellungen			
1. Rückstellungen für Abfertigungen	130.554	97.377	10
2. Rückstellungen für Pensionen	562.798	576.509	10
3. Steuerrückstellungen	183.049	28.181	9
4. Sonstige Rückstellungen	522.507	347.332	11
	1.398.908	**1.049.399**	
C. Verbindlichkeiten			12
1. Anleihen davon wandelbar 2004: 550.000 (2003: —)	1.177.194	503.365	
2. Langfristige Sonderfinanzierungen, soweit nicht unter Z 3 bis 9 ausgewiesen	8.834	5.743	
3. Verbindlichkeiten gegenüber Kreditinstituten	1.028.750	902.570	
4. Erhaltene Anzahlungen auf Bestellungen	44.291	27.110	
5. Verbindlichkeiten aus Lieferungen und Leistungen	1.182.561	845.800	
6. Verbindlichkeiten aus der Annahme gezogener und der Ausstellung eigener Wechsel	98	—	
7. Verbindlichkeiten gegenüber verbundenen Unternehmen	612	1.073	
8. Verbindlichkeiten gegenüber Unternehmen, mit denen ein Beteiligungsverhältnis besteht	43.973	49.207	
9. Sonstige Verbindlichkeiten	931.812	667.426	
	4.418.125	**3.002.294**	
D. Abgrenzung Liquidations- und Rekultivierungsausgaben	**1.270.519**	**298.679**	13
E. Rechnungsabgrenzungsposten	**481.563**	**480.978**	14
	12.949.947	**7.516.686**	
Eventualverbindlichkeiten	118.572	91.280	23

Konzern-Gewinn- und Verlustrechnung 2004

(Umsatzkostenverfahren)

Anhang-angabe	in EUR 1.000	2004	2003
	1. Umsatzerlöse inklusive Mineralölsteuer	13.369.980	10.036.757
	2. Weiterverrechnete Mineralölsteuer	-3.489.751	-2.392.325
	3. Zwischensumme aus Z 1 bis 2 (Umsatzerlöse)	**9.880.229**	**7.644.432**
	4. Direkte Vertriebskosten	-160.388	-130.566
	5. Herstellungskosten der zur Erzielung der Umsatzerlöse erbrachten Leistungen	-8.098.845	-6.274.421
	6. Bruttoergebnis vom Umsatz	**1.620.996**	**1.239.445**
15	7. Sonstige betriebliche Erträge	249.516	147.182
	8. Vertriebsaufwendungen	-481.596	-355.706
	9. Verwaltungsaufwendungen	-183.981	-175.714
	10. Explorationsaufwendungen	-68.005	-74.181
	11. Forschungs- und Entwicklungsaufwendungen	-18.695	-22.724
16	12. Sonstige betriebliche Aufwendungen	-192.285	-114.693
	13. Zwischensumme aus Z 6 bis 12 (Betriebserfolg)	**925.950**	**643.609**
17	14. Erträge aus Beteiligungen	93.826	29.685
	15. Erträge aus anderen Wertpapieren und Ausleihungen des Finanzanlagevermögens	4.210	10.442
	16. Sonstige Zinsen und ähnliche Erträge	38.741	20.370
	17. Erträge aus dem Abgang von und der Zuschreibung zu Finanzanlagen und Wertpapieren des Umlaufvermögens	521	1.310
18	18. Aufwendungen aus Finanzanlagen und aus Wertpapieren des Umlaufvermögens	-6.268	-14.177
19	19. Zinsen und ähnliche Aufwendungen	-102.840	-94.744
	20. Zwischensumme aus Z 14 bis 19 (Finanzerfolg)	**28.190**	**-47.114**
	21. Ergebnis der gewöhnlichen Geschäftstätigkeit	954.140	596.495
20	22. Steuern vom Einkommen und vom Ertrag	-312.096	-203.442
	23. Jahresüberschuss	**642.044**	**393.053**
	davon anderen Gesellschaftern zustehender Gewinn	1.850	945

Konzern-Cashflow-Rechnung 2004

in EUR 1.000	2004	2003	Anhang-angabe
Jahresüberschuss	642.044	393.053	
Abschreibungen	514.068	434.511	
Zuschreibungen zum Anlagevermögen	-2.403	-2.378	
Latente Steuern	49.290	84.535	
Verluste (+)/Gewinne (–) aus dem Verkauf von Anlagevermögen aus Abgängen von Anlagevermögen	-114.471	7.674	
Erfolgswirksame Nettodotierung Sozialkapital	-25.187	-83.035	
Erfolgswirksame Nettodotierung langfristige Rückstellungen, Vorsorgen	20.513	35.754	
Sonstige unbare Erträge (–)/Aufwendungen (+)	-109.800	-66.780	
	974.054	**803.334**	
Verminderung (+)/Erhöhung (–) Vorräte	-13.968	-123.427	
Verminderung (+)/Erhöhung (–) Forderungen	-287.963	-100.178	
Verminderung (–)/Erhöhung (+) Verbindlichkeiten	244.012	338.465	
Verminderung (–)/Erhöhung (+) kurzfristige Rückstellungen	105.227	-32.299	
+/– Sonstiges	-20.090	53.035	
Mittelzufluss aus der Betriebstätigkeit	**1.001.272**	**938.930**	
Investitionen:			
Immaterielle Vermögensgegenstände und Sachanlagen	-593.512	-691.068	
Beteiligungen, Ausleihungen und sonstige Finanzanlagen	-88.914	-99.632	
Erwerb von Unternehmen abzüglich liquider Mittel	-460.782	-767.471	
Desinvestitionen (+)/Investitionen (–) kurzfristiger Finanzanlagen	28.275	-30.348	
Erlöse aus Verkauf von Anlagevermögen	215.935	92.512	
Mittelabfluss aus der Investitionstätigkeit	**-898.998**	**-1.496.007**	
Zugänge langfristige Finanzierungen	778.896	946.735	
Rückzahlung langfristige Finanzierungen	-289.629	-91.548	
Verminderung (–)/Erhöhung (+) kurzfristige Finanzierungen	1.063	-86.549	
Verminderung (–)/Erhöhung (+) Konzernclearing	-71	-1.205	22
Dividendenzahlungen	-107.827	-96.974	
Kapitalzuführung	692.921	—	8
Mittelzufluss aus der Finanzierungstätigkeit	**1.075.353**	**670.459**	
Währungsdifferenz auf liquide Mittel	-8.823	-12.021	
Nettozunahme liquide Mittel	**1.168.804**	**101.361**	
Liquide Mittel Jahresbeginn	297.362	196.001	
Liquide Mittel Jahresende	1.466.166	297.362	

Konzernanlagenspiegel 2004

in EUR 1.000	Stand 1.1.2004	Währungs-differenz	Veränderung Konsolidie-rungskreis	Zugänge
				zu Anschaffungs- und
I. Immaterielle Vermögensgegenstände				
1. Konzessionen, gewerbliche Schutzrechte und ähnliche Rechte und Vorteile sowie daraus abgeleitete Lizenzen	261.427	1.037	48.541	20.953
2. Firmenwert	137.209	-124	346	—
3. Geleistete Anzahlungen	21	—	—	867
	398.657	**913**	**48.887**	**21.820**
davon Geschäftsbereiche:				
Exploration und Produktion	40.821	-8	—	353
Raffinerien und Marketing inkl. Petrochemie	257.378	921	14.960	6.238
Erdgas	60.184	—	—	3.868
Chemie	11.933	—	—	796
Petrom	—	—	33.927	—
Konzernbereich und Sonstiges	28.341	—	—	10.565
II. Sachanlagen				
1. Grundstücke, grundstücksgleiche Rechte und Bauten, einschließlich der Bauten auf fremdem Grund	2.174.043	-12.804	1.007.089	69.710
2. Technische Anlagen und Maschinen	6.302.223	-36.842	1.397.947	184.896
3. Andere Anlagen, Betriebs- und Geschäftsausstattung	1.315.563	6.603	96.830	74.091
4. Anlagen in Bau	236.128	-22	368.511	230.532
5. Geleistete Anzahlungen	18.401	-120	3.791	8.303
	10.046.358	**-43.185**	**2.874.168**	**567.532**
davon Geschäftsbereiche:				
Exploration und Produktion	2.814.912	-66.920	—	155.020
Raffinerien und Marketing inkl. Petrochemie	4.758.157	23.735	270.334	317.183
Erdgas	1.561.397	—	—	24.338
Chemie	838.482	—	—	62.625
Petrom	—	—	2.603.834	—
Konzernbereich und Sonstiges	73.410	—	—	8.366
III. Finanzanlagen				
1. Anteile an verbundenen Unternehmen	37.044	329	-909	84
2. Ausleihungen an verbundene Unternehmen	560	107	2.703	—
3. Beteiligungen	268.215	163	-15.613	43.297
4. Ausleihungen an Unternehmen, mit denen ein Beteiligungsverhältnis besteht	131.412	43	-6.088	1.950
5. Anteile aus der Equitykonsolidierung	593.312	10.725	-54.269	102.812
6. Wertpapiere	174.982	—	34	41.149
7. Sonstige Ausleihungen	26.167	29	750	2.038
	1.231.692	**11.396**	**-73.392**	**191.330**
	11.676.707	**-30.876**	**2.849.663**	**780.682**

Konzernanlagenspiegel 2004

Abgänge	Umbuchungen	Stand 31.12.2004	Zuschreibungen	Abschreibungen (kumuliert)	Bilanzwert 31.12.2004	Bilanzwert 31.12.2003	Abschreibungen 2004	Abschreibungen 2003
Herstellungskosten								
4.729	16.535	343.764	—	168.302	175.462	122.871	27.273	21.450
—	—	137.431	—	104.465	32.966	37.392	4.778	6.610
—	-11	877	—	—	877	21	—	—
4.729	**16.524**	**482.072**	**—**	**272.767**	**209.305**	**160.284**	**32.051**	**28.060**
1.690	13.464	52.940	—	28.030	24.910	23.376	6.227	6.379
2.633	8.421	285.284	—	190.489	94.795	88.149	17.712	13.708
328	-378	63.346	—	28.411	34.935	33.736	2.255	2.136
44	229	12.914	—	10.849	2.065	1.534	494	1.097
—	—	33.928	—	—	33.928	—	—	—
34	-5.212	33.660	—	14.988	18.672	13.489	5.363	4.740
44.108	-379	3.193.551	—	1.049.082	2.144.469	1.180.819	80.117	58.787
40.430	405.367	8.213.161	27	4.676.464	3.536.697	1.908.941	311.714	245.859
36.000	-208.309	1.248.778	—	838.872	409.906	520.192	89.447	99.616
11.357	-212.281	611.510	7	6.208	605.302	229.916	—	—
7.306	-922	22.147	82	37	22.110	18.273	—	63
139.201	**-16.524**	**13.289.147**	**116**	**6.570.663**	**6.718.484**	**3.858.141**	**481.278**	**404.325**
29.896	-13.124	2.859.991	—	1.778.250	1.081.741	1.170.660	207.344	163.909
73.583	-3.209	5.292.617	116	3.085.626	2.206.991	1.858.088	192.815	154.920
5.208	38	1.580.565	—	1.148.289	432.276	454.108	45.452	48.366
4.497	-229	896.381	—	527.359	369.022	336.042	27.491	29.117
—	—	2.603.834	—	—	2.603.834	—	—	—
26.017	—	55.759	—	31.139	24.620	39.243	8.176	8.013
332	—	36.216	—	16.879	19.337	19.895	43	270
60	—	3.310	—	—	3.310	500	25	60
231	—	295.831	—	—	295.831	268.215	—	—
254	—	127.063	—	—	127.063	131.340	182	—
46.531	—	606.049	—	2.097	603.952	581.071	—	—
33.413	—	182.752	2.282	12.147	170.605	159.849	335	563
5.794	—	23.190	5	1.409	21.781	24.598	154	1.233
86.615	**—**	**1.274.411**	**2.287**	**32.532**	**1.241.879**	**1.185.468**	**739**	**2.126**
230.545	**—**	**15.045.630**	**2.403**	**6.875.962**	**8.169.668**	**5.203.893**	**514.068**	**434.511**